古文獻整理與研究

第七輯

陝西省社會科學院古籍整理研究所 編
党斌 主編

鳳凰出版社

圖書在版編目（ＣＩＰ）數據

　　古文獻整理與研究. 第七輯 / 陝西省社會科學院古籍整理研究所編；党斌主編. -- 南京：鳳凰出版社，2022.12
　　ISBN 978-7-5506-3874-7

　　Ⅰ. ①古… Ⅱ. ①陝… ②党… Ⅲ. ①古籍整理－中國－文集②古籍研究－中國－文集 Ⅳ. ①G256.1-53 ②G256.22-53

　　中國版本圖書館CIP數據核字(2022)第252770號

書　　　名	古文獻整理與研究（第七輯）
編　　　者	陝西省社會科學院古籍整理研究所
主　　編	党　斌
責 任 編 輯	徐珊珊
裝 幀 設 計	陳貴子
責 任 監 製	程明嬌
出 版 發 行	鳳凰出版社（原江蘇古籍出版社） 發行部電話 025-83223462
出版社地址	江蘇省南京市中央路165號，郵編：210009
照　　　排	南京凱建文化發展有限公司
印　　　刷	江蘇鳳凰數碼印務有限公司 江蘇省南京市栖霞區堯新大道399號，郵編：210038
開　　　本	787毫米×1092毫米　1/16
印　　　張	21.25
字　　　數	401千字
版　　　次	2022年12月第1版
印　　　次	2022年12月第1次印刷
標 準 書 號	ISBN 978-7-5506-3874-7
定　　　價	148.00圓

（本書凡印裝錯誤可向承印廠調换，電話：025-57718474）

《古文獻整理與研究》編委會

學術顧問：李學勤　袁行霈　項楚　安平秋

編　委　會：（以漢字筆畫爲序）

王三慶　王素　方廣錩　李劍國
沈津　周天游　黃一農　張宏生
張懋鎔　陳尚君　陳慶浩　程章燦
賈二強　虞萬里　趙生群　蔣寅
榮新江　劉躍進　鍾振振　嚴佐之

創刊主編：吳敏霞

主　　編：党斌

本輯主編：劉思怡

編　　輯：党斌　劉思怡　高葉青　范志鵬
王志勇　鄭敏瑜　黃澤凡　張凱寧
謝宇榮　黃巧萍　張雲夢　邱荻

目　　録

傳統文獻研究

論曾鞏重校《戰國策》 ………………………………………… 葉　崗　周丹爍 1

《(萬曆)華嶽全集》版刻源流新考 ………………………………………… 高葉青 13

明清《三原縣志》考論 ………………………………………… 周喜存　吳　敏 24

乾嘉學者程敦生平及其《秦漢瓦當文字》考論 ………………………………………… 李向菲 31

葉鈐《續小學》考證 ………………………………………… 任莉莉 39

趙翼諸種著作之關聯考述 ………………………………………… 單　磊 49

新出與稀見文獻研究

秦簡"當騰騰"匯考 ………………………………………… 唐洪志 66

貞珉可傳：新見隋代墓誌銘四種札記 ………………………………………… 王其禕　王　菁 76

隋虞弘夫婦墓誌新校 ………………………………………… 馮培紅 89

唐賀若突厥墓誌考釋 ………………………………………… 邱　荻 106

唐裴子餘墓誌及相關問題考釋 ………………………………………… 王　偉　杜維玲 116

唐楊緘墓誌考釋 ………………………………………… 朱麗莉　王慶昱 128

唐《馮承宗墓誌》考釋 ………………………………………… 吳正浩 134

新見明隆慶元年終南山萬壽宮通仙觀鐘銘考釋 ………………………………………… 劉康樂 142

康熙二十六年陝西丁卯武鄉試題名譜碑考釋 ………………………………………… 葛　天 149

域外漢籍研究

早稻田大學圖書館藏《百家姓列國古人名》校注 ………………………………………… 胡耀飛　朱津萱 158

日本內閣文庫所藏七種杜集書目考述 ………………………………………… 劉曉亮 177

學術論衡

陝西存藏古代交通碑刻略論 …………………………… 吴敏霞 190
論《離騷》分段與結構層次 …………………………… 高　惠 199
牛郎織女故事的起源與演變的性别分析 ………… 焦　杰　鄭偉鳳 210
傳統祭祀之禮的涵義探析
　　——以《周禮·春官·大宗伯》爲主綫 ………… 陳　雄　彭勇安 218
藍田吕氏家族墓園出土墓誌中女性群體研究 …………… 黄澤凡 230
宋代書鋪再辨析 ………………………………………… 張雲夢 239
金末關中儒士楊奂科舉赴試考 ………………………… 李　梅 251

校勘札記

點校本《史記》標點獻疑 ………………………………… 王志勇 257
修訂本《史記》校讀三則 ………………………… 黄巧萍　張寅瀟 262
屠本《十六國春秋》校讀札記（一） ……………… 高　然　范雙雙 266
《元經薛氏傳》勘誤八則 ………………………………… 李正君 282
《續宋中興編年資治通鑒》訂誤 ………………… 劉　坤　張呈忠 285
《宋史》列傳訂誤四則 …………………………………… 陳立軍 305
《群書會元截江網》研究三題 …………………………… 劉　冲 309
大唐開創基業英雄譜
　　——吕温《凌烟閣二十二勳臣贊并序》校釋 …… 郭殿忱　金成林 317

書　評

聚焦石刻文獻　保護傳世文物　弘揚傳統文化
　　——評《陝西碑刻文獻萃編》 ……………………… 賈二强 332
考釋嚴謹　信息詳備
　　——評《陝西碑刻文獻萃編》 ……………………… 王其禕 334

傳統文獻研究

論曾鞏重校《戰國策》

葉　崗　周丹爍

一、前　言

　　劉向編校之《戰國策》，流傳至北宋幾無善本，東漢高誘所作注本亦無全書。在《戰國策》傳播史上，若論篇章内容之散佚，此爲大劫。曾有古人認爲，原本《戰國策》散佚，今本則以《史記》文補入。較早發此議論的是清人吴見思，"據史公云，荆軻之事親得之公孫季功、董生，而此文反若從《戰國策》中改出，何也？豈《國策》既缺，而劉向之徒摭史公之文以附益之歟？請以俟博雅君子"。① 這裏以《史記·刺客列傳》爲例而發問，語氣較温和，但意思還是明確的。之後，吴汝綸助推此議，其説法更有代表性，《記太史公所録左氏義後》載："昔者嘗怪子長能竄《易》《尚書》及《五帝德》《帝系姓》之文，成一家言，獨至《戰國策》則一因仍舊文，多至九十餘事，何自乖異如是？及細察《國策》中，若趙武靈王、平原君、春申君、范雎、蔡澤、魯仲連、蘇秦、荆軻諸篇，皆取太史公叙論之語而并載之，而曾子固亦稱《崇文總目》有高誘注者僅八篇，乃知劉向所校《戰國策》亡久矣，後之人反取《太史公書》充入之，非史公盡取材於《戰國策》，决也。"② 他認爲今本《戰國策》，不復是劉向所編定的原本，其散佚部分被人用《史記》篇章充入。其推理過程分三步：一、《史記》因仍《戰國策》多達九十餘事，與《史記》"能竄《易》《尚書》及《五帝德》《帝系姓》之文"不類，這顯得乖異反常；二、通過具體舉例，謂包括《燕太子丹質於秦》在内的諸篇，均載有《史記》"叙論之語"；三、决斷劉向所編定之《戰國策》亡後，有人取《史記》"充入之"，故造成九十餘事相同。吴氏推論的漏洞是明顯的，他所找的依據"曾子固亦稱《崇文總目》有高誘注者僅八篇"，是從曾鞏

---

① 吴見思、李景星著，陸永品點校整理：《史記論文　史記評議》，上海：上海古籍出版社，2008年，第53頁。
② 吴汝綸撰，施培毅、徐壽凱校點：《吴汝綸全集》卷一，合肥：黄山書社，2002年，第299頁。

《重校戰國策序》中截取一語而來的,但意思却被歪曲了。

類似這樣的質疑較盛,後人亦不絶如縷,問題未曾徹底解决。尤其是曾鞏重校《戰國策》,"復完"三十三篇之舊,爲劉向之功臣,却遭後世無妄之評,譏其爲"劉向之徒","反取《太史公書》充入之",所記荆軻刺秦事"采摭自《荆軻傳》",等等。對此,本文作一探討。

二、《戰國策》的散佚情况

先從曾鞏重校之前的著録和佚文,看《戰國策》之佚失情况。

關於劉向編定《戰國策》史志著録的情况,早期見於《漢志》和《隋志》。《漢志》在"六藝略"之《春秋》類下著録"《戰國策》三十三篇。注:記春秋後";①《隋志》在"史部"之"雜史"類下著録"《戰國策》三十二卷。注:劉向録。《戰國策》二十一卷。注:高誘撰注"。②《隋書》十志,作於貞觀三年(629)至十八年(644)。

兩《志》著録的差異有這樣幾點:一是注言有别。《漢志》承《别録》《七略》而來,不必自注編者名,故注書籍内容之時代;《隋志》則按著録體例注編者名和注者名。二是高誘注本被《隋志》著録,表明至少從梁、陳、齊、周、隋到唐初,《戰國策》版本系統,除劉向無注本之外,尚有高誘注本。至於其卷數二十一,説明注本與無注本在分卷上并不一致。《隋志》緊挨着還有一條:"《戰國策論》一卷。注:漢京兆尹延篤撰。"因《戰國策論》無關劉向編定本,故在此不予論列。三是篇卷和數量不一,這當是最值得關心的。"篇""卷"作爲計量單位詞出現在同一部《藝文志》或《經籍志》之中,《漢志》可以説既是開創者也是終結者,自《隋書·經籍志》始,則基本上以"卷"來計。③ 班固對書目著録作這樣特殊的處理,用意何在? 筆者爲此作過專題研討,并對學界三種解釋提出不同意見,但最終只能感嘆這"一定有着對他當時而言是常識而對千載之後的我們來説是難題的原因"。④ 若將"篇""卷"問題暫且存疑,則"三十三"與"三十二"之間的數量之别,亦令人費解。但劉知幾成於景龍四年(710)的《史通》,所記《戰國策》爲三十三卷;另外,包括《隋志》在内的唐代文獻亦無提及《戰國策》散佚情况。如此,則數量之别只能歸結於劉向編定本在被轉抄時已有些分合之變。退一步説,也可能出於記載時的字形之誤。

後晋修《舊唐書》,始於天福六年(941)至開運二年(945)。其《經籍志》在"史部"之"雜

---

① 班固:《漢書》卷三〇,北京:中華書局,1962年,第1714頁。
② 魏徵、令狐德棻:《隋書》卷三三,北京:中華書局,1973年,第959頁。
③ "嗣是以後,訖於隋唐,書之計卷者多,計篇者少",見章學誠著,葉瑛校注:《文史通義校注》,北京:中華書局,1994年,第305頁。
④ 葉崗:《〈漢書·藝文志〉中的"篇""卷"問題》,《紹興文理學院學報》2008年第6期,第46頁。

史"類下著録:"《戰國策》三十二卷。注:劉向撰。《戰國策》三十二卷。注:高誘注。"①其著録之所據,爲唐代的政府藏書目録《古今書録》,所反映的是唐代書籍收藏的情況。此時,劉向無注本的著録卷數與《隋志》所著録的卷數一致,無佚;而高誘注本則由《隋志》之"二十一卷"變化爲"三十二卷",顯示高誘注分散到各篇之中,所著録之本并非單行之注本。

北宋政府的藏書中心,集中於昭文、史館、集賢、秘閣這四館。以四館所藏爲依據,於景祐元年(1034)閏六月至慶曆元年(1041)十二月編定《崇文總目》。書名之"崇文",蓋得自於昭文、史館、集賢之三館新修書院"崇文院",實際上三館均在崇文院中。其書"載籍浩繁,牴牾誠所難保。然數千年著作之目,總匯於斯。百世而下,藉以驗存佚、辨真贋、核同异,固不失爲册府之驪淵、藝林之玉圃也"。②此書南宋已殘缺不全,後代更甚,但仍爲史家所重。關於《戰國策》之條文,謂"《戰國策》篇卷亡闕,第二至第十,第三十一至第三十三闕,又有後漢高誘注本二十卷,今闕第一、第五、第十一至二十,止存八卷"。③這條記載説明:一是北宋前、中期的《戰國策》官府藏本,劉向無注本爲三十三卷,高誘注本爲二十卷;二是無注本闕十二卷存二十一卷,注本闕十二卷存八卷;三是由於高誘注本爲二十卷,無注本爲三十三卷,表明在篇卷分合上并不一致,因此兩書儘管均闕十二卷,但内容上既有重合也有缺漏,難以互相補全。

同樣在北宋,《新唐書》成於慶曆四年(1044)至嘉祐五年(1060),編目年代稍後於《崇文總目》,其《藝文志》在"史部"之"雜史"類下著録:"劉向《戰國策》三十二卷。高誘注《戰國策》三十二卷。"④著録内容與《舊唐志》全然相同,而與《崇文總目》大相徑庭。説起來奇怪,《新唐書》是由歐陽修、宋祁等奉敕編修的,而在《崇文總目》的編纂人員中,歐陽修亦名列其中,任館閣校勘。在《崇文總目》與《新唐志》之間,學界普遍認爲,前者所著録者相對接近真實,因有曾鞏所言作印證,而《新唐志》則沿襲《舊唐志》乃至於唐官藏書目《古今書録》之所記,失於及時反映書籍存佚的最新情況。其實,《新唐書》之牴牾參差,所在多有。書甫出,吳縝即撰《新唐書糾謬》,謂"歐宋之作新書,意主文章,而疏於考證"。⑤至於該志著録情況的另一種解釋,容後再議。

曾鞏於嘉祐五年(1060)左右重校《戰國策》,説"劉向所定著《戰國策》三十三篇,《崇文總目》稱十一篇者闕","此書有高誘注者二十一篇,或曰三十二篇。《崇文總目》存者八

---

① 劉昫等:《舊唐書》卷四六,北京:中華書局,1975年,第1993—1994頁。
② 《四庫全書總目》卷八五,北京:中華書局,1965年,第729頁。
③ 《四庫全書總目》轉引馬端臨《文獻通考》語,見《四庫全書總目》卷五一,第461頁。
④ 歐陽修、宋祁:《新唐書》卷五八,北京:中華書局,1975年,第1463頁。
⑤ 《四庫全書總目》卷四六,第411頁。

篇"。① 所言來自《崇文總目》,但與其所記之無注本的存佚情況有差异。或以曾鞏之言爲是,蓋因其爲重校而必親核之故也。相反,《崇文總目》該條原文已佚,也不見於自《永樂大典》所得之今本輯文,或因《文獻通考》轉抄致誤。

截至北宋前中期曾鞏重校之前,《戰國策》兩個版本系統在史志、官本書目和史論著作中的著録或記載情況,已如上述。爲求清晰呈示篇卷變化,製表如下:

史志/書目/論著	時期/年代	主要内容	備注
《漢志》	東漢	《戰國策》三十三篇	
《隋志》	629—644	《戰國策》三十二卷。注:劉向録 《戰國策》二十一卷。注:高誘撰注	無注本、注本兩個版本系統
《史通》	710	《戰國策》三十三卷	
《舊唐志》	941—945	《戰國策》三十二卷。注:劉向撰 《戰國策》三十二卷。注:高誘注	據《古今書録》
《崇文總目》	1034—1041	《戰國策》篇卷亡闕,第二至第十,第三十一至第三十三闕,又有後漢高誘注本二十卷,今闕第一、第五、第十一至二十,止存八卷	或有誤
《新唐志》	1044—1060	劉向《戰國策》三十二卷 高誘注《戰國策》三十二卷	因仍《舊唐志》或《古今書録》
曾《序》	1060	劉向所定著《戰國策》三十三篇,《崇文總目》稱十一篇者闕……此書有高誘注者二十一篇,或曰三十二篇。《崇文總目》存者八篇	

總而言之,《戰國策》劉向編定本在後代出現了無注本、高誘注本這兩個版本系統;在《崇文總目》之前,無注本和高誘注本在篇卷數量上的微細差异,只能説明轉抄時的分合情況不一,而無關篇卷亡佚;《新唐志》不能反映《戰國策》存佚的真實情況;《崇文總目》所記與曾鞏《序》言,説明至少在北宋前中期、在中央政府的藏書中,《戰國策》的無注本和高誘注本,都出現了較大程度的佚失。兩者所述情況很接近,其中的差异,當以曾鞏所言爲準。

下面,簡單討論一下《戰國策》佚文情況。

在今人對此問題作出統計和論述之前,歷代序跋中古人已有發現。北宋王覺説"治平初(案:1065—1067),始得錢塘顏氏印本讀之,愛其文辭之辯博,而字句脱誤,尤失其真"。② 所述時間,接近於曾鞏重校之時,在其所看到的民間印本中,已出現字句脱誤現象。儘管没有明確發現佚文,但"脱"即佚也。

---

① 曾鞏:《重校戰國策序》,引自何建章:《戰國策注釋》,北京:中華書局,1990年,第1358—1359頁。
② 王覺:《題戰國策》,見《戰國策注釋》,第1361頁。

到南宋紹興十六年(1146)姚宏校《戰國策》時,指出:"正文遺逸,如司馬貞引'馬犯謂周君'、徐廣引'韓兵入西周'、李善引'呂不韋言周三十七王'、歐陽詢引'蘇秦謂元戎以鐵爲矢'、《史記正義》'碣石九門本有宫室以居'、《春秋後語》'武靈王游大陵夢處女鼓瑟'之類,略可見者如此,今本所無也。"①姚宏精細,總計六條,所指確鑿,有存古之功。後來其弟姚寬列出佚文二十六條,②但不可靠。

在《史記》三家注中,《索隱》引《戰國策》爲多,有些亦未見於今本《戰國策》,如《刺客列傳》中《索隱》謂"《戰國策》曰:'衣盡出血。襄子回車,車輪未周而亡。'此不言衣出血者,太史公恐涉怪妄,故略之耳"。③再如《淮陰侯列傳》載蒯通説韓信之文,《索隱》云"《漢書》及《戰國策》皆有此文"。④唐本有之而今本無,説明曾鞏重校之後,仍存在着佚文。

今人諸祖耿、鄭良樹在輯録《戰國策》佚文方面用力甚勤,共得一百零八條、二萬四千多字,何晋《戰國策研究》對此作了詳細分析和比對,認爲這些佚文"并不全部都真正是《戰國策》的佚文,其中有很大一部分是被誤輯爲佚文,真正能被確定爲《戰國策》佚文的,數量并不太多"。⑤據此,可以説,經過曾鞏重校,《戰國策》雖仍有少量佚文,但基本"復完"劉向編定本的原貌。

曾鞏重校的"復完"本,南宋姚宏校注即以此爲基礎并搜羅衆本,《四庫全書總目》著録衍聖公孔昭焕家藏《戰國策注》三十三卷,即姚宏注本。在今本《戰國策》中,姚宏本從劉向本系統而來,傳本綫索清楚,不再有疑誤。姚宏本以後,《戰國策》少有佚文,内容和文字基本穩定下來,不再劇烈變動。客觀原因在於雕版印刷使得書籍的代際傳授不再依靠官府孤本或少數藏本之間的抄寫轉録,從而走向傳本管道更爲廣闊的圖書世界。具體説到《戰國策·燕策三》中的《燕太子丹質於秦》章,就排除了經曾鞏重校之後,佚失并被補入的可能性。如果懷疑此章并非是劉向編定本中的原有内容而有改易,或懷疑此章原先并非在劉向編定本之中而爲"後人充入",那麽,此類議論所懷疑的對象即爲曾鞏。如此,討論曾鞏重校《戰國策》以釐清事實,就很有必要。

三、曾鞏重校《戰國策》情况

曾鞏(1019—1083),建昌南豐人,北宋屬於江南西路。字子固,唐宋古文八大家之一,

---

① 姚宏:《題戰國策》,見《戰國策注釋》,第1363頁。
② 姚寬:《戰國策後序》,見《戰國策注釋》,第1366頁。
③ 司馬遷:《史記》卷八六,北京:中華書局,1982年,第2521頁。
④ 《史記》卷九二,第2626頁。
⑤ 何晋:《戰國策研究》,北京:北京大學出版社,2001年,第132頁。

官至中書舍人。既没，後人集其遺稿爲《元豐類稿》五十卷。《宋史》有傳。

關於其重校《戰國策》的大致時間，何晉認爲在嘉祐三年（1058）或稍後，①日本學者推斷其時曾鞏尚未任職，"在嘉祐二年春的省試中進士及第（知貢舉爲歐陽修）。及第後暫時歸鄉，離開京師之際，歐陽修和梅堯臣爲他和王安石（知常州赴任）設宴，賦詩送别。嘉祐三年，赴其初任地太平州（安徽當塗）任司法參軍，直到嘉祐五年冬都在太平州。然後，於同年冬得到歐陽修的推薦，到京編校史館書籍，任館閣校勘"。② 嘉祐五年（1060），校《戰國策》時間當爲該年或其後；所任"館閣校勘"，"館"指昭文、史館、集賢"三館"，"閣"指秘閣，供職三館秘閣的文職，即爲館閣校勘，又稱"館職"，此爲通往翰林學士和中書舍人的進步臺階，"自祖宗以來，所用兩府大臣多矣，其間名臣賢相，出於館閣者十常八九也"。③ 在編纂《崇文總目》的二十多年之前，歐陽修亦任此職。

曾鞏的工作任務，是編校"三館"之一的史館所藏的書籍。其時，"三館"都在崇文院中，"崇文院三館藏書分貯兩廊，以東廊爲昭文書庫，南廊爲集賢書庫，西廊爲史館書庫，和秘閣合稱四館，各館藏書自成體系。到真宗朝，國家藏書達到三萬卷，這是宋前期的最高數字"，④這是當時國家藏書的概況。到大中祥符年間，宫中失火延及崇文院和秘閣，書多燼盡。此後根據内府底本重新抄録校勘，館閣藏書不斷添補，仁宗時編《崇文總目》，又復三萬卷之舊。可以想見，書焚後抄録添補後的館閣藏書，定有諸多遺憾。

曾鞏校勘史館中的《戰國策》之後，寫有一篇《重校戰國策序》。所謂"重校"，非指針對劉向所編定之《戰國策》而言，乃是針對二十年前撰《崇文總目》的館閣人員在查核《戰國策》存佚情況時之校理工作。此《序》兩處稱"臣"，似爲曾鞏上奏給皇帝的書録。

四、曾鞏重校《戰國策》相關問題討論

（一）曾鞏如何"復完"《戰國策》

首先是"復完"的對象。《序》中寫得很清楚，重校對象是"復完"劉向編定本即無注本，并不包括高誘注本。并且，《序》文開篇即述劉向定本存佚情況，中間則是有關内容的大篇

---

① 何晉：《戰國策研究》，第89頁。
② （日）内山精也：《王安石〈明妃曲〉考——圍繞北宋中期士大夫的意識形態》，見（日）内山精也著，朱剛等譯：《傳媒與真相——蘇軾及其周圍士大夫的文學》，上海：上海古籍出版社，2013年，第87頁。
③ 歐陽修：《又論館閣取士札子》，見歐陽修著，李逸安點校：《歐陽修全集》，北京：中華書局，2001年，第1727頁。
④ 李瑞良：《中國古代圖書流通史》，上海：上海人民出版社，2000年，第315頁。

叙論,只於末尾才提一句高誘注本的情況,這表明了重校工作的輕重之別。清代四庫館臣曰"鞏不言校誘注,則所取惟正文矣",①"至宋而誘注殘闕,曾鞏始合諸家之本校之,而於注文無所增損"。②實際上,兩者缺失都很嚴重,如果能夠"復完"無注本與注本,諒每位整理者都會全力以赴的。《序》是事後所作,整理工作已經結束,無注本能夠"復完",這說明在曾鞏所能收羅到的館閣之外的本子中,有能够補齊史館《戰國策》全部缺佚内容的篇章;注本不能"復完",只能儘量補輯,不是曾鞏不用心,而是通過衆本也難以集齊已缺佚的那些部分。這說明高誘注本價值的有限性。③儘管《隋志》已對它作了著録,相信起碼在唐前期已有一定數量的抄本在流行,但由於人爲輕忽,到北宋中期之前,公私藏書中已無全帙。

其次是收集衆本。《序》稱"臣訪之士大夫家,始盡得其書",曾鞏是通過收集士大夫家的私人藏書,來補全史館《戰國策》的缺佚部分。所謂"盡得其書"之"其",指"士大夫家",但曾鞏收羅衆書的意圖不在於與史館底本相重複的部分,而在於所缺的那些部分;并且,幸運的是,史館所藏劉向無注本《戰國策》所缺部分都集齊了,才會用"盡"來表達。曾鞏所校理的《戰國策》底本來自史館,出於整理工作的需要,他向外求書,說明在昭文館、集賢館、秘閣和内府太清樓等均無《戰國策》异本,或者原先就不存在,否則《崇文總目》也不會記載缺佚情況。《崇文總目》所記是宫内和政府的藏書情況,其所記缺佚者,僅爲宫内和政府藏書之所缺佚而非世上之書所真正缺佚者。宋代,公私編書、刻書、藏書都很興盛,其中,私人藏書家大量出現,尤其是在名宦巨卿階層。如歐陽修家藏書萬卷,與曾鞏生卒年和經歷都相仿,《唐大詔令》的撰者宋敏求家藏書三萬卷,史稱"與秘閣等"。士大夫階層重斯文,校理古籍乃一雅事,不要說曾鞏爲史館校書,有一館閣校勘的清貴身份壓着,即使没有這些,曾鞏的訪書想必也會一帆風順,不必出具官方行文。再說,訪書目的是爲校理《戰國策》借閱异本,而非索取,故不應有奪人所好、爲人所難之嫌。另外,在政壇和文壇領袖人物歐陽修周圍,有一批志同道合的館職與翰林學士,他們義兼師友,往來頻繁,切磋經學,詩詞唱和。如王安石創作《明妃曲》,唱和者就有歐陽修、梅堯臣、劉敞、曾鞏、司馬光;前述曾鞏及第後暫時歸鄉,歐陽修和梅堯臣爲他和王安石設宴并賦詩送別;再如曾鞏自述館閣之士"有出使於外者,則其僚必相告語,擇都城中之廣宇豐堂、游觀之勝,約日皆會,飲酒賦詩,以叙去處之情,而致綢繆之意。歷世寖久,以爲故常。其從容道義之樂,蓋他司所

---

① ② 《四庫全書總目》卷五一,第462頁。
③ 鮑彪《戰國策注序》謂"舊有高誘注,既疏略無所稽據,注又不全,浸微浸滅,殆於不存",見《戰國策注釋》,第1365頁。

無",①可見師友、同僚間關係甚爲融洽,書籍借閱往來,當爲樂事和雅事;而且即便曾鞏一人訪書不順,諸同僚也當出謀劃策,力促其成。因此,對《序》中"臣訪之士大夫家,始盡得其書"之語,今日論者常嫌語簡而意難明,其實就曾鞏那時而言,實屬平常。與曾鞏同時代的王覺,校理《戰國策》也采用類似的向外訪書辦法,"丁未歲,予在京師,因借館閣諸公家藏數本參校之,蓋十正其六七"。② 時在治平四年(1067),約後於曾鞏重校。

再次是訂正存疑。此爲案頭校勘,是文獻整理中核心部分,《序》稱"正其誤謬,而疑其不可考者",即其謂也。曾鞏以史館所藏劉向無注本《戰國策》爲底本,參以從士大夫家所收集來的其他本子,詳加考察和審定,然後彙爲一本。在這過程中,他於"誤謬"之處和"不可考者"尤爲留意。對於"誤謬",他參核底本和衆本,先予識別,再予訂正。這一步,凡有文獻整理經驗者,必定知道識別誤謬是工作核心,"從衆"即服從多個本子的意見是必有的一種前提。對於明顯誤謬者,可能會輕易識別和訂正;對於誤謬不明顯的,則小心地從衆并加以考證和訂正;對於"不可考者",即對於是非去留難以識別、苟有別義而又無從考證清楚者,也就是一般所説的疑似部分,則予以存疑,此可謂慎之至也。若整理者挾一隅之見,必不如此也,此可見曾鞏作爲校書者的公心和素養。在這裏,我們可以清楚地看到,曾鞏重校《戰國策》,在重視底本和各種參本的基礎上,重點在於對文字和内容的訂正、考證。他對於這項工作,頗費心血。後於曾鞏入館任職廿六年的孫朴説"臣自元祐元年十二月入館,即取曾鞏三次所校定本",③可見,曾鞏三次校理,才得定本。這些,都不見於曾《序》,而於後人記載中見出。

曾鞏的校理工作,使《戰國策》得以在很大程度上按古本的面貌保存下來。"北宋年間,爲《戰國策》恢復舊貌與傳播方面竭盡其力的士大夫知識分子是很多的,有如劉敞、蘇頌、錢藻、王覺、孫朴、孫覺、曾鞏、蘇東坡、晁以道等,經他們手校、修寫和刊刻的本子多種,可謂一時盛況。在這些人和諸校本中,特别使我們重視的是曾鞏的重校工作和經過他三次手校定本",④曾鞏所校定者,成爲今本《戰國策》之祖。

(二) 所記闕失筆法之寓意的推測

《序》言"劉向所定著《戰國策》三十三篇,《崇文總目》稱十一篇者闕","此書有高誘注

---

① 曾鞏:《館閣送錢純老知婺州詩序》,見《曾鞏集》卷一三,北京:中華書局,1984年,第214頁。
② 王覺:《題戰國策》,見《戰國策注釋》,第1361頁。
③ 孫朴:《書閣本戰國策後》,見《戰國策注釋》,第1361頁。
④ 鄧廷爵:《〈戰國策〉研究的歷史評述》,《歷史教學》1985年第10期,第54頁。

者二十一篇,或曰三十二篇。《崇文總目》存者八篇"。筆者初讀之時,稍有不適和奇怪。如按正常筆法,當遵自己寓目之實來落筆,似不必徵引《崇文總目》所言,更不必前後兩次徵引;并且,徵引《崇文總目》而不提後出的《新唐志》,亦介於合理與不合理之間。曾鞏是一文章高手,文風簡古而曲折,如此行文,莫非有所寓意?

首先,最簡單的解釋是:《崇文總目》對於皇家和政府藏書情況的記録最爲權威,故據以引録。這種解釋,也應該是一般人的理解。相比之下,《新唐志》的著録并非實際藏書情況的反映。

其次,兩書歐陽修均參與,《序》中没有記録自己翻檢統計史館所藏劉向無注本和高誘注本的闕失情況而以《崇文總目》所言爲是,一則致敬於自己的伯樂,二則竭力淡化自己的付出,這從《序》裏僅提兩句自己的文獻整理工作,亦可見一斑。但是,歐陽修在《新唐書》中所起作用更大,曾鞏於此尊《崇文總目》而隱《新唐志》,原因可能在於《新唐書》的署名問題在曾公亮、歐陽修、宋祁三人間原本比較複雜,而且紀表志傳四部分水準不一,《四庫全書總目》解釋説"一代史書,網羅浩博,門分類别,端緒紛拏,出一手則精力難周,出衆手則體裁互異"。① 還有就是考慮到《新唐志》著録的有效性相對滯後,故隱而未提。

最後,於記載之準確性而言,《崇文總目》所記只涉及皇家和官家所藏,這在當時應爲共識。曾鞏在此兩次提及《崇文總目》所記,更深的寓意在於説明劉向所編無注本和高誘注本的佚失,只限於史館所藏之《戰國策》。它們佚於崇文院和宫内,但或存於私家藏書,并非書真失佚。故在開首一段,提過《崇文總目》之後,緊接着述及"臣訪之士大夫家"。這種舉證於《崇文總目》的表達方法,蘊含三層意思,語簡而意豐,遠比單一地叙述自己寓目之實有意義得多,深得古人叙述之法。

(三)曾鞏對劉向編定本有無改動和增入

對於重校工作的結果,《序》稱,"劉向所定著《戰國策》三十三篇……然後《戰國策》三十三篇復完","此書有高誘注者……《崇文總目》存者八篇,今存者十篇"。其意清楚,對無注本,他"復完"到劉向編定之初的三十三篇;對高誘注本,他亦經過努力,補齊到十篇,比慶曆元年(1041)《崇文總目》撰定之時的八篇,多出兩篇。也就是説,對於無注本和高誘注本,曾鞏通過三次校定,均有收穫,尤其是復原了劉向編定《戰國策》無注本之完本。可以看出,曾鞏這項工作之目的,并非編纂一個將所有戰國史料集於一帙的全新《戰國策》,而

---

① 《四庫全書總目》卷四六,第410頁。

是復劉向本之舊、葆劉向本之真、完劉向本之原貌。其工作性質,不是新編,而是恢復書籍的原有内容、形制和文字,是"復完"。故此,對佚失的部分,他盡力搜集;對明顯訛誤的,他予以訂正;對"不可考者",他疑而存留。他主觀上没有必要去做無妄的改動,更無心去增入其他内容。

對於這一"復完"工作,歷代《戰國策》序跋都表示信任和肯定,而絶無質疑。前引孫朴即取之爲"修寫黄本入秘閣"的底本;南宋姚宏則在比較中肯定曾鞏重校本的價值,謂"舊本有未經曾南豐校定者,舛誤尤不可讀。南豐所校,乃今所行。都下建陽刻本,皆祖南豐,互有失得",①并取之爲自己"校定離次之"的底本;清人黄丕烈也説:"今本在首,鮑本在劉向《序録》下。吴氏識此《序》後云:'《國策》劉向校定本,高誘注,曾鞏重校,凡浙、建、括蒼本,皆據曾所定。'"②由此可見歷代注家們的態度,同時各地開板所印,也是曾鞏校定本。注家們多有摩研編削之才,心細如髮,熟悉篇章文字以及各種文本痕迹,若曾鞏重校本有所闕失或增益,尤其是"充入"其他文獻的内容從而失却劉向編定本之原貌,他們焉能不察?

改動和增入,這并非重校舊籍的應有之義,客觀上也不允許曾鞏這樣做。按其所述當時之情形,史館所佚且爲《崇文總目》記"闕"的劉向無注本《戰國策》,能"盡得"於"士大夫家"所藏,則宫外以及崇文院之外的知識分子階層和民間社會,保存《戰國策》書籍者,所在多有,絶不止於一二孤本。若曾鞏好大喜功,行瞞天過海之實,則家有原帙者,比對之下即可發覺。若曾鞏如此這般地去重校,則不僅無益於聲名、絶意於仕進,反添笑料與耻辱。曾鞏所置身的前輩、師友和同僚,如歐陽修、梅堯臣、王安石、"三蘇"、司馬光、張載、程顥、吕惠卿等,均爲嚴正有識、直言不諱的飽讀之士,於各種古籍舊書包括《戰國策》了然於心。"自歐陽子出,天下争自濯磨,以通經學古爲高,以救時行道爲賢,以犯顔納説爲忠",③館閣翰苑風氣如此,他們勢必關注和關心曾鞏重校《戰國策》工作,若曾鞏作僞或於不慎之際攬入不應有的内容和文字,則不待外人識破,他們亦當及時點醒制止。當然,這都是假設,曾鞏絶非作僞之人。故此,有議曾鞏采《史記》《吕氏春秋》《韓非子》等入《戰國策》者,除了吹垢索瘢、厚誣古人之外,便是好爲議論、强作文章了。

對於崇文院所藏《戰國策》之佚,另有一種解釋,謂院中對於書籍外借和催還管理不嚴,至編《崇文總目》時仍未歸還借出的册數,因此在《崇文總目》中記載存佚而在《新唐志》中按"三十二卷"之原册數來計。這種解釋當然更有利於證明曾鞏能輕易"復完"《戰國

---

① 姚宏:《題戰國策》,見《戰國策注釋》,第 1363 頁。
② 黄丕烈:《戰國策札記》,見《戰國策注釋》,第 1359 頁。
③ 《蘇軾文集》卷十,北京:中華書局,1986 年,第 316 頁。

策》,只須按借出之舊賬訪求并催還即可,但這種可能性較小,而且與《序》中所言"誤謬"和"不可考者"不符。

(四) 曾鞏對劉向的態度

此與論題稍遠而與《戰國策》的評價有關,故略述之。

曾鞏除重校《戰國策》之外,劉向所編《新序》《説苑》亦得其整理。《説苑序》曰:"劉向所序《説苑》二十篇。《崇文總目》云:'今存者五篇,餘皆亡。'臣從士大夫間得之者十有五篇,與舊爲二十篇,正其脱謬,疑者闕之。"①其叙書籍闕失、訪書和校勘諸事,語句結構和用語與《重校戰國策序》類似。《新序》在隋、唐《志》著録爲三十卷,到北宋已殘缺不全,經過曾鞏的搜集和整理,"今可見者十篇"。② 今本《新序》《説苑》,均脉沿於曾鞏所校理過的宋本。曾鞏於劉向之書的整理實績,歷代無出其右,且經其訂正過的本子,在復劉向本之舊方面,很少爲後人評議,當得起"自負要似劉向"③的心願。

選擇整理劉向書,既爲"編校史館書籍臣"之份内事,又是平素興趣使然。曾鞏少年慕學,喜模擬古作,多仿西漢文字,後世稱其文最近劉向,亦以其長於序録也。尤其重要的是,曾鞏與劉向一樣,矢志於經學,服膺於儒者道義,故而趣途一致,但也略有分歧。在《重校戰國策序》中,他結合對戰國游士的分析,評議了劉向思想:

劉向《戰國策書録》所闡述的義理主脉爲"仁義之道"的流變,曾鞏也圍繞着對於"先王之道"的思考來展開討論,"二帝三王之治,其變固殊,其法固异,而其爲國家天下之意,本末先後未嘗不同也"。而對戰國游士,他認爲,他們對"道"缺乏堅守而陷於游説之弊,"不知道之可信,而樂於説之易合","其爲世之大禍明矣,而俗猶莫之悟也。惟先王之道,因時適變,法不同而考之無疵,用之無敝,故古之聖賢,未有以此而易彼也"。故此,他肯定"向叙此書,言周之先,明教化,修法度,所以大治。及其後,詐謀用而仁義之路塞,所以大亂。其説既美矣",而對於劉向"率以爲此書,戰國之謀士,度時君之所能行,不得不然"④的觀點,他評爲"惑於流俗而不篤於自信者也",既表達了對於儒家之道的樂觀和自信,同時也流露了對劉向觀點的不滿。

《戰國策》之所以值得重校和重刊,曾鞏認爲:"君子之禁邪説也,固將明其説於天下。

---

① 曾鞏:《説苑序》,見劉向撰,向宗魯校證:《説苑校證》,北京:中華書局,1987年,第1頁。以下引《説苑序》文,不再出注。
② 《四庫全書總目》卷九一,第772頁。
③ 王三槐:《重刊南豐文集序》,轉引於徐興無:《劉向評傳》,南京:南京大學出版社,2005年,第226頁。
④ 劉向:《戰國策序》,見《戰國策注釋》,第1355頁。

使當世之人,皆知其説之不可從,然後以禁則齊;使後世之人,皆知其説之不可爲,然後以戒則明。豈必滅其籍哉?放而絶之,莫善於是。"此外,認爲此書具有歷史文獻價值,"至於此書之作,則上繼春秋,下至秦、漢之起,二百四五十年之間,載其行事,固不得而廢也"。

在《説苑序》中,針對書籍内容之博雜,曾鞏對劉向的治學,提出了批評。"夫學者之於道,非知其大略之難也,知其精微之際固難也"。這一點,似乎有强人所難之嫌。余嘉錫説:"夫一書有一書之宗旨,向固儒者,其書亦儒家者流,但求其合乎儒術無悖於義理足矣,至於其中事迹皆采自古書,苟可以發明其意,雖有違失,固所不廢。"①另外,儒家在"爲己之學"與"爲人之學"之間,推崇前者,曾鞏也從這個角度論議了劉向學問:"向之學博矣,其著書及建言,尤欲有爲於世,忘其枉己而爲之者有矣,何其徇物者多而自爲者少也?"也正是從這個角度,他尊揚雄而貶劉向,引發後世議論。

上述這些對劉向的評議,都是知其深、愛其烈、責之切的表現,在很大程度上,曾鞏實爲劉向的隔代知音和信徒。對於劉向之氣節,同樣在《説苑序》中,他謂"向數困於讒,而不改其操,與夫患失者异矣,可謂有志者也";對於劉向之天賦,他謂"以彼其志,能擇其所學,以盡其精微,則其所至未可量也"。評價和期許之隆,與班固可爲同調,"仲尼稱:'材難不其然與!'自孔子後,綴文之士衆矣,唯孟軻、孫况、董仲舒、司馬遷、劉向、揚雄。此數公者,皆博物洽聞,通達古今,其言有補於世"②,幾與聖人同列。曾鞏之傾盡心血校理包括《戰國策》在内的劉向書,不爲無因。

【作者簡介】葉崗,文學碩士,紹興文理學院人文學院教授,主要從事中國傳統文化研究;周丹爍,紹興文理學院人文學院助教,主要從事文學文獻研究。

---

① 余嘉錫:《四庫提要辨證》,北京:中華書局,1980年,第553—554頁。
② 《漢書》卷三六,第1972頁。

《(萬曆)華嶽全集》版刻源流新考

高葉青

據統計,與西嶽華山密切相關的典籍有十餘種,現存明代所修有兩種,其中明萬曆張維新等人所纂修之《華嶽全集》版本最爲繁雜,諸家著録題跋衆説紛紜。本文在梳理相關記載的基礎之上,指出《(萬曆)華嶽全集》主要有四種版本:明萬曆二十五年原刻本、明刻萬曆三十年馮嘉會續補本、明刻大順曹士掄印本、明刻大順曹士掄跋清康熙遞修印本。并結合志書題銜、篇章布局、插圖、志書內容等因素,對上述幾種版本進行對比研究,釐清其間脈絡,以便於對華山志書修纂及華山歷史的研究提供借鑒。

一、《(萬曆)華嶽全集》的纂修緣起及主要纂修者

明代留存至今較爲全面的華山典籍約有兩種,一爲嘉靖年間李時芳編纂的《華嶽全集》,[①] 一爲萬曆年間張維新等人所纂修之《華嶽全集》。《(萬曆)華嶽全集》係以《(嘉靖)華嶽全集》爲基礎,時任潼關道副使的張維新在《叙》中首先對《(嘉靖)華嶽全集》予以肯定:"是集也,無論山川人物,獵异搜奇,溯自歷代,以洎我朝,展禮祈釐,宸藻具在,實惟西秦文獻之領袖,詎一郡一邑之志比哉?"但也明確指出其不足:"舊本多豕亥,且駁樂罔楫。"張維新首萌重修之志,爲《華嶽全集》的編纂發揮了主要作用。時人賈待問在序言裏也提到了此《華嶽全集》的編纂緣起:"顧讀所爲《華山集》者,既品析之梦殼,亦搜羅之挂漏,山靈幾涸,文獻曷徵焉?"有鑒於此,張維新遂檄華陰令馬明卿共襄盛舉。馬明卿對此事頗爲支持,依據張維新所擬規則進行編輯刊定,"穢刺舛蕪,括聚散逸圖説,增飾釐政典記贊咏,曹分類析銓次之","其矩矱一公之所閲","仰稟意旨,稍辨魯魚,用佐殺青"。越兩月,一部新的《華嶽全集》便纂修完成。

---

① 高葉青:《首圖及陝師圖所藏〈(嘉靖)華嶽全集〉考訂》,《古文獻整理與研究》(第五輯),南京:鳳凰出版社,2020年,第93—99頁。

馬明卿，《（乾隆）華陰縣志》卷七《職官》載："貴州貴陽衛人，舉人，二十四年任，以吏才擢晋寧守，修《華嶽集》。"貴陽馬氏原爲淮南儀真（今江蘇省儀徵市）人，明初，始祖馬成自儀真從戎入黔，以功升至指揮使，子孫世襲其職，遂爲黔人。父馬雲龍，育有五子，明卿排行爲三，萬曆十六年（1588）中舉人。馬雲龍之後，馬氏家族重視文教，子孫科甲蟬聯，由戍邊將門轉變爲文人世家，成爲黔中顯宦。馬明卿於萬曆二十九年（1601）十一月丁父憂，回籍守制。居喪期滿，以吏才擢升晋寧知府。在華陰縣知縣任內卓有政聲。

二、《（萬曆）華嶽全集》的版本

據該書卷端所題，《（萬曆）華嶽全集》原刻本題撰校者有四人且分工明確：張維新總閲，馬明卿編輯，張弓、盛以弘校正。衍生版本的題銜差异較大，爲明晰起見，現將具有代表性的幾種著錄臚列如下：

（一）諸家著錄

1.《四庫全書總目》卷七十六史部三十二《地理類存目五》

　　《華嶽全集》十三卷（兩淮鹽政采進本）。舊本題明華陰縣知縣李時芳撰。今案時芳之本，《千頃堂書目》作十卷，乃嘉靖四十一年所修。至萬曆二十四年，汝州張維新爲潼關道副使，以時芳書多舛錯，與華陰縣知縣貴陽馬明卿重加詮叙。前載《圖說》《形勝》《物産》《靈异》《封號》，後載《藝文》，增成十三卷。前有巡撫賈待問序及維新自序，述之頗詳。題時芳所撰，誤也。後六年壬寅，知縣河間馮嘉會又增文數篇，亦注於書内。至所載國朝祭告之文與宋琬、蔣超諸人之詩，則莫知誰所續入。考其中多有潼關道溧陽狄敬姓名，意者即敬所增歟？

2.《中國善本書提要》[①]

　　（1）《華嶽全集》十三卷
　　四册（《四庫總目》卷七十六）（國會）

[①] 王重民撰：《中國善本書提要》（史部·地理類·山水志），上海：上海古籍出版社，1983年，第205—206頁。

明萬曆間刻本［九行二十字（21.1×14）］

　　原題："整飭潼關兵備道陝西按察司副使天中張維新總閱，華陰縣知縣馬明卿編輯，後學邑人張弓，潼關盛以弘校正。"全書凡十三卷：卷一爲《圖説》，卷二《勝紀》《物產》《靈异》，卷三《封號》與《考祭告文》，卷四至六爲文，卷七至十三爲詩。《四庫存目》卷七十六載狄敬增輯本，《提要》考其源流，有云："舊本題明華陰縣知縣李時芳撰。今按時芳之本，《千頃堂書目》作十卷，乃嘉靖四十一年所修。至萬曆二十四年，汝州張維新爲潼關道副使，以時芳書多舛錯，與華陰縣知縣貴陽馬明卿，重加詮叙。"所述蓋即本於張維新、馬明卿所作序跋，而此本即張、馬原刊原印本也。卷內有："黃山丁氏""勤業書屋珍藏""勤業堂藏書印"等印記。

　　張維新序［萬曆二十四年（一五九六）］
　　馬明卿跋

(2)《華嶽全集》十三卷
四册（國會）
明刻清印本［九行二十字（22×13.9）］

　　原題："欽差整飭直隸潼關河南閿靈陝山同華蒲州等處兵備、陝西按察司副使天中張維新輯，知華陰縣事貴陽馬明卿較，欽差整飭潼關等處兵備兼分巡關內道陝西按察司副使睢陽湯斌重訂，知華陰縣事三河劉瑞遠重較。"持與前本相校，文字尚是馬明卿原本之舊，題銜四行，顯係剜改，當是劉瑞遠知華陰縣時所竄改刷印。考《同州府志》卷四，瑞遠知華陰在順治十五年也。《存目》據另一竄改本著錄，《提要》云："所載國朝祭告之文，與宋琬、蔣超諸人之詩，則莫知誰所續入。考其中多有潼關道溧陽狄敬名，意者即敬所增歟！"此本無清代祭告之文，亦無宋琬、蔣超之詩，更無狄敬之名。按雄賜履撰《狄敬墓誌銘》，敬拜潼關之命在順治十七年春，在任凡七年，則狄敬本又在此本之後矣。卷內有："明善堂覽書畫印記""安樂堂藏書記"等印記。

　　賈待問序［萬曆三十年（一六〇二）］
　　張維新序［萬曆二十九年（一六〇一）］

(3)《華嶽全集》十三卷
四册（國會）

明刻清印本［九行二十字（22.5×13.8）］

  原題："欽差整飭直隷潼關河南閿靈陝山同華蒲州等處兵備、陝西按察司副使天中張維新輯，知華陰縣事貴陽馬明卿較，欽差整飭潼關等處兵備兼分巡關内道陝西按察司副使睢陽湯斌重訂，知華陰縣事三河劉瑞遠重較。"此本所載祭告之文，下至康熙五十三年，觀其字迹，非同時所刻，蓋隨得隨刊。無雍正間文字，猶康熙間印本也。卷十一有宋琬、蔣超、狄敬之詩，殆即《提要》所指者。然該本題銜，必與此本不同，《提要》云"舊本題明華陰縣知縣李時芳撰"，疑館臣所見本題時芳名，其版刻亦未必與此本相同也。又馬明卿跋後刻云："不朽之脉，文章是也。明序姑存，因筆損益之，道也。斯文未喪，百世可知，願後有識之者。大順□年開創。邑令曹士掄評。"年上一字不易辨，似是萬字。按李自成未破北京以前，在陝西建大順王國，此文爲當時所刻入。士掄，自成時官也。

  張維新序［萬曆二十九年（一六〇一）］
  賈待問序［萬曆三十年（一六〇二）］
  馬明卿跋
  馮嘉會跋

3.《著硯樓讀書記》①

蜀大順本《華嶽全集》

  《華嶽全集》十三卷，前有萬曆丁酉洛水賈待問序、萬曆丙申天中張維新序。兩序後，并有大順初元開創第一令曹士掄跋，知此本原刻於萬曆，而版行於蜀張稱號時。開卷所題，其行款已不符合，蓋曹氏得此書版後，剗改面目，據爲己刻。明末刻書之陋習，往往如是。按曹氏事迹未詳，其投誠張朝，而能以文墨自任，則亦一奇士矣！此書流傳，可謂絶無僅有。至其内容所載，亦頗詳贍。卷一《圖説》，卷二《峰麓》《勝地》《物産》《靈異》，卷三《封號考》《祭告文》，卷四以下《記載》《詩》《文》。書中尚沿"皇明"之稱，蓋曹氏剗改未盡之證。又按大順初元，當明崇禎十六年，大順，《蜀碧》誤作天順，得此又可爲佐證矣。每半葉九行，行二十字。紙墨清朗，真山志中之秘帙也。丙子

---

① 潘景鄭著：《著硯樓題跋》，瀋陽：遼寧教育出版社，2002年，第201頁。

七月。

4.《中國古籍善本書目》①

(1)《華嶽全集》十三卷,明張維新撰,明萬曆二十五年刻本。(北京師範大學圖書館)

(2)《華嶽全集》十三卷,明張維新撰,明萬曆二十五年刻大順曹士綸(誤,當作掄,下同)印本。(上海圖書館)

(3)《華嶽全集》十三卷,明張維新撰,明萬曆二十五年刻大順曹士綸清康熙遞修印本。(北京大學圖書館、復旦大學圖書館、甘肅省圖書館、南京圖書館)

(4)《華嶽全集》十三卷,明張維新撰,明萬曆二十五年刻大順曹士綸清康熙增補印本,葉恭綽跋。(上海圖書館)

(5)《華嶽全集》十三卷,明張維新撰,馮嘉會續,明萬曆刻本。(天津圖書館、甘肅省圖書館)

綜上,可見萬曆《華嶽全集》版刻源流之複雜,諸家著錄讀來令人似有雲籠霧罩之迷惑。簡言之,《四庫全書總目》提及三種版本:其一,萬曆二十五年(1597)原刻本;其二,萬曆三十年(1602)馮嘉會增補本;其三,清初佚名增補本(增補清朝祭告之文與宋琬、蔣超諸人之詩)。《中國善本書提要》提及三種版本:其一,萬曆間原刻本;其二,明刻清印本,係清人湯斌重訂,劉瑞遠寘改刷印;其三,明刻清康熙間印本,馬明卿《跋》後有李自成大順朝邑令曹士掄評語。《著硯樓讀書記》提及　種,與《中國善本書提要》所載之(3)或爲同刻,然以爲曹士掄官張獻忠大順時而稱有其跋者爲"蜀大順本"則欠妥,潘氏并對該本進行了描述。《中國古籍善本書目》提及五種版本,而(3)(4)似爲同種,惟後者有後人跋語。

據以上諸家著錄,兹將《(萬曆)華嶽全集》之版本梳理於下:

一爲明萬曆二十五年(1597)原刻本;二爲明刻萬曆三十年(1602)馮嘉會續補本;三爲明刻大順曹士掄印本;四爲明刻大順曹士掄跋清康熙遞修印本。

---

① 中國古籍善本書目編輯委員會編:《中國古籍善本書目》卷十一史部下地理類二,上海:上海古籍出版社,1993年,第1011頁。

(二)實際調查及本次整理所采用版本

本次校點,總共涉及三種具有代表性的版本,總體而言,與明萬曆二十五年刻本爲同一系統,差异主要有兩方面:一爲卷首題銜,一爲篇章結構與内容多寡。

1. 題銜

三種版本卷一均無著校者銜名項,自卷二始有,分别迻録於下:

  整飭潼關兵備道陝西按察司副使天中張維新總閲
  華陰縣知縣馬明卿編輯　馮嘉會續輯
  後學邑人盛以弘　張弓　屈受善仝校正

是爲萬曆二十五年刻馮嘉會續補(及其後遞修)本,《四庫全書存目叢書》影印。

  欽命鎮守潼關兼攝河南山陝等處地方軍民事驁巫山伯馬世耀
  欽命鎮守潼關登處地方提倡督軍驁兼理學政防禦使劉蘇
  華陰縣縣令曹士掄編輯
  華陰縣學正王名世較正

是爲明萬曆二十五年刻大順曹士掄識清康熙遞修印本,《續修四庫全書》影印。

  欽差整飭直隸潼關河南閿靈陝山同華蒲州等處兵備陝西按察司副使天中張維新輯
  知華陰縣事貴陽馬明卿較
  欽差整飭潼關等處兵備兼分巡關内道陝西按察司副使睢陽湯斌重訂
  知華陰縣事三河劉瑞遠重較

是爲又一明萬曆二十五年刻大順曹士掄識清康熙遞修印本,已剜改上本李自成大順軍將領馬世耀、劉蘇等銜名。此本今藏國家圖書館。

2. 篇章結構

(1) 綜上所述,傳世諸本均屬明萬曆二十五年刻本系統,差異有限。綜合各本序跋條目保存排次、文字完足少誤等諸因素,認爲國家圖書館所藏本可在整理時作爲底本。此本白口,單黑魚尾,半葉9行20字,小字雙行40字。內容依次爲:《刻華嶽全集叙》(張維新)、《華嶽全集叙》(賈待問)、《重刻華嶽全集跋》(馬明卿)、《重刻華嶽全集續跋》(馮嘉會)、《華嶽全集目録》,卷一至卷十三(圖說、峰麓名勝紀、物産、靈异、封號考、詩、賦等)。卷一有二十四幅插圖,依次爲:西方七宿圖、西嶽真形圖、山形總圖、第一關桃林坪圖、張超谷圖、希夷峽圖、洞天坪小上方圖、青柯坪鳳凰山青柯館圖、北斗峰拜斗陽龕圖、千尺㠉圖、百尺峽圖、老君犁溝圖、蒼龍嶺圖、玉井鎮嶽宮圖、大南峰圖、南峰賀老避静室圖、東峰石樓巨靈掌石月圖、東峰朝陽峰棋石圖、東峰石龜玉女廟洗頭盆石龜躧圖、西峰石樓水簾洞石仙人瀑布泉蓮蕊峰石龜圖、華陰方域之圖、嶽廟圖、靈臺觀圖、玉泉院圖。張維新《叙》及賈待問《叙》之後,并無批語。張維新《叙》末,有大片墨丁。《重刻華嶽全集跋》(馬明卿)之後,有落款爲"大順初年開創邑令曹士掄評"。《重刻華嶽全集續跋》(馮嘉會)。

(2)《續修四庫全書》本適合在整理時作爲對校本之一。此本白口,單黑魚尾,四周單邊,半葉9行20字,小字雙行40字。內容依次爲:《刻華嶽全集叙》(賈待問)、《華嶽全集叙》(張維新)、《華嶽全集目録》、卷一至卷十三(峰麓名勝紀、物産、靈异、封號考、詩、賦等)。卷之一有二十四幅插圖,與國家圖書館所藏本次序及內容相同。值得注意的是,在賈待問《叙》和張維新《叙》後,均有落款爲"大順初年開創第一令曹士掄謹識"的批語。

(3)《四庫全書存目叢書》本適合在整理時作爲對校本之二。此本白口,單黑魚尾,四周雙邊,半葉9行20字,小字雙行。內容依次爲:華嶽全集目録、華嶽全集卷之一(包括二十四幅插圖,圖題與上文所列國家圖書館所藏本相同)。卷之二峰麓名勝紀、卷之三封號考、卷之四至十三藝文。卷首無序,首末有馬明卿《重刻華嶽全集跋》及馮嘉會《重刻華嶽全集續跋》各一篇。附《四庫全書總目·華嶽全集十三卷》提要。

3. 三種版本异同

《中國善本書提要》中記録的第三種《華嶽全集》與上述國家圖書館所藏本似爲一種,不過,《中國善本書提要》張維新序和賈待問序時間有誤,應分別爲萬曆丙申(萬曆二十四年)、萬曆丁酉年(萬曆二十五年),而非萬曆二十九年、萬曆三十年。《中國善本書提要》指出"此本所載祭告之文,下至康熙五十三年",原本卷之三祭告文下限止於康熙四十五年,不過,在這篇祭文後有缺頁,推測本卷內容有缺失,但因難以見到足本,而王重民先生所著錄者爲他當年在美國國會圖書館所親見之本,可信度很高,所以依據《中國善本書提要》,將國家圖書館所藏本下限定在康熙五十三年。待有機會看到足本,再行勘定。

清朝的避諱,始於康熙年間,當時的避諱用字主要有兩個方面:一是康熙皇帝御名,以其時之例,須以"元"字代替"玄"字,以"煜"字代替"燁"字,故當時寫字刻書,均嚴格地執行這項規定。原本卷之六逹奚珣《前題 并序》"元圭之業有光","元"避"玄"字。不過,"玄"字避諱并不嚴格,例如"唐玄宗""敢用玄牡""遂刊玄石"等;"燁"字避諱亦不嚴格,例如卷之八《華山歌》"山崖燁燁山中杰",再如卷之十一"陳燁",均未作剜改。另外,此本顯然是在湯斌重訂本的基礎上增補而成,湯斌生於天啓七年(1627),卒於康熙二十六年(1687)。劉瑞遠字端伯,朐陽人,順治十五年(1658)任華陰縣知縣(乾隆《華陰縣志》卷七《職官》)。不可能在其重訂、重較本裏出現康熙五十三年(1714)的記載。但目前尚未發現續補者姓名。卷之三第三十四、三十五頁(此頁後四行全部爲墨丁)字體與原刻明顯有异,且第三十三頁《順治十八年祭文》缺失內容,不過所缺內容也并未在緊鄰的第三十四頁出現。很顯然,所補內容并非爲原本所缺內容的全部。故推測原本頁碼有缺損,目前所見,應爲補版。依照常理,順治十八年祭文之後,不應直接就到康熙三十九年。例如《(乾隆)華嶽志》卷四下《祭祀·國朝祭告文》依次爲順治十八年、康熙六年、康熙十五年、康熙二十一年、康熙二十三年、康熙二十七年、康熙三十二年、康熙三十五年、康熙三十六年、康熙四十二年等。而補配本直接從順治十八年跳至康熙三十九年。第三十六頁康熙四十二年《祭西嶽文》,與原本以及補配頁版式均不一致,白口、單黑魚尾,半葉 10 行 18 字,無欄綫,四周單邊。在此頁之後,另有三十六頁,康熙四十五年《西嶽廟祭文》,且有脫文。白口,單黑魚尾,四周單邊,半葉 9 行 20 字,有欄綫。卷十一有宋琬、蔣超、狄敬之詩,與《四庫全書總目》所述一致,且推測爲狄敬所增補。按雄賜履撰《狄敬墓誌銘》,狄敬拜潼關之命在順治十七年春,在任凡七年。但這一點并不能證明增補者爲狄敬。馬明卿《重刻華嶽全集跋》之後有曹士掄寫於大順初年的識語,不過,原本題銜并無曹士掄之名,應是劉瑞遠將曹士掄剜改本再行剜改的證明。至此,對於上述國家圖書館所藏本我們有了一個較爲明晰的認識:大順初年,曹士掄依明萬曆二十五年刻本剜補改版;湯斌、劉瑞遠順治十五年(1658)據大順本增補;康熙五十三年佚名據順治本再予增補。故此本應爲"萬曆刻大順順治康熙遞修本"。《中國善本書目提要》著錄的第二種《華嶽全集》與此本題銜相同,但內容有別,例如"無清代祭告之文,亦無宋琬、蔣超之詩,更無狄敬之名",推測可能又是一種遞修本。

《著硯樓讀書記》著錄的所謂"蜀大順本《華嶽全集》",與續四庫本似爲一種版本。不過,該書的認知存在幾點問題:其一,僅依據卷前賈待問及張維新序之後有曹士掄跋語,就認爲《華嶽全集》"原刻於萬曆,而版行於蜀張稱號時"。認爲是"蜀大順本",值得商榷。關於這個問題,學界於六十年代初早有爭論。① 經過多位學者的論證,此案已經有公論,即曹士掄所刻爲李自成大順政權治下的文化成果,與張獻忠的大順年號并無關係。國圖所藏本有多處圖文漫漶不清及斷板,續四庫本則較爲清晰完整。國圖所藏本與續四庫本還有幾處明顯的區别:其一,卷首序跋。國圖所藏本《刻華嶽全集叙》作者爲張維新,續四庫本將序文作者署爲賈待問;國圖所藏本《華嶽全集叙》作者爲賈待問,續四庫本將作者署爲張維新。其二,國圖所藏本卷首有《重刻華嶽全集跋》(馬明卿)、《重刻華嶽全集續跋》(馮嘉會),續四庫本則無。續四庫本題銜與國圖所藏本、四庫存目本迥异,將馬明卿、張維新等銜名概行剜改爲李自成部將馬世耀、劉蘇等。賈待問《叙》和張維新《叙》後均有落款爲"大順初年開創第一令曹士掄謹識"的跋語。馬世耀、劉蘇之下亦無著述方式。卷之三止於明隆慶六年(1572)《祈佑祭文》。

四庫存目本馮嘉會《重刻華嶽全集續跋》,説明其於萬曆三十年續撰《華嶽全集》之事。卷一《青柯坪鳳凰山青柯館圖》與國圖所藏本及續四庫本該圖比較,增加了"太華書院"四字。據《(道光)華嶽志》卷一《名勝》載,"太華書院"係萬曆三十六年縣令崔時芳、教諭張輝以青柯館改建,爲馮從吾教學授徒之所。因此,此本當係萬曆三十六年或之後刊行。卷之三又發現收有萬曆四十七年《禮嶽告文》。可見,四庫存目本已非馮嘉會續撰初刻本,而是後人增補本。因此,推測此本爲佚名於萬曆四十七年據萬曆三十年馮嘉會續輯本增補而成。所收二十四幅圖,基本襲承了原本,只有《山形總圖》《青柯坪鳳凰山青柯館圖》有細微的差别。卷之三萬曆三十二年《祈雨祭文》《萬曆三十四年祭文》、萬曆三十八年《祈雨祭文》、萬曆四十五年《祈雨告文》、萬曆四十七年《禮嶽告文》係增補,原本無。卷之三末,四庫存目本有"華陰縣知縣李時芳刻"數字,由此可見與《(嘉靖)華嶽全集》的承繼關係。四庫存目本在國圖所藏本的基礎上,補充了不少内容,尤其是卷之十一,補充了幾十首詩。但是,對於内容也有重新編排與删減。據以上分析,四庫存目本可定爲"萬曆四十七年佚名增補本"。另據張江濤編著的《華山碑石》第 78、312—313 頁所收録的《葛曦華山詩刻石》,葛麟在華山鎸刻此詩時,是明天啟七年(1627),據其所述"□□道院,備收嶽史",可知當時這些詩尚未被收入華嶽的文獻之中,而四庫存目本不僅收録了這四首詩,還另外收録了四首,據此推測四庫存目本刊刻的時間當在天啟七年之後。

與國圖所藏本和續四庫本相比,四庫存目本文字舛誤較少,且字迹清晰。從時代角度而言,也較早於前二者。照此,應够格作爲底本,但是就收録内容的全面性而言,國圖所藏

---

① 相關文章有魯深:《明末農民起義政權刻書考》,《光明日報》1961 年 8 月 19 日;朱偰:《關於〈華嶽全集〉的一點看法》,《光明日報》1962 年 3 月 6 日;朱偰:《〈華嶽全集〉刊於何時?》,《光明日報》1962 年 5 月 3 日;李承祥:《談張獻忠時期的一部蜀刻書》,《重慶師範學院學報》1981 年第 2 期,第 72 頁。

本雖漫漶之處較多，但内容增補較多，加之與續四庫本篇章結構及文字最爲相似，二者可以互爲參校，故適合在整理時作爲底本使用。

4. 關於曹士掄識語

綜合各本來看，曹士掄一共有三段識語。

一在馬明卿《跋》之後，文字爲："不朽之脉，文章是也；明序姑存，因革損益之道也。斯文未喪，百世可知，願後有識之者。大順初年開創邑令曹士掄評。"

一在張維新《華嶽全集叙》（萬曆丙申）之後，文字爲："學衍於先後天，撰一於先後聖。兹明序已而既有，有之在昭。文之禪代，固淵源有由，則异世而同德，以俟後之君子。大順初年開創第一令曹士掄謹識。"

一在賈待問《刻華嶽全集叙》（萬曆丁酉）之後，文字爲："此明序也，謹存之，使古人與名，得俱傳到今；千百世相禪，皆得以遞衍。作者而凡居先，信不凛凛有生氣也哉！大順初年開創第一令曹士掄謹識。"

馬明卿《跋》各本均未注明時間，但馬明卿於萬曆二十四年任華陰縣知縣，故此跋當寫於萬曆二十四年或二十五年。三段識語内容各异，比對字迹，均出自曹士掄之手，故推測曹士掄剜改明萬曆刻本之時，所依據的本子同時有張維新、賈待問、馬明卿所作序及跋文。還有一點需要在此進行補充説明：其一，書體識别的問題，有些研究者將"初年"識别爲"初元"，將"初"字識别爲"萬"字，將"因革"識别爲"因筆"；其二，標點問題，例如將"因革損益之道也"，斷爲"因筆損益之，道也"（《中國善本書提要》第 206 頁）。後來的研究者大多援引《中國善本書提要》，以訛傳訛，特此説明。另外兩段批語，或許是難得一見，或許是因爲字體難以辨識，故很少有研究者提及，即便提及者，也是原圖奉上，并未充分釋讀。例如《〈華嶽全集〉版本之論》："館藏萬曆二十四年本卷首賈待問和張維新叙後都刻有曹士掄的題識，均署'大順初年開創第一令曹士掄謹識'。筆者才疏學淺，未識出兩篇題識，將圖片録於此，以求教於方家。"①本次校點，有幸將三段識語搜集全面，多方求教，才勉强識别，舛誤之處不可避免，僅供學界參考。關於曹士掄批語本，還有幾點需要説明：其一，將該本稱爲"大順本"或"永昌本"，均可，但不可稱爲"蜀大順本"（前文已有論述）；其二，有學者認爲此本爲曹士掄尊奉李自成之命刊刻，但并無充分的證據支持，故難以判定是自發行爲還是官方行爲；其三，有學者認爲曹士掄批語證明李自成大順政權對文化的重視，也缺乏相應的史料支撑，且短短幾行文字，實在難以説明；其四，有學者指出曹士掄批語本爲"中國

---

① 徐建霞：《〈華嶽全集〉版本之論》，《中國商報》2016 年 3 月 3 日第 6 版。

現今保留下的唯一一部農民起義政權刻""此書流傳,可謂絕無僅有",對此,本文保持謹慎意見;其五,"大順初元"或爲永昌元年(1644),當明崇禎十七年,續四庫本有"欽命鎮守潼關兼攝河南山陝等處地方軍民事鶩巫山伯馬世耀"等銜名,而永昌二年(1645)正月多鐸即率清軍攻破潼關,馬世耀并大順守軍俱被殺,故此年已無暇於印書。又此"大順本"中不見有大順政權的相關文字,當以僅依舊版剜改撰者銜名,於其他則無所删改增益。

三、結　語

比對嘉靖、萬曆兩種《華嶽全集》卷前目録,篇章排布有諸多相似之處,不過,《(萬曆)華嶽全集》係後修,體例較爲優長,且卷一所附二十餘幅西嶽圖繪製精美,標注清晰,據圖可對華嶽諸勝景了然於胸,亦可寓目其間,神游斯山。對於這部書,張維新本人是比較滿意的:"一展玩間,五千仞巨麗昭然几席,庶幾哉於華嶽翁可稱良史爾。"賈待問對於此《集》的評價是相當高的:"張君是役也,冥搜窮索,撼故增新,豕亥刊訛,魚珍核謬,更臚列而星分,遂雲蒸而霞變。不惟使西嶽之雄秀畢呈,東井之文明載煜,而按圖牒,見神奇之天造;稽藏育,識英淑之地靈;考秩祀而典神厚下之義明,諦詞賦而颺休寄興之思遠。"

但也存在一些不足。例如內容分類不盡合理,卷之二將峰麓名勝紀、物産與靈異置於一卷之内;内容排布比重失衡,例如從卷之七至卷之十三,用了一半多的篇幅,彙集了五言古風、七言古風、五言律詩、五言排律、七言律詩、五言絕句、七言絕句等詩體。清姚遠翺調任華陰,覽《(萬曆)華嶽全集》,認爲龐雜簡略,未盡華山之勝,非"完志",遂有重輯之念,於是纂成一部《華嶽志》。儘管如此,《(萬曆)華嶽全集》仍不失爲一部優秀的名山志,對於研究西嶽華山歷史、道教文化史、陝西書院教育史等課題提供了不可多得的資料。由於版本情況較爲繁雜,且有部分版本藏於境外,難以獲取,故本次僅以可得之三種具有代表性的版本進行論述,待有機會,再行補訂。

【作者簡介】高葉青,陝西省社會科學院古籍整理研究所研究員,主要從事陝西歷史文獻的整理研究。

明清《三原縣志》考論

周喜存　吴敏

　　明清兩代,陝西三原縣經濟富庶,民多商賈,士多學問,爲關中之壯邑。時有"白菜心,涇三高"之説,其中"涇三高"即指涇陽縣、三原縣、高陵縣。三原縣修志歷史久遠,從明成化十七年到清光緒六年,先後有五部縣志刊行於世。整體來看,這五部縣志紹承有序、體系完整,在明清陝西衆多縣志當中,屬於出類拔萃、質量上乘者,堪與武功縣、朝邑縣諸志相頡頏。

一、明清《三原縣志》版本述略

　　明清陝西三原縣纂修并刊行的縣志共計五部,金恩輝、胡述兆《中國地方志總目提要》、高峰《陝西方志考》均對其版本、内容等進行了考證和提要,但其中存在多處錯訛疏漏、語焉不詳之處。本文在系統考索和訪書目驗的基礎上,對這五部縣志進行了重新梳理和考訂,并對以上兩部著作中的錯誤内容予以糾謬和補正。

　　1.《重修三原志》十六卷,明朱昱纂修(以下簡稱《朱志》),明成化十七年刻本。每半葉十行,行二十字,黑口,雙魚尾,四周雙邊。卷首有王㒜序,卷末有任彦常序。王㒜《重修三原志序》云"縣舊有志,既多脱略",知縣林洪博序言中亦説"三原舊志多脱略,錯亂不可觀",可知早在明成化十七年以前,三原縣就修有縣志,但質量較差,頗多訛誤、錯亂之處。按,王承裕《重修三原縣志序》云"《三原縣志》寔我先公草創,多歷年所積成巨帙,然不自爲,托江南宿儒朱約齋懋易爲之",可知邑人王恕進行了資料蒐集等基礎性工作,後委托朱昱纂輯,終成其事。

　　《朱志》分地理、食貨、公署、壇遺、古迹、宦迹、人物、制詞、詞翰等類目。四庫館臣對

---

* 本文爲陝西省社會科學基金項目"《維於仁集》點校"(項目編號:2019GJ003)階段性成果。

《朱志》詬病頗多,認爲其"分類太繁,例多叢脞"。① 究其原因,主要是一級類目與二級類目分類混亂的緣故,僅"人物志"類目就分了十七个子目,顯得過於零碎瑣細。按:知縣林洪博序言"體格、義例、詳略、去取,則一取裁於公(王恕)。蓋自建置以至撫遺,類爲二十有一,爲目五十有九,釐爲十有六卷",可知其類目實由王恕釐定。成化本《重修三原志》是其他四部縣志的"母本",原刻本已亡佚不可尋。任彥常《三原縣志後序》"以卷計一十有五",《千頃堂書目》著録"朱昱《三原縣志》,二十卷"皆誤,②此志當爲十六卷。

　　成化本《重修三原志》經過兩次補刻重印,衍生出了兩個版本。儘管每次都有少量内容增補或删減,但其整體内容和基本版式與成化本基本保持一致,屬於同一個版本系統。一是明嘉靖十四年重刻本。知縣林洪博序云:"奈何(成化本)鏤板之時,被人將偽作之文增入,遂使觀者病焉。"教諭張信跋文中記載,明弘治十七年知縣林洪博"與老先生(王恕)處請原本校之,去其偽作,餘悉從其舊,稍增古文及近來數事",但不久林洪博因"致其事以歸",主簿趙昂繼續推進此事,"將及其終"。明正德三年,知縣王堯臣又"鋭意規措,以收其成",但一直未能正式付梓。王承裕《跋重修三原志後》記載,此志"嘉靖十四年秋九月既已刻完",但發現"中間頗有魯魚亥豕之訛,蓋嘗是正而命工易之",於是王承裕重新組織刻工進行了修訂和完善,直至嘉靖十四年十一月方才付梓,故其記事亦止於明嘉靖十四年。是本始刻於明弘治十七年,刻竣於明嘉靖十四年,前後歷時達三十一年之久,過程可謂漫長而曲折。中國國家圖書館、中國科學院南京地理與湖泊所等單位收藏。《四庫全書存目叢書》據國家圖書館所藏嘉靖重刻本影印出版,③但其中有部分缺葉。二是明崇禎九年張縉彥補刻本。劉紹攽《三原縣志》卷五記載"張縉彥,河北人,崇正年間任",是志爲張縉彥擔任三原知縣時所補修,僅在嘉靖重刻本的原板上增補了部分内容,重新刷印而成。對照兩個版本的文字,崇禎補刻本在原板空白處或卷末增刻了少量内容,記事亦止於明崇禎九年。如卷一第五葉增加了"崇禎七年,知縣張縉彥見北面瀕河欲頽岸圮,添築磚垜……"等一百七十餘字;卷三第十八葉增加"太子太保贈少保謚恭毅温純塋在河北西門處。萬曆三十四年,工部奏請欽差少卿余懋康監造"若干文字;卷五末增加一個附録,主要是温純、温予知、張昶、張原的生平事迹以及梁氏、張氏堅守貞節事宜;卷十二末又增加了知縣張縉彥記文兩篇等。與原板相比,崇禎年間補刻的字體偏瘦,比較容易區分。由於時間久遠,嘉靖原板已有一定程度的損壞,個別地方漫漶嚴重而導致字迹模糊不清,故崇禎補刻本刷印質量較差。陝西省圖書館、台北"故宫博物院"等單位收藏。《原國立北平圖書館甲庫善本

---

① 紀昀:《欽定四庫全書總目》,北京:中華書局,1997年,第988頁。
② 黄虞稷:《千頃堂書目》,上海:上海古籍出版社,2011年,第176頁。
③ 四庫全書存目叢書編纂委員會:《四庫全書存目叢書》,濟南:齊魯書社,1996年,史部180册,第348—572頁。

叢書》據台北"故宮博物院"藏本影印出版。① 是志另有清抄本,底本爲明崇禎九年張縉彦補刻本,抄録年代不詳,上海圖書館收藏。《上海圖書館稀見方志叢刊》和《中國地方志集成·陝西府縣志輯》皆據清抄本影印出版,較爲通行易得。

2.《三原縣志》七卷,清李瀠纂修(以下簡稱《李志》),邑人温德嘉、焦之序參訂,清康熙四十三年刻本。每半葉十行,行二十二字,上白口,下黑口,單魚尾,四周雙邊。卷首依次收録博濟、鄂海、查升、何皞、李瀠、張士謹、王袞七篇序文,另有王璵、任彦常、林洪博、張信四篇舊序,以示對《朱志》的紹承和賡續。是志共分地理、建置、賦役、官師、選舉、人物、藝文七卷。李瀠序云"前志(《朱志》)錯雜,慮有依托,是以核而臚之,必从其類"。針對《朱志》目録編排混亂的缺點,李瀠進行了全面改進和完善。在具體内容上,李瀠對《朱志》進行了重寫或删節,并用"以上載舊志"等字樣予以區别。《李志》體例謹嚴,資料宏富,刻印精美,後人評價較高,認爲"公係良吏,志爲信史"。是志於清康熙五十三年進行了重印,增加了《旌太學生張宗禮已字慕烈女貞節碑記》一文。中國科學院圖書館、陝西省圖書館、陝西師範大學圖書館、西北民族大學圖書館、三原縣圖書館等單位收藏。

3.《三原縣志》二十二卷首一卷,清張象魏纂修(以下簡稱《張志》),清乾隆三十四年刻本。每半葉十行,行二十二字,白口,單魚尾,四周雙邊。卷首依次收録和其衷、明山、鍾蘭枝、吴綬詔、富躬、張象魏的六篇序文。此志史料裒集廣泛,參考了《明史》《陝西通志》《朱志》《李志》等多種史料,内容豐富詳贍。此外,張象魏還借鑒了康海《武功縣志》的寫法,認爲"雖未可學步效顰,而參之太史以著其潔,執簡者知所從事矣"。是志考證嚴密,博精審慎,自出按語,力求做到秉筆直書、實事求是,在明清五部《三原縣志》當中質量最爲上乘。吴綬詔在序文中評價此志"搜羅富有,殫見洽聞,山水之清泚,千百年人物之壯偉,莫不奕奕熊熊,震耀簡册。而其精核雅潔,又迥超出乎尋常,志乘之外,駸駸乎宜入良史之室"。是志卷十至卷十六爲人物志,所占篇幅最大。卷十八"典籍"部分收録三原籍文人著述308種,其中經類38種、史類22種、子類51種、集類197種,對研究三原縣歷代文人著述情況具有較高參考價值。《張志》刊刻精美,圖文并茂,品相較佳,今藏中國科學院圖書館、陝西師範大學圖書館、西安碑林博物館等。另有清光緒三年碧梧書屋抄本,國家圖書館收藏。

4.《三原縣志》十八卷,清劉紹攽纂修(以下簡稱《劉志》),清乾隆四十八年刻本。每半葉十行,行二十二字,黑口,單魚尾,左右雙邊。邑人劉紹攽曾參與《張志》的編纂工作。但是僅隔十餘年,劉紹攽另起爐灶,重新纂修了一部縣志。因距離時間太近,故收録的新

---

① 中國國家圖書館編:《原國立北平圖書館甲庫善本叢書》,北京:國家圖書館出版社,2013年,第351—352册。

內容甚少,只增加了乾隆丙戌以後的近事,在水利、城池、人物等方面較《張志》記載更爲周詳。清代對志書的修纂管理較爲嚴格,縣以上的志書只能由官府統一組織編修。從某種意義上來説,《劉志》據有一定的私修性質。是志前後未收錄一篇序跋,疑與清代的志書管理制度有關。《劉志》分地理、建置、田賦、官師、選舉、人物、烈女、藝文、著述等類目。卷十二至十八爲"藝文志",收錄三原縣歷代詩文頗多,幾占全書篇幅的三分之一。卷十八單獨臚列"著述"類,按經史子集羅列歷代鄉賢著述,書目順序與《張志》完全一致。是志刻印精美、字體疏朗、品相較佳,國家圖書館、陝西省圖書館、陝西師範大學圖書館、西北大學圖書館等單位收藏。台灣學生書局《新修方志叢刊》亦收錄是志,較爲通行易得。

5.《三原縣新志》八卷,清賀瑞麟纂修(以下簡稱《賀志》),清光緒六年刻本。每半葉十二行,行二十四字,黑口,雙魚尾,四周單邊,有白紙本、黄紙本存世。是志由知縣焦雲龍倡議,延聘關學大儒賀瑞麟主持纂修而成。國家圖書館、陝西師範大學圖書館等多家單位收藏。此志共分地理、建置、田賦、祠祀、官師、人物、選舉、雜記八卷,是研究三原縣歷史、地理、水利等非常珍貴的文獻,對於研究清末陝西回民起義亦有一定價值。卷六爲"人物志",分上、中、下三部分,共計18个子目和1个附考,内容約占全書的一半。但部分人物只列名字而無生平事迹簡介,顯得過於簡略。是志始修於清同治三年,刻竣於清光緒六年。與前面四部縣志相比,《賀志》體例簡明清晰,叙事客觀詳實,行文明白曉暢,考證嚴謹詳實,缺點是行格緊密,字體較小,個别地方通葉爲雙行小字,閲讀不方便。是志另有民國二十六年補刻本。三原縣地方志編纂委員會對《三原縣新志》進行了稽注整理并出版,但其中有部分錯訛之處,使用時最好與原刻本對照。

二、明清《三原縣志》文獻價值分析

明清兩代是我國地方志纂修的高峰,僅《陝西地方志聯合目録》就收録方志590種,[①]其中明志65種、清志380種,明清纂修的方志超過總數的四分之三。杜澤遜先生十分重視地方志對文學文獻整理研究的重要作用,"地方志又是我們搜集文學作品,研究文學史的重要資料,許多詩文不見於作家别集,却保存在地方志中。編集宋、元、明、清歷朝詩、文總集,地方志是不可或缺的重要來源。"[②]現存的明清五部《三原縣志》均由當地名宦或文化名士主持纂修而成,具有較高的文獻價值和研究價值,是了解、研究三原縣歷史文化不

[①] 陝西省圖書館、陝西省社會科學院圖書資料室編:《陝西地方志聯合目録》,1982年。
[②] 杜澤遜:《文獻學概要》,北京:中華書局,2004年,第346頁。

可或缺的珍貴史料。這五部縣志當中保留了大量真實可信的原始文獻,是正史有益的補充。即使是略顯稚嫩和粗陋的《朱志》,也是我們了解明成化以前三原縣歷史重要的史料。一代之事迹存乎史,而一方之事迹存乎志。在正史無暇或不屑顧及的場域,方志開闢了一片嶄新的天地,其中保留了大量正史和其他史籍未收的原始文獻,是中華優秀傳統文化一筆寶貴的財富。

譚其驤先生認爲"方志中的《藝文》一類,輯録了許多前人的詩文,這些文字一般没有經過修志者的改動,反映了各個時代各個方面的情況,是最可貴的第一手材料"。① 在這五部縣志中,《朱志》《李志》《張志》《劉志》收録的藝文均達到或超過了全書内容的三分之一。雖有内容龐雜之嫌,但保存了大量的地方文獻和鄉賢詩文作品。如張象魏《三原縣志》保留了《景亦子自述》一文,爲研究三原籍文人温自知的生平事迹提供了重要依據。邑人賀瑞麟對鄉邦文獻也極爲重視,針對前四部縣志藝文部分"略則遺、泛則雜"的弊端,在纂修《三原縣新志》時另闢蹊徑,將藝文單獨輯録爲《原獻文録》四卷、《原獻詩録》三卷、《原故文録》一卷,便於後人詳覽,以窺睹前賢著述盛況之一斑。此類有價值的史料在這五部縣志中俯拾皆是,是了解和掌握三原縣歷史沿革、地理、水利、物産、人物、文學等情況的必讀史料,對於歷代三原縣人物的生平考訂、作品輯佚校勘等具有較高的參考價值。此外,《李志》《張志》《賀志》考校審慎,文辭雅馴,亦爲後人修纂方志樹立了典範。

通過比較這五部縣志,我們可以發現,自明迄清"列女"類所占比重顯著增加,特別是賀瑞麟《三原縣新志》卷六(下)專門著録列女,在舊志"列女、節孝"類二百六十六人的基礎上,新增九百六十八人;"貞列"類在舊志二十五人的基礎上,新增一百七十一人。此外,新增"賢淑"類四人、"閨秀"類一人、"貞壽"類三人、"瑞應"類一人、"附考"類一人。這説明清代後期縣志編纂在"秉筆實録"的前提下,逐步增强了"道德教化"的意圖和比重。

三、關於地方志開發利用的幾點思考

地方志作爲傳統文化的基礎性載體,其涵蓋範圍廣泛,有"地方百科全書"之美譽,在傳承和弘揚中華優秀傳統文化方面具有不可或缺的作用。賈三强教授在《略論文史研究中地方志的利用》一文中,明確提出方志具有"佐證史事""考訂文學文獻""補證文學史"等

---

① 譚其驤:《地方史志不可偏廢,舊志資料不可輕信》,《中國地方史志論叢》,北京:中華書局,1984年,第19頁。

功能。① 如何充分開發和利用方志，筆者不揣譾陋，提出幾點芻蕘之見，祈求方家指正。

首先，方志是一種歷史性叙述，其文本背後必然受到編纂者話語權、社會制度、價值取向、經濟社會發展等諸多因素的制約和影響。在多種因素的綜合作用下，方志的編修質量也體現出參差不齊的特點。方志的質量與修志者的態度有密切的關係，這在朱昱纂修《重修三原志》和《重修毗陵志》中可窺一斑。四庫館臣對《重修三原志》詬病頗多，但對朱昱《重修毗陵志》却評價甚高，認爲"所修比他志爲善"。② 僅從文本對比來看，朱昱在纂修《重修毗陵志》時殫力采摭、傾心編纂，終成皇皇四十卷良志；相較而言，其在纂修《重修三原志》時則投入精力較少，導致編修質量較爲平庸，給人以資料彙編之感。此外，邑人參與纂修的志書中不免存在"爲親者諱、爲尊者諱"的情况，如王承裕在嘉靖十四年重刻《朱志》時，幾乎將所有涉及王氏家族成員的文字全部重寫或潤色，不免有拔高或溢美親者之嫌。因此，研究者在利用方志文獻時，務必多加甄別、多方考證，不能以一家之言，輕易下結論，最好結合更廣泛的資料，進行更仔細的分析鑒別。

其次，隨着現代技術的日新月异，特別是互聯網技術的高速發展和廣泛普及，爲傳統方志的開發利用提供了新方法和新途徑。方志資料也應該改變長期以來深待閨中、静態儲藏的狀態，進一步加大數字化、信息化、網絡化建設力度。目前，國家圖書館在地方志數字化方面已經邁出了堅實的步伐。比如，將張象魏《三原縣志》光緒三年碧梧書屋抄本進行了數字轉化，並提供在綫查閱功能，讀者使用極爲方便。此外，國家圖書館"數字方志"庫還收録了劉紹攽《三原縣志》乾隆四十八年刻本、賀瑞麟《三原縣新志》光緒六年刻本和民國二十六年補刻本的影像版，支持在綫瀏覽。四庫系列數據庫收録了朱昱《重修三原志》明嘉靖十四年刻本，愛如生中國方志庫收録了劉紹攽《三原縣志》乾隆四十八年刻本、賀瑞麟《三原縣新志》光緒六年刻本的影像版，不僅增加了圖文對照功能，而且支持全文檢索，使用起來非常方便。

最後，從現狀來看，學術界和相關管理部門對地方志的重視程度尚顯不足，開發利用方志資源仍有待於進一步拓展和深入。要在摸清地方志家底的基礎上，系統編纂目録、提要、索引等，對方志資源分門別類整理，便於讀者按圖索驥。目前，方志中的一些孤本、善本仍然處於爲藏而藏、秘不示人的狀態，許多方志收藏單位只注重了"藏"，而忽視了"用"，没有充分發揮地方志在傳承和弘揚中華優秀傳統文化、促進地方特色文化建設等方面的作用。如李瀛《三原縣志》、張象魏《三原縣志》兩部方志，均具有較高的編修質量和史

---

① 賈三强：《略論文史研究中地方志的利用》，《古籍整理研究學刊》2009 年第 4 期，第 1—7 頁。
② 《欽定四庫全書總目》，第 988 頁。

料價值,但存世刻本數量不多,屬於稀見方志,亟需影印或整理出版,使之化身千萬,嘉惠學林。

【作者簡介】周喜存,文學博士,西北大學文學院講師,主要從事明清陝西地方文獻整理、明清文學研究。吴敏,西北大學2021級中國古典文獻學專業碩士研究生。

乾嘉學者程敦生平及其
《秦漢瓦當文字》考論

李向菲

秦漢宮觀之瓦，多於瓦頭篆字，出土者少，一直到清初，見於著録者僅寥寥幾種。宋王闢之《澠水燕談録》載寶雞縣民得秦武公羽陽宫"羽陽千歲"瓦，爲瓦當之最早見於記載者。其後元李好文《長安志圖》、明曹昭《格古要論》等著作亦有零星記載。至清康熙間，侯官林侗游甘泉宫址，得漢"長生未央"一瓦，其弟林佶遂拓此瓦文，描述形制，序其由來，共時人序跋、詩歌輯爲一卷，名爲《漢甘泉宮瓦記》，被時人譽爲"近日言瓦當文之祖"，[1]清代的瓦當研究遂拉開帷幕。至乾嘉時期有極大的發展，瓦當出土數量激增，研究著作也日益增多。其中，程敦《秦漢瓦當文字》一書，代表了當時瓦當研究的最高成就。

程敦，字厚孫，號彝齋，安徽歙縣人，是乾嘉時期著名的金石學家。他在金石學史上具有舉足輕重的地位，然而關於其生平、著作的具體情況，目前還未見有專門的研究。本文擬根據現有史料，對程敦的生平及其《秦漢瓦當文字》一書的成書、版本、成就等方面逐一考述。

一、程敦生平

程敦的生平見於文獻記載的很少，能夠勾勒出來的只有兩個時期。一是其少年時代。他曾師從鄭虎文，據鄭氏所撰《程彝齋文題辭》云：

> 槐塘程生敦，少嘗客蘇、杭間，從其賢士大夫游。好子史百家之言，而薄制科文爲不足學，超然有高世之志。歸而讀不疏園主人汪君在湘《西湖紀游》，心折曰："不意柳州近出吾里。"遂往師在湘。在湘固嘗受經學于婺源江氏永，受古文法于桐城劉氏大

---

[1] 林侗：《來齋金石刻考略·自序》，清春暉堂本。

櫆,茲土之學者也。既見生,大嗟賞之。復進生於余,學爲制科文。余老病荒陋,無以益生也。而生終不喜作時文,時強之乃作,作輒離奇變滅,絶出筆墨町畦之外,非埋頭兔園册子者胸腹間物,世故目生狂者。余曰:"生不狂,生其狂于文者歟。"一年,在湘病歿,屬課其幼子于生,生遂去,故所得止此。嗚呼,在湘可謂知人能得士矣。①

由此文可知,程敦少時負才有狂名,工古文辭,而不喜科舉時文,有超越世俗之處。師從汪梧鳳,字在湘,號松溪,亦歙縣人。汪梧鳳一生無意仕途,經學師事徽派朴學創始人江永,古文則師從桐城派學者劉大櫆,又常與戴震、鄭牧、金榜等論學,著有《松溪文集》。汪梧鳳雅善文辭,程敦讀到的《西湖紀游》一篇尤爲人稱贊,寫難狀之景歷歷如在目前,風格近於唐柳宗元的山水小記,因此程敦有"不意柳州近出吾里"的感嘆。汪梧鳳對於程敦亦極爲看重,他曾對次子汪灼説:"异日成吾志者敦也,吾爲若得良友矣。"汪灼生於乾隆十三年(1748),②程敦與之年歲相仿,亦當生於是年前後。

汪梧鳳推薦程敦從學的鄭虎文,字炳也,號誠齋,浙江秀水人。乾隆七年(1742)進士,官至翰林院贊善。著有《吞松閣集》。晚年曾主徽州紫陽書院以及杭州紫陽、崇文兩書院,程敦所入者或爲徽州紫陽書院。汪梧鳳本希望程敦從鄭虎文學習時文以應舉,然而程敦却并不喜歡這種有嚴格規範約束的八股時文。或許正因爲此,程敦一生并未參加過科舉考試。程敦從鄭虎文學習僅一年而汪梧鳳卒,時乾隆三十六年(1771),③程敦遂歸汪家教授汪梧鳳之幼子。

因此,程敦在乾隆三十五年(1770)之前數年間受業於汪氏,三十五年至三十六年間師從鄭虎文。程敦在汪氏卒時年約二十四五歲,之後十餘年間,行踪不詳,或一直在汪家坐館。

程敦之後的行迹可考知的是其客居陝西的十年。程敦《秦漢瓦當文字》序云"乙巳、丙午間,敦客西安",④乙巳、丙午乃乾隆五十年(1785)、五十一年(1786),似其這兩年間才至陝西。然而乾嘉時著名金石學家王昶作有《蘇文忠公生日,秋帆中丞招企晋、東有、友竹、稚存亮吉、淵如、敦初、家半庵開沃、程彝齋敦,集終南仙館作》一詩,⑤據此詩題,時任陝甘總督的畢沅於蘇軾生日當天,邀西安按察使王昶、程敦等在終南仙館(畢沅在西安時營建

---

① 鄭虎文:《吞松閣集》卷二七,清嘉慶刻本。
② 見朱宏盛:《徽州詩經學史》,合肥:黃山書社,2018年,第360頁。
③ 汪梧鳳事參見汪中:《大清故貢生汪公墓誌銘并序》,收入其《述學·別錄》,《四部叢刊》景無錫孫氏藏本;鄭虎文:《吞松閣集》卷三五《汪明經松溪行狀》。
④ 《秦漢瓦當文字》卷首,清乾隆五十九年刻本。
⑤ 王昶:《春融堂集》卷一八,清嘉慶十二年刻本。

的一處園林別館)宴集唱和。按蘇軾生日在十二月十九日,而畢沅乾隆五十年二月調任河南巡撫,①離開西安,則此次宴集最晚發生在乾隆四十九年(1784)十二月,即是時程敦已在畢沅陝西幕府。畢沅在陝十餘年,廣泛延攬文人入幕,幕府極一時之盛。很多年輕士子慕名前來,爲其仕途發展尋求機會。程敦大概也抱有這種想法前來,然而畢沅未幾即調離西安,而程敦此後則滯留陝西。

《(民國)安徽通志稿》云程敦乾隆時官陝西縣令,②不云何縣,陝西諸方志也未見記載。此後程敦在陝西滯留至少十年,其《續秦漢瓦當文字》序云:"著録成于乾隆丁未……自敦稽留於此,又逾七年……甲寅八月望後一日,程敦又識。"③甲寅爲乾隆五十九年(1794),程敦是時仍在陝。之後程敦是否仍在陝西,已無可考知。

在陝西的十年間,程敦開始了瓦當的收藏研究,并著成《秦漢瓦當文字》一書。除此之外,據翁方綱《程彝齋書劍小像二首》詩"夫襮琫珌羅倉雅,合入先生釋器圖",注云:"程君撰《禮經釋器》。"④則程敦尚有《禮經釋器》,惜今不見。阮元《積古齋鐘鼎彝器款識》所收戈扶鼎、叔羼鑊鼎、陽鼎三器,自云乃據程氏關中搨本摹入,⑤或即程敦《禮經釋器》所收。

二、《秦漢瓦當文字》版本考述

《秦漢瓦當文字》一卷、《續》一卷。前者成書於乾隆五十二年(1787),刻於臨潼橫渠書院。著録瓦當三十四種,每種又有异品多種,總數多達一百餘種。每瓦收其拓本,説明來源并考訂瓦文。此後程氏陸續又有所獲,遂在此本基礎上不斷遞修增刻。至乾隆五十九年(1794),修訂重刻,將初刻本中所收多種申兆定仿本以真本換去,對釋文和考證做了修訂。又將五十二年以後所獲二十五瓦單獨成《續》一卷。

其著書緣由,程敦乾隆五十二年序説得很清楚,云金石學者趙魏、錢坫、俞肇修、申兆定先後客居陝西,四人收藏瓦當較多,其中申兆定又善於仿造,他人所有皆能仿製。程敦因與四人皆友善,因此瓦當拓本多得自四人,收藏亦富。因嘆諸瓦聚之不易,而著此書記載。

目前所見此書版本主要有兩種。一爲乾隆五十九年刻本,《秦漢瓦當文字》一卷,收瓦三十四,釐爲上、下;收有程敦丁未年(五十二年)自序、程敦與孫星衍書、鄭際唐與程敦書。

---

① 見《弇山畢公年譜》,收入吴洪澤等編:《儒林年譜》第四十册,成都:四川大學出版社,2007年。
② 《(民國)安徽通志稿·藝文考稿》史部目録類金石之屬著録程敦《秦漢瓦當文字》,有小傳。
③ 《秦漢瓦當文字》卷首,清乾隆五十九年刻本。
④ 翁方綱:《復初齋詩集》卷二五,清刻本。
⑤ 阮元:《積古齋鐘鼎彝器款識》卷四,清嘉慶刻本。

《續》一卷,收瓦二十五,書前有程敦甲寅年(五十九年)序。

一爲咸豐四年(1854)朱克敏重裝本,《石刻史料新編》第四輯據以影印。此本的情況比較複雜。朱克敏,字時軒,號游華山人、太華山人等,甘肅皋蘭人。生於乾隆五十七年(1792),卒於同治初。道光七年(1827)至八年(1828),游學西安。十年(1830),再次入陝。十二年(1832)至十六年(1836),任藍田玉山書院山長。後歸甘肅。《秦漢瓦當文字》應是其在西安時購得,藏於篋中數年。朱克敏對所藏此書頗爲自得,多次邀請友人同觀,此本中有其手書識語數則,有的爲邀人同觀此書的記載,一云"戊申(道光二十八年,1848)夏日,同河南李石生觀于皋蘭縣署神仙洞中",又云"戊申暇日,同徐小山世叔、李石生同硯觀于樂天山房"。① 其在陝數年,當購置有多種瓦當,因此書中亦有數條識語記錄自己在陝購置某瓦的情況,如延年益壽瓦圖下云:"嘉慶十八年(1803)癸酉鄉試,得于長安好古書室。"至咸豐四年,朱克敏將此書重裝,書中有裝後自題曰:"咸豐四年甲寅巧日時軒重裝。""咸豐四年甲寅秋七月,重裝於樂天山房西花亭,重游太華山人朱克敏記,時年六十有三。"②

重裝的原因,或因年代久遠,此書漸有殘泐,又或因翻閱頻繁,書葉已散亂。重裝時朱氏將部分殘泐文字,手書補齊,但其手書文字和原文已有差異。書葉亦時有竄置,如永奉無疆、億年無疆兩種未按書前目錄順序編排;衛字瓦兩次出現,第二次出現時考證文字僅存半葉,九圖僅有六圖,且混入了上林瓦三圖;長生未央瓦、與天無極瓦均出現兩次,後一次則無一字說明。另外朱本在目錄、序文之後,正文之前,又有一目錄。因原本無緣見到,從《石刻史料新編》影印本看,此目錄爲"秦漢瓦當文字一卷上""秦漢瓦當文字一卷下",兩葉迭加在一起,"上"在下,內容不可見;"下"在上,其目溢出書前目錄範圍,似爲《續》之內容。書前目錄三十四瓦,起十二字瓦,終八風壽存當瓦。正文則八風壽存當瓦以下,又有二十餘瓦,當爲程敦所云乾隆五十二年後所續得之瓦。

又朱氏重裝時似將每頁裁爲半葉,再拼合裝訂,絕大部分書葉無版心。然長生未央、與天無極瓦、衛字瓦圖重複出現時,却有幾葉是整葉的形式,版心可見,刻有"秦漢瓦當文字上""秦漢瓦當文字下"字樣。

朱本呈現出如此複雜的樣貌,將其與乾隆刻本內容上作一比較,正可以看出程敦對此書多次修訂的過程。首先,在乾隆五十二年初刻與乾隆五十九年重刻本之間,應還有數次增刻。

此書附有鄭際唐給程敦的信。鄭際唐字大章,號耘門,侯官人,乾隆三十四年(1769)進士。五十二年,鄭氏爲山西學政。是年二月,程敦完成《秦漢瓦當文字》,寄以就教。鄭

---

① ② 《秦漢瓦當文字》,清咸豐四年本。

氏的回信中對"鳥蟲書四字瓦"的釋文提出了异議,此瓦程敦釋爲"迎風嘉祥",而鄭氏認爲應釋爲"永受嘉福"。乾隆五十九年刻本中,此信刻於目錄之後。在正文此瓦的考訂中,程敦先云已釋爲"迎風嘉祥",次引鄭説云:"及此書著録已成,適鄭耘門閣學督學山西,寄以就正,復書解爲永受嘉福,其説遂定。因附刊其説於卷首,不敢掠美也。"但在朱氏重裝本中,此瓦仍釋爲迎風嘉祥,并未提及鄭氏之説,而在屬於《續》部分又收録了此瓦另一種异文,依然釋爲迎風嘉祥,但在文首加了一句"鄭學士耘門先生與敦書云永受嘉福"。由此可以推測,朱氏所藏本當早於乾隆五十九年本,介於乾隆五十二年刻本與五十九年刻本之間,當爲程敦乾隆五十二年刻成之後,又陸續修訂增刻,鄭氏書信及"鄭學士耘門先生與敦書云永受嘉福"一句,即爲增刻内容。

又如長毋相忘瓦的考訂,朱氏本先云拓本爲"申朝邑從張舍人拓本放出",末又云:"乾隆戊申六月,俞太學訪得真瓦于長安賈人,遂將放本易去。"末句所云顯然爲乾隆五十二年初刻之後第二年(五十三年)戊申六月所增刻。而乾隆五十九年本則云"遍訪數年不獲,因以張舍人所拓本仿爲之。乾隆戊申六月,得於淳化縣北鉤弋夫人雲陵",又爲五十九年的修訂之説。

另外,朱氏本收一瓦,前後重出,前文釋爲"樂當大萬",後乃釋爲"大萬樂當",考論文字稍有不同。而乾隆五十九年本此瓦爲《續》之第一種,釋爲"大萬樂當",考證與朱氏本後一種相同。亦可證所謂"大萬樂當"爲後之增刻。

因此可知,此書於五十二年刻成,之後陸續遞修,未改動原版,僅增刻了一些内容。朱氏本就是這個過程中的一個遞修本。而上述"上""下"的標識,或許初刻之後、五十九年重刻之前,曾將陸續所得與前刻分爲上、下而刊刻過,大概因爲上三十四瓦,一百餘種,下僅二十五瓦(種),篇幅懸殊,因此在乾隆五十九年重新編排,將三十四瓦釐爲上、下,後得之二十五瓦編入《續》,重新刊刻。

其次,初刻之後,程敦主要從兩方面作了修訂,一是瓦圖的置換添加。如長生未央瓦,朱氏本收十七種,乾隆五十九年本收十九種,數量增加了兩種,然瓦圖已大不相同,相同者僅三種。當即程敦所云以真本換掉了仿本。又如都司空瓦,朱氏本收三圖,實爲一種,五十九年本則删爲一種。

瓦之真仿直接影響到對瓦文的考訂。程敦考訂的一個關鍵根據就是出土地,因初刻所收很多仿本,無法確定出土地,瓦之所施、用途遂難以確考,因此初刻考訂時不確定之語稍多。後訪得真瓦於某地,遂删去前之猜測,而確定其功用等。如上文提及的長毋相忘瓦,乾隆五十二年本所收爲申兆定仿製之本,不知出土何處,程敦雖疑其爲後宫殿瓦,且舉《漢書》《長安志》等史料記載爲證,然而仍"疑不能定"。次年,因俞肇修得真瓦於長安賈人,遂易去仿本,但仍不知具體出土地,因此只增刻一句説明"乾隆戊申六月俞太學訪得真瓦于長安賈人,遂將放本易去"。後又訪得真瓦於雲陵,出土地既定,五十九年本中遂定之爲趙婕仔雲陵瓦。

又如大萬樂當瓦,程敦先釋爲"樂當大萬",認爲萬爲舞名,樂爲大樂官,然以瓦得於隃麋,因隃麋有黄帝子祠,遂定爲神祠瓦,而强解瓦文意爲樂舞極盛之狀。後又得瓦於漢城,遂得以推翻前説,而定爲大樂署瓦,釋爲"大萬樂當"。

另一方面的修訂則是針對初刻釋文中訛誤以及考論不够精當之處。

釋文有誤的,如上述鳥蟲書四字瓦,此瓦俞肇修、錢坫釋爲"椒風嘉祥",而程敦釋爲"迎風嘉祥",以《漢書》有迎風宫,又篆字類迎風,然疑不能定,以兩説并存。後得鄭際唐書,鄭氏引《説文解字》等書從字形上辨其爲"永受嘉福",且認爲瓦文多吉祥語,未必皆宫殿名。程敦於是接受鄭説而對考論作了修改。

考論不精的,如衛字瓦,此瓦朱楓《秦漢瓦圖記》考其爲秦瓦,云秦平六國後,仿六國宫室於咸陽,則此爲衛國宫室瓦。程敦則駁朱説之非,認爲是漢衛尉寺瓦。其關鍵性證據即以趙、錢、申、俞所得此瓦皆出漢城,而非咸陽。初刻本中又説到各瓦文字大小、形制、輪廓各异,若爲衛國宫室瓦,則應一致。後來修訂時將此句刪去,或因這一點并非必然。同時又提出疑問:若有六國宫室瓦,爲何衛字瓦多見,而爲何他國瓦無所見? 此則是對朱楓之説的有力反證。下又附論楚字瓦,初刻本中已云未見此瓦,却又確定其爲秦作楚國宫室瓦,正與前論相矛盾。因此重刻時,刪去此爲楚國宫室瓦之説,認爲楚字或爲人對篆書"甘林"二字之誤識,雖然無據,然不損前論。因此後之修訂論證完整,較前精當。

三、《秦漢瓦當文字》成就考論

瓦當的主要出土地在陝西,其主要的研究陣地自然也在陝西。乾嘉時期,諸多外地學者來陝,促使了瓦當出土日益增多,研究日益深入。

乾隆初年,錢塘朱楓來陝,十年間搜羅瓦當三十餘種,所獲空前,并著成《秦漢瓦圖記》一書。朱氏意頗自得,自云:"憶昔林氏有一圖,朱王詩老争歌呼。請看陸離三十片,此瓦此圖絶世無。"[①]作爲研究瓦當文字的第一部專著,此書所收衛字瓦、蘭池宫當、宗正宫當、上林農官等二十九瓦均爲首次見著記載,爲乾嘉瓦當研究打開了新局面。然其考釋訛誤

---

① 朱楓著,李向菲點校:《秦漢瓦圖記》,收入《陝西古代文獻集成》第三輯,西安:陝西人民出版社,2017年,第330頁。

之處不少。如將衛字、楚字瓦定爲秦仿六國宮室之瓦；又如釋"蘭池宮當"之"當"字爲底之意，宮當爲宮底；將得於漢城者皆定爲未央宮瓦，如長生未央等；將八風壽存當瓦釋爲益壽存當。這些經過後來程敦的考證，都是錯誤的。

畢沅任陝西按察使之後，十數年間，組織幕府學士四處搜訪，所獲瓦當數量及種類愈加豐富，研究的深度也日趨深入。畢沅本人的精力更多的在碑石的研究，瓦當雖然收穫不少，却不大留意，收入其《關中金石記》中的僅寥寥幾種，且并未深考；另其著有《秦漢瓦當圖》一種，收瓦四十種，所收多於朱楓，其中十二字瓦、鹿甲天下、飛鴻延年、永受嘉福、黄山等數種爲首見著録。每種繪圖，并作贊語。其釋讀有的延續朱楓的説法，如衛字瓦："六國既滅，咸來于秦。寫仿宮室，將將渭濱。有楚有衛，聞見同珍。"①有的不能確定時代，如蘭池宮當，不知"秦與漢與"；"維天降靈延元萬年天下康寧"十二字瓦，僅云"詞偕春永，篆挾華妍"，未云何代之瓦。有的釋讀不同於朱楓，如朱楓誤釋爲益壽存當者，畢沅云"八風之台，壽存之堂，新氏所經"，認爲是王莽八風台壽存堂瓦；平樂宮阿，云"平樂之館，民觀角抵。有卷者阿，輪奐邐迤"，認爲是平樂宮瓦，都更可靠些。但是這些都算不上嚴肅的考證，考證也并不是畢沅此書的目的。

程敦在《秦漢瓦當文字》中反復提到了四位同在陝西且對瓦當深有研究的學者，即申兆定、俞肇修、錢坫、趙魏。四人中，俞肇修生平、學術情況不詳；趙魏約乾隆四十一年至五十一年在陝，金石收藏宏富，其中瓦當收藏超過了四十種；錢坫乾隆四十一年入畢沅幕府，居陝二十餘年，金石著作以先秦古器研究爲主，關於瓦當的有一部《漢瓦圖録》，目前存佚情況不詳；申兆定約乾隆四十八年至五十二年在陝爲官，著有《涵真閣秦漢瓦當圖説》，今已佚，其最爲著名的是其逼真的瓦當仿製技術。因四人瓦當著述缺佚，學術成就無法判斷。而程敦與四人友好，其瓦當拓本多得自四人，日常切磋交流密切，因此其《秦漢瓦當文字》一書實際上也可以看作是包括申、俞、錢、趙在内的乾隆時期瓦當研究的最高成就。

《秦漢瓦當文字》將瓦當研究進一步推向了深入。一是所收數目大大超過前人，其所收銘文相同的三十四種，數量和畢沅等人的著録相頡頏，僅有一兩種不同。然勝在同一銘文的瓦當异品多，十二字瓦、永奉無疆瓦异文各有三種，長生無極、千秋萬歲瓦异文各有九種，與天無極、延年益壽瓦异文各有七種，長樂未央、長生未央瓦异文各多至十九種。由於瓦當研究者以瓦當出土地來判别其來歷及功用是主要研究方法，程敦收藏種類既多，其出土地常散在多處，對於對該瓦的認識就很有説明，因此考證常有高出前人之處。如上文提到的"衛字瓦"，從朱楓到畢沅均定爲秦瓦，認爲是秦在咸陽北阪上仿造六國其宮室，衛字

---

① 畢沅：《秦漢瓦當圖》，日人館機刻本，《石刻史料新編》第四輯據以影印。本文所引此書文字皆出此本。

瓦即衞國宮室之瓦云云。然程敦以衞字瓦得於漢城，而非咸陽，力證前人之誤。

二是其考論大多數到今天仍是確論。如蘭池宮當，朱楓據《水經注》云：'渭城縣有蘭池宮，秦始皇微行，逢盜于蘭池。'《雍勝略》云：'咸陽縣二十五里有蘭池宮。'"①故定爲秦瓦。畢沅云"不知秦與漢與"。程敦則考云："考《漢書·地理志》，渭城有蘭池宮，不言何帝所起，又《楊僕傳》云受詔不至蘭池宮，如淳曰，蘭池宮在渭城。《文選》李善注云，咸陽縣東南二十里周氏陂南一里，有漢蘭池宮。據此，則蘭池宮乃漢宮，非秦宮也。而《三輔黃圖》因《史記·始皇本紀》有逢盜蘭池之説，遂與阿房、興樂并列而目爲秦宮矣。《本紀》云爲微行，與武士四人俱夜出，逢盜蘭池。夫曰微行，曰夜出，則不在宮中可知；又曰逢盜蘭池，則無宮可知。《正義》引《括地志》云'蘭池陂即古之蘭池，在咸陽縣界'，亦不言有宮。然則史言蘭池者，特著逢盜之地，漢乃因池以建宮耳，烏得爲以秦宮哉。《黃圖》又云蘭池觀在城外，此則别近漢城之觀，與同名，非此蘭池宮也。"②考證十分精當，此瓦爲漢蘭池宮瓦之説遂定。

又如長樂未央瓦，從朱楓以來以出土地斷爲未央宮或長樂宮瓦。申兆定即認爲朱氏之説過於拘泥。程敦則認爲："長樂、未央本兩宮，此瓦文合而一之，亦取吉祥語意，配合成文耳。非必某宮即用某字瓦也，他宮殿瓦文意亦放此。……觀古人銘器款識，不曰千萬年，即曰子子孫孫永寶用，可見吉祥語意，靡所弗施矣。"③認爲此爲表達吉祥語意的普遍使用的一種瓦當。從今天此瓦出土地散布西安各處漢宮遺址，可證程敦所論之確。

然限於所見，程敦有的考論今天看來也存在問題。如長生未央瓦，程敦因所見出於淳化，因此仍附和林侗、朱楓等將其目爲漢甘泉宮瓦。但是到了晚清，據金石學家吴大澂統計，此瓦异品多達一百二十種，出土地不一。今之學者陳直則因此瓦西安隨處可見，而將之歸入吉語類瓦當。④ 同時，隨着考古方法的不斷發展，當今的學者，判斷瓦當的時代，除了關注其出土地點之外，會更多地注意其出土時的地層層位。學者劉慶柱即據文字瓦當的出土地層認爲秦代并無文字瓦當，⑤則畢沅、程敦等人關於秦瓦漢瓦的諸多爭論皆可休矣。

雖然程敦此書考證難免仍有訛誤，但是却代表了乾隆時期瓦當研究的最高成就，有其超出前人的卓越之處，需要作更爲深入的研究和利用。

【作者簡介】李向菲，文獻學博士、博士後，西安文理學院副教授，主要從事中古文獻、金石學研究。

---

① 朱楓著，李向菲點校：《秦漢瓦圖記》，收入《陝西古代文獻集成》第三輯，第 334 頁。
②③ 《秦漢瓦當文字》卷上，乾隆五十九年刻本。
④ 陳直：《秦漢瓦當文字概述》，《文物》1963 年第 11 期，第 27 頁。
⑤ 劉慶柱：《秦十二字瓦當時代質疑》，《人文雜誌》1985 年第 8 期，第 93—94 頁。

葉鉁《續小學》考證*

任莉莉

清代葉鉁隱居著書,以維持名教爲己任,取宋孝宗淳熙之後儒先言行可爲師法者,撰輯成《續小學》一書,且依朱子《小學》内、外篇目,條分而類叙之,俾學者學有門徑,行有軌範,是清初衆多注解、續編《小學》的成果之一,其學術價值和實踐價值似并未引起學界關注。筆者有幸參與了嚴佐之先生主持的國家社科基金重大項目"朱子學文獻整理與研究"之"朱子小學"系列的校點整理工作,主要負責對《續小學》的點校整理。在校點整理《續小學》時發現,該書多處摘引《二程遺書》《河南程氏外書》文字,而與《二程遺書》《河南程氏外書》所載之問答人物多有出入,産生了張冠李戴、畫蛇添足、有失原意的問題。本文擬將該書的要旨向讀者作一推介,兼明其撰述不謹嚴、不審慎之處。

一、《續小學》之成書背景及其作者介紹

朱子以古《小學》一書散佚而采輯經傳諸史以補之,舉"立教""明倫""敬身"爲三綱領,而實之以"稽古"。又推廣"稽古"爲"嘉言""善行",乃成《小學》一書。元、明以降,儒者多推重朱子《小學》。元李成己著有《小學纂疏》四卷,熊大年著有《養正群書》一卷,明黄裳著有《小學訓解》十卷,何士信著有《小學集成》十卷、《圖説》一卷,吴訥著有《小學集解》十卷,劉實著有《小學集注》六卷,王雲鳳著有《小學章句》四卷,湛若水著有《古今小學》六卷,鍾芳著有《小學廣義》一卷,黄佐著有《小學古訓》一卷,王崇獻著有《小學撮要》六卷。這些書目,清人尹嘉銓《小學考證》有述。此外,影響巨大的還有陳選撰輯的《小學集注》等。清初推崇程朱理學,朱子《小學》與《近思録》自然影響深遠,《四庫全書總目》著録有張伯行《小學集解》、黄澄《小學集解》、高熊徵《小學分節》、蔣永修《小學集解》、高愈《小學纂注》、王建常《小學句讀記》、李塨《小學稽業》、葉鉁《續小學》等,皆本於朱子《小學》。

---

* 本文爲國家社科基金重大項目"朱子學文獻整理與研究"(項目編號:11&ZD087)階段性成果。

《續小學》一書,成於康熙辛未(1691),爲嘉善處士葉鉁撰輯。葉氏博覽群籍,其門人嚴允肇爲《續小學》撰寫序言,以"朱子所錄至宋孝宗淳熙而止,自淳熙迄今,名儒輩出,其言行可爲師法,尤爲後學所樂聞,乃編爲《續小學》,仍依《內》《外》篇目,條分而類叙之"。這是葉氏撰述的緣由與概況。書前載嚴允肇序外,還有葉氏自撰《續小學體辭》《續小學句讀》《續小學先儒通論》諸篇文字,深望後來學者貫注於人倫,存養愛敬之情。正文續述宋代以來賢儒立教、明倫、敬身之法,俾學者學有門徑,行有軌範。引述先儒文字之後,每以"潛夫曰"三字引出一段按語,或闡發個人的見解,進一步發揮先儒的觀點與主張;或介紹先儒先世里居、履歷生平、學問宗旨和治學方法;或述一書之主旨和學術影響,誠於後世之治學者修身養性多有裨益。其《立教》篇末附《幼儀》三十則,乃葉氏自撰,當是對《小學》理論的豐富和發展,"亦將爲幼學滋其根而懋其支也"。

　　葉鉁字重君,號潛夫,光緒《嘉善縣志》卷二十四《文苑》有傳。葉鉁在理學研究方面有一定造詣,曾集《孝經注疏》,述《小學衍義》,裒輯諸家,以發明朱子之藴。他所輯《續小學》共有六卷。《續小學序》稱,葉鉁嘗"隱居著書,以維持名教爲己任"。此言"隱居"者,蓋指葉氏嘗卜居嘉興果山,創修道居,其所居以釋教、道教與儒教合爲一堂。葉鉁除了受時代學術風氣影響外,也有承傳家學的原因。由《續小學》卷一葉鉁按語可知,其外大父爲錢相國塞庵,即明錢士升。錢士升字抑之,號御冷,晚號塞庵,嘉善人,萬曆丙辰(1616)狀元,在京師纂修《實錄》,經筵日講,遇黨禍,遂請省親歸里。崇禎辛未(1631)爲南少宗伯,重建靖難忠臣祠,撰《周易揆》十二卷、《南宗書》六十卷、《明表忠記》十卷,輯《遜國逸書》七卷。葉鉁謂:"與母舅錢仲馭同學讀書,每朝夕賴外大父教誨,鉁一生得力,老而著書不倦者,習此傳也。"又曰:"至崇禎壬申,外大父手批《四子近思錄》,復取《朱子節要》,彙集《五子近思錄》十四卷,於是濂、洛、關、閩之微言家諭户曉,大有功於理學者也。"由此可知,葉鉁之問學路徑和學術宗旨淵源有自,當受益於錢士升爲多。葉鉁另撰有《孝經注疏大全》《明紀編遺》《小學衍義》《果山修道居志》《人譜大全》諸書,子汝謨校刻行世。

　　《續小學》付梓前,曾經多人核校,散見於諸卷末的文字可資爲證。如《續小學句讀》後刻"受業嚴慎成、嚴慎行校梓"十字;《總論》後刻"孫廷根校梓"五字;卷一末刻"受業謝兆熊、單惟和校梓"十字;卷二末刻"受業徐元復、胡槃校梓"九字;卷三末刻"受業吳弘猷、宋袞錫校梓"十字;卷四末刻"受業顧諏應、王希質校梓"十字;卷五末刻"受業曹菁、謝思校梓"八字;卷六末刻"朱源孝、楊雅臣校梓"八字。由此可見成書過程中校勘細密,分工合作,慎之又慎。是書於《四庫全書總目》、《清朝通志》卷一〇一和《清朝文獻通考》卷二百二十六有著錄。今南京圖書館藏有清刻本,上海圖書館藏有兩種版本:一爲清康熙二十九年(1690)事天閣刻本(因原書殘破,該本不提供閱覽,故無法判斷其是否與南京圖書館所藏清刻本爲同一版本),二爲清刻本,版式、文字俱與南京圖書館藏清刻本同。

二、《續小學》之學術關注

《續小學·幼儀》諸條,尹嘉銓在編撰《小學後編》時,於《續嘉言》篇中凡九引葉氏語,并附"葉氏小傳",足見《續小學》一書在當時及後來有一定的傳播和影響。如尹氏在"廣明倫"中引述葉潛夫語曰:"饋饌乃人子養父母之禮。今童子多以躬執饋爲恥,則無以養其孝敬之心,而折其驕傲之氣,大可不也。"又引曰:"坐必定身斂足,不得偃仰傾斜,倚著几席。如與人同坐,猶當斂身莊肅,不得或橫臂,致有妨礙。"如此等等,不復贅述。

尹嘉銓在《小學考證》一書中,使用較大篇幅,品評《續小學》一書的得失,指出"其意甚善,其例則非","此書瑕瑜相參,雖不足以繼朱子之後,亦未嘗無補于風化"。例如,尹嘉銓指出:"淳熙丁未以後,宜續《外篇》以迄于今,庶得守先待後之意。葉氏乃取宋、明諸儒語,類輯爲《內篇》,顯與朱子義法不合,豈其未知《內篇》所載,皆出于經傳耶?何不思之甚也!且此書刻于康熙辛未,截至明季而止,宜今之謂何?"又如,"真成贅言","畫蛇添足","淳熙以前之人,不宜重出","難以強合","亦當刪節","亦失其序","則龐雜無章矣","應入某篇"云云,尹嘉銓論述頗爲詳盡,讀者可以旁參。當然,尹氏所作《小學考證》,猶當逐一審辨,其名曰"《小學》"之考證,實則是對《小學》之後的相關注釋、續編類的研究成果加以考辨,述其大旨,明其得失,而於朱子《小學》的文義和體例無涉,不同於其所作《義疏》等書,此不贅言。

在整理研究的過程中,筆者發現,葉氏《續小學》一書中,多處摘引《二程遺書》《河南程氏外書》的文字,且常於段首冠以"劉元承曰""時紫芝曰""呂原明曰""呂與叔曰""游定夫曰""暢乾道曰"等字眼,以明其出處和論說者,這些對話發問的主語的加入,乃與《二程遺書》等問答人物有出入。雖然《二程遺書》中相關文字爲上述人物彙編而成,但是所記乃二程先生的語錄,不當爲記錄者本人所云,可是葉氏所錄,多有張冠李戴之嫌,下面逐一加以詳考。

三、《續小學》摘引《二程遺書》《河南程氏外書》糾謬

今摘引葉氏《續小學》中數例,以考其引述文字之訛誤處。

1. 劉元承曰:"伯叔父之兄弟,伯是長,叔是少,今人乃呼伯父、叔父爲'伯''叔',

大無義理。呼爲'伯父''叔父'者,言事之之禮與'父'同也。"(《續小學》卷二)

任按,此處作"劉元承曰",不確。本段文字摘自《二程遺書》卷十八,是卷爲程子門人劉元承所錄伊川先生語,朱子編纂《二程遺書》時注曰"劉元承手編",故此處當作"程子曰"或"伊川先生曰"爲宜。餘同此例。

2. 或問劉元承曰:"事兄盡禮,不得兄之懽心,奈何?"曰:"但當起敬起孝,盡至誠,不求伸己可也。"又問:"接弟之道如何?"曰:"盡友愛之道而已。"(《續小學》卷二)

任按,此處《二程遺書》卷十八作"或曰",無"問劉元承"四字,葉氏所引似不確。本段文字乃程子門人劉元承所錄伊川先生語,朱子編纂《二程遺書》時注曰"劉元承手編",故未必是問"劉元承",當爲門人問"伊川先生"也。此係葉氏抄錄不謹之又一例也。

3. 呂與叔曰:"天下之悅不可極,惟朋友講習,雖過悅無害。兌澤有相滋益處。"(《續小學》卷二)

任按,"呂與叔曰"四字,《二程遺書》卷六無。朱子編纂《二程遺書》時於"目錄"中"卷第六"下注曰"二先生語六",又作批語曰"同上篇",意謂同是書卷五所作批注"不知何人所記",此處葉氏徑錄作"呂與叔曰",當加以詳審。又,此段文字亦見諸《游廌山集》卷三"師説三",又見諸宋方聞一所編《大易粹言》卷五十八:"《象》曰:麗澤兑,君子以朋友講習。"此條下,方氏按語曰"伊川先生曰:麗澤,二澤相附麗也"云云,可證此處所引爲程子語當無疑,不宜冠之以"呂與叔曰"。

4. 劉元承問:"臣拜君,必於堂下,子拜父母,如之何?"伊川先生曰:"君臣以義合,有貴賤,故拜於堂下。父子主恩,有尊卑,無貴賤,故拜於堂上。若婦於舅姑,亦是義合,有貴賤,故拜於堂下,禮也。"(《續小學》卷二)

任按,此段文字引自《二程遺書》卷十八。朱子於《二程遺書》"目錄"中注曰"伊川先生語四",又作批語曰"劉元承手編"。考之《二程遺書》卷十八末,有識語曰:"予官吉之永豐簿,沿檄至臨川劉元承之子縣丞誠,問其父所錄伊川先生語,蒙示以元承手編,伏讀嘆仰,因乞傳以歸。建炎元年十月晦日,庵山陳淵謹書。"葉氏於此處加"劉元承"三字,似不確,疑所輯文字未必盡爲編纂者所問。後文有"伊川先生曰:君臣以義"云云,《二程遺書》作"對曰:君臣以義合"云云,顯與《二程遺書》原意相悖。"對"字爲敬辭,常用於晚輩答尊長問,葉氏所錄問答,與常理不相通。

5. 呂與叔問劉元承曰:"思慮紛擾如之何?"劉答以但爲心無主,若主於敬,則自然不紛擾。曰:"若思慮果出於正,亦無害否?"曰:"在宗廟則主敬,朝廷主莊,軍旅主嚴,是也。如發不以時,紛然無度,雖正亦邪。"(《續小學》卷三)

任按,此處作"呂與叔問劉元承曰",不確。《二程遺書》卷十八作"昔呂與叔問"云云,雖未明言所問的對象,從上下文義可知,當是問伊川先生則無疑。本段文字摘自《二程遺書》卷十八,是卷爲程子門人劉元承所錄伊川先生語,朱子編纂《二程遺書》時注曰"劉元承手編",故此處言"問劉元承",顯然誤矣。不知葉氏撰輯錄自何書?

又,此段作"劉答以但爲心無主",其中"劉"字,《二程遺書》卷十八作"某",此處當爲程子作答,非劉元承答語。

6. 劉元承曰:"發於外者謂之恭,有諸中者謂之敬。"(《續小學》卷三)

任按,此段文字引自《二程遺書》卷六。朱子於是書"目錄"中注曰"伊川先生語六",又作批語曰"同上篇",意謂同卷五。又曰"不知何人所記,以其不分二先生語,故附於此"。朱子已明言"不知何人所記",葉氏於此處錄作"劉元承曰",顯與《二程遺書》所錄伊川先生意已悖。又按,此段文字,《性理大全書》卷三十七作"程子曰",《御纂朱子全書》卷四十八、《晦庵集》卷四十一作"伊川先生言"。此或葉氏誤鈔,或所鈔另有他書可依據,有待細考。

7. 劉元承問:"語言緊急,莫是氣不充否?"伊川先生曰:"此亦當習,習到言語自然緩時,便是氣質變也。學至氣質變,方是有功人。只是一個習,今觀儒臣自有一般氣象,武臣自有一般氣象,貴戚自有一般氣象,不生成來便如此,只是習也。"(《續小學》卷三)

任按,此段文字摘自《二程遺書》卷十八,是卷爲程子門人劉元承所錄,雖爲劉元承手編,未必爲其所發問,故此作"劉元承問",似不確,待詳考。

又,"不生成來",《二程子抄釋》卷四作"不成生來"。

8. 時紫芝曰:"心定者其言重以舒,不定者其言輕以疾。"(《續小學》卷三)

任按,此段文字摘自《河南程氏外書》卷十一,是卷爲程子門人時紫芝所録,朱子編纂《河南程氏外書》時注曰:"時紫芝所輯,號《程子微言》,凡二十五卷,多改易本語者。"由此可知,上述所引爲時紫芝録二程先生語。此作"時紫芝曰",當誤。

9. 吕原明曰:"同姓相見,當致親親之恩,而不可序齒以拜,蓋昭穆高下未可知也。"(《續小學》卷四)

任按,"吕原明",《河南程氏外書》卷十二作"程正叔"。其於此條下注曰:"右一事見吕氏《酬酢事變》。"此下雖系引自吕氏《酬酢事變》,未必爲吕氏所云,蓋葉氏誤録。

10. 劉元承問:"敬莫是静否?"曰:"纔説静,便入於釋氏之説也。不用静字,只用敬字。纔説著静字,便是忘也。"(《續小學》卷四)

任按,此段文字引自《二程遺書》卷十八。是書問答,僅云"問""曰",未明載主語,雖然《二程遺書》卷十八係劉元承所編,未必是劉元承發問,此處冠以"劉元承"者,待詳考。

11. 劉元承問:"'在邦無怨,在家無怨',一不知怨在己,在人?"伊川曰:"在己。"曰:"既在己,舜何以有怨?"伊川曰:"怨只是個怨,但用處不同。舜自是怨,如舜不怨,却不是也。"(《續小學》卷五)

任按,此段文字引自《二程遺書》卷十八。是卷爲劉元承手編。此處葉氏加"劉元承"三字,似不妥,理由詳見前文。

12. 游定夫曰:"孔子言語,句句是自然;孟子言語,句句是事實。"(《續小學》卷五)

任按,此段文字摘自《二程遺書》卷五,朱子在目録中"卷第五"下書"二先生語五"五字,又於下行注曰:"此四篇本無篇名,不知何人所記,以其不分二先生語,故附於此。"而《二程遺書》卷四係游定夫所録,此葉氏失考之一證也。此處"游定夫"當改作"程子"。

13. 吕與叔曰:"勿謂小兒無記性,所歷事皆能不忘。故善養子者,當其嬰孩,鞠之使得所養,全其和氣,乃至長而性美,教之示以好惡有常。"(《續小學》卷五)

任按,此段文字摘自《二程遺書》卷二下,朱子在目錄中"卷第二下"下書"二先生語二下"六字,又於下行注曰:"附東見錄後。別本云亦與叔所記,故附其後。"此處"吕與叔"當改作"程子"。另,本段文字,見諸《二程子抄釋》卷一。《性理大全書》卷四十三作"程子曰"。《自警編》卷三作"橫渠先生言",《格物通》卷三十七作"宋儒程顥曰",俱與"吕與叔"無涉。《張子全書》卷七、《張子抄釋》卷四俱載有"勿謂小兒無記性"云云,該段文字兩見於程子語和張子語,待詳考。

14. 李端伯曰:"義理與客氣常相勝,又看消長分數多少,爲君子小人之別。義理所得漸多,則自然,客氣消散得漸少,消盡者是大賢。"(《續小學》卷五)

任按,此語摘自《二程遺書》卷一,朱子在目錄中"卷第一"下書"二先生語一"五字,又於下行注"端伯傳師説"五字。由此,知本段文字爲二程先生語,非李端伯語。此處葉氏加"李端伯曰"四字,衍誤,當刪。

15. 湛元明先生性穎敏,自少知學,從白沙先生游,即以隨處體認天理爲主。白沙曰:"此子參前倚衡之學也。"嘉靖初,爲南京祭酒,開講院與諸生論學,刻《心性圖説》。嘗曰:"學以自然爲宗。譬之適千里者,起脚不差,必有所到。自然之樂,乃真樂也。"(《續小學》卷五)

任按,"學以自然爲宗。譬之適千里者,起脚不差,必有所到。自然之樂,乃真樂也",此段文字見《陳白沙集》卷二《遺言湛民澤》,係陳白沙與其門人湛民澤書,爲白沙先生語。葉氏録之於此,從上下文義來看,似爲湛氏所云,不妥。

16. 王近谿先生甫三歲,偶念母而啼。父抱之即止,隨思曰:"心一耳,何苦樂倏變乃爾,爲展轉追尋不置。"五歲從母授《孝經》《小學》諸書。十五從新城張洵水學,洵水每謂:"人須力追古人於是,一意以聖學自任。"

潜夫曰:"近谿之學,從思而入,不滯言詮,當三歲孩提時,即能用其心思,古今英物誰爲匹也?"近谿,名汝芳,南城人。張江陵,名居正,萬曆朝首相。(《續小學》卷五)

任按,"王近谿",當爲"羅近溪"之誤。《讀禮通考》卷三十九作"羅近溪",參之此段末葉潛夫按語"近谿,名汝芳,南城人",可知此處當爲羅近溪,而非王近谿。《明儒學案》卷三十四曰:"羅汝芳,字惟德,號近溪,江西南城人。"又按,本段所引文字"與門弟子講學不倦"至"整衣冠端坐而逝"云云,見《讀禮通考》卷三十九《羅近溪汝芳傳》,亦可證之。

17. 時紫芝問:"孝,天之經,地之義,何也?"伊川先生曰:"本乎天者親上,輕清者是也;本乎地者親下,重濁者是也。天地之常,莫不反本。人之孝,亦反本之謂也。"(《續小學》卷五)

任按,"時紫芝問",《二程外書》卷十一作"或問",該卷目下,朱子注曰:"時紫芝所集,號《程子微言》,凡二十五卷,多改易本語者。"此節係時紫芝本人發問,抑或程子其他門人發問,不得而知。

18. 劉元承問:"今拜掃之禮何據?"伊川曰:"此禮古無,但緣習俗,然不害義理。古人直是誠質,葬只是藏體魄,而神則必歸於廟,既葬則設木主,既除几筵則木主安於廟,故古人惟專精祀於廟。今亦用拜掃之禮,但簡於四時之祭也。"(《續小學》卷五)

任按,"劉元承問",《二程遺書》卷十八作"或問",此引不確。

19. 劉元承問:"人之燕居,形體怠惰,心不慢,可否?"程子曰:"安有箕踞而心不慢者?昔劉質夫六月中來緱氏,閑居中,某嘗窺之,必見其儼然危坐,可謂敦篤矣。學者須恭敬,但不可令拘迫,拘迫則難久矣。"(《續小學》卷五)

任按,此段文字引自《二程遺書》卷十八,爲劉元承手編伊川先生語,至於是否爲劉元承所問,待詳考。
又,"劉質夫",《二程遺書》卷十八作"吕與叔"。《二程遺書》此段末小字注曰:"尹子曰:'嘗親聞此,乃謂劉質夫也。'"

20. 暢潛道曰:"禮之本,出於民之情,聖人因而道之耳。禮之器,出於民之俗,聖人因而節文之耳。聖人復出,必因今之衣服器用而爲之節文。"(《續小學》卷五)

任按,"暢潛道曰"四字,《二程遺書》卷二十五無。是卷朱子著録曰"暢潛道録"。又於目録中"卷第二十五"下注曰"伊川先生語十一"。又注曰:"此篇見《晁氏客語》中,不云何人之言,亦不云何人所記,獨聞見於延平羅氏《別録》,則注云'暢本',然則潛道所記與!胡氏本亦有之,而題其上云:'張杲暘叔所傳,識者疑其間多非先生語。'今考之信然,故附於此。"至於是否爲伊川先生語,待考。然而此處葉氏徑書曰"暢潛道曰",似不妥。

21. 劉元承問:"高宗得傅説於夢,文王得太公於卜。古之聖賢相遇多矣,何不盡形於夢卜?"曰:"此是得賢之一事,豈必盡然?蓋高宗至誠,思得賢相,寤寐不忘,故朕兆先見。如常人夢寐間事先見者多矣,卜筮亦然。誠心求卜,有禱輒應。"(《續小學》卷六)

任按,本段文字摘自《二程遺書》卷十八,是卷朱子注曰"劉元承手編",乃劉元承録伊川先生語。雖爲劉元承手編,未必爲其所發問,故此作"劉元承問",不確,待詳考。

22. 伊川先生曰:"根本須是先培壅,然後可立趨向。趨向既正,所造有淺深,則由勉與不勉也。"(《續小學》卷六)

任按,"伊川先生曰"四字,《二程遺書》卷六無。朱子編纂《二程遺書》時於"目録"中"卷第六"下注曰"二先生語六",又作批語曰"同上篇",意謂同是書卷五所作批注"以其不分二先生語",此處葉氏著録作"伊川先生曰",不確。

23. 劉元承問:"天地明察,神明彰矣。"伊川先生曰:"事天地之義與誠,既明察昭著,則神明自彰矣。"問:"神明感格否?"曰:"感格固在其中矣。孝弟之至,通於神明。神明、孝弟,不是兩般事,只孝弟便是神明之理。"又問:"王祥孝感事,是通神明否?"曰:"此亦是通神明一事。此感格便是王祥誠中來,非王祥孝於此而物來於彼也。"(《續小學》卷六)

任按,本段文字摘自《二程遺書》卷十八,是卷朱子注曰"劉元承手編"。雖爲劉元承手録,未必爲其所發問,故此處作"劉元承問",不確,待詳考。

24. 鮑若雨、劉安世、馮忠恕數人,自太學謁告來洛,見伊川,問:"堯舜之道,孝弟

而已矣。堯舜之道,何故止於孝弟?"(《續小學》卷六)

任按,"馮忠恕",當作"劉安節",《河南程氏外書》卷十二此段下,朱子注曰:"右八事,《涪陵記善錄》,馮忠恕所記尹公語。尹名焞,字彥明,伊川先生門人。"

如上略舉數例,敬請方家指正。

【作者簡介】任莉莉,文學博士,華東師範大學中文系古籍研究所副教授,主要從事中國古典文獻學、版本目錄學、古籍整理與相關研究。

趙翼諸種著作之關聯考述*

單 磊

　　清代乾嘉學者趙翼(1727—1814)一生勤於記誦，著述宏富。嘉慶十七年(1812)湛貽堂原刊本《甌北全集》和光緒三年(1877)壽考堂重刊本《甌北全集》，以及鳳凰出版社2009年版《趙翼全集》點校本，收録了《陔餘叢考》《廿二史札記》《簷曝雜記》《皇朝武功紀盛》《甌北集》《甌北詩話》《甌北詩鈔》七種著作。其中，最能體現趙翼詩歌創作造詣的是《甌北集》，最能體現其詩學批評造詣的是《甌北詩話》，最能體現其作史之才的是《皇朝武功紀盛》，最能體現其野史撰述風格的是《簷曝雜記》，標志着他由詩人向學者轉型的是《陔餘叢考》，代表其最高考史和論史成就的是《廿二史札記》。

　　學界對趙翼的考史成果、考史方法、歷史評論、史學批評、治史風格的討論，通常基於《廿二史札記》和《陔餘叢考》兩部名著而展開，對其他著作不甚措意，以至於籠統地將他視爲專門的考史家。事實上，其不同種類著作之間彼此勾連，實爲一有機整體，共同構成了其學術格局，全面呈現其學術活動和學術思想。我曾舉例論證《陔餘叢考》與《廿二史札記》之間存在因襲關係、互補關係、修正關係、彼此獨立關係，[①]猶覺言之不足。舉例論證的方式有一個缺陷：諸多孤例之間的關聯難以直觀地呈現，也難以用某種統攝性論斷揭示不同文獻具體存在何種形式的關聯。不僅這兩部考史名著之間存在關聯，趙翼諸種著作之間均存在一定的關聯。本文擬進一步揭明此旨，以期覽其全貌。

一、《陔餘叢考》與《廿二史札記》之關係補考

　　《陔餘叢考》史考部分和《廿二史札記》均兼考史法和史事，且均以史法爲先。以下選取史法、史事諸例略加考察。

---

* 本文爲國家社會科學基金後期資助項目"趙翼史學及其近代接受史研究"(項目編號：20FZSB050)階段性研究成果。
① 單磊：《〈陔餘叢考〉史考部分與〈廿二史札記〉之關係例考》，《中國典籍與文化》2019年第1期，第88—99頁。

(一) 史法層面

1.《齊書》有所本

漢唐之間史書多照録舊文以收"實録"之效,《齊書》亦不例外。《廿二史札記》卷九"齊書舊本"條明顯脱胎於《陔餘叢考》卷七"齊書原本"條。兹列表1對照如下(表中左右兩側相同下劃綫對照閱讀,下同):

表1 《齊書》有所本

《陔餘叢考》	《廿二史札記》
《齊書·檀超傳》,齊初置史官,超與江淹充其選,上表請立條例,謂封爵詳本傳,無煩年表。<u>應立十志,《律曆》《禮樂》《天文》《五行》《郊祀》《刑法》《藝文》依班固,《朝會》《輿服》依蔡邕、司馬彪,《州郡》依徐爰。《百官》依范蔚宗,合《州郡》。并請立《帝女》《處士》《列女傳》。詔內外詳議。王儉謂宜增《食貨》,省《朝會》</u>,而《帝女傳》不必立。超史功未就而卒,淹撰成之。然則蕭子顯所撰《齊書》,蓋本超、淹之舊而删訂成之也。<u>然《齊書》但有《禮》《樂》《天文》《州郡》《百官》《輿服》《祥瑞》《五行》八志,《食貨》《藝文》《刑法》仍缺</u>。①	《齊書》亦有所本。建元二年,即詔檀超與江淹掌史職。超等表上條例,開元紀號,不取宋年;封爵各詳本傳,無假年表;<u>立十志,《律曆》《禮樂》《天文》《五行》《郊祀》《刑法》《藝文》依班固,《朝會》《輿服》依蔡邕、司馬彪,《州郡》依徐爰,《百官》依范蔚宗,合《州郡》</u>,日蝕舊載《五行》,應改入《天文志》,帝女應立傳,以備甥舅之重,又立《處士》《列女傳》。詔内外詳議。<u>王儉議以爲食貨乃國家本務,至朝會前史不書</u>,乃伯喈一家之意,宜立《食貨》,省《朝會》;日月應仍隸《五行》;帝女若有高德絶行,當載《列女傳》,若止於常美不立傳。詔日月災隸《天文》,餘如儉議。……今案蕭子顯《齊書》,但有《禮》《樂》《天文》《州郡》《百官》《輿服》《祥瑞》《五行》八志,而《食貨》《刑法》《藝文》仍缺,列傳内亦無《帝女》及《列女》,其節義可傳者總入於《孝義傳》,改《處士》爲《高逸》,又另立《幸臣傳》。其體例與超、淹及儉所議皆小有不同,蓋本超、淹之舊而小變之。《超傳》内謂超史功未就而卒,淹撰成之,猶未備也。②

蕭子顯修《齊書》時較多地吸收了檀超、江淹的舊本,并在此基礎上有所增删、修潤,因而《齊書》在體例和内容上均與舊本大同小異。《陔餘叢考》與《廿二史札記》主旨、觀點相同,遣詞造句相似,所選論據相差無幾,只是《廿二史札記》的叙述更爲翔實、飽滿。

2. 新、舊《唐書》之比較

《陔餘叢考》和《廿二史札記》對新、舊《唐書》的考證和評論,可反映出兩書之間的關係。如,《陔餘叢考》認爲,《新唐書》回護文士,對"古文運動"的宣導者韓愈、柳宗元褒譽有

---

① 趙翼撰,曹光甫校點:《陔餘叢考》卷七《齊書原本》,上海:上海古籍出版社,2011年,第118—119頁。
② 趙翼著,王樹民校證:《廿二史札記校證》卷九《齊書舊本》,北京:中華書局,2013年,第197頁。

加,"而略無一語稍貶。蓋子京本文人,故有氣類之感"。①《廿二史札記》對《新唐書》多采韓、柳文的解釋與之相似:"此皆文人氣類相惜,有不期然而然者。"②結合上下文可知,兩書在此問題的考論上雖主旨大意一致,但所選例證和論證方式有較大出入,後書在前書基礎上進行了補充論證。

事實上,能夠反映兩書在新、舊《唐書》的考論上有内在關聯的内容還有很多。僅從專列條目看就有如下諸例:《陔餘叢考》卷十"新舊唐書本紀書法互有得失"條與《廿二史札記》卷十六"新唐書本紀書法"條;《陔餘叢考》卷十"舊唐書多國史原文"條與《廿二史札記》卷十六"舊唐書前半全用實録國史舊本"條;《陔餘叢考》卷十"新唐書改訂之善""新唐書編訂之失"條和卷十二"舊唐書所載亦有不應删而新書反削之者今亦録於後"條與《廿二史札記》卷十六"新書改編各傳""新書删舊書處"條;《陔餘叢考》卷十二"新唐書列傳内所增事迹較舊書多二千餘條其效小者不必論其有必不可不載而舊書所無者今撮於後"條與《廿二史札記》卷十七"新書增舊書處""新書增舊書有關系處""新書增舊書瑣言碎事"條;《陔餘叢考》卷十二"新舊唐書有彼此互異者今據通鑒綱目唐鑒貞觀政要五代史北夢瑣言等書稍爲訂正於後"條與《廿二史札記》卷十八"新舊書互異處"條;《陔餘叢考》卷十一"新唐書文筆"條與《廿二史札記》卷十八"新書盡删駢體舊文"條。

3.《宋史》多采虚飾之辭

宋人喜好虚譽,競相標榜、攀附,子弟、門生熱衷於追捧父師,虚其美而隱其惡。《宋史》多采其辭,以致文字蕪雜、是非乖謬。《陔餘叢考》如是表述:"蓋宋人之家傳、表、志、行狀以及言行録、筆談、遺事之類,流傳於世者多,皆子弟門生所以標榜其父師者,自必揚其善而隱其惡,遇有功處,未有不附會遷就以分其美,有罪則隱約其詞以避之。修史者固當參互以核其實,乃不及考訂真偽,但據其書抄撮成篇,毋怪是非乖謬如此也。"③另一條又稱:"歷朝以來《宋史》最繁,且正史外又有稗乘雜説層見叠出。蓋其時士大夫多尚名譽,每一巨公,其子弟及門下士必記其行事,私相撰述。……是以宋世士大夫事迹傳世者甚多,亦一朝風尚使然者也。"④《廿二史札記》之"宋史事最詳"條詳列具體例證後指出:"此皆收入史館以資纂訂者,其他名臣傳、言行録、家傳、遺事之類未上史館者,汗牛充棟,更無論

---

① 《陔餘叢考》卷一一《新唐書多迴護》,第 186 頁。
② 《廿二史札記校證》卷一八《新書好用韓柳文》,第 404 頁。
③ 《陔餘叢考》卷一三《宋史七》,第 228 頁。
④ 《陔餘叢考》卷一八《宋人好名譽》,第 312—313 頁。

矣。故宋一代史事本極詳備,而是非善惡回護諱飾處亦坐此。"①雖然兩書選取的例證有較大出入,論證路徑也有差別,但所論問題的主旨一致,觀點相近,文字表述也頗爲相似,内在關聯是顯而易見的。

4.《宋史》編次不當和遺漏之處

《陔餘叢考》和《廿二史札記》均批評了《宋史》編次不當②和遺漏③之失。兩書對應條目的内容在意涵和形式上均存在着内在關聯。倘結合上下文,更能清晰地揭示此旨。兩書均以岳飛、韓世忠、吳玠部將等傳和李顯忠、王次翁、陳自强等傳爲例,批評《宋史》本當附傳而另編爲卷之失;又以權邦彥、汪若海、林勛等傳爲例,批評《宋史》顛倒傳主時代之失;還以彭義斌事迹爲例,批評《宋史》當立傳而未立之失。兩書展開論述所選取的例證大同小异,文字表述非常相似,當是趙翼在撰寫後書時抄録前書并有所補充和潤色使然。

（二）史事層面

1."趙氏孤兒"案真僞

《陔餘叢考》卷五"趙氏孤之妄"條通過考辨《春秋》《左傳》《史記》等文獻對相關史事的記載,認爲《史記》關於屠岸賈陷害趙氏和程嬰救孤的故事是虛構的,稱《史記》"采摭荒誕,不足憑也"。④ 趙翼認爲"趙氏孤兒"案雖非實有其事,但相似故事却在後世實實在在地發生了。《廿二史札記》卷三十"郝經昔班帖木兒"條稱:"奇聞駭見之事,流傳已久,在古未必真,而後人仿之,竟有實有其事者。……程嬰、公孫杵臼存趙氏孤之事,本《史記》采無稽之談以新聽聞,未必實有其事也。而元順帝時,有昔班帖木兒者,在趙王位下,其妻嘗保育趙王。"⑤後書接續前書的考證結論,并引出新的問題,反映出兩書之間的互補性和接續性。

---

① 《廿二史札記校證》卷二三《宋史事最詳》,第523頁。
② 《陔餘叢考》卷一三《宋史八》,第228—230頁;《廿二史札記校證》卷二四《宋史排次失當處》,第540—541頁。
③ 《陔餘叢考》卷一三《宋史四》,第222頁;《廿二史札記校證》卷二四《宋史列傳又有遺漏處》,第539—540頁。
④ 《陔餘叢考》卷五《趙氏孤之妄》,第85頁。
⑤ 《廿二史札記校證》卷三〇《郝經昔班帖木兒》,第742頁。

2. 光武帝年壽及在位時間

《陔餘叢考》和《廿二史札記》對光武帝年壽及在位時間均有考證。① 兩書均指出《後漢書》所記光武帝年壽六十二有誤,但在真實年壽的計算上有出入。兩書均認爲光武帝起兵時年二十八、稱帝時年三十一,但是在光武帝在位時間問題上產生分歧。《陔餘叢考》籠統地稱他在位三十三年,《廿二史札記》將之細分爲兩個年號。由在位時間的分歧導致了考證結果的差异,前書認爲光武帝年壽六十三,後書認爲光武帝年壽六十四。據陳垣的考證,以及我的研判,可知《陔餘叢考》考述雖簡略,却準確;《廿二史札記》考述相對賅詳,却謬誤。② 可見,"後出轉精"之語不可泛化,《陔餘叢考》對某些問題的考證未必比《廿二史札記》疏陋。

3. 元魏百官無俸

《陔餘叢考》立有"元魏百官無俸"條,《廿二史札記》立有名稱相似的"後魏百官無禄"條。茲選取部分内容列表 2 如下:

表 2 元魏百官無俸

《陔餘叢考》	《廿二史札記》
北魏之制,百官皆無禄。高允在世祖時,猶令諸子樵采以自給。至孝文帝始班俸禄,户增調三匹,穀二斛九升,以爲官司之禄。以十月爲首,每季一請。又《于忠傳》,高祖以國用不足,百官之禄四分減一,至忠得政,始復之。是制禄後又有減削也。《北齊·文宣紀》,自魏孝莊後,百官絶禄。文宣即位,始復給焉。則于忠復額俸之後,孝莊時又停,直至齊文宣再給也。③	後魏未有官禄之制,其廉者貧苦异常。如高允草屋數間,布被緼袍,府中惟鹽菜,常令諸子采樵自給是也。……是懲貪之法未嘗不嚴,然朝廷不制禄以養廉,而徒責以不許受贓,是不清其源而徒遏其流,安可得也。至孝文帝太和八年,始詔曰:"置官班禄,行之尚矣。自中原喪亂,兹制久絶,先朝因循,未遑釐改。今宜班禄,罷諸商人,以簡人事。户增調絹二疋,穀二斛九升,以爲官司之禄,均預調爲二疋之賦,即兼商用。禄行之後,贓滿一疋者死。"俸以十月爲首,每季一請。……至明帝時,于忠當國,欲結人心,乃悉復所減之數。此魏制官俸之大概也。……上下交征如此,何以立國哉!④

《陔餘叢考》舉出高允、于忠、魏孝文帝、齊文宣帝等例,闡明元魏百官無俸的現象。《廿二

---

① 《陔餘叢考》卷五《後漢書》,第 100 頁;《廿二史札記校證》卷四《後漢書間有疏漏處》,第 84 頁。
② 關於考證結果的正誤,陳垣運用年代學知識認定光武帝年壽六十三,指出《廿二史札記》致誤之由是一年兩紀元。陳垣:《〈廿二史札記〉四光武及漢文年歲考證》,《陳垣史源學雜文》,北京:生活·讀書·新知三聯書店,2007 年,第 16—17 頁。
③ 《陔餘叢考》卷一六《元魏百官無俸》,第 284 頁。
④ 《廿二史札記校證》卷一四《後魏百官無禄》,第 319 頁。

史札記》探究同一問題，又增添了崔寬、文成帝、明元帝等例證，考證更翔實，并分析原因、展開評論。可見，後書在繼承前書基礎上有所發展。

4. 南北朝重門第

《陔餘叢考》和《廿二史札記》對南北朝閥閱觀念有較濃着墨，立論主旨一致，論據較多重合，文字表述相似。此處僅節取關於婚俗的部分內容列表3如下：

表3　南北朝重門第

《陔餘叢考》	《廿二史札記》
孫騫寒賤，齊神武賜以韋氏爲妻，韋氏乃士人女，時人榮之。郭瓊以罪死，其子婦范陽盧道虞女也，沒官。神武以賜陳元康，元康地寒，人以爲殊賞。可見當時風尚右豪宗而賤寒畯，南北皆然，牢不可破。①	《北齊書》，郭瓊以罪死，其子婦范陽盧道虞女也，沒官，齊神武以賜陳元康爲妻。元康地寒，時人以爲殊賞。孫騫爲神武所寵，賜妻韋氏，既士人女，兼有色貌，時人榮之。魏太常劉芳孫女，中書郎崔肇師女，其夫家皆坐事，齊文宣并以賜魏收爲妻，人比之賈充置左右夫人。②

世家大族縱然沒落，但在婚嫁上依然處於優越地位；寒門之士娶得貴族之女，便會受到時人稱賞。孫騫和陳元康的例子在兩書中都有反映，只是次序不同。後書補充了魏收的例子，卻沒有超出前書的主旨大意。

二、《簷曝雜記》與其他著作之關係

（一）樞密使權力變遷

《簷曝雜記》在記述清朝軍機處的設立、用人、制度之後，回顧了中古以來中樞決策機構的演變歷程，劃分爲幾個歷史階段考述道：曹魏至六朝，中書令掌握出納詔命之權，而具體事務多由中書舍人負責；唐前期中樞機構分權，後樞密使一職多由宦官把持，唐後期樞密使改由朝臣擔任；五代時樞密使幾經更名，但權力始終很大；宋、金兩朝樞密使許可權縮小，專門執掌兵權；元代由中書省掌管軍國事宜；明太祖時廢置中書省，六部直接向皇帝負責，成祖時設內閣，明後期皇帝怠政，中樞權力落入秉筆太監之手。③

---

① 《陔餘叢考》卷一七《六朝重氏族》，第289頁。
② 《廿二史札記校證》卷一五《高門士女》，第335頁。
③ 趙翼撰，李解民點校：《簷曝雜記》卷一《軍機處》，北京：中華書局，1982年，第2—3頁。

這些論述在《陔餘叢考》和《廿二史札記》中皆有所發揮。

《陔餘叢考》卷二十"前明司禮監即樞密院"條較爲翔實地叙述了唐至明樞密使發展狀況，①見解、材料與《簷曝雜記》所述基本一致，其中對唐宋之間敬翔、郭崇韜、安重誨、桑維翰、王樸等人擔任樞密使的記述與《簷曝雜記》所述尤爲近似。

《廿二史札記》中的名篇"五代樞密使之權最重"條考述了唐中葉至五代樞密使演變的過程，云：

> 唐中葉以後，始有樞密院，乃宦官在内廷出納詔旨之地。昭宗末年，朱温大誅唐宦官，始以心腹蔣元暉爲唐樞密使，此樞密移於朝士之始。温篡位，改爲崇政院。敬翔、李振爲使，凡承上之旨，皆宣之宰相，宰相有非見時而事當上決者，則因崇政使以聞，得旨則復宣而出之。然是時止參謀議於中，尚未專行事於外。至後唐復樞密使之名，郭崇韜、安重誨等爲使，樞密之任重於宰相，宰相自此失職。②

他隨後舉出唐莊宗時郭崇韜、唐明宗時安重誨、晋高祖時桑維翰、漢隱帝時郭威等先後爲樞密使的事迹，以表明樞密使的權力之大。他喟嘆道："可見當時樞密之權，等於人主，不待詔敕而可以易置大臣。……於是權勢益重，遂至稱兵犯闕，莫不回應也。"③

關於金初到中葉軍事權由宰相執掌演變爲由樞密使執掌的過程，《廿二史札記》卷二十八"金中葉以後宰相不與兵事"條云：

> 金初創業，皆兄弟子侄，出則領兵，入則議國事，爲相者多兼元帥。其時樞密院雖主兵柄，而節制仍屬尚書省。……可見兵事皆宰相參決也。及明昌以後，則兵事惟樞密院主之，而尚書省初不與聞。蓋是時蒙古勃興，北鄙騷動，惟恐漏泄傳播，故惟令樞密主之，其後遂爲樞密院之專職，而宰相皆不得預。④

金朝基於應對蒙古入侵的需要，將政務權與軍事權分離，由樞密院專司軍事權。

關於明代中樞權力發展，《廿二史札記》卷三十三"明内閣首輔之權最重""明翰林中書舍人不由吏部""明吏部權重"條均有所申説。如，趙翼舉例考述明代内閣首輔權力之重，

---

① 《陔餘叢考》卷二〇《前明司禮監即樞密院》，第361—362頁。
② 《廿二史札記校證》卷二二《五代樞密使之權最重》，第496頁。
③ 《廿二史札記校證》卷二二《五代樞密使之權最重》，第496—497頁。
④ 《廿二史札記校證》卷二八《金中葉以後宰相不與兵事》，第671頁。

之後指出:"明代首輔權雖重,而司禮監之權又在首輔上。……是司禮之尊久已習爲故事,雖首輔亦仰其鼻息也。究而論之,總由於人主不親政事,故事權下移,長君在御,尚以票擬歸內閣,至荒主童昏,則地近者權益專,而閣臣亦聽命矣。"①宦官掌握中樞權力的一個前提是皇帝荒怠政務。《陔餘叢考》卷十八"有明中葉天子不見群臣"條也作了考述。《簷曝雜記》同樣考述了這一問題。

(二) 黄巢、李自成之比較和牛金星忌恨進士而寬待舉人

《簷曝雜記》和《廿二史札記》均歸納了黄巢與李自成的相似處:都以流賊起事;都曾攻陷宫闕;都曾僭僞號;黄巢敗奔於太山狼虎谷,被外甥所殺,李自成敗奔於九宫山,爲村民所殺;二人死後都有傳聞稱其未死,黄巢依張全義於洛陽,李自成爲僧於武當山;二人敗死,都被認爲是破毀祖墓所致。② 對照文獻,兩書之間的内在關聯是顯而易見的。

另外,《簷曝雜記》有關於牛金星忌恨進士而寬待舉人的考述:"牛金星以下第舉人作賊,凡進士官必殺,舉人出身者不殺。後其黨殺一縣令,詢知舉人出身,乃棄而奔逃。此亦流賊之相似者。"③《陔餘叢考》有相似的記述:"牛金星以舉人降李自成,勸自成重用舉人。賊所至,獲舉人輒授以官。有舉人李得笥者,被執不屈死,或告賊曰:'此舉人也。'賊將懼,棄其尸而去。金星之令如此,説者謂其久困乙科,故藉是以泄憤云。"④《廿二史札記》也有類似考述:"自成所用牛金星,乃舉人不第者,每肆毒於進士官,而戒軍中勿害舉人。至河南,賊將誤殺一縣令,或告曰:'此舉人也。'群駭而去。"⑤由此可見趙翼著作之間的關聯是多麼密切。

(三) 其他關聯例舉

事實上,《簷曝雜記》與其他著作之間的關聯還有許多表現。以下再擷取諸例予以闡明:

---

① 《廿二史札記校證》卷三三《明内閣首輔之權最重》,第 800—801 頁。
② 《簷曝雜記》卷五,第 83 頁;《廿二史札記校證》卷二〇《黄巢李自成》,第 470—471 頁。
③ 《簷曝雜記》卷五,第 83 頁。
④ 《陔餘叢考》卷一八《有明進士之重》,第 328 頁。
⑤ 《廿二史札記校證》卷二〇《黄巢李自成》,第 470 頁。

1. 佛教東傳

《簷曝雜記》卷六"洛陽伽藍記"條開篇稱:"佛教之入中國,已見《陔餘叢考》。"①可知其考述建立在《陔餘叢考》相關內容的基礎上。翻檢《陔餘叢考》卷三十四"佛"條,可知該書確實對佛教傳入中國的時間以及在中國的發展、流衍情況有詳細的考述。②

2. 西瓜傳入中土

關於中國種植西瓜的起源問題,《簷曝雜記》中僅兩句話:"西瓜已見《五代史·胡嶠傳》,而江以南猶未有種也。自洪忠宣使金移種歸,始有之。"③《陔餘叢考》卷三十三"西瓜始於五代"條以較大篇幅駁正了西瓜自元世祖時始入中國的傳聞,並徵引多種文獻考證出西瓜在五代時由胡嶠引入中國。④《甌北集》有詩云:"即如西瓜產回紇,胡嶠出塞驚絕奇。今已蔓延遍中土,功妙驅暑逾涼颼。"⑤三種文獻所述內容可彼此發明。

3. 蒙古人崇佛

《簷曝雜記》卷一"蒙古尊奉喇嘛"條記述了清代蒙古各部落尊崇喇嘛教的盛況。蒙古人崇佛的現象是歷史地形成的,元時已開其端緒。《陔餘叢考》卷十八"元時崇奉釋教之濫"條從仗衛之侈、土木之費、供養之費、財產之富、威勢之橫等多方面詳細考述了元代尊崇佛教的情況,探究了其原委和演變過程。

4. 晏公廟傳説

《簷曝雜記》卷六"晏公廟"條與《陔餘叢考》卷三十五"晏公廟"條所述內容近似:常州晏公廟之建造及命名,得益於明太祖在急難之境被晏公所救的傳聞。《陔餘叢考》相關考述可基本涵蓋《簷曝雜記》所述內容,當是在其基礎上發展而來的。

5. 明代"大禮之議"

《簷曝雜記》評述了《池北偶談》《西園雜記》《野記矇搜》對"大禮之議"所持見解,認爲

---

① 《簷曝雜記》卷六《洛陽伽藍記》,第 105 頁。
② 《陔餘叢考》卷三四《佛》,第 666—668 頁。
③ 《簷曝雜記》卷五,第 88 頁。
④ 《陔餘叢考》卷三三《西瓜始於五代》,第 651—652 頁。
⑤ 趙翼撰,曹光甫校點:《甌北集》卷六《哈密瓜》,《趙翼全集》第 5 册,南京:鳳凰出版社,2009 年,第 84 頁。

王士禛"習於前明緒論,而不敢創爲异説",盛贊《明史》所持之論"真作史者之卓見"。①《陔餘叢考》卷十四"大禮之議"條考辨是非曲直之後,稱許《明史》釐定是非曲直之論"直足破當時循聲附和之謬"。②《廿二史札記》卷三十一"大禮之議"條作了更加細緻的考辨,認爲《明史》的考證和議論乃"平允至當之論,可爲萬世法"。③

6. 明末農民戰争

《檐曝雜記》對明末農民戰争記述較詳,多爲讀史時有感而發。《甌北集》卷五十一《閲〈綏寇紀略〉感事》《閲〈綏寇紀略〉書蜀亂遺事》等詩是在閲讀《綏寇紀略》時有感而賦;卷三十九《閲〈明史〉有感於流賊事》等詩是在閲讀《明史》時有感而賦。二者主旨都是慨嘆劫運降臨的歷史背景下官逼民反之狀、流賊屠戮之慘、忠義之士殉難之烈。《廿二史札記》卷三十六《流賊僞官號》《明代先後流賊》等條也可與此相印證。

7. 乾隆帝勤勉理政

同樣是記述乾隆帝勤勉理政,《檐曝雜記》云:"自西陲用兵,軍報至輒遞入,所述旨亦隨撰隨進。……斯固敏速集事,然限於晷刻,究不能曲盡事理,每煩御筆改定云。"④"當西陲用兵,有軍報至,雖夜半亦必親覽,趣召軍機大臣指示機宜,動千百言。余時撰擬,自起草至作楷進呈或需一、二時,上猶披衣待也。"⑤《皇朝武功紀盛》如是記述:"每軍報至,應機指示,必揭要領,或數百言,數十言。軍機大臣承旨出,授司員屬草,率至腕脱。或軍報到以夜分,則預飭内監,雖寢必奏。迨軍機大臣得信入直廬,上已披衣覽畢,召聆旨矣。撰擬繕寫,動至一二十刻,上猶炳燭待閲,不稍假寐。"⑥二者意涵和用語相似度很高,可彼此印證。

8. 平定準噶爾

《檐曝雜記》卷一"達瓦齊""黑水營之圍"條,與《皇朝武功紀盛》卷二《平定準噶爾正編述略》都是記述清朝西北戰事的文獻。前者記述:"是役也,地在萬里之遥,圍及百日之久,不傷一人,全師而返,國家如天之福,於此可見。然向非預調索倫兵在途,將緩不及事,於

---

① 《檐曝雜記》卷五,第 84 頁。
② 《陔餘叢考》卷一四《大禮之議》,第 238 頁。
③ 《廿二史札記校證》卷三一《大禮之議》,第 759 頁。
④ 《檐曝雜記》卷一《軍機撰擬之速》,第 5 頁。
⑤ 《檐曝雜記》卷一《聖躬勤政》,第 6—7 頁。
⑥ 趙翼著,曹光甫校點:《皇朝武功紀盛》卷二《平定準噶爾正編述略》,《趙翼全集》第 3 册,第 30 頁。

此益見睿算之遠到云。"①後者記述:"軍郵萬餘里,文報往返動需月餘,故凡數月後應辦之事,皆預籌及之。……兆惠之赴回部也,賴上預調兵在途,故黑水營之圍得及時赴援,不然則事未可知也。"②二者主旨、意涵和用語均十分接近,可相互發明。

9. 征緬之役

《簷曝雜記》卷三"緬甸之役"條開篇稱:"征緬之役,其詳具余所撰《緬事述略》中。"③據文意可知,此處所稱《緬事述略》其實就是《皇朝武功紀盛》卷三《平定緬甸述略》,兩份文獻所述內容可彼此印證。

三、《甌北集》與其他著作之關聯

(一)《甌北集》與《陔餘叢考》《廿二史札記》之關聯

1. 岳飛被殺之因

《岳忠武墓》云:"邪正由來冰炭异,奸臣逞毒何足計。獨怪思陵非甚暗,曾寫精忠鑒素志。是時權相日尚淺,未至靴刀嚴戒備。言官誣劾韓良臣,猶能力持格群議。胡獨於公任羅織,自壞長城檀道濟。千載人思贖百身,當年獄竟成三字。乃知風旨本朝廷,爲梗和戎亟拔釘。"④歷代論者多將岳飛被害歸罪於秦檜之讒害,趙翼則認爲根本原因是岳飛抗金違背了宋高宗苟安江南的意圖。《陔餘叢考》卷四十一"岳忠武之死"條可與之相發明:"岳忠武之死,固由賊檜陷害,然亦必因思陵有所疑忌,故讒言得以中之。……獨岳忠武引'匈奴未滅,何以家爲'之義,不治生産,因母死葬廬山,遂家焉,初未置宅臨安。……兵權在握,又不營生産爲子孫計想,思陵不無顧慮。……檜、俊之計,夫固有以窺思陵之隱而深中之也。……忠武之死,帝固與知之。"⑤韓世忠等人有爲私之心,但並不妨礙偏安政略,因而雖屢遭讒害,却未被忌殺。而岳飛一心爲公,力圖恢復,反倒引起高宗忌恨,秦檜之讒害不過正中其下懷罷了。

---

① 《簷曝雜記》卷一《黑水營之圍》,第19頁。
② 《皇朝武功紀盛》卷二《平定準噶爾正編述略》,第30頁。
③ 《簷曝雜記》卷三《緬甸之役》,第53頁。
④ 《甌北集》卷一三《岳忠武墓》,《趙翼全集》第5册,第208—209頁。
⑤ 《陔餘叢考》卷四一《岳忠武之死》,第827—828頁。

2. 木棉布行於宋末元初

《齋居無事偶有所得輒韵之共十七首》其四云:"古人衣絲枲,棉布元始成。"①《陔餘叢考》卷三十"木棉布行於宋末元初"條廣搜典籍,詳細考察了木棉布的歷史,總結道:"合諸説觀之,蓋其種本來自外番,先傳於粤,繼及於閩,元初始至江南,而江南又始於松江耳。"②其詩與史考可相印證。

3. 歲寒三友

《陔餘叢考》最後一個條目是"歲寒三友",徵引了唐人元結的散文《丐論》和宋人蘇軾的詩歌《游武昌寒溪西山寺》。《甌北集》中收録了多首以歲寒三友爲主題的詩歌。《題姜冶夫歲寒知己圖》其一云:"如何松竹梅三友,缺寫虬枝晚翠濃。自是畫師工用意,君身即是後凋松。"其二云:"竹梅本是耐寒枝,風格惟當冷淡期。竊恐貂狐富貴氣,驚他不敢結相知。"③《爲北墅題歲寒三友圖》云:"歲晏論清賞,朋簪别有緣。物偏交耐久,世但畫高懸。拗雪寒香澹,饕風晚節堅。雀羅門巷冷,吾與爾周旋。"④其詩與史考相發明。

4. 漢武帝選材用將

《甌北集》卷三十《咏史》詩之一云:"漢武擅雄略,只手運九垓。汲黯董仲舒,雖賢不鼎臺。所用衛霍輩,不遇奴僕才。驅之即成功,地拓寇敵摧。乃知主英斷,但需群策材。朝有名臣見,已是衰運來。"⑤詩中藴含的信息可與《廿二史札記》相關内容彼此印證。趙翼舉例論述道:"史稱武帝招英俊,程其器能,用之如不及,宜乎興文治,建武功,爲千古英主也。……帝之度外用人如此,而當時禁網疏闊,懷才者皆得自達。"⑥"三大將皆出自淫賤苟合,或爲奴僕,或爲倡優,徒以嬖寵進,後皆成大功爲名將。"⑦又稱:"武帝長駕遠馭,所用皆跅弛之士,不計流品也。……至其操縱賞罰,亦實有足以激勸者。……其駕馭豪杰如此,真所謂條鏃在手,操縱自如者也。……賞罰嚴明如此,孰敢挾詐避險而不盡力哉! 史

---

① 《甌北集》卷三二《齋居無事偶有所得輒韵之共十七首》,《趙翼全集》第 6 册,第 599 頁。
② 《陔餘叢考》卷三〇《木棉布行於宋末元初》,第 584 頁。
③ 《甌北集》卷四四《題姜冶夫歲寒知己圖》,《趙翼全集》第 6 册,第 896 頁。
④ 《甌北集》卷九《爲北墅題歲寒三友圖》,《趙翼全集》第 5 册,第 148 頁。
⑤ 《甌北集》卷三〇《咏史》,《趙翼全集》第 6 册,第 548 頁。
⑥ 《廿二史札記校證》卷二《上書召見》,第 50 頁。
⑦ 《廿二史札記校證》卷二《武帝三大將皆由女寵》,第 51 頁。

稱雄才大略,固不虛也。"①

5. 南朝寒人勢力抬頭

《草花略澆輒欣欣向榮乃知賤種尤易滋長也》云:"草花誰灌沆泉清,偶荷滋培倍發榮。始悟六朝中正品,用寒人轉奮功名。"②《後園居詩》之一云:"公卿視寒士,卑卑不足算。豈知漏一盡,氣焰隨烟散。翻藉寒士力,姓名見豪翰。使其早知此,敢以勢位慢?"③《廿二史札記》中的名篇"南朝多以寒人掌機要"條與之主旨相近:"其時高門大族,門户已成,令、僕、三司,可安流平進,不屑竭智盡心,以邀恩寵;且風流相尚,罕以物務關懷,人主遂不能藉以集事,於是不得不用寒人。人寒則希榮切而宣力勤,便於驅策,不覺倚之爲心膂。"④

6. 宋金和議

《漳州木棉庵懷古》云:"昔人曾耻言和議,謂是偷安無志氣。到此翻思秦檜之,乞和未必非長計。早知諾責召鄰兵,悔不盟書輸歲幣。有詔師臣誤國謀,山陰小吏正懷儢。"⑤《廿二史札記》卷二十六"和議"條有相近的見解:"欲乘此偏安甫定之時,即長驅北指,使强敵畏威,還土疆而歸帝後,雖三尺童子知其不能也。故秦檜未登用之先,有識者固早已計及於和。……是宋之爲國,始終以和議而存,不和議而亡。……以和保邦,猶不失爲圖全之善策。"⑥其詩與史考足以互證。

(二)《甌北集》與《簷曝雜記》之關聯

1. 趙翼夜直軍機和扈從出巡

《甌北集》卷四《元日早朝即輪直內閣》、卷五《軍機夜直》、卷六《夜直》《出軍機仍直內閣》等詩,記述了趙翼夜值軍機及親見乾隆帝勤處理政的情景。《簷曝雜記》卷一"軍機直舍""聖躬勤政"條所述內容與此吻合。

---

① 《廿二史札記校證》卷二《漢武用將》,第50—51頁。
② 《甌北集》卷五〇《草花略澆輒欣欣向榮乃知賤種尤易滋長也》,《趙翼全集》第6册,第1029頁。
③ 《甌北集》卷十《後園居詩》,《趙翼全集》第5册,第164頁。
④ 《廿二史札記校證》卷八《南朝多以寒人掌機要》,第180頁。
⑤ 《甌北集》卷二一《漳州木棉庵懷古》,《趙翼全集》第6册,第567頁。
⑥ 《廿二史札記校證》卷二六《和議》,第579—580頁。

《甌北集》卷五《木蘭》《扈從木蘭途次雜詩》《行圍即景》《木蘭較獵恭紀》和卷八《扈從途次雜咏》等詩,記述了趙翼扈從乾隆帝巡游木蘭時的見聞感想。《簷曝雜記》列有"木蘭殺虎""木蘭物產""蒙古詐馬戲"等條,與之主旨一致,内容吻合。

2. 人参的產地、形態和生長環境

《甌北集》卷三十八《人参詩》云:"……年深根成形,肢體或粗備。土中兒啼聲,往往驚夜睡。其始出上黨,僅等苓术類。地運有轉移,乃爲我朝瑞。高高長白山,鬱蟠王氣萃。靈苗苗其間,孕結飽生意……"①《簷曝雜記》也有相關記述:"人参背陽向陰,一名'土精'。生上黨者佳,人形皆具,能作兒喊。今則產遼東之北者最貴重。有私販入山海關者,至大辟。至上黨参,則無有過而問者矣。古今地氣不同,抑物性有變易耶?"②二者均涉及人参的產地、形態和生長環境等,并以地運、王氣來解釋其產地轉移和名貴程度。

3. 西南風土民情

《甌北集》卷十三《鎮安土風》《鑒隘塘瀑布》,卷十四《響水塘》和卷十六《入小鎮安》《回鎮安官舍》《土俗》《貴縣途次奉旨調守廣州感恩志遇兼寄別鎮安士民》等詩,記述西南地區尤其是鎮安的風土民情。《簷曝雜記》列有"鎮安民俗""鎮安水土""邊郡風俗""土例""響水塘瀑布"等條,與此主旨一致,内容吻合。

4. 西洋科技、器物

《甌北集》卷七《同北墅漱田觀西洋樂器》、卷二十九《西岩齋頭自鳴鐘分體得七古》等詩詳細記述了趙翼在天主教堂見到的被供奉的耶穌、天文望遠鏡、西洋樂器、鐘錶等。這些與《簷曝雜記》卷二"西洋千里鏡及樂器""鐘錶"條可相互發明。

5. 閱讀《綏寇紀略》有感

《甌北集》卷五十一《閱〈綏寇紀略〉感事》《閱〈綏寇紀略〉書蜀亂遺事》等詩是在閱讀《綏寇紀略》時有感而發,主旨是慨嘆劫運降臨的歷史背景下官逼民反之狀、流賊屠戮之慘、忠義之士殉節之烈。《簷曝雜記》卷六"綏寇紀略"條可與此相印證。

---

① 《甌北集》卷三八《人参詩》,《趙翼全集》第 6 册,第 737—738 頁。
② 《簷曝雜記》卷五,第 88 頁。

6. 致哀、追憶恩人

《甌北集》卷四十《五哀詩》之《父執杭應龍先生》《故吏部尚書汪文端公》《故相國贈郡王傅文忠公》《故都察院左都御史觀補亭公》所述内容，分别與《簷曝雜記》卷二"杭應龍先生""汪文端公""傅文忠公愛才""觀總憲愛才"條吻合。此外，《甌北集》卷一《杭丈應龍先君子執友也以余久廢舉業令兩郎君杏川白峰邀爲文會詩以志感》和卷三《哭杭應龍先生墓》等詩，尤能體現趙翼對杭應龍的深切感懷。

7. 回人繩伎

《甌北集》卷八《觀回人繩技》與《簷曝雜記》卷一"回人繩伎"條均記述了觀賞回人繩伎的見聞感想。

8. 樹海

《甌北集》卷十三《樹海歌》與《簷曝雜記》卷三"樹海"條吻合。

9. 蜑船

《甌北集》卷十六《蜑船曲》與《簷曝雜記》卷四"廣東蜑船"條吻合。

10. 晚年境遇

《甌北集》卷四十一《老境》、卷五十《老態》等詩，與《簷曝雜記續》之"老境"條均爲趙翼自嘲年老體衰而作。

11. 重赴鹿鳴宴

《簷曝雜記續》記述有《欽賞三品職銜准重赴鹿鳴宴謝摺》。《甌北集》卷五十二《重赴鹿鳴宴恭紀四詩》《赴江寧途次奉恩旨加三品職銜准入鹿鳴筵宴再紀五詩》《重赴鹿鳴詩海内名流屬和者三四千首暇日編輯長卷戲書於後》《再題諸名流屬和重赴鹿鳴詩長卷》《重赴鹿鳴詩和者既多或勸余刪潤勒成大卷書以見意》等正是圍繞此主題而作的詩文。

（三）《甌北集》與《皇朝武功紀盛》之關聯

《皇朝武功紀盛》是當代史著作，許多内容係趙翼據閱讀邸報或親身經歷而記。《甌北集》所收詩文的相關素材也多係閱讀邸報或親歷前綫而得。兩書有許多彼此印證之處。如,《軍機夜直》詩云:"清切方知聖主勞,手批軍報夜濡毫。錦囊有策兵機密,金匱無書廟算高。"①《平定準噶爾鐃歌》詩云:"皇威遠播狄鞮長,數月神兵定朔方。特與輿圖開絶軌,祁連山外總周疆。"②《平定回部鐃歌》詩云:"昆侖天外孰曾探?聲教今真率土罩。《西域傳》中三十六,又添典故史家談。"③所述主題和内容都可與《皇朝武功紀盛》之《平定準噶爾正編述略》相發明。再如,《何坦夫州牧内遷刑曹余亦有滇行詩以志别》詩云:"緬甸西南夷,蕞爾本小丑。邇來忽擾邊,騷及土司某。吾皇赫斯怒,鞠旅拉枯朽。"④所述主題與《皇朝武功紀盛》之《平定緬甸述略》相發明。又如,《聞金川奏凱詩以志喜》詩云:"自愧征南曾入幕,只今袖手頌平羌。"⑤所述主題與《皇朝武功紀盛》之《平定兩金川述略》相發明。還如,《諸羅守城歌》題注稱:"上以諸羅士民力守孤城,特改縣名嘉義,以示獎勵。"⑥《皇朝武功紀盛》之《平定臺灣述略》叙述道:"上念諸羅被圍久,特改名嘉義,以旌士民。"⑦意涵和用語基本一致,結合兩種文獻可知其關聯性。《皇朝武功紀盛》中許多内容是趙翼致仕歸鄉後追叙的,《甌北集》中相關詩歌大多是事發的第一時間所作,兩書對照研讀能夠真切地反映其真實認識。

四、結　語

　　章學誠以記性、作性、悟性分别對應"學"(考訂)、"才"(辭章)、"識"(義理),稱"記性積而成學,作性擴而成才,悟性達而爲識",還將"三不朽"之説引入著述一途:義理對應"立德",考訂對應"立功",辭章對應"立言"。⑧ 倘以是言之,趙翼便是一位成不朽之業的史學家:《陔餘叢考》和《廿二史札記》屬於史考,是"立功"之作;《簷曝雜記》《皇朝武功紀盛》以及《甌北集》的史學部分屬於史作,是"立言"之作;其史論和史評中精深的思想和獨到的見解體現出"立德"。統而觀之,趙翼是一位記性(學)、悟性(識)、作性(才)俱佳的史學家,兼具考據、義理、辭章,既能考史,又能論史,還能作史。諸種著作同中有異,彼此勾連,相互

---

① 《甌北集》卷五《軍機夜直》,《趙翼全集》第 5 册,第 65 頁。
② 《甌北集》卷四《平定準噶爾鐃歌》,《趙翼全集》第 5 册,第 54 頁。
③ 《甌北集》卷七《平定回部鐃歌》,《趙翼全集》第 5 册,第 110—112 頁。
④ 《甌北集》卷一四《何坦夫州牧内遷刑曹余亦有滇行詩以志别》,《趙翼全集》第 5 册,第 226 頁。
⑤ 《甌北集》卷二三《聞金川奏凱詩以志喜》,《趙翼全集》第 5 册,第 397 頁。
⑥ 《甌北集》卷三一《諸羅守城歌》,《趙翼全集》第 6 册,第 569 頁。
⑦ 《皇朝武功紀盛》卷二《平定臺灣述略》,《趙翼全集》第 3 册,第 52 頁。
⑧ 章學誠著,倉修良編注:《文史通義新編新注》外篇三《答沈楓墀論學》,杭州:浙江古籍出版社,2005 年,第 713—714 頁。

作用,反映出其學術具有百態橫生而又渾然一體的特點,立體式呈現其思想、情趣、成就、風格、方法。

趙翼諸種著作之間存在着千絲萬縷的聯繫,必係一人所作。晚清以來,時有人質疑趙翼作爲《廿二史札記》和《陔餘叢考》作者的身份。這種質疑聲最早源自李慈銘。他聲言:"閱趙翼《廿二史札記》,常州老生皆言此書及《陔餘叢考》,趙以千金買之一宿儒之子,非趙自作。以《甌北詩集》《詩話》及《簷曝雜記》諸書觀之,趙識見淺陋,全不知著書之體。此兩書較爲貫串,自非趙所能爲。"①他認爲《廿二史札記》和《陔餘叢考》并非趙翼所作,却并不懷疑《簷曝雜記》《皇朝武功紀盛》《甌北集》是其作品。本文的考察,可爲釐定這樁公案提供一個佐證。

【作者簡介】單磊,歷史學博士,佛山科學技術學院思想政治教育系特聘研究員,主要從事史學史、歷史文獻學研究。

---

① 李慈銘著,由雲龍輯:《越縵堂讀書記》,上海:上海書店出版社,2015年,第610頁。

> 新出與稀見文獻研究

秦簡"當騰騰"匯考

唐洪志

秦簡文書用語"當騰騰",最早見於湖北睡虎地雲夢秦簡,後見於湖南里耶秦簡。一般認爲與之相關的用語,還有"騰書"。學界對"當騰騰"的訓解,至今尚存分歧。① 由於相關材料的發現時間跨度大,佐證資料零落而隱晦,因此有必要圍繞"當騰騰",作一次窮盡性的、系統性的資料梳理,并在此基礎上作仔細考辨和全面總結。

一、秦簡中有關"當騰騰"的辭例彙集

目前依内容劃分,"當騰騰"所在秦簡大致可分爲四類:(一)獄訟封守文書,其内容主要是封守獄訟被告的財産和家人。(二)洞庭致遷陵移戍作居文書。此類文書的性質,還存在争議,或以爲是"政府檔案",②或以爲是"洞庭郡文書",③筆者贊同後説。這類文書共十二件,行文格式和内容高度相似,但涉案的主人公姓名、貲罰數額、日期不同;因此下文擬完整抄録其中第一件,其餘十一件,僅摘録兩件文書的關鍵文句。(三)續食文書,内容是講零陽、遷陵等地的吏員外出公幹,請求沿途相關政府機構協助提供飲食。(四)其他文書。這類文書或文句過於簡短,或簡文殘斷,不便歸類。爲方便讀者隨文檢核,兹不憚繁瑣,將上述四類文書及相關佐證文書,共五類,抄録如下:

(一)獄訟封守文書

1. 有鞫 敢告某縣主:男子某有鞫,辭曰:"士五(伍),居某里。"可定名事里,所

---

① 余津銘:《里耶秦簡"續食簡"研究》,武漢大學簡帛研究中心主編:《簡帛》第十六輯,上海:上海古籍出版社,2018年,第141頁注①。
② 湖南省文物考古研究所等:《湖南龍山里耶戰國——秦代古城一號井發掘簡報》,《文物》2003年1期,第34頁。
③ 張金光:《秦貲、贖之罰的清償與結算問題——里耶秦簡 J1(9)1—12簡小記》,《西安財經學院學報》2010年4期,第94頁。

坐論云可(何),可(何)辠(罪)赦,或(又)覆問毋(無)有,遣識者以律封守,當騰=(騰騰),皆爲報,敢告主。

封守　鄉某爰書:以某縣丞某書,封有鞫者某里士五(伍)甲家室、妻、子、臣妾、衣器、畜產。·甲室、人:一宇二内,各有户,内室皆瓦蓋,木大具,門桑十木。·妻曰某,亡,不會封。·子大女子某,未有夫。·子小男子某,高六尺五寸。·臣某,妾小女子某。·牡犬一。·幾訊典某某、甲伍公士某某:"甲黨(倘)有它當封守而某等脱弗占書,且有辠(罪)。"某等皆言曰:'甲封具此,毋(無)它當封者。'即以甲封付某等,與里人更守之,侍(待)令。

覆　敢告某縣主:男子某辭曰:'士五(伍),居某縣某里,去亡。'可定名事里,所坐論云可(何),可(何)辠(罪)赦,或覆問毋(無)有,幾籍亡,亡及逋事各幾可(何)日,遣識者當騰=(騰騰),皆爲報,敢告主。(睡虎地秦簡《封診式》)[①]

2. 廿六年五月辛巳朔壬辰,酉陽齮敢告遷陵主:或詣男子它。辭(辭)曰:士五(伍),居新武陵靬上。往歲八月彀(擊)反寇遷陵,屬邦候顯、候丞【不】智(知)名。與反寇戰,丞死。它獄遷陵,論耐它爲候,遣它歸。復令令史畸追環(還)它更論。它繫(繫)獄府,去亡。令史可以書到時定名吏(事)里、亡年日月、它坐論報赦辠(罪)云何,或(又)覆問毋有。遣識者,當騰騰。爲報,勿留。敢告主。/五月戊戌,酉陽守丞宜敢告遷陵丞主:未報,追。令史可爲報,勿留。(9-2287正)(里耶秦簡)[②]

(二) 洞庭致遷陵移戍作居文書

3. (1) 卅三年四月辛丑朔丙午,司空騰敢言之:陽陵宜居士五(伍)毋死有貲余錢八千六十四。毋死戍洞庭郡,不智(知)何縣署。·今爲錢校券一上,謁言洞庭尉,令毋死署所縣責,以受陽陵司空——司空不名計。問何縣官計,年爲報。已訾其家,家貧弗能入,乃移戍所。報署主責發。敢言之。

四月己酉,陽陵守丞厨敢言之:寫上,謁報,報署金布發。敢言之/儋手。(正)

卅四年六月甲午朔戊午,陽陵守慶敢言之:未報,謁追。敢言之。/堪手。

卅五年四月己未乙丑,洞庭叚(假)尉觿謂遷陵丞:陽陵卒署遷陵,其以律令從事,報之,當騰騰。/嘉手·以洞庭司馬印行事。敬手。(9-1背)

(2) 卅五年四月己未朔乙丑,洞庭叚(假)尉觿謂遷陵丞:陽陵卒署遷陵,其以律令從事,報之。/嘉手。以洞庭司馬印行事。敬手。(9-2背)

---

① 陳偉主編:《秦簡牘合集·釋文注釋修訂本(壹、貳)》,武漢:武漢大學出版社,2016年,第267頁。睡虎地秦墓竹簡整理小組:《睡虎地秦墓竹簡》,北京:文物出版社,1990年,第148—150頁。
② 陳偉主編:《里耶秦簡牘校釋》(第2卷),武漢:武漢大學出版社,2018年,第453頁。

(3) 卅五年四月己未朔乙丑,洞庭叚(假)尉觿謂遷陵丞:陽陵卒署遷陵,其以律令從事,報之。當騰。/嘉手•以洞庭司馬印行事。敬手。(9-10背)(里耶秦簡)①

(三) 續食文書

4. (1) 元年七月庚子朔丁未,倉守陽敢言之:獄佐辨、平、士吏賀具獄,縣官食盡甲寅,謁告過所縣鄉以次續食。雨留不能投宿齎。來復傳。零陽田能自食。當騰期卅日。敢言之。/七月戊申,零陽鞫移過所縣鄉。/齮手/七月庚子朔癸亥,遷陵守丞固告倉嗇夫:以律令從事。/嘉手。(5-1正)

(2) ☑☐倉☐建☐☐☐畜官適☐☑
　　☑☐謁告過所縣鄉,以次續食。雨☑
　　☑騰騰。遷陵田能自食。敢言之。☑
　　☑☐☐☐丞遷移酉陽、臨沅。/得☑(8-50+8-422)

(3) 卅五年三月庚寅朔辛亥,倉衙敢言之:疏書吏、徒上事尉府者牘北(背),食皆盡三月,遷陵田能自食。謁告過所縣,以縣鄉次續食如律。雨留不能投宿齎。當騰騰。來復傳。敢言之。(8-1517正)

(4) 卅五年二月庚申朔戊寅,倉☐擇敢言之:隸☐餽爲獄行辟書彭陽,食盡二月,謁告過所縣鄉以次牘(續)食。節不能投宿齎。遷陵田能自食。未入關縣鄉,當成齎,以律令成齎。來復傳。敢言之。☑(8-169+8-233+8-407+8-416+8-1185正)(里耶秦簡)②

(四) 其他文書

5. 八月乙巳己未,門淺☐丞敢告臨沅丞主:騰真書,當騰騰,敢告主。/定手。(8-66+8-208正)(里耶秦簡)③

6. 九月戊戌朔壬申,酉陽丞如敢告遷陵丞主:寫移,當騰騰。敢告主。(9-1863正)(里耶秦簡)④

7. 以書致,署獄西發,勿留,當騰騰。☐……(9-453)(里耶秦簡)⑤

8. ☑☐【傳】詣吏,當騰騰,已下☑(9-1082正)(里耶秦簡)⑥

---

① 《里耶秦簡牘校釋》(第2卷),第1、10、17頁。里耶秦簡博物館等編著:《里耶秦簡博物館藏秦簡》,上海:中西書局,2016年,第108頁。
② 陳偉主編:《里耶秦簡牘校釋》(第1卷),武漢:武漢大學出版社,2012年,第1、40—41、344—345、102頁。
③ 《里耶秦簡牘校釋》(第1卷),第52頁。
④ 《里耶秦簡牘校釋》(第2卷),第376頁。
⑤ 《里耶秦簡牘校釋》(第2卷),第128頁。
⑥ 《里耶秦簡牘校釋》(第2卷),第252頁。

9. ☐所縣,當騰騰。/恬手/壬戌☐(9-2050)(里耶秦簡)①

(五) 佐證文書

10. 卅一年後九月庚辰朔甲☐,……却之:諸徒隸當爲吏僕養者皆屬倉……倉及卒長彭所署倉,非弗智(知)殹,蓋……可(何)故不騰書?近所官亘(恒)曰上真書。狀何……(8-130+8-190+8-193)(里耶秦簡)②

11. ☐☐酉陽守丞又敢告遷陵丞主:令史曰,令佐莫邪自言上造

☐☐遣莫邪衣用錢五百未到。遷陵問莫邪衣用錢已到

☐問之,莫邪衣用未到。酉陽已騰書沅陵。敢告主。(8-647 正)(里耶秦簡)③

12. 騰書雍。(張家山漢簡《奏讞書》第123簡)④

例1原簡文"遣識者以律封守當騰=皆爲報敢告主",睡虎地秦簡原整理者斷讀爲"遣識者以律封守,當騰,騰皆爲報,敢告主",認爲"當"訓"正","騰"讀"謄"訓"移寫",整句譯作"要派瞭解情況的人依法查封看守,確實寫錄,將所錄全部回報"。⑤後來學者據里耶秦簡,判定"當騰="爲公文常語,前引例1簡文句讀修訂爲"遣識者以律封守,當騰騰。皆爲報,敢告主",其中"當"即"應當"。⑥該修訂正確可從。這是下文探討"當騰騰"的基礎。

二、"當騰騰"語義解釋辨析

據筆者所見,學者對例1-9中"騰"字的基本解釋,有三種:(1)讀爲"謄",訓"移寫",寫錄;⑦(2)如字解,訓"傳",傳遞;⑧(3)讀爲"朕",訓"封",封存。⑨基於此,再對"騰騰"進

---

① 《里耶秦簡牘校釋》(第2卷),第410頁。
② 《里耶秦簡牘校釋》(第1卷),第68頁。
③ 《里耶秦簡牘校釋》(第1卷),第189頁。
④ 張家山二四七號漢墓竹簡整理小組:《張家山漢墓竹簡[二四七號墓]》,北京:文物出版社,第222頁。
⑤ 《睡虎地秦墓竹簡》,第148頁。
⑥ 湖南省文物考古研究所等:《湘西里耶秦代簡牘選釋》,《中國歷史文物》2003年第1期,第16頁。王焕林:《秦簡"當騰騰"音義商兌》,《吉首大學學報(社會科學版)》2006年第3期,第47頁。
⑦ 《睡虎地秦墓竹簡》,第149頁。于洪濤:《里耶秦簡文書簡分類整理與研究》,吉林大學博士學位論文,2017年,第290頁。
⑧ 邢義田:《湖南龍山里耶J1(8)157和J1(9)1-12號秦牘的文書構成、筆跡和原檔存放形式》,《簡帛》(第一輯),上海:上海古籍出版社,2006年,第291頁。
⑨ 王焕林:《秦簡"當騰騰"音義商兌》,《吉首大學學報(社會科學版)》2006年第3期,第48頁。

行不同義項的組合、引申,大致演繹出"當謄謄"①"當謄馬"②"當傳(zhuàn)傳(chuán)"③等。前述諸說,我們在此根據各家意見的异同,作了適當歸併,其詳細的出處,有學者作過很好的梳理,請讀者自行参看。④

按,以上諸説各有一定理據,單獨看似能自圓其説;但若將其匯總、比較、辨析,則不難發現其中仍有扞格之處。首先,討論讀"謄"和訓"傳"這兩種基本解説。假設例1"當謄謄"讀爲"當謄謄"成立,意即"應當謄寫的,謄寫",則例5"謄真書,當謄謄",應即"謄寫正本,應當謄寫的,謄寫",⑤似皆可通,但有兩個疑問:

其一,與例5相比,例1"謄"後并没有出現"書"或類似的字樣,那麼"識者"應該"謄寫"什麼呢?因爲既然是"謄寫",就當有一個現存的文本原件以供謄抄;否則,就應該稱爲"書寫",而不是"謄寫"。例1"甲黨(倘)有它當封守而某等脱弗占書,且有辠(罪)",表明秦代"封守"獄訟被告時,其財産、家人的基本信息,須詳細"占書"在案。又,例6"寫移,當謄謄",移即移書,是古代的一種公文,⑥"寫移"即寫作移書。又,岳麓秦簡"不盈卒歲,貲一盾,皆毋籍亡日",或解作"不滿一年,貲罰一盾。都無需記録逃亡的天數",其中"籍"即記録。⑦依此仿句,今所謂"應當寫録的,寫録",在秦代似應記作"當書書""當寫寫"或"當籍籍",而非"當謄謄"。睡虎地秦簡原整理者,將本訓"移寫"的"謄"字引申爲"寫録",解作寫録被告的家產、家人,在語法上屬於承前省略賓語,從而巧妙地回避了"謄"字缺謄抄的原件,即缺賓語的問題。但是,從訓詁的角度講,"謄"由本義"移寫"引申爲"寫録",似缺乏嚴格密合的辭例支持,故難采信。若從邏輯的角度講,乃是偷换概念——謄寫,是對另一文本的轉録,屬於文本複製;寫録,是記録事實,屬於文本創造。複製和創造,兩者存在根本區别。這表明,例1之"謄"讀"謄",是可疑的。

其二,例11"謄書沅陵"即傳送文書到沅陵、例12"謄書雍"即傳送文書到雍,此"謄"訓"傳",即傳送,已是共識。⑧據此,則例1的"當謄謄"又當解作"當傳送的,傳送",⑨而非

---

① 湖南省文物考古研究所等:《湘西里耶秦代簡牘選釋》,《中國歷史文物》2003年1期,第16頁。
② 日本籾山明教授的觀點,轉見於邢義田:《湖南龍山里耶J1(8)157和J1(9)1-12號秦牘的文書構成、筆迹和原檔存放形式》,《簡帛》(第一輯),第291頁注1。
③ 戴世君:《秦司法文書"當謄謄"用語釋義》,《浙江社會科學》2010年2期,第102頁。
④ 夏利亞:《秦簡文字集釋》,華東師範大學博士學位論文,2011年,第383、384、509—514頁。
⑤ 將"真書"解爲"正本"或"底本",見鄔文玲:《簡牘中的"真"字與"算"字——兼論簡牘文書分類》,《簡帛》第十五輯,上海:上海古籍出版社,2017年,第160頁。
⑥ 《里耶秦簡牘校釋》(第1卷),第5、34頁。
⑦ 朱紅林:《岳麓書院藏秦簡(肆)疏證》,上海:上海古籍出版社,2021年,第87、88頁,第2158+1958簡正。
⑧ 《秦簡牘合集·釋文注釋修訂本(壹、貳)》,第268頁。
⑨ 邢義田:《湖南龍山里耶J1(8)157和J1(9)1-12號秦牘的文書構成、筆迹和原檔存放形式》,《簡帛》(第一輯),第291頁。

"當謄寫的,謄寫"。這同樣表明,例1之"騰"讀"謄",是很可疑的。

既然如此,能否反過來徑依例11、例12,將例1、例2之"騰"改訓爲"傳"呢？答曰:不能。因爲在例1、例2之語境中,"騰"訓"傳",與讀"騰"爲"謄",其實都面臨同樣的語法困境——缺賓語。在例11、例12中,"騰"的賓語非常明確,即"書";而在例1"有鞫"條中,是無論如何都找不到"書"的。在例2中,或將"遣識者當騰騰"解爲"派識知者將逃亡者傳送官府",①"騰"的賓語由例11、例12的"書",變成了"逃亡者"。但在出土文獻和古書中,有"騰書"的辭例,却未見"騰人(逃亡者)"的辭例;缺乏辭例依據,該説在訓詁上是有風險的。況且,將"逃亡者"理解爲"騰"的賓語,只是學者的推斷,事實上并沒有過硬的證據證明"逃亡者"是"騰"的對象。再從邏輯上講,既然例2之被告(名"它")已逃亡,官府首先須捕獲逃亡者,然後才能將其傳送到某個地方。而簡文未提捕獲逃亡者,就徑直要求"識者"去"傳送"逃亡者,誰能保證"逃亡者"會服從"識者",從而甘心被"傳送"呢？

顯然,讀"騰"爲"謄"説,與訓"騰"爲"傳"説,雖各有依據,但又各有局限,即無法完全取代對方。若兩説共存,則"當騰騰"至少可演繹出四種語義組合:當謄謄、當騰謄、當謄騰、當騰謄。事實上,除了"當騰騰"之外,其餘三種組合,都有一定的支持者。② 但慮及"當騰騰"的書寫形式,及其在簡文中出現的位置,都是相當固定的,因此其語義絶不可能如此變動不居。對例1、例2之"騰"字,前兩種基本解釋,皆似是而非,實不可信。而基於此兩説之其餘諸説,如"當謄騰""當騰馬""當傳傳"等,因失去演繹的前提,自然也不可信,毋庸辯駁。

其次,再談讀"騰"爲"朕"訓"封"説。讀"騰"爲"朕",從古漢語角度講,是沒有問題的。只是將"朕"訓作"封",在訓詁學上缺乏嚴格的依據,不可從。儘管存在瑕疵,但該説將"騰"與"封守""封緘"聯繫起來,筆者認爲還是很有道理,下文試作申述。

三、秦簡"識者"身份對理解"當騰騰"的提示作用

秦簡"當騰騰"之所以難解,其中一個很重要的原因是,在目前所見的辭例中,它與上下文的關係都不太密切,顯得"孤零零"的。只有在例1《封診式》"有鞫"條、"覆"條,以及例2中,"當騰騰"與"識者"有密切的關聯。請對比簡文:

例1. 遣十識者十以律封守,當騰騰(睡虎地秦簡《封診式》"有鞫")

---

① 邢義田:《湖南龍山里耶J1(8)157和J1(9)1-12號秦牘的文書構成、筆迹和原檔存放形式》,《簡帛》(第一輯),第291頁。

② 《秦簡牘合集·釋文注釋修訂本(壹、貳)》,第268頁。

　　　　　遣＋識者＋當騰騰（睡虎地秦簡《封診式》"覆"）
　　例 2. 遣＋識者＋當騰騰（里耶秦簡）

　　上述簡文的句法結構"遣＋某人＋做某事"，在出土文獻、傳世文獻中，都有不少同類結構的辭例可資參照。譬如，《墨子·非儒下》："（孔子）乃遣子貢之齊，因南郭惠子以見田常。"①《史記·廉頗藺相如列傳》："趙王於是遂遣相如奉璧西入秦。"②《漢書·翟方進傳》："（翟方進）遣門下諸生至常（胡常）所問大義疑難。"③里耶秦簡："今以庚戌遣佐處雠。"（8-173 正）④由此可見，"以律封守""當騰騰"任務的執行者，是"識者"。換言之，若要破譯"當騰騰"之謎底，則不應忽視其執行者——識者。

　　何謂"識者"？睡虎地秦簡原整理者譯作"瞭解情況的人"，⑤此譯比較寬泛，易被忽視。其實，在例 1 之"封守"條中，就有兩個確定的"識者"——被告甲的四鄰公士某某、里典某某。原來，秦代實行什伍連坐制，⑥里典、四鄰負有監督鄰里的責任，因而他們須瞭解彼此的境況，以便在必要時報告官方，否則可能面臨懲罰。譬如，秦律規定："黔首不田作，市販出入不時，不聽父母，苟若與父母言，其父母、典、伍弗忍告，令鄉部嗇夫數廉問，捕繫獻廷，其罪當完城旦舂以上，其父母、典、伍弗先告，貲其父若母二甲，典、伍各一甲。"⑦即百姓如果懶惰不事田間生產，被鄉部官長逮捕并判"完城旦舂"及以上處罰的，如果父母、里典、四鄰沒有事先告發，則皆應被貲罰。與之相似，里典、四鄰作爲"識者"參與"封守"，也應是與秦什伍連坐法相關聯的。

　　須强調的是，例 1"封守"條之"識者"——里典某某、公士某某，不見得就是官府的文書或郵傳人員，認爲這類"識者"須謄寫公文，或傳遞公文，恐怕不合於實際。這也暗示了，"遣識者當騰騰"似應另覓他解。

　　其次，例 1"封守"條之"某等"（識者）——里典某某、四鄰公士某某，與主持"封守"的官長之間，有一段涉及法律責任的嚴肅問答：

　　（官長）問：甲黨（儻）有它當封守而某等脱弗占書，且有辠（罪）。

---

①　孫詒讓：《墨子閒詁》卷九，北京：中華書局，2001 年，第 302 頁。
②　司馬遷：《史記》卷八一，北京：中華書局，2013 年，第 2944 頁。
③　班固：《漢書》卷八四，北京：中華書局，1962 年，第 3411 頁。
④　《里耶秦簡牘校釋》（第 1 卷），第 104 頁。
⑤　《睡虎地秦墓竹簡》，第 149 頁。
⑥　閆曉君：《秦法律文化新探》，西安：西北大學出版社，2021 年，第 1629 頁。
⑦　陳松長主編：《嶽麓書院藏秦簡（陸）》，上海：上海辭書出版社，2020 年，第 149、157 頁。

(某等)答：甲封具此，毋(無)它當封者。

這段問答，睡虎地秦簡原整理者譯作：

(官長問)甲是否還有其他應加查封而某等脱漏未加登記，如果有，將是有罪的。
(某等答)甲應查封的都在這裏，没有其他應封的了。①

其中"脱"字，或解作"倘若"；②但睡虎地秦簡《效律》"計脱實及出實多於律程"中也有"脱"字，訓失，可信；③則"封守"條之"脱"譯"脱漏"，當可從。只是簡文之"占書"，似不應泛泛地譯作"登記"。占，《説文·卜部》"視兆問也"，④本義指占視卦兆吉凶，引申爲問、驗、數、度等等。《漢書·游俠傳》記陳遵"召善書吏十人於前，治私書謝京師故人。遵馮几，口占書吏，且省官事，書數百封"。顔師古注："占，隱度也。口隱其辭以授吏也。"⑤據此，簡文"占書"，似應理解爲由"某等(里典某某、四鄰公士某某)"口述(而由官方文書)記録在案。之所以作如是解，是因爲在秦朝，一般里典、四鄰，是否具備書寫能力，是很值得懷疑的。基於前述，再將簡文之"當封守""當封者"抽出，徑置於執行"封守"任務且有發言之施事者——"識者"之後，即可得"識者＋當封守""識者＋當封者"，這顯然與"識者＋當騰騰"，在語言形式上是極爲接近的，其中"封守"正對應"騰騰"。由此可見，王焕林先生將"封"和"騰"聯繫起來，⑥是很有道理的。

四、"當騰騰"應即"當縢縢"

我們認爲，"當騰騰"之"騰"，應讀爲"縢"。騰、縢上古音皆在定母蒸部，⑦雙聲叠韻，聲同字通。縢，訓緘、束。《説文·糸部》："縢，緘也。"⑧《尚書·金縢》："公歸，乃納册于金縢之匱中。"又"王與大夫盡弁，以啓金縢之書"。鄭康成曰："縢，束也。凡藏秘書，藏之於

---

① 《睡虎地秦墓竹簡》，第149頁。
② 《秦簡牘合集·釋文注釋修訂本(壹、貳)》，第271頁。
③ 《秦簡牘合集·釋文注釋修訂本(壹、貳)》，第154頁。
④ 許慎：《説文解字》卷四上，北京：中華書局，1963年，第79頁。
⑤ 班固：《漢書》卷九二，北京：中華書局，1962年，第3711頁。
⑥ 王焕林：《秦簡"當騰騰"音義商兑》，《吉首大學學報(社會科學版)》2006年3期，第48頁。
⑦ 郭錫良：《漢字古音手册(增訂本)》，北京：商務印書館，2010年，第426頁。
⑧ 《説文解字》卷一三上，第276頁。

匱,必以金緘其表。"①清華簡第一册《金縢》:"周公乃納其所爲功自以代王之説于金縢(縢)之匱。"②《後漢書·劉瑜傳》:"及開東序金縢史官之書。"李賢注:"縢,緘也。"③封、縢、緘,三字義近,其連用見於古書。《後漢書·方術傳上》:"封縢於瑤壇之上者,靡得而窺也。"④《漢書·外戚傳上》:"其殿中廬有索長數尺可以縛人者數千枚,滿一篋緘封。"⑤《漢書·外戚傳下》:"美人以葦篋一合盛所生兒,緘封。"⑥《莊子·胠篋》:"則必攝緘縢,固扃鐍。"⑦《後漢書·酷吏傳》:"諸奢飾之物,皆各緘縢。"⑧"當縢縢"的語法結構,與里耶秦簡"謁上獄治,當論論。敢言之"之"當論論",⑨是一致的;又可與典籍"賞當賞"相參照,《淮南子·主術訓》:"設賞者,賞當賞也。"⑩總之,僅從文字訓詁的角度看,"當縢(縢)縢(縢)",解作"當緘封,緘封",或"當緘封者,緘封",皆可成立。

回到前引秦簡例 1-9 中,"當縢(縢)縢(縢)"的具體含義,可能也有細微的區别。在第一類獄訟封守文書中,"當縢縢"似有兩層含義:其一,緘封被告的財産、家人;其二,緘封寫有"當縢縢"字樣的文書本身。因爲被告的財産、家人,經"封守"之後,實際上是以兩種形式存在:一是現實存在,二是書面存在——存在於"占書"形成的"封守文書"中;在現實存在中,被告的財産被人緘封,家人被人看管,其狀態是不自由的;在書面存在中,"封守文書"須在"識者"的確認、見證之下加以緘封,從而達成財産狀態的固定。若官方需再次核驗被告的財産,則可以拆開"封守文書",將上面登記的賬目和實物逐一核對,從而避免被告轉移財産或吏員瀆職的現象。試想如果"封守文書"没有在"識者"見證之下加以緘封,則從邏輯上講,其內容是有可能被篡改的,譬如抽走文書中的某幾片竹簡,或塗抹掉其中某幾項財産的記錄,等等。當然,在向來以嚴密著稱的秦法中,這種違法現象肯定是要設法杜絶的。譬如,睡虎地秦簡《效律》有"大誤"條,規定"人户、馬牛,一以上爲大誤"。⑪ 又《法律答問》"何如爲'大誤'? 人户、馬牛及諸貨財,值過六百六十錢爲'大誤',其它爲小"。⑫

---

① 孫星衍:《尚書今古文注疏》,北京:中華書局,1986 年,第 329、336 頁。
② 清華大學出土文獻研究與保護中心編,李學勤主編:《清華大學藏戰國竹簡(壹)》,上海:中西書局,2010 年,第 158 頁。
③ 范曄:《後漢書》卷五七,北京:中華書局,1965 年,第 1857 頁。
④ 《後漢書》卷八二上,第 2703 頁。
⑤ 《漢書》卷九七上,第 3964 頁。
⑥ 《漢書》卷九七下,第 3993 頁。
⑦ 郭慶藩:《莊子集釋》,北京:中華書局,1961 年,第 342 頁。
⑧ 《後漢書》卷七七,第 2500 頁。
⑨ 《里耶秦簡牘校釋》(第 1 卷),第 360 頁。
⑩ 何寧:《淮南子集釋》,北京:中華書局,1998 年,第 659 頁。
⑪ 《秦簡牘合集·釋文注釋修訂本(壹、貳)》,第 154 頁。
⑫ 《睡虎地秦墓竹簡》,第 144 頁。

可見,秦法對人口、財産登記,要求非常嚴格。

再看例1"有鞫""封守",這是秦代封守文書的範本,其中"遣識者以律封守,當騰騰"的意思表達,應當是最完整的,即"要派瞭解情況的人,依法查封看守,當緘封者,緘封"。至於例1"覆"之"遣識者當騰騰"、例2之"遣識者,當騰騰",依字面可解作"要派瞭解情況的人,當緘封者,緘封";當然,此兩例也可能是"遣識者以律封守,當騰騰"的略寫。

在第二類洞庭致遷陵移戍作居文書中,"當騰騰"一律出現在文書的末尾,其後就是書手"嘉"的簽名。書手"嘉"後面的"以洞庭司馬印行事。敬手",是指"敬"在登記這件文書的緘封狀況,即它是用"洞庭司馬印"緘封的。① 因此,例3之(1)及同類的共七件文書中的"當騰騰",應當是指緘封寫有"當騰騰"字樣的文書本身,亦即"當騰騰"是一件文書需要緘封保密的文字標識——或許其功能與當今公文前端的密級星標相似,可解作"當緘封,緘封"。例3之(2)及同類的共五件文書,文末雖無"當騰騰"字樣,但從"敬"所作"以洞庭司馬印行事"的記録來看,它們實際上也是被緘封的。對此,我們似可理解爲,在保證政府公文書會被緘封的前提下,"當騰騰"作爲文書緘封標識,似乎也是可以省略的。這大概也可以用來解釋,爲何在迄今發現的大量漢代文書中,還没有發現"當騰騰"。

在第三類續食文書中,例4(1)之"當騰(縢)",例4(2)之"☐騰(縢)騰(縢)"、例4(3)之"當騰(縢)騰(縢)",也應解作文書緘封標識。例4(4)不見"當騰騰",可能屬於在保證政府公文書會被緘封的前提下之"緘封標識"省略。

在第四類其他文書中,例5、例6之"當騰(縢)騰(縢)"解作文書緘封標識,似乎也能講通。例7、例8、例9,由於簡文殘斷,待考。

總之,目前就筆者所見,秦漢簡中"騰"字的確切用法,大概有三種:

(1) 人名,如例3(1)之"司空騰",司空是職務名,騰是人名。

(2) 騰書,即傳送文書,如例10、例11、例12之"騰書"。至於例5之"騰真書",與例10之"上真書"相參,也當解作傳送文書。

(3) 如本文所論,讀作"縢","當騰(縢)騰(縢)",有時徑作"當騰(縢)",是秦代公文書應當緘封的文字標識。

至於"騰"讀爲"謄",在秦簡中似乎還未找到堅確的辭例證據。

【作者簡介】唐洪志,歷史學博士,中國語言文學博士後,華南師範大學歷史文化學院講師,主要從事中國古文字與出土文獻研究。

---

① 張金光:《秦貲、贖之罰的清償與結算問題——里耶秦簡 JI(9)1-12 簡小記》,《西安財經學院學報》2010 年 4 期,第 94 頁。藤田勝久:《里耶秦簡所見秦代郡縣的文書傳遞》,《簡帛》(第八輯),上海:上海古籍出版社,2013 年,第 185 頁。

貞珉可傳：新見隋代墓誌銘四種札記

王其禕　王　菁

一、開皇七年《孫節塔誌銘》

《孫節塔誌銘》（圖一）近年出土於河南洛陽，誌石今存民間。誌文 14 行，滿行 14 字，正書，有方界格。塔銘拓本長 32、寬 31.5 釐米。塔銘圖版披露於 360doc 個人圖書館"安康書香"2014 年 12 月 18 日《隋代正書碑刻〈孫節塔誌銘〉》上拍拓本，云爲"未托裱民國拓本"。

圖一　開皇七年孫節塔誌銘

---

* 本文爲 2020 年全國高等院校古籍整理工作委員會直接資助項目"新見隋代墓誌銘疏證續集"（項目編號：2051）與 2021 年國家社會科學基金一般項目"新出隋代墓誌銘蒐補與研究"（項目編號：21BZS008）階段性成果。

【誌文】

故孫居士塔誌銘并序

　　夫大道無爲，陰陽以之造化；自性常住，因緣以之遷變。惟居士俗姓孫，諱節，字惠照。望沐河西，先宗魏野。德茂純備，可以軌物訓人；高才貫穿，可以光音待價。善明覺性，至悟玄津。絆識馬於纏支，挂堉獀於道樹。得大總持，證乎寂滅。以正月廿二日化迹乎旌旗之國，預造仙塔，後息勞人，用今吉辰，遷于邙山，敬勒石文，式陳銘曰：

　　真如性净，非悟非迷。因緣代謝，有去有來。不窮空色，何免輪迴。體茲寂滅，用證菩提。

　　開皇七年正月廿九日丙時殯。

【札記】

　　首題稱"塔誌銘"，塔誌銘的名稱，是相對於墓誌銘、碑誌銘和雜誌銘而言的。如毛漢光編纂的《"中央研究院"歷史語言研究所藏歷代墓誌銘拓片目錄》與《"中央研究院"歷史語言研究所藏歷代碑誌銘、塔誌銘、雜誌銘拓片目錄》即是如此定名。① 從廣義上而論，墓誌銘與塔誌銘的基本内涵是相近的，故塔誌銘往往被納入墓誌銘中而歸爲一個别類。但若嚴格區别的話，也還是有所互異的，譬如從狹義上而論，塔誌銘的獨特性質大抵有這樣兩個範疇，一是泛指身份爲入了佛門的比丘與比丘尼乃至居士的骨灰塔如灰身塔、支提塔之類的塔誌銘；二是特指瘞藴佛舍利子的塔誌銘，如隋文帝仁壽年間三次在舉國數十個州的大寺同時造塔瘞藴佛舍利而刊刻的塔銘之類。不過就葬埋誌墓的作用來看，孫節的塔誌銘在義例上與俗家墓誌銘基本相同，②只是未記其家族世系而已。另外銘文雖有"預造仙塔"云云，却又有"丙時殯"之語，則可能并未施行火化，而"仙塔"也許只是虚飾的説法罷了，故筆者特將身份爲居士的《孫節塔誌銘》視同於俗家的墓誌銘而闌入。

　　葬地"邙山"之"山"字鐫刻位置偏左，或緣避讓右側的石花而然。"望沐河西"當泛指漢代所設的河西四郡地區，而非指狹義的東魏天平四年(537)在晉州夏陽(今山西臨汾一帶)僑治并廢於隋開皇三年(583)的河西郡。③ "纏支"蓋指纏枝蓮，"道樹"蓋指菩提樹。"大總持"當即大總持法門，則孫居士蓋爲净土宗之俗家弟子。"旌旗之國"不知所指，亦未詳典出。

---

①　兩目録分别爲(台灣)"中央研究院"歷史語言研究所1985年與1987年出版。
②　黄永年：《古文獻學四講》"碑刻學·分類·墓誌附塔銘買地券"嘗言"僧尼及居士不事棺葬而火葬，焚尸後入骨灰塔，故不曰墓誌而曰塔銘"，廈門：鷺江出版社，2003年，第219—220頁。
③　《魏書》卷一〇六上《地形志》，北京：中華書局，1974年，第2479頁。

又,檢近世以來金石書籍并目錄,皆未見有著録此塔銘,故網絡披露所言此拓本爲"未托裱民國拓本"或不可信。塔銘書法頗率直任性,用筆清簡峻削,兼有行書意趣。

二、開皇十三年《盧詮墓誌》

盧詮墓誌并蓋(圖二、圖三),近年出土於陝西咸陽,誌石今存不詳。誌文 24 行,滿行 24 字,正書,有方界格。蓋題"大隋儀同瘿陶公盧君墓誌銘"12 字,3 行,行 4 字,陽文篆書,有方界格。誌石中上部有損泐三十餘字,誌蓋右上角和左側下緣亦有損泐。誌石拓本長 49、寬 47.5、厚 9 釐米,四側綫刻十二生肖圖案。誌蓋拓本長 49.5、寬 49、厚 5.5 釐米,蓋頂長 38.5、寬 38 釐米,殺面高 5.5 釐米,四殺綫刻四神圖案,四側綫刻卷草圖案。四神中的朱雀爲雙朱雀相向而立,中間有一寶瓶置於覆蓮座上。玄武兩側各刻繪一隻瑞獸,此種圖案組合在隋代墓誌紋飾中尚少見。

圖二　開皇十三年盧詮墓誌蓋　　　　圖三　開皇十三年盧詮墓誌

【誌文】

故儀同大將軍瘿陶縣開國伯盧君墓誌銘

　　君諱詮,字子晉,范陽人也。望稱海内,藉地軒冕。郎將則模楷於東都;尚書則水鏡於西晉。光於圖史,可略而言。曾祖,秘書監、幽州刺史;祖,咸陽太守、太僕卿、平州刺史;父,魏尚書令、周使持節大將軍、宗伯、沈國憲公。或清規令範,宣條北岳;或文宗學府,獨坐南宮。縱使金氏奕葉貂璫,袁家累世公輔,論其德業,殆無以過。君英靈之胄,風儀清舉。卓卓無雙,若蔣濟之逢士季;昂昂千里,如郭泰之見子師。天和三年,詔授右侍上士,六年,加大都督,轉右旅賁上士。建德二年,詔授少游擊,鈎陳静謐,掌虎旅而折衝;閶闔嵯峨,總鶡冠而禦侮。頻煩左右,簡在帝心。周武帝大□□□,長驅牧野,君禦敵陵鋒,奮不顧命。從漢高而射項羽,□□□□□顔良。漳濱蕩定,茂賞斯及,乃授瘦陶縣開國伯,邑□□□。□皇二年,詔除儀同大將軍,曳綬紫闥之前,驅車絳□□□,□□紀之,具瞻乃屬。開皇三年,詔授衛王長史。蕤桂□□,□□□去;脩竹之苑,武騎來游。遂即飛纓碣石,屣履章華,□□□□,風流閑麗。既而風霜催促,光陰不待。淮南犬吠,忽逐□□;□□鵠鳴,奄隨丁令。以開皇十三年六月廿四日薨於京□□□,十月十七日葬於咸陽縣武安鄉洪川里,將使曹公酹酒,來入山門;徐君挂劍,迴看壠木。乃爲銘曰:

顯允令君,經邦康俗。治定制禮,功成作樂。降生上智,温其如玉。少年擊劍,長入期門。子雲執戟,安仁虎賁。謙恭异等,周慎難論。德茂儀台,功高立社。朱軒切漢,長轂雷野。小山碣石,攸横文雅。才麗雕龍,智過非馬。金丹不值,玉樹飄零。野霧朝合,山雲晝暝。鳥多仙韵,風盡松聲。寄言有道,無愧斯銘。

【札記】

盧詮之父、祖、曾三代,墓誌皆未記載名諱,以所莅官職考察,"魏尚書令、周使持節大將軍、宗伯、沈國憲公"者,當即"依《周禮》建六官"的盧辯,辯父即盧静(靖),静父即盧輔,三人皆見載於正史。《魏書·盧同傳》曰"父輔,字顯元,本州別駕",又載"同兄静,太常丞。静子景裕,在《儒林傳》"。① 《北史·盧玄傳》亦曰"玄族子輔,字顯光,本州別駕。子同"。② 《北史·盧同傳附子盧斐傳》又載"同兄静,好學有風度,飲酒至數斗不亂。終於太常丞。大統初,贈太僕卿、平州刺史。静子景裕"。③ 今盧詮墓誌所記祖、曾兩人贈官之"秘書監、幽州刺史"與"咸陽太守",皆可補史傳之闕。墓誌未記盧詮享齡,以其卒在隋開皇十三年(593)且北周天和三年(568)詔授右侍上士推之,年壽當不止於四十歲。盧辯在《周書》《北史》有傳,據《北史》本傳知"明帝即位,遷小宗伯,進位大將軍。帝嘗與諸公幸其第,儒者榮之。出爲宜州刺史,以患不之部。卒,諡曰獻,配食文帝廟庭。……隋開皇初,以辯前代名德,追封沈國公"。④ 惟本傳謂盧辯"諡曰獻",盧詮墓誌則曰"憲","獻""憲"同音,未知孰

---

① 《魏書》卷七六《盧同傳》,第1681、1685頁。
② 《北史》卷三〇《盧玄傳》,北京:中華書局,1974年,第1095頁。
③ 《北史》卷三〇《盧同傳附子盧斐傳》,第1098頁。
④ 《北史》卷三〇《盧辯傳》,第1101頁。

是？抑或有改謚？盧詮，《北史·盧辯傳》曰："子慎嗣，位復州刺史。慎弟詮，性趫捷，善騎射，位儀同三司。"①據墓誌可知盧詮在周隋間官爵之詳。"少游擊"不見於周隋官職，或即"游擊將軍"之省稱。所謂"漳濱蕩定，茂賞斯及，乃授瘦陶縣開國伯"，當指北周平定北齊後的封爵。瘦陶即廮陶，"舊曰廮遥，開皇六年改爲陶"，②屬趙郡，北魏永安二年（529）分鉅鹿郡廮陶縣置廮遥縣，③其地當今河北寧晉縣。開皇三年（583）之"衛王"即皇弟楊爽，史載開皇元年（581）二月"乙亥，封皇弟邵國公慧爲滕王，同安公爽爲衛王"，開皇三年（583）夏四月"己卯，衛王爽破突厥於白道"。④盧詮當即以衛王長史身份參與了此次戰事。白道即白道嶺，⑤又曰白道川、白道谷，後魏築白道城於谷口，自白道北出自西迤東即六鎮之地，皆爲當時防禦北方侵擾之兵争要塞。

盧詮"葬於咸陽縣武安鄉洪川里"，仁壽元年（601）《梁弘道墓誌》亦曰"葬於雍州咸陽武安鄉賢人里石安之原"，⑥大業九年（613）《張子明墓誌》又云"遷窆於涇陽縣洪川鄉洪原里石安原"，⑦《隋書·地理志》京兆郡涇陽縣條小注曰"舊置咸陽縣，開皇初廢"，⑧又以《張子明墓誌》出土於今咸陽市渭城區咸陽機場一帶，則《盧詮墓誌》亦當出於此地。

又，誌文在四處"詔"字之前作避諱空格，然則其中兩處係隋開皇年號，另兩處則係北周天和與建德年號，且在"周武帝"前又無避諱空格，可知彼時避諱制度并不規範嚴苛。

三、開皇十五年《楊盛墓誌》

楊盛墓誌（圖四），近年出土於陝西咸陽，誌石今存不詳。誌文 29 行，滿行 29 字，正書，有方界格，誌石拓本長寬均 45 釐米。墓誌圖版披露於孔夫子舊書網寶雲軒 2021 年 9 月 8 日上拍拓本。墓誌録文披露於微博 weibo.com/u/5580222167 黄的貔貅新出墓誌謄録（2021-09-10）。

---

① 《北史》卷三〇《盧辯傳》，第 1101 頁。
② 《隋書》卷三〇《地理志中》，北京：中華書局，1973 年，第 855 頁。
③ 《魏書》卷一〇六上《地形志上》，第 2471 頁。
④ 《隋書》卷一《高祖紀上》，第 14、19 頁。
⑤ 《水經注》卷三《河水三》"芒干水又西南，逕白道南谷口"條注曰："有城在右，縈帶長城，背山面澤，謂之白道城。自城北出有高阪，謂之白道嶺。沿路惟土穴出泉，挹之不窮。余每讀《琴操》，見《琴慎相和雅歌録》云飲馬長城窟，及其跋踄斯途，遠懷古事，始知信矣，非虛言也。"（北魏）酈道元著，（清）王先謙校：《水經注》，成都：巴蜀書社，1985 年，第 92 頁。
⑥ 趙文成、趙君平：《秦晉豫新出墓誌蒐佚續編》，北京：國家圖書館出版社，2015 年，第 1 冊第 183 頁。
⑦ 王其禕、周曉薇：《隋代墓誌銘彙考》，北京：綫裝書局，2007 年，第 4 冊第 379 頁。
⑧ 《隋書》卷二九《地理志上》，第 809 頁。案開皇三年所廢或當爲咸陽郡，非咸陽縣。然當時或有咸陽縣之設而爲史籍闕載焉。

圖四　開皇十五年楊盛墓誌

【誌文】

周故開府龍州刺史襄城公楊使君之墓誌

公諱盛，字秦昌，恒農華陰人也。高辛玄胄，伯喬初諜。赤泉則功彰西漢，太尉則族著東京。稷效節於晋朝，洪謀獻於蜀帝。衣纓舄弈，歷代弥光。功刊鍾鼎，無煩詳載。祖隆，魏太常卿、豫州刺史。棟梁帝室，望重於時。父騰，司空、貞襄公，魏武帝之舅也，德光戚里，勳茂和羹，摸楷縉紳，羽儀海内。公禀七緯之靈，體五行之秀。神器深遠，舉穎不群。文史既三冬有餘，兵書乃万人斯敵。魏末襲爵襄城縣開國公，周初授都督、内侍上士。王室初基，蠻夷猾夏，巴蜀凶黨，負嶮稱兵，乃詔公随開府郧明徂征逆命，參謀帷幄，贊務戎機，載定群妖，撫安黎庶，授大都督、術州防主。懷柔以德，招携以礼，風化旣行，威恩斯被。鄰息争桑之怨，邊無罰酒之俟。除車騎大將軍、儀同三司。於時崤函之外，寇竊雲擾，綏撫之寄，寔俟英賢。公秉鉞統兵，略地河北，行至軹關，奄逢群寇，来相抗禦。公神謀電發，威略弘張，夷竈塞井，陳師誓衆。右奎左亢之奇，自合於玄女；因山背水之勢，闇同於黄石。遂大翦凶徒，克清邊界。蒙奴婢一百人，物四百段，除資内太守。下車布政，申明賞罰，吏憚其威，民仰其惠。伐枳之歌斯作，防水之咏攸興。轉龍州諸軍事龍州刺史，襄帷明目，寬猛相濟，六條既舉，百姓歡心。朱博之決訟如神，羊祜之懷遠以德，無以尚也。尋轉驃騎大將軍、開府儀同三司。建德元年六月薨於長安第，春秋卅五，詔贈興通鳳三州諸軍事鳳州刺史。惟公波瀾万頃，宮墻數仞。風神調暢，器宇淹通。載仁而行，抱義而處。退讓之道，不學而成；溫恭之心，率由而至。自家形國，資父事君。或擁節臨邊，或分符出宰。勤力王室，夙夜在公。風霜不改其操,磨涅不變其色。實一代之良臣,當時之令範。道長世短,逝矣何追。夫人李氏,隴西城紀人,上柱國、太尉德廣公之女,淑問克昭,閨儀早著,施衿受誡,朝夕惟虔。以大隋開皇十二年十月薨於京師,時年五十六。以十五年十月廿四日合葬於涇陽縣奉賢鄉洪瀆川所。慮竹素或虧,山川代徙,式刊令德,貽諸長世。其詞曰:

　　邠岐構緒,汾晉承家。條分葉布,源廣流遐。門傳鼎食,世載英華。猗歟夫子,含章挺俊。令問夙表,芳風早振。行無可擇,言而有信。才備九能,神高千仞。文質爲美,金玉其聲。時膺操鉞,或寄專城。逝川不住,崦光易傾。方縻好爵,遽夢坐楹。悠悠去旆,飄飄畫柳。寂寞佳城,荒凉陵阜。雲低松上,風悲隴首。紀此德音,乘之不朽。

【札記】

　　楊盛及其父祖,皆不見載於《元和姓纂》與《新唐書·宰相世系表》,故不能詳其房分。楊盛祖"魏太常卿、豫州刺史"楊隆,其名未見於史傳,然據《北史》楊盛父楊騰本傳曰:"楊騰,弘農人,文帝之舅也。父貴,琅邪郡守,封華陰男。騰妹爲京兆王愉妃,故騰得處貴游。景明初,襲爵。後爲襄城太守,甚有聲稱。文帝即位,位開府儀同三司,出鎮河東。薨,贈司空、雍州刺史,謚曰貞襄。子盛。"①史云楊貴,誌云楊隆,官職亦不相符,未知孰是? 史曰楊騰爲西魏"文帝之舅",誌曰"魏武帝之舅",西魏文帝元寶炬父爲元愉,楊騰妹爲元愉妃,則楊騰即西魏"文帝之舅",可證史傳所記爲確。誌云楊盛"魏末襲爵襄城縣開國公",又知楊騰終爵當爲襄城縣公。

　　誌云"周初授都督、内侍上士。王室初基,蠻夷猾夏,巴蜀凶黨,負嶮稱兵,乃詔公隨開府邢明徂征逆命,參謀帷幄,贊務戎機,載定群妖,撫安黎庶,授大都督、衔州防主"。邢明其人不見於史。北周初年,巴蜀地區反亂頻仍,《周書·陸騰傳》記録甚詳。世宗(孝明帝)初(558),"陵、眉、戎、江、資、邛、新、遂八州夷夏及合州民張瑜兄弟并反,衆數萬人,攻破郡縣。騰率兵討之。……(保定)二年,資州槃石民反,殺郡守,據險自守,州軍不能制。騰率軍討擊,盡破斬之。而蠻、獠兵及所在蜂起,山路險阻,難得掩襲。騰遂量山川形勢,隨便開道。蠻獠畏威,承風請服。所開之路,多得古銘,并是諸葛亮、桓温舊道。是年,鐵山獠抄斷内江路,使驛不通。騰乃進軍討之。欲至鐵山,乃僞還師。賊不以爲虞,遂不守備。騰出其不意擊之,應時奔潰。一日下其三城,斬其魁帥,俘獲三千人,招納降附者三萬

---

① 《北史》卷八〇《外戚·楊騰傳》,第 2692—2693 頁。

户。……天和初,信州蠻、蜑據江峽反叛,連結二千餘里,自稱王侯,殺刺史守令等。又詔騰率軍討之。……涪陵郡守蘭休祖又據楚、向、臨、容、開、信等州,地方二千餘里,阻兵爲亂。復詔騰討之。……又築臨州、集市二城,以鎮遏之。騰自在龍州,至是前後破平諸賊,凡賞得奴婢八百口,馬牛稱是。於是巴蜀悉定,詔令樹碑紀績焉。"①陸騰本傳所記三次討伐巴蜀反叛,核之本紀,僅有天和元年"九月乙亥,信州蠻冉令賢、向五子王反,詔開府陸騰討平之"可與互證。② 然則楊盛墓誌所記"徂征逆命"的"巴蜀凶黨"乃在北周"王室初基"時,則楊盛奉詔随開府鄁明"載定群妖"者,似應指世宗初年平定"陵、眉、戎、江、資、邛、新、遂八州夷夏及合州民張瑜兄弟并反"事,是時楊盛21歲。又,史無"術州",故誌文所記"術州防主"或恐爲北周所置"遂州"(今四川遂寧)之誤。

誌云"於時崤函之外,寇竊雲擾,綏撫之寄,寔俟英賢。公秉鉞統兵,略地河北,行至軹關,奄逢群寇,来相抗禦。公神謀電發,威略弘張,夷竃塞井,陳師誓衆,右奎左亢之奇,自合於玄女;因山背水之势,闇同於黃石。遂大翦凶徒,克清邊界。蒙奴婢一百人,物四百段,除資内太守"。《周書·宇文護傳》載保定四年"十月,帝於廟庭授護斧鉞。出軍至潼關,乃遣柱國尉遲迥率精兵十萬爲前鋒,大將軍權景宣率山南之兵出豫州,少師楊㯹出軹關。護連營漸進,屯軍弘農。迥攻圍洛陽。柱國齊公憲、鄭國公達奚武等營於邙山。護性無戎略,且此行也,又非其本心。故師出雖久,無所克獲。護本令湮斷河陽之路,遏其救兵,然後同攻洛陽,使其内外隔絶。諸將以爲齊兵必不敢出,唯斥候而已。值連日陰霧,齊騎直前,圍洛之軍,一時潰散。唯尉遲迥率數十騎扞敵,齊公憲又督邙山諸將拒之,乃得全軍而返。權景宣攻克豫州,尋以洛陽圍解,亦引軍退。楊㯹於軹關戰没。護於是班師。以無功,與諸將稽首請罪,帝弗之責也"。③《周書·楊㯹傳》亦曰:"保定四年,遷少帥。其年,大軍圍洛陽,詔㯹率義兵萬餘人出軹關。然㯹自鎮東境二十餘年,數與齊人戰,每常克獲,以此遂有輕敵之心。時洛陽未下,而㯹深入敵境,又不設備。齊人奄至,大破㯹軍。㯹以衆敗,遂降於齊。㯹之立勛也,有慷慨壯烈之志,及軍敗,遂就虜以求苟免。時論以此鄙之。朝廷猶録其功,不以爲罪,令其子襲爵。"④由知楊盛乃是作爲楊㯹的麾下而參與了這場以敗績告終的戰事,而墓誌所謂的"大翦凶徒,克清邊界",自是諛墓飾終之詞。"資内太守"即資中太守,避隋文帝父楊忠名諱而改同音"中"字爲"内"字。北周置資中郡,開皇初郡廢,大業初置資陽郡。⑤ 楊盛終官龍州諸軍事龍州刺史,龍州置於西魏,即隋之平武郡,

---

① 《周書》卷二八《陸騰傳》,北京:中華書局,1971年,第471—472頁。
② 《周書》卷五《武帝上》,第73頁。《北史》卷一〇《周本紀下》所記略同。
③ 《周書》卷一一《宇文護傳》,第174—175頁。《北史》卷五七《周宗室宇文護傳》所記略同。
④ 《周書》卷三四《楊㯹傳》,第593頁。
⑤ 《隋書》卷二九《地理志上》"資陽郡",第828頁。

治江油，當今四川平武縣。

　　楊盛妻李氏父"上柱國、太尉德廣公"即李和，《周書》卷二九與《北史》卷六六有傳。據本傳知李和本名慶和，嘗效命於北周太祖宇文泰麾下，因賜姓宇文，復又賜名意。保定二年（562）封德廣郡公，歷任夏洛二州刺史，隋初遷上柱國，并回改本名，二年去世，加司徒公，謚肅，子李徹開皇十年嗣爵。① 與誌文相較，《周書》本傳記李和"其先隴西狄道人也。後徙居朔方"，《北史》本傳曰"朔方岩緑人"，而墓誌則云"隴西成紀人"，稍异。案"成紀"一支乃漢代飛將李廣後裔，"狄道"一支乃西涼皇帝李暠後裔，故疑本傳所據史源或即冒攀皇族血統而篡改之譜牒焉。

　　楊盛卒於北周建德元年（572），享齡卅五歲，其妻李氏卒於隋開皇十二年（592），享齡五十六歲，推之楊盛還要比李氏小一歲。誌云"合葬於涇陽縣奉賢鄉洪瀆川所"，涇陽縣爲雍州屬縣，奉賢鄉，據 1953 年出土於咸陽底張灣的開皇十五年（595）《段威暨妻劉妙容墓誌》"合厝於洪瀆川奉賢鄉大和里"，②1953 年出土於咸陽底張灣的開皇二十年（600）《獨孤羅墓誌》"厝於雍州涇陽縣洪瀆原奉賢鄉静民里"，③1988 年出土於咸陽底張灣機場工地的仁壽元年（601）《尉遲運暨妻賀拔毗沙墓誌》"合葬於雍州涇陽縣奉賢鄉静民里"，④2000 年出土於咸陽機場二期擴建工程工地的仁壽三年（603）《蕭紹墓誌》"歸葬雍州涇陽縣奉賢鄉靖民里之舊山"，⑤2010 年出土於咸陽市渭城區底張鎮布里村西安咸陽國際機場二期擴建工程工地的大業五年（609）《元君妻崔氏墓誌》"殯於涇陽縣奉賢鄉"，⑥可知《楊盛墓誌》出土地亦當在今咸陽市涇陽縣南西安咸陽國際機場一帶。

　　誌云楊盛爲"恒農華陰人"，恒農即弘農，漢置弘農郡，北魏獻文帝時避諱改恒農，隋末復改弘農。⑦ 然則石刻文獻所見隋文帝時期已多稱弘農，反而稱恒農者較少矣。又墓誌所見北朝弘農楊氏祖籍之鄉里名多言華陰潼鄉習仙里，族塋則多言"華陰縣留名鄉歸政里之東原"，則楊盛葬於"涇陽縣奉賢鄉"顯然與正統之弘農楊氏族塋不在一地，又檢觀德王楊雄父母楊紹與蘭勝蠻皆葬於涇陽縣，⑧楊雄長子楊恭仁則陪葬昭陵，⑨楊恭仁子楊思訥

---

① 《周書》卷二九《李和傳》，第 497—498 頁。《北史》卷六六本傳所記略同，第 2323—2324 頁。
② 《隋代墓誌銘彙考》，第 2 册第 196 頁。
③ 《隋代墓誌銘彙考》，第 2 册第 312 頁。
④ 《隋代墓誌銘彙考》，第 3 册第 5 頁。
⑤ 《隋代墓誌銘彙考》，第 3 册第 55 頁。
⑥ 陝西省考古研究院編：《陝西省考古研究院新入藏墓誌》，上海：上海古籍出版社，2019 年，第 14 頁。
⑦ 陳垣：《史諱舉例》"第四十八數朝同諱例"，北京：中華書局，2004 年新 1 版，第 68 頁。
⑧ 北周建德元年（572）《楊紹墓誌》與隋開皇十七年（597）《蘭勝蠻墓誌》，分別載在趙文成、趙君平：《秦晋豫新出墓誌蒐佚續編》，北京：國家圖書館出版社，2015 年，第 1 册第 150、178 頁。
⑨ 唐貞觀十四年（640）《楊恭仁墓誌》，載張沛：《昭陵碑石》，西安：三秦出版社，1993 年，第 3 頁。

復"葬於咸陽洪度舊塋"(疑即楊紹塋域),①以此比照,頗疑楊盛一支或亦如同楊雄一族乃出寒門雜姓而僞冒弘農譜系者焉。

四、大業五年《邢君妻崔净相墓誌》

邢君妻崔净相墓誌(圖五),出土時地不詳,誌石存佚亦不詳。誌文24行,滿行24字,正書,有方界格。誌石拓本長60、寬55釐米。未見誌蓋。墓誌信息與圖版僅見披露於孔夫子舊書網"書友kw237763的書店"2020年7月12日發布且於7月15日售罄之拍賣拓本。

圖五　大業五年邢君妻崔氏墓誌

【誌文】

故司農寺丞邢君之夫人崔氏墓誌銘

　　夫人諱净相,清河武城人。高門右地,摽冠天下。世德家風,羽儀海内。大父然,度支都官殿内三曹尚書、洛幽青三州刺史、河南尹,贈尚書僕射、冀州刺史,諡文貞公。偉器瓌才,時宗民望。有魏良輔,一代寶臣。父子約,尚書考功郎中、新豐子。曳履丹墀,飛纓紫閣。澄汰名實,抑揚流品。披霧覩天,見稱樂令;題柱送目,無愧田郎。夫人珠澤騰精,芝田吐秀,性理明悟,風範幽閑。雖生長膏腴,表裏榮盛。綺羅填委,不

---

① 唐龍朔三年(663)《楊思訥墓誌》,載吴綱主編:《全唐文補遺》第7輯,西安:三秦出版社,2000年,第268—269頁。

待機杼之勤；服御鮮華，無勞浣濯之事。而情存素業，躬習婦功。慧心巧性，多所閑解。縈絲結縷，隨手制變。庶姬諸女，咸仰成則。及有行他族，作合外門，弘宣柔訓，率由典禮。爰朱朝哭，婦德有聞，晚節嬬嫠，母儀攸著。加以鮮於昆季，一弟早亡，姊妹四人，唯夫人獨在。母鄭太夫人，年居申酉，諸孫幼稚。夫人天情仁孝，至性純深，朝夕左右，躬自扶侍，衣服膳羞，必關手目。太夫人鐘漏既盡，後以壽終，凡厥凶事，咸資經始。既哀毀過禮，因茲寢疾，服紀未闋，至於大漸，以大隋大業二年七月廿二日卒於河間郡之河間縣安定里，越五年十一月甲子朔廿一日甲申厝於舊兆。天或倚杵，海亦生桑，勒銘幽隧，終古騰芳。其詞曰：

方祇降祉，圓魄垂精。挺茲美媛，邁彼瑤瓊。端凝儀範，敏慧心靈。在洲表譽，施谷騰聲。悅禮明詩，陳圖顧史。宜家正內，老身長子。推厚居薄，慎終如始。祖述敬姜，憲章戴巳。光備柔道，允釐內政。穆穆禮容，蒸蒸孝性。怡聲下色，晨省昏定。寢膳必親，心力俱罄。世同閱水，生類栖塵。百年奄謝，萬鬼爲鄰。銀鼉詎老，金雞豈晨。唯餘隴樹，哀響悲人。

【札記】

諦審拓本，楷法端嚴整飭，近於彼時長安新體風格，信其爲隋代書刻。惟考量拓本上端墨筆題記"民國初新出土的墓誌，這一幅是最初拓本"云云，雖紙質與色澤略顯老舊，且有水漬，然則何以近百年來未見著錄？頗疑其或爲近十數年所新出者，而非民國初年之舊物焉。又以誌主大業二年(606)七月卒於河間縣(今河北滄州河間市)，遲至大業五年(609)十一月始葬於舊兆，而此"舊兆"之地又不詳何處？惟以書法面目之方嚴整飭頗合隋代新體楷書樣式度之，或當在兩京且更近於京師之地。

"司農寺丞邢君"者不可考。《隋書》卷二八《百官志下》載："太常、光禄、衛尉、宗正、太僕、大理、鴻臚、司農、太府等九寺，并置卿、少卿各一人。太僕尋加少卿一人。各置丞，太常、衛尉、宗正、大理、鴻臚、將作二人，光禄、太僕各三人，司農五人，太府六人。"①九寺中有三寺與六寺之別，三寺指太常、光禄、衛尉三寺，三寺丞爲從六品；六寺指宗正、太僕、大理、鴻臚、司農、太府六寺，六寺丞爲正七品。②

誌文記崔氏"大父烋，度支都官殿內三曹尚書、洛幽青三州刺史、河南尹，贈尚書僕射、冀州刺史，諡文貞公。偉器瓌才，時宗民望。有魏良輔，一代寶臣"。"烋"即休，崔休

---

① 《隋書》卷二八《百官志下》，第775頁。
② 《隋書》卷二八《百官志下》，第786—787頁。

(472—523),仕於北魏孝文、宣武、孝明三朝,官至殿中尚書,《魏書》卷六九、《北史》卷二四皆有傳。史傳記其家世與其行事甚詳,惟其所任都官尚書一職不爲史載,而本傳所記七兵尚書又爲墓誌所未及,疑誌文所記都官或爲七兵之訛焉。《魏書》本傳所記"崔休立身有本,當官著聞,朝之良也",①亦與誌文"偉器瓌才,時宗民望。有魏良輔,一代寶臣"可資互證。清河武城崔氏初有東祖、西祖、南祖、中祖諸房,至隋唐又定著爲十房,即鄭州、鄢陵、南祖、清河大房、清河小房、清河青州房、博陵安平房、博陵大房、博陵第二房、博陵第三房。其中的清河大房始祖即崔休。②

誌文記崔氏"父子約,尚書考功郎中、新豐子"。崔子約,《魏書》《北齊書》《北史》皆有傳。子約爲崔休第九子,《魏書》《北齊書》本傳僅分別記崔子約官職爲"開府祭酒"與"司空祭酒"。惟《北史·崔子約傳》所記行事甚詳,曰:子約"五歲喪父,不肯食肉。後喪母,居喪哀毀骨立。人云:'崔九作孝,風吹即倒。'禫月,兄子度死,又百日不入房。長八尺餘,姿神儁異,潛觀梁使劉孝儀,賓從見者駭目。武定中,爲平原公開府祭酒。與兄子贍俱詣晉陽,寄居佛寺。贍長於子約二歲,每退朝久立,子約馮几對之,儀望俱華,儼然相映。諸沙門竊窺之,以爲二天人也。乾明中,爲考功郎。病且卒,謂贍曰:'自諸兄歿而門業頹替,居家大唯吾與爾。命之修短,曾何足悲。汝能免之,吾不餒矣。'"③《北史·崔㥄傳》又云:"齊天保初,除侍中,監起居。以禪代之際,參掌儀禮,別封新豐縣男,回授第九弟子約。"④今據墓誌知崔子約終爵已晉爲新豐縣子焉。

誌文"年居申酉"一語當指垂垂暮年,《越絕書》卷八《越絕外傳記地傳第十》有"禹知時晏歲暮,年加申酉,求書其下,祠白馬禹井"云云,⑤當即出典。又《越絕書》卷一五《越絕篇叙外傳記第十九》亦云"年加申酉,懷道而終",⑥此申酉年當指輯錄者吳平病逝之時的漢安帝庚申、辛酉兩年(120—121,亦即永寧元年至建光元年)。銘文八句一韻,先入下平聲庚青韻,再轉上聲紙韻,三轉去聲敬徑韻,終轉上平聲真韻,流轉整齊,文辭端麗,當出大家手筆,且爲研討隋代聲韻文字存一雅信憑據。

又據本傳知崔休與邢巒雅相知友,且"始休母房氏欲以休女妻其外孫邢氏,休不欲,乃違其母情",⑦此邢巒一族乃魏齊文學世家,《魏書》《北史》皆有傳。以崔氏與邢氏之家族

---

① 《魏書》卷六九《崔休傳》"史臣曰",第1545頁。
② 《新唐書》卷七二下《宰相世系二下》,北京:中華書局,1975年,第2751、2817頁。
③ 《北史》卷二四《崔子約傳》,第879頁。
④ 《北史》卷二四《崔㥄傳》,第873頁。
⑤ 袁康、吳平輯錄,樂祖謀點校:《越絕書》卷八《越絕外傳記地傳第十》,上海:上海古籍出版社,1985年,第57頁。
⑥ 《越絕書》卷一五《越絕篇叙外傳記第十九》,第109頁。
⑦ 《魏書》卷六九《崔休傳》"史臣曰",第1527頁。

關係及誌文徑稱崔氏爲"夫人"并稱母爲"太夫人"推之,崔氏所嫁"司農寺丞邢君"應即邢巒後裔,且誌文撰者或亦爲"司農寺丞邢君"。

【作者簡介】王其禕,西安碑林博物館退休研究員,主要從事中古石刻文獻與隋唐史研究;王菁,華東師範大學中文系博士後,主要從事中古藝術史研究。

隋虞弘夫婦墓誌新校*

馮培紅

1999年7月20日，考古人員在清理山西太原隋虞弘夫婦合葬墓時，上午在石椁前方偏東處發現了墓主人虞弘的墓誌，下午又在石椁西側清理出虞弘夫人的墓誌。兩方墓誌均爲細砂石質，呈平面正方形，尤其是虞弘的墓誌大體保存完好，文字較多，內容豐富，蘊含重要的信息，爲瞭解虞弘家族及其生活的時代（柔然、北齊、北周、隋）提供了極爲寶貴的資料。[①] 二十多年來，中外學界圍繞虞弘墓誌與石椁圖像，競相探索虞弘的族屬、魚國的地望及其他相關問題。[②] 其中，多位学者對虞弘夫婦墓誌作過錄文與考釋，尤其是對虞弘墓誌研究極夥。不過，校錄文字如掃落葉，似乎總是校不乾净，多有疏誤之處。就虞弘墓誌而言，誌文校錄錯訛不少，時至今日竟無一人錄文全對，甚至連正式考古報告《太原隋虞弘墓》中的墓誌錄文也有錯訛，這體現在墓誌照片過小、拓片脱漏未全、錄文存在錯誤，從而影響到學界的有效使用；至於虞弘夫人墓誌，殘破頗多，研究更鲜。因此，有必要對虞弘夫婦墓誌重作校錄，給學界提供一個新的净定本，以供將來進一步研究之用。

一、虞弘墓誌

虞弘墓誌由誌蓋（99TSY:13）和誌身（99TSY:15）組成。

誌蓋（圖一）被發現時，豎立在靠近甬道門的東向南壁，呈正方形，盝形頂，邊長約73

---

* 本文爲浙江省哲學社科冷門絶學重點項目"中古絲路魚國、粟特、波斯胡人比較研究"（項目編號：20LMJX01Z）、國家社科基金重點項目"中古粟特人與河西社會研究"（項目編號：19AZS005）、國家社科基金中國歷史研究院重大研究專項"草原—沙漠文化帶研究專題"重大委托項目"絲綢之路與中原帝國興衰"（項目編號：20@WTS004）的階段性成果。

① 馮培紅：《虞弘的家族與生平》，劉進寶主編：《絲路文明》第6輯，上海：上海古籍出版社，2021年，第135—166頁。
② 馮培紅：《廿年虞弘夫婦合葬墓研究迴顧與展望》，《西域研究》2020年第2期，第153—165頁。

釐米,厚約 8 釐米。① 頂部中央先陽刻 9 個邊長約 11 釐米的方格,再從右至左、自上而下,分 3 行在格内陽刻 9 個篆字:

公儀大

墓同隋

誌虞故②

文字規整典雅,遒勁有力;四邊中部和兩端各雕刻一朵圓形蓮花,四角各有一個直徑約 3 釐米的圓形鐵環殘根,殘根周圍皆已破損;四周帶殺,上面雕刻蔓草忍冬紋和帶葉的寶珠蓮花;蓋側四邊也有細綫雕刻的忍冬紋飾。③

圖一

誌身(圖二)被發現時,仰躺在石椁前方偏東的地上,右下角殘缺。遺憾的是,考古人

---

① 關於虞弘夫婦墓誌的介紹,參據山西省考古研究所、太原市文物考古研究所、太原市晉源區文物旅游局編著:《太原隋虞弘墓》第七章《墓誌》(張慶捷撰),北京:文物出版社,2005 年,第 86—94 頁。但虞弘墓誌誌蓋的厚度,此書未作記録,另參山西省考古研究所、太原市文物考古研究所、太原市晉源區文物旅游局:《太原隋代虞弘墓清理簡報》,《文物》2001 年第 1 期,第 37 頁;以及張慶捷:《胡商 胡騰舞與入華中亞人——解讀虞弘墓》,太原:北嶽文藝出版社,2010 年,第 9 頁;《解讀虞弘墓——北朝定居中國的粟特人》,太原:三晉出版社,2019 年,第 15 頁。

② 張慶捷:《虞弘墓誌考釋》,載:榮新江主編:《唐研究》第 7 卷,北京:北京大學出版社,2001 年,第 145 頁;韓理洲輯校編年:《全隋文補遺》,西安:三秦出版社,2004 年,第 147 頁;王其禕、周曉薇:《隋代墓誌銘彙考》,北京:綫裝書局,2007 年,第 2 册,第 95—98 頁。未録誌蓋。

③ 王其禕、周曉薇:《隋代墓誌銘彙考》第 2 册(第 97 頁)則稱:"誌石及誌蓋四側均綫刻葉狀水波紋,蓋題四周各刻一朵花卉及捲草蓮花紋。"

員在墓室中未發現該墓誌的殘塊誌石。左部邊緣有殘損。呈正方形,邊長約 73 釐米,厚約 7.5 釐米。誌面先用細綫陰刻縱横排列的小方格,再在格内陰刻文字,從右至左、自上而下刻寫,誌文隸書,銘文楷書。凡 25 行,除了第 20 行爲 6 字、第 25 行爲 24 字外,①其他各行均爲 26 字。原本刻有 628 字,除了右下角缺損 25 字、左上角缺損 6 字外,現存 597 字。② 墓誌四側有細綫雕刻的忍冬紋。

圖二

① 墓誌最後兩個方格,倒數第一格殘損,倒數第二格有較爲淺顯的劃痕,但與其他陰刻文字明顯不同,似非墓誌文字,兹不計入内。
② 需要説明的是,本文所説"現存 597 字",指的是 2005 年《太原隋虞弘墓》刊布墓誌照片時的情況。但山西省考古研究所等:《太原隋代虞弘墓清理簡報》(載《文物》2001 年第 1 期,第 34 頁)、山西省考古研究所等編著:《太原隋虞弘墓》第七章《墓誌》(張慶捷撰)(第 86 頁)及張慶捷:《胡商 胡騰舞與入華中亞人——解讀虞弘墓》(第 10 頁)、《解讀虞弘墓——北朝定居中國的粟特人》(第 16 頁)均記:"除右下角缺 25 字外,還存字 625 個(包括左邊上部殘缺嚴重的銘文)。"榮新江、張志清主編:《從撒馬爾干到長安——粟特人在中國的文化遺迹》(北京:北京圖書館出版社,2004 年,第 79 頁)張慶捷爲《虞弘墓誌》所撰介紹文字基本相同。所言不確,這顯然是把第 20 行也當作滿行計算了。另,墓誌的左部邊緣有所殘損,比較《太原隋虞弘墓誌》中的墓誌照片與拓片,可以發現最左邊一行(即第 25 行)未拓全,頗疑拓片的時代要晚於照片。比較《太原隋虞弘墓誌》中的墓誌照片與 2018 年筆者在山西博物院所見墓誌原石(左側部分見圖三之最右圖),可以發現,墓誌左側石質鬆脆,上半部後來又脱落了一些文字,如"聲""日""昏""霜""白""雲"等字,至 2018 年已不復得見;"奏""新""暗"三字,筆劃殘損更甚。

圖三

　　結合誌蓋、誌身可知，墓主人姓虞，名弘，字莫潘，魚國尉紇驎城人，生活在茹茹（即柔然）、北齊、北周及隋代，592年卒葬於太原。兹以原石爲據，并參校諸家録文，將誌身文字逐録於下：①

　　1　公諱弘，字莫潘，魚國尉［1］紇驎城人也。高陽馭運，遷陸海□［2］□□［3］；□□［4］

　　2　膚鑠［5］，徙赤縣於蒲坂。弈［6］葉繁昌，派枝西域；倜儻人物，漂□□［7］。□□

---

①　缺字，或殘缺筆劃且難以識讀之字，用"□"表示；殘缺筆劃但能識讀判斷、或據文意可以推補之字，在"□"内標出文字；原字若誤，則在字後用圓括號寫出；年號後面括弧裹的數字爲筆者所加；俗字、異體字徑作通行字。後面逐録虞弘夫人墓誌，同此。前人對虞弘墓誌的録文，有以下論著：
（1）張慶捷：《〈虞弘墓誌〉中的幾個問題》，《文物》2001年第1期，第102—103頁【簡稱"張1"】；
（2）張慶捷：《虞弘墓誌考釋》，《唐研究》第7卷，2001年，第145—170頁【簡稱"張2"】；
（3）楊曉春：《隋〈虞弘墓誌〉所見史事繫年考證》，《文物》2004年第9期，第74—75頁【簡稱"楊"】；
（4）韓理洲輯校編年：《全隋文補遺》，第147頁【簡稱"韓"】；
（5）山西省考古研究所等編著：《太原隋虞弘墓》，第89—93頁【簡稱"山"】；
（6）王其禕、周曉薇：《隋代墓誌銘彙考》第2冊，第97—98頁【簡稱"王周"】；
（7）羅新、葉煒：《新出魏晉南北朝墓誌疏證（修訂本）》，北京：中華書局，2016年，第391—392頁【簡稱"羅葉"】；
（8）石見清裕：《ソグド人墓誌研究》第Ⅰ部第五章《太原出土〈虞弘墓誌〉（隋・开皇十二年—五九二年）》，東京：汲古書院，2016年，第117—135頁【简称"石見"】。
另外，還有一些學者引録了部分誌文，這裹也根據情況予以酌校。

3　奴栖[8]，魚國領民酋長。父君陁，茹茹國莫賀去汾、達官，使魏[9]
□□□[10]

4　朔州刺史。公承斯慶裔，幼懷勁質。紫唇燕頷（頜）[11]，白耳龜行。鳳
子□□□

5　之文，洞閑時務；龍兒[12]帶烟霞之氣，迥拔樞機。揚烏荷戴之齡，□□□

6　月之歲。以公校德，彼有慙焉。茹茹國王，鄰情未協。志崇 通 藥，
□[13]□□

7　苏[14]。年十三，任莫賀弗，銜命波斯、吐谷渾。轉莫緣，仍使齊國。文
宣□□，

8　焕爛披雲，拘繫[15]内参，弗令返國。太上控覽，砂磧烟塵，授直突[16]都
督 。□

9　使折旋，歙諧邊款，加輕車將軍、直齋、直盪都督。尋遷使持節、都督 涼 [17]

10　州諸軍事、涼州刺（剌）[18]史、射聲校尉。賈逵專持嚴毅，未足稱優；郭汲
（伋）[19]垂 信

11　童 [20]兒，詎應擬娭（媲）[21]。簡陪閶闔，奮吒[22]驚[23]道。功振卷舒，
理署僚府。除假儀同

12　三 [24]司、游擊將軍。貂璫[25]容貌[26]之形，佩山玄玉之勢。鄭衷[27]
加賞，五十萬餘；

13　張 [28]華腹心，同塗[29]异世。百員親信，無所媿也。武平（570—575）既
鹿喪綱頹（穨）[30]，建德（572—577）遂

14　鼉食關左。收珠棄蜯，更悛琴瑟。乃授使持節、儀同大將軍、廣興縣開

15　國伯，邑六百戶。體飾金章，銜彎簪笏，詔充可比大使，兼領鄉團。大象
（579—580）

16　末，左（佐）[31]丞相府，遷領并、代、介[32]三州鄉團，檢校薩保府。開皇
（581—600），轉儀同三司，

17　敕領左帳内，鎮押并部。天道眅[33]昧，灾眚斜流。九轉未成，劉蘭溢
盡。春

18　秋 五十有九，薨於并第。以開皇十二年（592）十一月十八日葬於唐叔虞

19 墳東三里。月皎皎於隧前,風肅肅[34]於松裏。鐫盛德於長夜,播徽猷 於
20 萬祀。迺爲銘曰:
21 水行馭曆,重瞳號奇。隆基布政,派胤雲馳。潤光安息,輝臨月支。簪纓
22 組綬,冠蓋羽儀。桂辛非地,蘭馨异土。翱翔數國,勤誠十主。扣響成鍾(鐘),
23 應聲如鼓。蘊懷仁智,纂斯文武。緩步丹墀,陪游紫閣。志閑規矩,心無
24 □□。秋[35]夜揮弦,春朝命酌。彩威 鱗 [36]鳳,壽非龜鶴。前鳴[37]笳吹,後引旗旌。
25 □□□□,宏[38]奏[39]新[40]聲[41]。日[42]昏[43] 霜 [44]白[45],雲[46] 暗 [47] 松 [48]青[49]。□[50] 河 [51] 玉 [52]樹[53]永[54] 閟 [55] 臺 [56] 扃 [57]。

【校勘】

[1]"尉":張1、張2、楊、韓、山、王周、羅葉、石見皆作"尉"(爲避冗贅,以下相同的不再舉出,僅列出异文者),余太山《魚國淵源臆説》脱此字。①

[2]"□":原石此字殘缺,王周作" 於 ",可從。"遷陸海□□□"與"徙赤縣於蒲坂"相對仗,推測"海"字後面所缺之字爲"於"。

[3]"□□":原石此二字殘缺,余太山《魚國淵源臆説》據《吕氏春秋·古樂》推補可能是"空桑"。

[4]"□□":原石此二字殘缺,余太山《魚國淵源臆説》據《國語·魯語》《史記·五帝本紀》及《正義》引《括地志》推補可能是"虞舜",石見亦據《史記·五帝本紀》之《正義》引《晋太康三年地記》認爲是"有虞"或"虞舜"。兩人所言頗爲有理,但具體何字則存疑。

[5]"篡":張1、張2、韓、山皆誤作"録"。羅新、葉煒《新出魏晋南北朝墓誌疏證》、②羅新《虞弘墓誌所見的柔然官制》亦皆誤作"録",③但羅葉在修訂本中作了更正。

[6]"弈":楊、王素《北魏尒朱氏源出粟特新證——隋修北魏尒朱彦伯墓誌發覆兼説

---

① 余太山:《魚國淵源臆説》,《史林》2002年第3期,第17頁。
② 羅新、葉煒:《新出魏晋南北朝墓誌疏證》,北京:中華書局,2005年,第419頁。
③ 羅新:《虞弘墓誌所見的柔然官制》,北京大學歷史系編:《北大史學》第12號,北京:北京大學出版社,2007年,第51頁;收入羅新《中古北族名號研究》,北京:北京大學出版社,2009年,第109頁。

虞弘族屬及魚國今地》皆作"奕",①不確。

[7]"□□":原石此二字殘缺,楊補作"北地",并將魚國考定在漠北,又見楊曉春《隋〈虞弘墓誌〉所見"魚國"、"尉紇驎城"考》。② 但是,虞弘祖孫三代的名字"□奴栖""君陁""莫潘"具有胡風特徵,且墓誌中提到"派枝西域",以及石椁浮雕人物皆爲高鼻深目、多髭鬚的西域胡人形象,魚國當位於西域。因此,所缺二字與前句中的"西域"相對仗,若是補作"東夏",應比"北地"對仗更工,且更準確。

[8]"□□奴栖":原石殘缺二字,王周、羅葉皆作"祖□奴栖","祖"屬臆補。余太山《魚國淵源臆説》推測"'奴栖'前所缺二字可能是'曾祖'。當然,也可能是'祖□奴栖'",他在行文時多稱"奴栖",似傾向於前者。羅丰《一件關於柔然民族的重要史料——隋〈虞弘墓誌〉考》作"[祖]□栖奴";③但此文收入其著《胡漢之間——"絲綢之路"與西北歷史考古》時則作"祖栖奴"。④ 石見認爲前缺二字爲"祖□"或"曾祖"。周偉洲《隋虞弘墓誌釋證》認爲所缺二字"或爲'祖魚',也可能爲'其先'兩字。奴栖係名"。⑤ 王素《北魏爾朱氏源出粟特新證》作"祖□奴栖"。姜伯勤《隋檢校薩寶虞弘墓石椁畫像石圖像程式試探》將虞弘的祖父徑稱作"奴栖",⑥則是把"□□"當作祖父對待。

[9]"莫賀去汾、達官,使魏":王周作"莫賀去汾,達官使魏",斷讀不同。"莫賀去汾"爲一固定官名,如《北史》卷九八《蠕蠕傳》記"太和元年(477)四月,遣莫何去汾比拔等來獻良馬、貂裘,比拔等稱"云云;"正光(510)初,醜奴母遣莫何去汾李具列等絞殺地萬";"婆羅門遣大官、莫何去汾、俟斤丘升頭六人將兵二千隨具仁迎阿那瓌"。同卷《高車傳》記載:"彌俄突遣其莫何去汾屋引叱賀真貢其方物。""莫何去汾"即"莫賀去汾",爲一固定搭配的職官名詞。陳仲安點校《北史》時,"莫何去汾"下方不加下劃綫,爲官名;而在"比拔""李具列""丘升頭""屋引叱賀真"下方均加下劃綫,爲人名。⑦ 因此,王周所言"莫賀去汾",下劃綫并不準確,容易給人一種莫賀離開汾水的錯覺,而達官出使魏朝。實際上,莫賀去汾、達

---

① 王素:《北魏爾朱氏源出粟特新證——隋修北魏爾朱彦伯墓誌發覆兼説虞弘族屬及魚國今地》,《故宮博物院院刊》2018年第5期,第63頁。
② 楊曉春:《隋〈虞弘墓誌〉所見"魚國"、"尉紇驎城"考》,《西域研究》2007年第2期,第115頁。
③ 羅丰:《一件關於柔然民族的重要史料——隋〈虞弘墓誌〉考》,《文物》2002年第6期,第79頁。
④ 羅丰:《胡漢之間——"絲綢之路"與西北歷史考古》,北京:文物出版社,2004年,第410頁。題目略改爲《一件關於柔然民族的重要史料——隋虞弘墓誌》。
⑤ 周偉洲:《隋虞弘墓誌釋證》,榮新江、李孝聰主編:《中外關係史:新史料與新問題》,北京:科學出版社,2004年,第251頁。
⑥ 姜伯勤:《隋檢校薩寶虞弘墓石椁畫像石圖像程式試探》,巫鴻主編:《漢唐之間文化藝術的互動與交融》,北京:文物出版社,2001年,第30頁。
⑦ 《北史》卷九八《蠕蠕、高車傳》,北京:中華書局,1974年,第3256、3258、3261、3275頁。

官爲君陁所任職官,是他出使魏朝。

[10]"□□□□":韓作"□□□",脱漏一字。第一個"□",左上角有殘存筆劃,但難以推斷爲何字。

[11]"頜(領)":"頜"爲"領"字之訛。張1、楊、韓、羅葉、石見皆照録作"頜",張2、山、王周皆徑作"領"。"燕頜"一詞習見,形容相貌威武,如《後漢書》卷四七《班超傳》云"生燕頜虎頸,飛而食肉,此萬里侯相也";①《新唐書》卷二一四《吴少誠附吴元濟傳》云"元濟者,其長子也,山首燕頜"。②

[12]"兒":韓誤作"兕"。從原石可知確爲"兒"字,且"龍兒"與第4行"鳳子"相對仗。

[13]"□":原石此字左上角有殘存筆劃,但難以推斷爲何字。

[14]"苽":《龍龕手鏡(高麗本)》上聲卷二"草部第六"有"苽"字,下注曰:"音爪,草名也";不過,平聲卷一"瓜部第六十"之"瓜"字下注曰:"古花反……又一部與爪部相濫,爪音側絞反"。③ 黄征《敦煌俗字典》"瓜"的俗字中有"苽",并舉敦煌文獻P.3666《燕子賦》"州縣長官,苽蔓親戚"爲例。④ 由此可見,"苽"既有可能是"瓜(苽)"的俗字,又可能自爲一字。因墓誌中此字前面殘損,無法從上下文來作判定,兹據原石照録。張1、楊皆誤作"[芥]",山誤作"〔芥〕"(山稱"方括號内爲殘字"),則"芥"字筆劃有殘缺,但從原石及拓片圖版來看,此字非常清晰,并無殘損),張2、羅葉、石見、周偉洲《隋虞弘墓誌釋證》皆誤作"芥",韓作"□",王周作"苽"。

[15]"繁":周偉洲《隋虞弘墓誌釋證》誤作"摯"。

[16]"突":韓誤作"寵"。"直突"一詞,見《隋書》卷二七《百官志中》所記北齊"直突屬官,有直突都督、勛武前鋒散都督等員"。⑤

[17]"涼":原石僅存此字左上角筆劃,據此殘筆并參照第10行"涼州刺史",可知爲"涼"字。張1、張2、楊、韓、山、王周、羅葉、石見皆徑作"涼"。

[18]"刺(刺)":"刺"爲"刺"字之訛,故據改。

[19]"伋":《後漢書》卷三一《郭伋傳》作"伋",⑥故據改。

---

① 《後漢書》卷四七《班超傳》,北京:中華書局,1965年,第1571頁。
② 《新唐書》卷二一四《藩鎮宣武彰義澤潞·吴少誠附吴元濟傳》,北京:中華書局,1975年,第6005頁。
③ 釋行均編:《龍龕手鏡(高麗本)》上聲卷二"草部第六"、平聲卷一"瓜部第六十",北京:中華書局,1985年,第259、195頁。
④ 黄征:《敦煌俗字典》,上海:上海教育出版社,2005年,第135頁。
⑤ 《隋書》卷二七《百官志中》,北京:中華書局,1973年,第758頁。
⑥ 《後漢書》卷三一《郭伋傳》,第1091—1093頁。

[20]"童":原石僅存此字下部"里"字筆劃,張1、張2、楊、韓、山、王周、羅葉皆誤作"里",石見徑作"童"。對照此字左右各列并排之字,可知"里"是此字的下部筆劃,而非全字。又,《後漢書·郭伋傳》記其爲并州牧,"始至行部,到西河美稷,有童兒數百,各騎竹馬,道次迎拜",可知此字實爲"童"。

[21]"娓(媲)":"娓"爲"媲"字之訛,見敦煌文獻S.388《正名要録》"正行者揩(楷)注脚稍訛"類,在"媲"字下列有"娓",①故據改。張1、張2、楊、山、王周、羅葉、石見皆據原石照録作"娓",韓徑作"媲"。

[22]"吒":張1、張2、楊、韓、山、王周、羅葉皆誤作"叱"。

[23]"驚":張1、張2、韓皆誤作"警"。

[24]"三":原石僅存此字下部一横筆劃,據此殘筆并參以"儀同三司"之官名,可知爲"三"字。張1、張2、楊、韓、山、王周、羅葉、石見皆徑作"三"。

[25]"瑞":張2誤作"鐺"。

[26]"貌":原石作"皃",爲"貌"之俗字,韓、王周即作"貌"。張1、張2、楊、山、羅葉、石見皆誤作"良"。

[27]"鄭袤":韓脱。鄭袤在《晋書》卷四四有列傳。

[28]"張":原石存此字左下部筆劃,張1、楊皆作"[張]",山作"〔張〕",張2、韓、王周、石見皆徑作"張"。

[29]"塗":張1、張2、楊、韓、山、王周、羅葉皆作"途"。"塗""途"二字可通。②

[30]"頹(頽)":"頹"爲"頽"字之訛,見敦煌文獻S.388《正名要録》"右正行者揩(楷)注脚稍訛"類,在"頽"字下列有"頹"。③張1、張2、楊、韓、山、王周、羅葉、石見皆徑作"頹",周偉洲《隋虞弘墓誌釋證》誤作"領"。

[31]"左(佐)":"左丞相府"一句讀來欠通順,缺少動詞作謂語,疑"左"爲"佐"之通假字。《周書》卷八《静帝紀》記其於大象二年(580)五月己酉即位,任命楊堅、宇文贊爲左、右大丞相;九月"壬子,丞相去左、右之號,隨公楊堅爲大丞相";大定元年(581)"二月庚申,大丞相、隨王楊堅爲相國"。④若墓誌中的"左"字僅爲"左右"之"左",則虞弘是大象二年五

---

① 中國社會科學院歷史研究所、中國敦煌吐魯番學會敦煌古文獻編輯委員會、英國國家圖書館、倫敦大學亞非學院合編,周紹良主編:《英藏敦煌文獻(漢文佛經以外部份)》第1卷,成都:四川人民出版社,1990年,第173頁。
② 漢語大字典編輯委員會編纂:《漢語大字典(第二版)》,武漢:崇文書局,成都:四川辭書出版社,2010年,第515、1745頁。
③ 周紹良主編:《英藏敦煌文獻(漢文佛經以外部份)》第1卷,第173—174頁。
④ 《周書》卷八《静帝紀》,北京:中華書局,1971年,第131、134、136頁。

月己酉至九月壬子間楊堅爲左大丞相時的僚屬；若"左"字爲動詞"佐"之通假字，則虞弘爲大象二年五月己酉以後楊堅或宇文贊的僚屬。考慮到該句無動詞，兹取後説，而且更可能是楊堅爲左大丞相（大象二年五月己酉至九月壬子間）或大丞相（大象二年九月壬子至大定元年二月庚申）的僚屬。張金龍《隋代虞弘族屬及其祆教信仰管窺》亦云："按'左丞相府'語意不清，或有脱漏，可能是指他當時屬於左丞相府治下，并不意味着在左丞相府任職。"①

［32］"介"：韓誤作"瓜"。

［33］"昁"：張1、張2、楊、韓、山、羅葉、石見皆誤作"茫"。

［34］"蕭蕭"：韓誤作"蕭蕭"。

［35］"秋"：原石此字左上角殘損，張1、張2、楊、韓、山、王周、羅葉、石見皆逕作"秋"，據剩餘筆劃可從。

［36］"鱗"：原石此字左邊殘損，據剩餘筆劃似爲"鱗"。楊、山、石見皆誤作"麟"，韓誤作"繪"。

［37］"鳴"：羅葉誤作"嗚"。

［38］"宏"：王周作"宏"。其實原石此字十分清晰。

［39］"奏"：王周作"奏"。原石此字不太清晰，但仍能辨認。

［40］"新"：王周作"新"。原石此字不太清晰，但仍能辨認。

［41］"聲"：王周作"聲"。其實原石此字十分清晰。

［42］"日"：王周作"日"。其實原石此字十分清晰。

［43］"昏"：王周作"昏"。其實原石此字十分清晰。

［44］"霜"：原石左下角略殘，但完全可以辨認。張1、張2、楊、韓、山、羅葉、石見皆逕作"霜"。

［45］"白"：王周作"白"。其實原石此字十分清晰。

［46］"雲"：王周作"雲"。其實原石此字十分清晰。

［47］"暗"：原石此字左邊殘缺，從殘剩筆劃及上下文意可以判斷爲"暗"。張1、張2、楊、韓、山、羅葉、石見皆逕作"暗"。

---

① 張金龍：《隋代虞弘族屬及其祆教信仰管窺》，《文史哲》2016年第2期，第107頁。

［48］"松"：原石此字左邊殘缺。張 2 作"〔松〕"，張 1、楊、韓、山、羅葉、石見皆逕作"松"。

［49］"青"：原石此字左邊殘缺，從殘剩筆劃及上下文意可以判斷爲"青"。張 1、張 2、楊、韓、山、羅葉、石見皆逕作"青"。

［50］"囗"：原石此字左邊殘缺，右邊"口"字清晰。張 1 作"〔 〕"，張 2、楊、韓、山、王周、羅葉、石見皆作"囗"。

［51］"河"：原石此字左邊殘缺，從殘剩筆劃可以判斷爲"河"。張 1、張 2、山皆作"〔河〕"，楊作"［河］"，王周、石見皆逕作"河"，韓作"囗"。

［52］"玉"：原石此字左邊殘缺，據剩餘筆劃可以判斷爲"玉"。張 1 作"〔 〕"，張 2、楊、韓、山、王周、羅葉皆作"囗"，石見逕作"玉"。

［53］"樹"：原石此字左邊殘缺。張 1、張 2、楊、山、王周、羅葉、石見皆逕作"樹"，韓作"囗"。

［54］"永"：原石此字左邊略有殘缺。張 1、張 2、楊、韓、山、王周、羅葉、石見皆逕作"永"。

［55］"閟"：原石此字左下角略有殘缺，據剩餘筆劃及上下文意可知爲"閟"。王周、羅葉皆逕作"閟"（羅新、葉煒《新出魏晋南北朝墓誌疏證》第 419 頁誤作"闈"，羅葉在修訂本中作了更正）。張 1、山皆作"〔闈〕"，楊作"［闈］"，張 2、韓、石見皆逕作"闈"，均誤。

［56］"臺"：原石此字左上角略有殘缺，據剩餘筆劃及上下文意可以判斷爲"臺"。張 1、張 2、山皆作"〔臺〕"，楊作"［臺］"，韓、王周、羅葉、石見皆逕作"臺"。

［57］"扄"：原石此字左邊略有殘缺，據剩餘筆劃及上下文意可以判斷爲"扄"。張 1、張 2、山皆作"〔扄〕"，楊作"［扄］"，韓、王周、羅葉、石見皆逕作"扄"。"扄"字後面，諸家皆未錄文字，但從原石來看有兩個方格，第一個有劃痕但并非文字。

二、虞弘夫人墓誌

虞弘夫人墓誌由誌蓋（99TSY：55）和誌身（99TSY：18、51）組成。

誌蓋（圖四）被發現時，躺在墓室西北壁和石槨之間的地上，呈正方形，盝形頂，邊長約 61 釐米，四周帶殺，殺頂邊長 56 釐米。四殺尺寸不同，上下殺帶寬 9 釐米，左右殺寬 8 釐米,厚 7.5 釐米。一角略殘。蓋面光滑平整,無文字和紋飾。

圖四

誌身(圖五)殘碎,今僅存 5 塊,出土時分别散落在石椁正面甬道門口和西北壁靠南的地方。① 其中有 4 塊可以拼合,且上下完整,屬墓誌的後半部;② 另 1 塊不可拼接。根據拼合以後的部分來測量,墓誌的左邊邊長爲 61 釐米,與誌蓋邊長相同,兩者正好相合,因此可以推斷誌身也呈正方形,寬亦爲 61 釐米。厚 8 釐米。拼合以後,每行約 20 字(雙行并注的兩個小字視作正文一字)。拼合部分最大的寬度有 11 行,另 1 塊單獨不可拼合的殘石有 5 行,加起來爲 16 行。以整塊墓誌爲 20 行左右(19—21 行)計,可知還殘損 3—5 行。③ 現存 5 塊殘石所存文字可識讀者,約有 115 字,④若加上根據殘剩筆劃和上下文意可以推斷者,至少可達 118 字,爲原石字數(若滿刻)的 1/4 强。目前所存文字皆爲楷書,無界格。據《太原隋虞弘墓》介紹,墓誌四側有細綫雕刻的蔓草紋飾,惜所附圖版及拓片未予展現。

---

① 山西省考古研究所等編著:《太原隋虞弘墓》第四章《墓葬形制》(張慶捷撰)第 13 頁圖 5"虞弘墓主要出土器物分布圖"中,虞弘夫人墓誌殘塊列有 18、51 兩處。從該書第 92 頁圖 127、128 及後面的圖版一七"虞弘夫人殘墓誌"(99TSY:18、51)、圖版一八"虞弘夫人墓誌殘石"來看,圖 5 中的兩處墓誌殘塊即圖 127、圖版一七,是可以拼合的 4 塊殘石,不過圖 5 所繪形狀并不太像;圖 128、圖版一八爲另一塊單獨的殘石,似未編號。
② 山西省考古研究所等編著:《太原隋虞弘墓誌》稱"誌石右側完整,左側殘損",第 94 頁。不確。實應爲左側完整,右側殘損。
③ 王其禕、周曉薇:《隋代墓誌銘彙考》稱"誌文行數不詳",第 2 册,第 97 頁。
④ 山西省考古研究所等編著:《太原隋虞弘墓誌》稱"幾塊碎墓誌上共存誌文 111 字",第 94 頁。少了 4 字。

圖五

對照虞弘夫婦墓誌可以發現，前者製作精美，石質很好，美觀典雅；而後者較爲簡陋，質地粗劣，尤其是誌蓋素面無文，反映了相隔 6 年先後入葬的夫婦二人的境遇已經大不相同。今人的研究也同樣重視虞弘而忽略其夫人，對於虞弘夫人的墓誌，目前僅見張慶捷、王其褘與周曉薇、石見清裕等個別學者有著錄，研究則更少。茲以原石爲據，并參校前人錄文，將虞弘夫人墓誌的誌身文字迻錄於下：①

（前缺）[1]

1　言☐☐☐☐[2]

2　望河洲而☐☐☐☐[3]

3　能脩内政，禮☐☐☐☐[4]

4　☐人[5]魏氏☐☐☐☐[6]

5　☐☐☐☐☐☐[7]

---

① 一行之中，前缺文字用"☐☐☐☐"表示，中缺文字用"☐☐☐☐"表示，後缺文字用"☐☐☐☐"表示。前人錄文有以下論著：山（第 94 頁）、王周（第 273—274 頁）、石見（第 148—149 頁）。需要說明的是，山將可以拼合的 4 塊殘石的錄文置於前面，另一塊錄文於後，分別錄文，沒有提到兩者的前後關係；王周、石見則按照文字的前後順序錄文。

（中缺）[8]

1　☐☐☐[9]掌珠☐☐☐[10]

2　☐☐☐[11]☐[12]儀同先逝☐☐☐[13]

3　☐☐☐[14]☐[15]田，三徙西河。☐☐☐[16]

4　有☐☐開皇十七年☐☐☐[17]八[18]年

5　十一月☐七日，窆於☐☐☐[19]。右[20]臨懸甕，左

6　帶汾川。春☐[21]秋風，何殊平日。酒爲☐[22]☐[23]：

7　本源[24]遥☐[25]，☐芳[26]不絶[27]。才非先後，人無[28]優劣。篤生彼美，

8　☐☐☐[29]☐[30]高，恭妻塊節。其[31]其妻後[32]逝，其夫先

9　☐☐☐[33]☐嬬。聞《詩》聞《禮》，有珪有璋。功成身

10　☐☐☐☐。其二[34]輕雪[35]隨風，微[36]霜降早。百卉零落，千蘂

11　☐☐☐，☐[37]名☐[38]表。

【校勘】

[1] "（前缺）"：王周在"言"字前面注明"上闕"。

[2] "☐☐☐"：原石殘缺，山作"☑"，石見作"["，王周作"☐☐☐☐☐☐☐☐☐☐☐☐"。

[3] "☐☐☐"：原石殘缺，山作"☑"，石見作"["，王周作"☐☐☐☐☐☐☐☐"。

[4] "☐☐☐"：原石殘缺，山作"☑"，石見作"["，王周作"☐☐☐☐☐☐☐☐☐"。

[5] "☐人"：原石首字殘損，次字左上角亦殘，似爲"人"字。山作"☑"，王周作"☐人"，石見作"☐☐"。

[6] "☐☐☐"：原石殘缺，山作"☑"，石見作"["，王周作"☐☐☐☐☐☐☐☐☐"。

[7] 本行諸家皆未録，但有兩字右邊可見殘剩筆劃。

[8] "（中缺）"：王周注明"下闕"，石見、山皆分開録文，不過山的順序倒置。

［9］"▭▭▭"：原石殘缺，山、王周、石見皆作"▭▭▭▭▭"。

［10］"▭▭▭"：原石殘缺，山作"☒"，王周、石見皆作"▭▭▭▭▭▭▭▭▭▭"。

［11］"▭▭▭"：原石殘缺，山、王周、石見皆作"▭▭▭"。

［12］"▭"：原石此字殘剩左下角，山、王周、石見皆作"▭"。

［13］"▭▭▭"：原石殘缺，山作"☒"，王周、石見皆作"▭▭▭▭▭▭▭▭▭▭"。

［14］"▭▭▭"：原石殘缺，山、王周、石見皆作"▭▭"。

［15］"▭"：原石此字殘剩下部笔划，山、王周、石見皆作"▭"。

［16］"▭▭▭"：原石殘缺，山作"☒"，王周、石見皆作"▭▭▭▭▭▭▭▭▭▭"。

［17］"▭▭▭"：山、王周皆作"▭▭▭▭▭▭▭▭▭"，石見作"▭▭▭▭▭▭開皇十"，但從墓誌及拓片圖版中看不到"開皇十"三字。該行前有"開皇十七年"，後有"八"字，確可推補出"八"字之前爲"十"，但"十"字前面是否必有"開皇"二字，原石完全殘缺。石見連"八"字都不能完全識讀，用字外加框的形式表示，不知何以能清楚地讀出"開皇"二字？尤其是該行前面已有"開皇"二字，一般來説不可能重複出現。

［18］"八"：原石此字僅存左邊一撇，但參照後面的"年"字和前面的"七年"，可以推斷爲"八"字。山作"[八]"，王周、石見皆作"八"。

［19］"▭▭▭"：原石殘缺，山、王周、石見皆作"▭▭▭▭▭▭"。

［20］"右"：原石此字僅存左半部，據此殘筆并參照後面的"左"字，可以推測爲"右"。王周、石見皆作"右"，山徑作"右"。

［21］"▭"：原石此字漫漶，山、石見皆作"▭"，王周作"草"。

［22］"▭"：原石此字幾乎全殘，山作"▭"，王周、石見皆作"銘"。

［23］"▭"：原石此字殘存上部筆劃，山、石見皆作"言"，王周作"云"。從後字殘剩筆劃看，以"言"爲勝。

［24］"源"：原石此字漫漶，山、王周、石見皆作"源"，可從。

［25］"▭"：原石此字漫漶，筆劃可見但難以識讀。山、石見皆作"縣"，王周作"系"。

［26］"▭芳"：原石前字漫漶，難以識讀。山、王周、石見皆作"▭▭"。

［27］"絶"：原石此字右上角殘損，山、王周、石見皆徑作"絶"，可從。石見（第151頁）還注意到銘文第一部分"絶""劣""節"等字押韵。

[28]"無":原石此字漫漶,山、王周、石見皆徑作"無",可從。

[29]"▢▢▢":原石文字漫漶,山、石見皆作"遣黃▢▢▢▢",王周作"縉黃▢悦。▢▢"。從銘文的第一部分押韻來看,"悦"字較爲可取。

[30]"▢":原石此字漫漶,山、石見皆作"▢",王周作"慚"。

[31]"其":石見據原格式作"其",山、王周皆作"其一"。

[32]"後":原石此字漫漶,可見外部輪廓之筆劃,山、王周、石見皆徑作"後",可從。

[33]"▢▢▢":原石文字漫漶,山、石見皆作"▢其▢▢▢▢",王周作"亡。其▢▢,▢▢"。

[34]"▢▢▢▢。其二":原石文字漫漶,殘剩部分筆劃,山作"▢▢▢楊▢",王周作"▢,厥▢▢楊。其二",石見作"▢▢▢▢楊▢"。

[35]"雪":原石此字僅存右下部,山作"[雪]",王周、石見皆作"雪"。

[36]"微":原石此字漫漶,山、王周、石見皆徑作"微",可從。

[37]"▢▢▢▢,▢":原石文字漫漶,山作"☑長▢身",王周作"▢▢。▢▢▢▢,▢▢▢▢老。▢▢長▢,聲",石見作"▢▢▢▢▢▢▢▢▢▢▢▢長▢身"。

[38]"▢":原石此字上部略有殘損,山、王周、石見皆作"空",或可從。

　　虞弘夫人墓誌殘碎嚴重,特別是墓誌中最重要的開頭部分缺失,以至於無法知曉她的姓名、籍貫及家族世系。頗堪注目的是,誌文中有"▢人魏氏"之語。關於"人"字,左半殘損,王其禕、周曉薇徑錄作"人",周氏甚至據此將墓誌定名爲《虞弘妻魏氏誌》,稱"'▢人魏氏',疑即虞弘夫人"。① 從該字的殘存筆劃及整個字的結構來看,確有可能爲"人",但從殘碎墓誌拼接後的情況判斷,"▢人魏氏"所在之行并不屬於墓誌尾部的銘文,而是位於整篇墓誌的第5—9行之間,參照其他墓誌,即便所缺之字爲"夫",作爲墓誌的主人公,似不可能以這樣的用語出現在這一位置。除了墓誌開篇和尾部銘文外,正文中其他地方對女性墓主人的稱呼不會使用某氏之語。因此,墓誌中的"魏氏"可能不是虞弘夫人。此外,石見清裕對虞弘夫人進行了考析,雖然在墓誌錄文中沒有錄出"魏"字前面的半殘文字,但從其行文來看,似乎也是把魏氏當作虞弘夫人看待的。他注意到虞弘的婚齡以及究

---

① 王其禕、周曉薇:《隋代墓誌銘彙考》第2册,第274頁。該誌"附考"中之"曉薇案"。

竟在茹茹還是北齊結婚的問題,然因墓誌殘損,無法判讀"魏氏"前後的文字而作罷。①

【作者簡介】馮培紅,歷史學博士,浙江大學歷史學院教授、涼州文化研究院兼職研究員,主要從事敦煌學、魏晉隋唐史研究。

---

① 石見清裕:《ソグド人墓誌研究》,第 147—151 頁。

唐賀若突厥墓誌考釋

邱 荻

新刊唐代《蜀國公太夫人賀若氏（突厥）之墓誌銘》，①刻於唐武德四年（621）十一月七日，1988年出土於陝西省咸陽市渭城區，石現藏陝西省考古研究院。

賀若突厥是隋代蜀國公獨孤羅之妻，她一生之中先嫁北周越王宇文盛爲王妃，宇文盛被殺後，又嫁獨孤羅爲妻，獨孤羅在隋文帝時被封趙國公，煬帝時改追爲蜀國公，故賀若氏亦稱爲蜀國公夫人，其兩段婚姻，跨越三朝，地位却尊貴始終，經歷可謂傳奇。賀若氏家族興於南北朝時期，綿延百年，顯貴無比，如賀若敦、賀若誼、賀若弼等均在正史有傳，賀若突厥的兩任丈夫宇文盛、獨孤羅在《周書》《隋書》均有傳，然誌主賀若突厥及其與兩任丈夫的婚姻關係，史書無載，因此，該墓誌的刊布，具有補史作用，可對賀若氏家族史事及其與北周皇室、獨孤氏家族之間的婚姻關係、政治影響等研究有所增補。因此，本文結合誌文記載，就相關問題略作討論，求教方家。

一、賀若突厥的生平、婚姻及子女

據誌文所載，賀若突厥於唐武德元年（618）九月離世，春秋六十三，故可推知其生於西魏恭帝三年（556）。賀若突厥屬鮮卑族，家世顯赫，祖父爲右衛大將軍、散騎常侍、衮譙恒三州刺史、司空、當亭公賀若統，父親爲上柱國、海陵公、靈州總管賀若誼。

周武帝天和三年（568），十二歲的賀若突厥嫁於周越王宇文盛爲妻，宇文盛是宇文泰之子、武帝之弟，地位顯赫。

宇文盛的生母史書無載，亦不知其序齒排行，生年無考。據《周書》載，宇文盛字立久

---

* 本文爲陝西省社會科學院2022年度青年專項"中古時期賀若家族墓誌的整理、研究與保護對策"（22QN19）、國家社科基金項目"陝西新出唐代墓誌整理與研究"（20XZS010）階段性成果。

① 《蜀國公太夫人賀若氏（突厥）之墓誌銘》，圖版見陝西省考古研究院、故宫博物院編：《新中國出土墓誌·陝西（肆）》（上册），北京：文物出版社，2021年，第52頁；録文見下册，第47頁。其後所引誌文，不再單獨出注。

突,在周明帝武成年間(559—560)被封爲越國公,周武帝天和年間(566—571)進封爲越王。周宣帝宣政元年(578),汾州稽胡帥劉受邏千起兵造反,宣帝令越王爲行軍元帥,率兵討平劉受邏千。① 大象元年(579),封大前疑,不久後又封太保。② 同年,周宣帝爲了防範在京的藩王,下詔將豐州武當、安富兩郡作爲越國屬地,令宇文盛出京至屬地就國。同時外出就國的還有趙王招、陳王純、代王達、滕王逌。

大象二年(580),周静帝即位後,揚州總管楊堅入主朝政。爲防範在外的藩王生變,楊堅便以趙王宇文招嫁女兒給突厥爲藉口,召諸藩王入京。同年六月,越王盛并其餘四王入京朝謁。此時的楊堅,以外戚身份手握朝政大權,五王自然無法坐視不理。他們與周明帝之子、時任雍州牧的畢王宇文賢合謀,意圖除掉楊堅。當時政局不穩,各方勢力衝突不斷,外有尉遲迥、司馬消難等部起兵於東夏,"趙、魏之士,從者若流,旬日之間,衆至十餘萬",③楊堅的勢力并不穩固。因此,六個藩王的謀劃泄露後,楊堅只斬殺了主謀的畢王賢,而没有追究其餘五王,還下詔令五王"劍履上殿,入朝不趨",④以此來安撫五王。

七月,韋孝寬在相州擊破尉遲迥,楊堅又令行軍元帥、上柱國梁睿平定巴蜀王謙的叛亂,至此,北周的外部動亂暫時平息。但五王想要剷除楊堅、維護北周王祚的願望并未消除,趙王宇文招欲在酒宴上刺殺楊堅,但因楊堅侍衛元冑的保護,刺殺失敗,事後楊堅誅殺趙王招及越王盛。越王宇文盛并其五子忱、悰、恢、慣、忻一同被殺,而後國除。⑤

宇文盛父子被殺時,賀若突厥二十五歲,作爲越王的女眷,在這次滅頂之禍中却幸存了下來,這與她家族的政治地位有密不可分的關係,對此後文將予以詳述。

第一任丈夫死後的第九年,也就是隋開皇九年(589),賀若突厥改嫁獨孤羅。獨孤羅,字羅仁,爲獨孤信之長子,隋文獻皇后之長兄,地位尊貴,文帝即位後,追封其父獨孤信爲趙國公,邑萬户。獨孤羅得以襲爵趙國公,深得隋文帝和獨孤皇后厚待。賀若突厥嫁獨孤羅後,便授她爲趙國夫人,"翟衣華飾,魚軒盛禮,寵服有章,允膺夫貴"。隋煬帝嗣位後,又改封獨孤羅爲蜀國公,因此,賀若突厥亦隨之改授爲蜀國夫人。關於獨孤羅的生卒年份,《隋書》《北史》中皆記載其大業年間得封蜀國公後"未幾,卒官,謚曰恭",⑥但據其墓誌銘所載,獨孤羅墓誌蓋文書"隋使持節大將軍趙國德公獨孤君墓誌",⑦爵位仍爲趙國公而非

---

① 《周書》卷七《宣帝紀》:"汾州稽胡帥劉受邏千舉兵反,詔上柱國、越王盛爲行軍元帥,率衆討平之。"北京:中華書局,1971年,第117頁。
② 《周書》卷一三《文閔明武宣諸子》,第204—205頁。
③④ 《隋書》卷一《高祖紀》,北京:中華書局,1973年,第3頁。
⑤ 《周書》卷一三《文閔明武宣諸子》,第205頁。
⑥ 《隋書》卷七九《外戚》,第1790頁;《北史》卷六一《獨孤信列傳》,北京:中華書局,1974年,第2171頁。
⑦ 《獨孤羅墓誌》,見羅新、葉煒著:《新出魏晋南北朝墓誌疏證》(修訂本),北京:中華書局,2016年,第441頁。

煬帝後封之蜀國公,志文記"春秋六十有六,以十九年二月六日寢疾,薨於位"①,是指獨孤羅卒於開皇十九年,此與史書記載不符,另外,誌載獨孤羅諡號爲"德"而非"恭",又與史書記載相抵牾,故獨孤羅之生卒年尚存疑待考。

　　賀若突厥與獨孤羅生子名武都。賀若突厥極其重視對兒子的教育,教導其建功立業,忠義守節。"及隋季崩離,方隅圮裂。二子并有才氣,俱淪寇手",誌文中的"寇",指代的應是李密和王世充兩人。這其中反映出的史事見於《隋書》:"(義寧)二年春正月……壬戌,將軍王世充爲李密所敗……庚寅,河陽郡尉獨孤武都降於李密。"②

　　但誌文中提到賀若氏有"二子"均淪於李密之手,僅見武都之名,另一子未被録於誌文之中。《隋書》獨孤羅傳中有云:"子纂嗣,仕至河陽郡尉。纂弟武都,大業末,亦爲河陽郡尉。"③由此得知獨孤武都與其兄獨孤纂均曾任河陽郡尉,在李密攻陷河陽時,獨孤纂可能仍居於河陽。誌文後文亦云賀若突厥在武德元年"艱關危難,得至河陽,才見武都,不勝悲喜",故前文"二子"即指獨孤纂和獨孤武都兩兄弟。

　　值得一提的是,二子均曾在河陽任職,均降李密,賀若突厥墓誌中却自始至終只提及武都一人。加之,賀若突厥於隋開皇九年嫁給獨孤羅,當時她已經三十三歲,獨孤羅在當時已屬高齡,此前應當已有妻子,賀若氏僅爲繼室。最終是獨孤纂承襲了獨孤羅的爵位,這説明獨孤纂應爲獨孤羅元配所生,而非賀若氏所出。

　　隋唐交際之時,中原地區一直戰亂頻仍,河陽一帶更是兵家必争之地。獨孤武都先降李密,但《舊唐書》中有云:"時又有獨孤武都,謀叛王世充歸國,事覺誅死。"④武德元年,在李密擊敗宇文化及後,王世充趁其兵困馬乏,又有輕敵之意,在洛水南岸扎營,大敗李密於偃師。李密逃走後,他在各地的守將又都歸於王世充的手下,武都應在其中。但顯然他并非真心想要歸降王世充,因此,這之後他依舊謀劃歸唐。他的謀劃暴露後,便被王世充誅殺。

　　在這種紛亂的局勢下,晚年的賀若突厥遠居長安,思子心切,患上心病。誌文顯示,武德元年,六十三歲的賀若突厥克服諸多艱難來到河陽,終得見武都,但自己也因大悲大喜之下,不久便病逝,於武德四年與獨孤羅合葬於咸陽。

---

① 《獨孤羅墓誌》,見羅新、葉煒著:《新出魏晋南北朝墓誌疏證》(修訂本),第 442 頁。
② 《隋書》卷五《恭帝紀》,第 100—101 頁。
③ 《隋書》卷七九《外戚》,第 1790 頁。
④ 《舊唐書》卷一九三《列女傳》,北京:中華書局,1975 年,第 5139 頁。

二、賀若突厥的家族及其仕宦情況

依據誌文所記，賀若突厥的祖父賀若統，官爵爲右衛大將軍、散騎常侍、兗譙恒三州刺史、司空、當亭公，父親名賀若誼，上柱國、海陵公、靈州總管。據此易知賀若突厥的家族即是北周時期的賀若家族，其父賀若誼、伯賀若敦、堂兄弟賀若弼皆在《周書》《隋書》《北史》等正史中單獨列傳。已有學者對賀若家族的世系作出了比較詳細的考證，①此處不再贅述。

根據學者考證，賀若氏一姓源自北魏孝文帝，鮮卑族，與"賀蘭氏"屬同一姓氏，②《元和姓纂》載："代居元朔，隨魏南遷河洛。魏以'忠貞'爲'賀蘭'，因命以氏。孝文時，代人咸改單姓，唯賀蘭氏不改。遠祖達羅，安樂王。"③賀若氏一族本居於代地，後隨北魏遷居於洛陽。

賀若氏是北朝至隋唐之際，關隴集團的鮮卑貴族，在北周時亦屬六鎮勳將，武將頻出，因其關隴貴族的身份，賀若家族與周、隋兩朝皇室的關係都十分緊密。

賀若突厥的祖父賀若統，在北魏時期便依靠家族蔭庇在朝中擔任秘書郎一職，屬於五品官。④北魏永安年間(528—529)，他跟隨元天穆征討邢杲，其事見於《魏書·孝莊紀》⑤，永安二年，元天穆在齊州濟南(今山東濟南)大破邢杲，賀若統在這次平亂之戰中立功，得封當亭子。東魏時期，賀若統擔任潁州長史，後歸順宇文泰，拜爲右衛將軍、散騎常侍、兗州刺史，并賜爵當亭縣公。不久後改任爲北雍州刺史，⑥北周建立後，改籍爲雍州長安人。⑦賀若突厥誌文中的"鴻源遠胄，分枝魏氏"，即指賀若氏源於北魏，後北魏分裂，賀若統跟隨宇文泰共同開創西魏、東西兩魏并立的事迹。

賀若突厥伯父賀若敦，⑧驍勇善戰，在西魏大統四年(538)跟隨時河內公獨孤信征戰於洛陽，後又征討岷蜀、湘州、信州、荊州等多地，戰功十分顯赫。進爵武都公，拜典祀中大

---

① 樊波：《〈元和姓纂〉所記賀若誼、賀若弼家族世系釐正》，《碑林集刊(十五)》，第41頁。
② 章紅梅：《"賀若氏"考辨》，《古籍整理研究學刊》2020年第5期，第84頁。
③ (唐)林寶撰，岑仲勉校記：《元和姓纂》(附四校記)卷九，北京：中華書局，1994年，第1316頁。
④ 《北史》卷六八《賀若敦傳》，第2378頁。
⑤ 《魏書》卷十《孝莊紀》，北京：中華書局，1974年，第259、261頁。
⑥ 《周書》卷二八《賀若敦傳》，第473頁。
⑦ 《賀若嵩墓誌》載："父統，屬魏代兩分，擁旆關右，去北芒而來西華，仍爲雍州長安人。"(羅新、葉煒著：《新出魏晋南北朝墓誌疏證》(修訂本)，第432頁。)
⑧ 《周書》卷二八《賀若敦傳》載："敦弟誼，亦知名。"(第477頁)

夫,任金州都督、七州諸軍事、金州刺史。金州在西魏以前先後爲齊、梁屬地,時稱東梁州,①長期位於兩國交界之處,因此軍事地位極其重要,如《周書》記載云:"(孝昌)三年,朝議以梁州安康郡阻帶江山,要害之所,分置東梁州。"②經過數年征伐,歸爲北周之轄,在魏廢帝三年(554)改爲金州。③而賀若敦作爲軍事要害之地金州刺史,當深受宇文泰倚重,是關隴集團的重要成員。

賀若突厥的父親賀若誼,字道機,河南洛陽人。《北史》《隋書》均有傳,另有《賀若誼碑》屬文以證史,④碑文與史書記載幾乎無差。賀若誼不僅能征善戰,也有優秀的外交才能。宇文泰據關中地區時,曾令賀若誼爲使至杏城,游説當時屯兵於河表地區的茹茹(即"柔然")部族歸順,茹茹部族"降者萬餘口"⑤。并最終使得茹茹部族與北周達成了聯盟,從而讓北周暫時免受北部邊境之擾,可以專心進行中原、巴蜀地區的征伐擴張,解決了宇文泰的一個心頭大患。

周武帝年間,賀若誼在武帝伐齊之戰中自函谷關出兵,占據洛陽,大大加快了武帝滅北齊、統一北方的進程,武帝拜賀若誼爲洛州刺史。楊堅做丞相時,賀若誼還參與平定司馬消難和尉遲迥的叛亂。隋開皇年間,賀若誼跟隨河間王楊弘征討突厥,大破突厥,殲敵數千。爲了震懾北方的突厥之患,隋文帝封他爲靈州刺史,進位柱國。靈州的軍事地位至關重要,是連接中原與突厥之間的要害之地。⑥ 開皇十二年,賀若誼又被拜爲靈州總管,⑦鎮守邊疆,直到開皇十六年壽終正寢,政治地位不言而喻。

此外,賀若敦之子賀若弼,也就是賀若突厥的堂兄,也是周隋之際的一位名將,《隋書》有傳。在北周時期曾跟隨韋孝寬征討十數城池,出謀劃策,拜爲壽州刺史。開皇九年,隋文帝大舉伐陳,賀若弼又在破陳之戰中立下大功,他領軍奇襲南徐州,大破陳軍,自此陳國滅亡。賀若弼因立大功,隋文帝將其進位上柱國,封爵宋國公,賞賜無數,拜爲右領軍大將軍,不久又轉爲右武侯大將軍。⑧ 伐陳之戰的勝利,不僅標誌着隋朝南北統一大業的基本

---

① 《隋書》卷二九《地理志上》載:"西城郡……西魏改置東梁州,尋改爲金州,置總管府。"(第 817 頁)
② 《周書》卷七一《淳于誕傳》,第 1593 頁。
③ 《周書》卷二《文帝紀下》,第 34 頁。
④ 《大隋使持節柱國靈州總管海陵郡賀若使君(誼)之碑》,《咸陽碑刻(下)》,西安:三秦出版社,2003 年,第 391 頁。
⑤ 《隋書》卷三九《賀若誼傳》,第 1159 頁。
⑥ 靈州位於北部邊境,隋時置靈武郡,緊鄰長城邊塞,是與突厥交戰的要塞之地。隋時與突厥征戰,靈州爲必經、必守之地,如《李穆傳》載"高祖作相,鎮靈州以備胡"(《隋書》卷三七《李穆傳》,第 1119 頁),《河間王弘傳》載"時突厥屢爲邊患,以行軍元帥,率衆數萬,出靈州道,與虜相遇"(《隋書》卷四三《河間王弘傳》,第 1211 頁),《楊素傳》載"突厥達頭可汗犯塞,以素爲靈州道行軍總管,出塞討之"(《隋書》卷四八《楊素傳》,第 1285 頁)。
⑦ 該時間節點史書未載,見《賀若誼碑》。
⑧ 《隋書》卷五二《賀若弼傳》,第 1343—1346 頁。

完成,同時也讓整個賀若家族的榮耀與顯貴更甚一步。

關於賀若家族其他人丁在北周、隋唐時期的仕宦情況,賀若誼的庶長子賀若協,官至驃騎將軍;協之弟賀若祥,任奉車都尉;祥之弟賀若與,任車騎將軍。① 賀若誼之弟賀若嵩,在北周武帝年間歷任都督、周譙王府長史、親信大都督、江州千乘郡守、司衛都上士,周靜帝大象年間,授儀同、上儀同。隋開皇年間,任車騎將軍。② 另有《元和姓纂》記載:

> (賀若敦)周金州總管、武都公,生崇、弼、東。崇孫儼,湖州刺史。弼,隋陽州總管、宋公,生懷廓、懷默、懷武。懷廓,唐禮部郎中。懷默,轂州刺史、杞公。東,周榮公,生孝義,唐尚書左丞,生景約、景慎。景約,杞王司馬……景慎,兵部郎中。③

其中,賀若懷廓在唐初也任沙州總管,唐武德六年,被造反的沙州別駕竇伏明所殺。④

綜上可知,賀若家族在北周、隋、唐三代皆是顯赫之家,族中子弟歷代爲官。賀若家族的仕宦情況呈現出四個顯著特點,其一是族人所任多爲軍職,武將頻出,戰功卓然,不乏名將,是一個典型的軍事貴族家族。其二,他們所鎮守的地方,多爲軍事要害之地,如金州、靈州等,這些軍事要塞在周隋兩代的國防戰略中占據關鍵地位,是鎮守國門的咽喉,因此,賀若氏家族受到了北周以來歷朝統治者的信任和倚重。其三是族人的任官比率很高,自北周至唐代,賀若家族經考據有姓名記載的族人一共31人,其中明確記載有官爵者共16人,占51.6%,而這些任官子弟中又有7人爲武職,占比43.7%。其四,他們的軍號、散官品階大多都不低,以賀若突厥之父賀若誼爲例,他獲封的車騎大將軍、儀同三司便屬於從九命的品級,隋代時,進位柱國,爲最高的正九命品級。而賀若誼的幾個庶子,其軍銜也分別達到了驃騎將軍—正八命、奉車都尉—從五命、車騎將軍—正八命。⑤

賀若家族自賀若統之始以降的三代人裏,皆是跟隨宇文泰建立北周的關中地區異族

---

① 《隋書》卷三九《賀若誼傳》,第1160頁。
② 見《賀若嵩墓誌》,載羅新、葉煒著:《新出魏晉南北朝墓誌疏證》(修訂本),第432頁。
③ (唐)林寶撰,岑仲勉校記:《元和姓纂》(附四校記)卷九,第1317頁。
④ "七月丙子,沙州別駕竇伏明反,殺其總管賀若懷廓。"詳見《新唐書》卷一《高祖本紀》,第16頁。
⑤ 西魏廢帝三年,"始作九命之典,以叙内外官爵。以第一品爲九命,第九品爲一命。改流外品爲九秩,亦以九爲上"。《周書》卷二《文帝紀》,第34頁。隋文帝時,亦采後周九命之制。關於西魏北周時期九命與軍號、散官間的品位對應問題,閻步克有詳細論述,見《品位與職位——秦漢魏晉南北朝官階制度研究》,北京:中華書局,2002年,第474頁。

武將,是北朝關隴武將集團的典型代表。① 這樣一個開國勛臣的身份在客觀上成爲了賀若家族在周隋兩代榮華的基石,也是他們與兩朝皇族關係緊密的原因之一,而隋唐的建立亦離不開關隴集團的支持。唐代初年,賀若家族仍保持着很高的社會地位,體現在很高的族人任官率上,這也能够解釋賀若突厥爲何兩度嫁與皇親國戚而不受朝代更迭之牽連。但隨着氏族在唐的逐漸没落,賀若家族見於史書文獻的記載也越來越少,逐漸退出了歷史舞臺。

三、賀若突厥婚姻所見周隋兩代之政局

通過對賀若突厥家族的考證與分析,便可對她的婚姻有更深入的理解。誌文記載賀若突厥一共經歷了兩次婚姻,第一次是十二歲嫁給北周越王宇文盛爲越王妃,第二次是三十四歲時改嫁給隋趙國公(蜀國公)、獨孤皇后之長兄獨孤羅。志文中對賀若突厥婚姻生活的描述,展現出了一個端莊識禮、出身高門、雍容華貴、夫家寵愛的貴族夫人形象,嫁宇文盛時"令德高門,來膺嘉聘,禮文斯盛,品服增華""褖服有序,禮容斯盛。環佩鏗鏘,輧軿掩映",嫁獨孤羅時"翟衣華飾,魚軒盛禮,寵服有章,允膺夫貴",不難看出,兩次婚姻的共同表現便是禮儀均十分隆重而盛大,足見家族和夫家對她的重視。通過分析她的這兩次婚姻,亦可對周隋時期關隴集團内部聯姻與政局的關係有所思考。

北周末年,皇室婚姻的擇選具有較爲鮮明的特點,除與突厥、柔然等北方外族通婚外,多選擇以六鎮武將和關隴勛臣集團作爲聯姻對象。② 賀若家族屬於關隴集團的重要异姓權貴,官列九命,家族地位崇高。賀若突厥的兩次婚姻均遵循了這一婚嫁原則。

但北周皇室最終選擇賀若突厥作爲越王妃的原因還不止於此。

在此需要注意的是,賀若突厥的伯父賀若敦,在任金州總管時,因爲没有得到與戰功匹配的封賞,對朝廷心存不滿,口出怨言,這讓當時的實際掌權者宇文護極其惱火,便詔令賀若敦回朝,逼迫其自盡。③ 賀若敦死時,爲周武帝保定五年(565)。賀若突厥之父賀若

---

① 萬繩楠整理:《陳寅恪魏晋南北朝講演録》:"(宇文泰)要使他所帶來的山東人與關内人混而爲一,使漢人與鮮卑人混而爲一,組成一支籍隸關中、職業爲軍人、民族爲胡人、組織爲部落式的强大的軍隊,以與東魏、梁朝爭奪天下。這就在關中地區形成了一個集團——關隴集團。這個集團是一個統治集團。"(貴陽:貴州人民出版社,2007年,第264頁)

② 高詩敏《北朝皇室婚姻關係的嬗變與影響》一文曾對北周皇室通婚問題有過考證,她認爲北周時期,皇室婚姻的一大特徵便是以關隴集團的六鎮勛將爲主(《民族研究》1992年第6期,第94頁)。張雲華:《北朝婚姻問題研究》:"高氏和宇文氏爲鞏固政權繼續擴大與少數族貴族的聯姻,這使以六鎮鮮卑爲主的少數族貴族與雙方宗室形成了更廣泛的婚姻關係。"(長春:吉林大學博士論文,2009年,第82頁)

③ 《周書》卷二八《賀若敦傳》,第476頁。

誼則因此事受牽連而被免官。① 而賀若突厥嫁給越王宇文盛的時間是天和三年（568），距離賀若敦伏誅僅三年而已，從這一點來看，宇文護本人未必會傾向於選擇賀若家族的人來作爲皇室的婚配對象。故這次聯姻可能并非是宇文護的決定，而是周武帝本人親自作出的決定，背後是周武帝與宇文護之間的政治博弈。

周武帝宇文邕自即位之後，一直受到宇文護專權的掣肘。而賀若家族在這之前，雖然地位顯赫，但并未明確支持哪一方的勢力。賀若敦之死以及賀若誼的免職，是宇文護專權跋扈的表現，它是將賀若家族推向了周武帝一方的導火索。周武帝也藉此機會，想要進一步爭取賀若氏等受到宇文護打壓的關隴重臣對其的政治支持。因此，賀若突厥的婚姻，極有可能便是周武帝極力主導促成，有利於拉攏賀若家族從而壯大自己的勢力，借此來對抗宇文護。同時，賀若家族也急需利用這場婚姻，來表明自己忠心於皇帝的立場，維護家族的利益和朝中的地位。

毋庸置疑，這次婚姻對於雙方來說，都是一次穩賺不賠的政治投資。在四年之後的建德元年（572），周武帝成功誅殺宇文護，除去了心頭大患，得以獨攬朝政大權。專政之後，他便對賀若家族進行了犒賞，追贈賀若敦爲大將軍，賜謚號"烈"，② 又任命賀若誼擔任了熊州刺史。賀若家族自此恢復了往日的榮光。賀若誼作爲武將，在周武帝平齊之戰中立下了赫赫戰功，進一步穩固了家族的政治地位，也促進了北周統一北方的進程。

北周末年，周宣帝倒行逆施，猜忌宗室及關隴群臣，他在完全掌握對六官、府兵的控制權後，爲了防止在京的宗室子弟威脅其皇位，令趙王招、陳王純、越王盛、代王達、滕王逌出京至封地居住。又誅殺了王軌、宇文孝伯、尉遲運、宇文神舉四位輔政大臣，大肆屠殺關隴集團群臣。《周書·王軌傳》記載："軌立朝忠恕，兼有大功，忽以無罪被戮，天下知與不知，無不傷惜。"③ 這些做法令關隴集團的臣子人人自危，人心渙散，也讓宇文氏徹底失去了民心，讓後來楊堅代周建隋順理成章地得到了關隴集團的支持。

在受到來自皇帝倒行逆施、誅殺同黨的威脅後，身爲關隴重臣的賀若家族自然而然站在了楊堅的一邊。而越王盛等五位宗室藩王則一心要維持北周的王祚，雙方一夕之間由姻親成爲政敵。墓誌中沒有記載賀若突厥本人在那時內心真正的立場，是追隨家族的脚步，還是和丈夫、兒子站在一起？在波譎雲詭的政治較量中，她的想法微不足道，這不得不說是一種悲哀。但從結果來看，無論她的想法如何，賀若家族保下了她，使她在楊堅對五王等北周皇族子弟的血腥清洗中幸免於難。

---

① 《隋書》卷三九《賀若誼傳》："其兄敦，爲金州總管，以讒毀伏誅。坐是免職。"第1159頁。
② 《周書》卷二八《賀若敦傳》，第476頁。
③ 《周書》卷四〇《王軌傳》，第713頁。

大象二年(580),尉遲迥起兵反抗楊堅,成爲關隴集團劇變的直接契機,當時的尉遲迥得到了以鄴城爲核心的關東地區貴族的支持,還有王謙、司馬消難等人的回應。楊堅得以平定尉遲迥叛亂,則離不開關隴集團中鮮卑貴族的支持,當時的賀若誼被拜爲亳州總管,爲楊堅平定尉遲迥叛亂立下了功勞,"西遏司馬消難,東拒尉迥",①讓司馬消難和尉遲迥兩方勢力無法連成一片,後來申州刺史李慧謀反,賀若誼奉命征討,得勝後進爵爲范陽郡公,授上大將軍。前文也提到,賀若突厥的堂兄賀若弼被隋文帝拜爲吴州總管,在開皇九年(589)隋朝攻打陳朝的戰役中立下大功,擊敗陳軍,收復江南地區,讓隋文帝得以成功統一全國。這件事,不僅對隋朝來說是一次重要轉捩點,也是賀若家族更上一層臺階的重要契機,賀若弼擊破陳國後,楊堅親自迎接他,"命登御座,賜物八千段,加位上柱國,進爵宋國公,真食襄邑三千户……又賜陳叔寶妹爲妾,拜右領軍大將軍,尋轉右武侯大將軍。弼時貴盛,位望隆重……弼家珍玩不可勝計,婢妾曳綺羅者數百,時人榮之"。② 由誌文可知,賀若突厥改嫁獨孤羅也是在開皇九年,而獨孤羅是隋文帝的妻兄。因此,這次婚姻也屬於隋文帝對賀若氏一族的恩賜和犒賞。

　　当時的獨孤家族亦屬關隴集團,獨孤氏崛起於北魏末年的六鎮起義,先祖伏留屯與魏俱起,獨孤信之祖父俟尼在北魏和平年間自雲中遷鎮武川,成爲北鎮的鎮將之一,獨孤信武將出身,累晉武衛將軍、衛大將軍、驃騎大將軍,同時,通過與周、隋皇室的聯姻,使獨孤氏成爲新一代關隴集團的領軍氏族,且相比於其他氏族,獨孤氏又有一重隋室外戚的身份,其政治地位可見一斑。因此,賀若突厥與獨孤羅的第二次婚姻,也是關隴集團鮮卑貴族内部聯姻以求地位穩固的表現。

　　此外,前文提到,賀若敦曾跟隨獨孤信征戰洛陽,故兩個家族之間應有相當的私交情誼,這應當也是賀若突厥選擇獨孤羅作爲聯姻對象的原因之一。

　　賀若突厥的兩次婚姻,都離不開關隴集團勢力擴張、聯合的因素,無論是宇文盛還是獨孤羅,賀若突厥這兩次婚姻均給予了賀若氏家族在周、隋政治場上進一步穩定的籌碼,這在極大程度上保證了賀若家族跨越周、隋、唐三代的榮華富貴。而對於賀若突厥個人來説,這兩次婚姻都與政局上的考量息息相關,反倒忽略了她作爲婚姻主角之一的情感因素,她與越王宇文盛的結合,起自周武帝和宇文護的政治鬥争,又在楊堅代周立隋的政變中以血腥的方式被殘忍地割裂,丈夫與五個兒子皆死於非命,而她本人無權選擇,只能緊緊依靠家族的力量,這其中亦體現了傳統社會中個人情感在政治大勢面前的無力和渺小。

---

① 《隋書》卷三九《賀若誼傳》,第1160頁。
② 《隋書》卷五二《賀若弼傳》,第1354頁。

後來獨孤武都在河陽先後降於李密和王世充，賀若突厥不顧當時的戰亂，也要遠赴千里前往武都的身邊，或許也有第一次婚姻五個兒子的悲慘結局帶給她的餘悸未消。王朝的政治局勢對於這樣一名貴族女性個人經歷與選擇的影響，亦引人深思與遐想。

【作者簡介】邱荻，陝西省社會科學院古籍整理研究所研究實習員，主要從事石刻文獻學、秦漢史研究。

唐裴子餘墓誌及相關問題考釋

王 偉　杜維玲

《裴子餘墓誌》記載裴子餘天寶四載(745)十月二十五日葬。誌石邊長九十釐米，滿行四十字。誌文爲楷體。青石質、方形、盝頂形蓋。蓋四刹刻十二生肖和纏枝花卉紋飾，中心篆書"裴公墓誌"四字。墓誌藏於洛陽漢畫藝術博物館，原文收録於毛陽光主編《洛陽流散唐代墓誌彙編續編録文(修正版)》，該書尚未出版。毛陽光主編《洛陽流散唐代墓誌彙編續集》①亦收録原文。墓誌由唐代詩人賀知章撰文并書丹，裴子餘弟裴耀卿，外甥唐代著名史學家韋述撰銘，一方墓誌，三人合作，實爲罕見。唐代名家撰寫墓誌現象雖頗爲普遍，但裴子餘墓誌是目前少見一方由賀知章撰文并書丹的墓誌，具有很高的歷史與書法價值。

墓主裴子餘屬於南來吴裴支，這一支中的裴叔業支發展迅速，尤其是裴耀卿兄弟幾人，在文學與仕宦上都有自己的成就。涉及裴子餘家族世系與文學研究有：《唐代河東裴氏與文學》采用計量統計的方法，整理河東裴氏文學創作的相關資料，其中包括南來吴裴支。②《河東裴氏世系補正與研究》通過《唐故朝議郎檢校尚書工部員外郎兼潞府大都督府司馬賜緋魚袋河東裴公(士安)墓誌銘》《故右司禦帥府録事參軍裴君(衡)墓誌銘并叙》《唐故河南府潁陽縣尉裴府君(鼎)墓方石文》三方墓誌對裴守真一支家族世系進行補全。③《裴子餘墓誌》可進一步補全裴守真的世系，同時這方墓誌可以瞭解賀知章、裴耀卿、韋述的文學創作與文人之間的交往。

---

* 本文爲國家社科基金重大項目"新出土墓誌與隋唐家族文學文獻整理與研究"(項目編號：21&ZD270)階段性成果。

① 毛陽光主編：《洛陽流散唐代墓誌彙編續集·唐故銀青光禄大夫冀州刺史歧王府長史裴府君墓誌銘并序》，北京：國家圖書館出版社，2018年，第334—335頁。中華石刻數據庫收録拓片與録文。

② 邰三親：《唐代河東裴氏與文學》，西北大學博士論文，2011年。

③ 李帥：《河東裴氏世系補正與研究》，山西師範大學碩士論文，2019年。

一、《裴子餘墓誌》文字釋録

誌蓋篆書：裴孝公誌
唐故銀青光禄大夫冀州刺史歧王府長史裴府君墓誌銘并序

府君諱子餘，字冬卿，河東絳人。自伯益虞佐，裴侯秦族。祗尼先德，烏弈時範。十三世祖徽，冀州刺史，詳諸簡牒。曾祖正，隋長平郡贊持。祖耷，洛南、鄭二縣令。父守真，太常博士、成寧二州刺史，贈晉州刺史。深學至行，禮樂攸宗。君積慶德門，生而敏惠。孩貌之日，偏喪所恃，遂驚悸啼號，如有潛感。親黨悲念，目曰孝童。奉繼親柳夫人孝心純至，及晉州府君薨。柴毀骨立，哀動行路。諸季尚幼，躬備勤儉。勵節恂誘，并成良器。初，晉州府君養寡姊，撫孤侄，友睦聞於朝廷。府君繼承先志，不隕舊德。年十八，經儒之譽，見推州里。無何觀國，遂登甲科。仕歷高平主簿、唐安鄠明堂三尉、詹府司直、監察御史。巡察山南，黜陟舉措，徽聲允塞。以外累出爲解令，以政最入爲侍御史、户部員外郎。丁繼親憂，哀毀如昔。服闋，除駕部郎，以季弟同省，轉太子中舍人，擢拜給事中。綸言褒异，知弘文館事，除太府少卿，加銀青光禄大夫。出牧冀州，惠化流衍。轉歧王府長史，府王深禮而朝論稱屈。嗚呼！天不與善，殲我良朋。以開元十四年歲次景寅正月七日遘疾終於河南之歸德里第，春秋六十有三。府君内剛外柔，詞秀行束。坦而會道，不干物以邀譽；虚而無忤，必喪我以歸和。孝友以理家，清貞以奉國。所歷一十五政，在任四十餘年，終始不渝，曾靡繢磷。僕以不佞，聯事省闥，雖未窺奥密，而游泳清瀾。嗚呼！人之云亡，邦國殄悴。歿而不朽，歸夫故實。太常累行，定謚曰孝，君子尚之。以其年三月六日權窆于河南委粟鄉之原，禮也。郊坰春暮，惟英已落，陰烟曉合，時鳥猶喧。奈何故人，處順歸本。有子泳崩心孺慕，泣血如疑。弟同州司法巨卿、濟州刺史耀卿等痛深同氣，托題遺範。銘曰：

靈河自天，千里一曲。世積歆鼎，君其温玉。黄中則通，白華不□。一簣爰始，三冬已足。其一。京華迺劇，清白斯歸。執簡霜暑，然爐粉闈。苟陳載睦，棠棣相輝。豈伊國寶，寔渭家肥。其二。煌煌德祖，冀州是牧。烏弈伊人，十世而復。幨帷可想，城池在目。鄭結遺愛，荆聞巷哭。其三。幽山有材，長阪有蘭。既貞而馥，戀彼王官。吾子恬憺，神和體安。蘭桂無絶，斯人永嘆。其四。伊瀍春暮，極目千里。共悲徙壑，誰忘逝水。曷言會葬，爰啻投誄。人謂不忘，期君有子。其五。

公季弟左右僕射、文獻公作牧之歲，重爲記曰：公諱子餘，字冬卿。代居河東聞喜。十三代祖魏冀州刺史徽，七代祖後魏豫州刺史、蘭陵公叔業，考成寧二州刺史、贈晉州刺史諱守真。盛名美德，史牒詳載。公弱冠明經，踐劇四邑，曰高平、唐安、鄠、明堂，更司直，間解令,左監察,右侍御,户、駕二曹郎,侍春闈,統文館,給事東掖,亞卿泉府。加紫紱,牧冀方。入爲歧王長史。歷任一十五,享年六十三。秉心砥行,終始惟一。天才海學,寓縣推高。開元十四年正月七日遘疾終東都私第。太常考行,謚曰孝公,三月六日厝于兹地。先塋在絳,故夫人早世,假葬咸秦,合祔九京,時惟未可。嗣子泳遺息僅全,男將冠而未成,女方笄而永棄。怡顏在矚而無見,德音聆耳而不聞。遐圖令範,此焉長絕。禮部侍郎賀知章,當朝碩彥,知音之友。勒銘操翰,以旌休烈。次弟濟州刺史耀卿痛深陵谷,敢題此記。

公之甥太僕少卿韋述方爲史臣,又叙銘曰:唐故冀州刺史、銀青光祿大夫、歧王府長史裴孝公,以開元十四年正月薨於東都之歸德里。時以龜筮未從之故,權厝於伊水之南原。夫人京兆韋氏,平齊公頊之玄孫,鳳州刺史仁爽之女。以開元三年終於京城之大寧里,假葬萬年之東郊。公之門風世德,芳猷茂範,夫人之清規淑問,婦道母儀,舊誌言之各已詳矣。公之平生常以故鄉爲念,每謂諸弟曰:歸全護没,從先人於九原,則吾願畢矣。初喪未暇,遂闕斯禮。俄而嗣子泳仕爲奉禮郎,早世無禄,自兹累載,竟未克就。尚書左右僕射、趙城文獻公即公之第三弟也。以天寶二年歸祔鄉邑,遺孤感慕,勉成先志。少子閿鄉縣主簿穎、弘文明經導,皆始孩而孤,能自砥礪。纔登弱冠,并履官序。銜疚追遠,豈忘夙夜。乃與長姊金城令韋漸妻,次贈秘書少監王仲丘妻及薛氏、盧氏二妹,虔奉二櫬,遷合於稷山先塋之側,式遵理命,無負宿心。冀幽靈之永安。將日月而無極。重爲銘曰:

河汾之奧,積世故里。平生素懷,願歸粉梓。蓍蔡未葉,年將二紀。我有稚子,克成斯旨。歲月雖謝,音徽未弭。載刊寡詞,以永厥美。

大唐天寶四載歲次乙酉十月乙酉朔廿五日己酉建

二、墓主裴子餘家世與生平

裴子餘屬於南來吴裴一支,《舊唐書》卷一百八十八"孝友傳"、《新唐書》卷一百二十九有傳。裴子餘以詞學知名。墓誌與史書中大量宣揚了墓主的孝行,以孝聞名於當時,賜號"孝公"。

(一) 裴子餘家族世系考補

裴子餘墓誌記其十三世祖徽、七世祖叔業、曾祖正、祖尊、父守真、弟巨卿、耀卿以及子泳、穎等。裴子餘《舊唐書》《新唐書》有傳。其弟裴耀卿官至尚書左右僕射,玄宗朝宰相,《新唐書》《舊唐書》均有傳。根據《裴子餘墓誌》,另有《裴耀卿德政碑》《裴耀卿墓誌》、裴耀卿之子《裴士安墓誌》等諸多材料相印證，結合《新唐書·宰相世系表》中所列河東裴氏三眷五房中的裴子餘支，可知裴子餘屬南來吳裴叔業支，其世系如下圖：

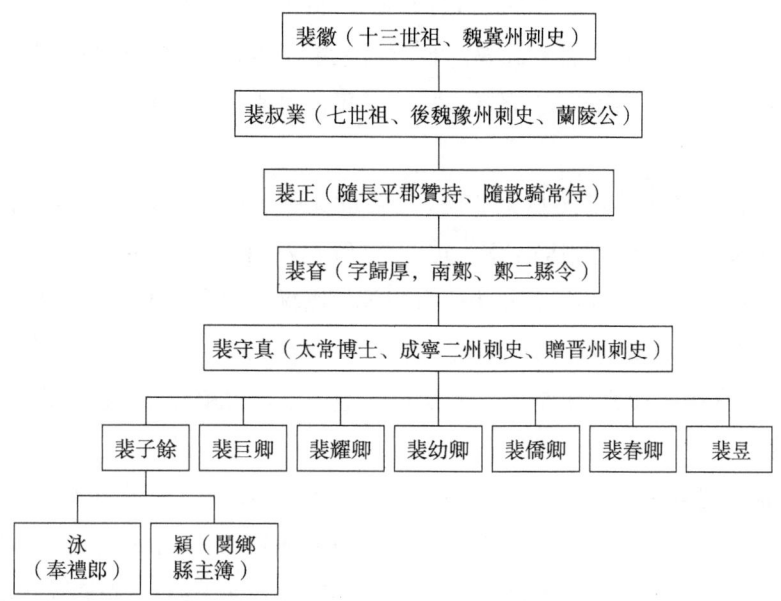

墓主的父親裴守真，《舊唐書》卷一百八十八、《新唐書》卷一百二十九有傳，均記載有"裴守真，絳州稷山人也。後魏冀州刺史叔業六世孫也。父昚，大業中爲淮南郡戶户"。① 根據《裴子餘墓誌》記載"十三代祖魏冀州刺史徽，七代祖後魏豫州刺史、蘭陵公叔業，考成寧二州刺史、贈晋州刺史諱守真"，魏冀州刺史應該是十三世祖裴徽的官職，裴叔業的官職是後魏豫州刺史、蘭陵公。裴昚，隋大業年間爲淮安司户參軍，墓誌與《新唐書·宰相世系表》均記載裴昚爲洛南、鄲二縣令。

裴守真名字有多種版本，《唐代墓誌彙編》貞元　五六柳寥撰《唐故太子司議郎盧（寂）府君墓誌銘》（貞元九年十月二十六日立石）云："夫人河東裴氏，祖守忠，寧州刺史。父子餘，銀青光禄大夫給事中、冀州刺史。"② 裴守真記爲守忠。大曆十一年七月二十四日立石《唐故朝議郎檢校尚書工部員外郎兼潞州大都督府司馬賜緋魚袋河東裴公（士安）墓誌銘》"公諱士安，字孝寧，河東聞喜人也。曾祖昚，皇亳州鄲縣令。王父守忠，皇寧州刺史，贈户部尚書。父考耀卿，皇侍中、尚書左右僕射，贈司空，謚文獻"，③ 祖父名爲裴守忠，撰者署

---

① 劉昫等撰：《舊唐書》卷一八八《裴守真傳》，北京：中華書局，1975年，第4924頁。
② 吳鋼主編：《全唐文補遺》（第六輯），西安：三秦出版社，1999年，第107—108頁。
③ 毛陽光主編：《洛陽流散唐代墓誌彙編續集·唐故朝議郎檢校尚書工部員外郎兼潞州大都督府司馬賜緋魚袋河東裴公墓誌銘》，北京：國家圖書館出版社，2018年，第430—431頁。

名"子婿外甥將仕郎前行宣州涇縣尉韋成季撰"。《全唐文補遺》(第六輯)收錄墓主從祖兄右諫議大夫裴佶撰《故右司御率府録事參軍裴君(衡)墓誌銘并叙》:"君諱衡,字衡,河東聞喜人也……曾祖,寧州刺史,贈户部尚書府君諱守真;大父,給事中、冀州刺史,謚孝侯府君□子餘;烈考,常州録事參軍府君諱導。君常州之嗣子也。"①記爲"裴守真"。趙超在《新唐書宰相世系表集校》中猜測"守真"改爲"守忠"可能是避諱的原因導致,具體原因有待其他資料印證。

在兩《唐書》本傳,《全唐文》《全唐詩》等傳世文獻記載多作裴守真,亦有作裴守貞。《登科記考》記載"裴守貞"②是唐高宗上元二年(674)及第。《唐會要》卷七《封禪》記載永淳二年(683),唐高宗"下詔將以其年十一月封禪於嵩嶽。詔國子司業李行偉、考功員外郎賈大隱、太常博士韋叔夏、裴守貞、輔抱素等詳定儀注"。③《舊唐書·經籍志上》《新唐書·藝文志二》有裴守真撰寫《神嶽封禪儀注》十卷、《裴氏家牒》二十卷,不過《舊唐書·經籍志》中的裴守真記載爲"裴守貞"。④《全唐文補編》卷三三有崔沔撰《贈兖州都督裴守真碑》言"曾祖景。周富平令。祖正。長平郡贊持。考眘。鄭令"。⑤ 宋代文人張耒有《裴守真論》記載爲裴守真。⑥ 裴守真詩文作品有:《全唐文》卷一百六十八存《請重耕織表》《封禪射牲議》《論立對破陣善慶二舞議》文三篇。《全唐詩》卷四十四存《奉和太子納妃太平公主出降》詩三首,《唐詩紀事校箋》亦記載此詩。《全唐文補遺》(第一輯)有貞觀廿三年會昌寺僧釋善感撰,河東聞喜裴守真書《大唐故上柱國内給事李君(潛)之碑》。暫將裴子餘父親的名字記作裴守真,以待後續的更多出土文獻證明。

裴守真有子七人,《新唐書·宰相世系表》中有"子餘、巨卿、耀卿、幼卿、僑卿、春卿、昱",⑦《裴子餘墓誌》中出現巨卿與耀卿二人。《舊唐書·裴守真傳》:"子餘居官清儉,友愛諸兄弟。兄弟六人,皆有志行。次弟巨卿,衛尉卿;耀卿,别有傳。"⑧因此可知,裴子餘弟中有一名巨卿,爲衛尉卿。而據《新唐書·裴耀卿傳》:"裴耀卿字焕之,寧州刺史守真次子也。"⑨按墓誌與《舊唐書》,裴耀卿應該爲裴守真第三子,《裴子餘墓誌》記載"尚書左右僕射、趙城文獻公即公之第三弟也。以天寶二年歸祔鄉邑,遺孤感慕,勉成先志",誌文中

---

① 吴鋼主編:《全唐文補遺》(第六輯),第110—111頁。
② 徐松撰;趙守儼點校:《登科記考》卷二,北京:中華書局,1984年,第65頁。
③ 王溥撰:《唐會要》卷七,北京:中華書局,1960年,第102頁。
④ 劉昫等撰:《舊唐書》卷四六《經籍上》,第2009、2013頁。
⑤ 陳尚君輯校:《全唐文補編》卷三三,北京:中華書局,2005年,第395頁。
⑥ 張耒撰;李逸安等點校:《張耒集》卷四一,北京:中華書局,1990年,第674頁。
⑦ 歐陽修、宋祁撰:《新唐書》卷七一上《宰相世系一上》,北京:中華書局,1975年,第2199頁。
⑧ 劉昫等撰:《舊唐書》卷一八八《裴守真傳》,第4926頁。
⑨ 《新唐書》卷一二〇七《裴耀卿傳》,第4452頁。

"尚書左右僕射、趙城文獻公"指的是裴耀卿,於天寶二年(743)歸祔於絳州稷山縣,《舊唐書·裴耀卿傳》有"裴耀卿,贈戶部尚書守真子也……天寶元年,改爲尚書右僕射,尋轉左僕射。一歲薨,年六十三",①裴耀卿天寶二年卒。《全唐文》卷四百七十九《唐故侍中尚書右僕射贈司空文獻公裴公神道碑銘并序》:"以天寶三載七月十八闕十九字震悼罷朝。贈太子太傅。謚曰文獻。以其年十月。歸葬絳州稷山縣姑射山之陽尚書府君塋東四里。"②記爲天寶三載卒,誤記。

(二) 裴子餘生平仕宦

裴子餘,《舊唐書》卷一百八十八"孝友"、《新唐書》卷一百二十九有傳,新出《裴子餘墓誌》可以補史書記載之缺。詩文作品有:《全唐文》卷二百七十有《廢隱太子等四廟議》《嗣濮王犯贓請免死議》文兩篇。

裴耀卿撰寫墓誌記載裴子餘"年十八,經儒之譽,見推州里。無何觀國,遂登甲科",賀知章記載"弱冠明經"及第,史書亦記載舉明經。按墓主開元十四年(726)卒,享年六十三,其十八歲在唐高宗李治永隆二年(681),弱冠當爲唐高宗永淳二年,可補《登科記考》記載。永淳二年十一月,高宗封禪於嵩嶽,有裴守真撰寫《神嶽封禪儀注》十卷。

《裴子餘墓誌》記載及第之後經歷高平主簿、唐安縣尉、鄠縣尉、明堂縣尉、詹府司直、監察御史。裴子餘任監察御史時,與趙履溫辯論過,《舊唐書·裴子餘傳》記載:"景龍中,爲左臺監察御史。時涇、岐二州有隋代蕃户子孫數千家,司農卿趙履溫奏,悉没爲官户奴婢,仍充賜口,以給貴幸。子餘以爲官户承恩,始爲蕃户,又是子孫,不可抑之爲賤,奏劾其事。時履溫依附宗楚客等,與子餘廷對曲直。子餘詞色不撓,履溫等詞屈,從子餘奏爲定。"③墓誌記載此事較爲簡單,"巡察山南,黜陟舉措,徽聲允塞",其後官至侍御史、戶部員外郎。

《裴子餘墓誌》記載:"丁繼親憂,哀毀如昔。服闋,除駕部郎,以季弟同省,轉太子中舍人,擢拜給事中。綸言褒異,知弘文館事,除太府少卿,加銀青光禄大夫。出牧冀州,惠化流衍。轉歧王府長史,府王深禮而朝論稱屈。"④繼母柳氏喪,服闋後,任駕部郎中,後轉太子中舍人,拜官給事中,任弘文館事,又任太府少卿、冀州刺史,最後擔任歧王府長史。"歧

---

① 《舊唐書》卷九八《裴耀卿傳》,第 3083 頁。
② 董誥等編:《全唐文》卷四七九《許孟容》,北京:中華書局,1983 年,第 4900 頁。
③ 《舊唐書》卷一八八《裴子餘傳》,第 4926 頁。
④ 《洛陽流散唐代墓誌彙編續集》,第 334 頁。

王府長史",唐朝李範、李珍、李茂貞均曾獲封岐王,根據裴子餘之年齡與履歷,此岐王當爲李範。李範,原名李隆範,唐睿宗第四子,唐睿宗景雲元年(710)獲此封號。《舊唐書·裴子餘傳》云:"開元初,累遷冀州刺史,政存寬惠,人吏稱之。又爲岐王府長史,加銀青光禄大夫。"①裴子餘的七世祖裴叔業也擔任過冀州刺史,《舊唐書·裴耀卿傳》記載開元十三年之後也擔任過冀州刺史,冀州屬於河北道,雄州,《舊唐書·地理二》有"龍朔二年,改爲冀州大都督府,以冀王爲都督,管冀、貝、德、相、棣、滄、魏七州"。② 開元十四年(726),裴子餘終於河南之歸德里第,春秋六十有三。

《裴子餘墓誌》中大量宣揚了裴守真與墓主的孝行,裴子餘以孝聞名於當時,墓誌與史書載賜號"孝公",其孝行深受父親裴守真之言傳身教。墓誌記載:"君積慶德門,生而敏惠。孩齔之日,偏喪所怙,遂驚悌啼號,如有潛感。親黨悲念,目曰孝童。奉繼親柳夫人孝心純至,及晉州府君薨。柴毁骨立,哀動行路。諸季尚幼,躬備勤儉。勵節恂誘,并成良器。初,晉州府君養寡姊,撫孤侄,友睦聞於朝廷。府君繼承先志,不隕舊德。"裴子餘深受父親影響,加之自身禮法修養頗深,所以誌文云"府君繼承先志,不隕舊德","奉繼親柳夫人孝心純至",并在父親去世後,撫養教育年幼的弟弟們。宋代林同《賢者之孝二百四十首其二一三·裴子餘》:"直以孝爲謐,真無愧比心。可憐張説嘆,知得子餘深。"③

《裴子餘墓誌》云"君積慶德門,生而敏惠……年十八,經儒之譽,見推州里"。時人將他與同朝爲官的李朝隱和程行湛并稱。李朝隱和程興湛以文法著稱,裴子餘則以詞法知名。《舊唐書·裴子餘傳》記載當時有人問雍州長史陳崇業,子餘與朝隱、行湛優劣,陳崇業曰:"譬如春蘭秋菊,俱不可廢也。"④李朝隱,《舊唐書》卷一百、《新唐書》卷一百二十九有傳,《全唐文》卷二百三十六有文五篇,爲官正直。

(三) 夫人韋氏

《裴子餘墓誌》記載其妻韋氏:"夫人京兆韋氏,平齊公瑱之玄孫,鳳州刺史仁爽之女。以開元三年終於京城之大寧里,假葬萬年之東郊。公之門風世德,芳猷茂範,夫人之清規淑問,婦道母儀,舊誌言之各已詳矣。"夫人出自於京兆韋氏,韋瑱的玄孫,韋仁爽之女,這一支屬於西眷韋氏,後續發展并不如其他幾支。韋瑱,《周書》卷三十九、《北史》卷六十四有傳記。《韋瑱墓誌》,唐垂拱四年(688)刻,誌題"唐故宣議郎行邛州火井縣丞驍騎尉韋府

---

① ④ 《舊唐書》卷一八八《裴子餘傳》,第4926頁。
② 《舊唐書》卷三九《地理二》,第1493頁。
③ 《江湖小集》卷九五,清文淵閣《四庫全書》補配清文津閣《四庫全書》本。

君□□□并序",①現藏長安博物館,《長安新出墓誌》著錄原文。《韋瑱妻杜氏墓誌》,武周長安二年(702)刻。誌文楷書二十一行,滿行二十一字。誌題"唐故邛州火井縣丞韋君夫人杜氏墓誌銘并序",②記載墓主家世,現藏長安博物館,《長安新出墓誌》著錄原文。韋氏於開元三年終於京城大寧里,大寧里在唐代屬於萬年縣黃臺鄉(即今西安東郊)。據《舊唐書》卷一百一十八《元載傳》有"遣中官於萬年縣界黃臺鄉毀載祖及父母墳墓,斬棺棄柩,及私廟木主"一語,③可知唐代萬年縣確有黃臺鄉。

墓誌撰者韋述屬於唐代京兆韋氏家族鄖城公房,韋述的母親出身於河東裴氏南來吳裴支,是裴守真的女兒,即墓主裴子餘的姊妹,故在墓誌中稱韋述與裴子餘爲甥舅關係。

三、墓誌撰者研究

《裴子餘墓誌》分三部分:第一部分爲開元十四年(726)裴子餘死後下葬時其弟巨卿和耀卿邀請裴子餘好友賀知章撰文并書丹。第二部分爲裴耀卿任地方官(誌文稱"作牧之歲")時爲紀念裴子餘而寫的後記。第三部分是天寶四載(745)裴子餘及妻韋氏遷葬於稷山先塋時,其外甥唐代著名史學家韋述再次記銘。因此本方墓誌一共有三位撰者,分別是裴耀卿、好友賀知章、外甥韋述。

(一) 賀知章書法作品輯略

賀知章,《舊唐書》卷一百九十《文苑中》、《新唐書》卷一百九十六《隱逸》有傳。詩歌見《賀知章包融張旭張若虛詩注》,賀知章與張若虛、張旭、包融并稱"吳中四士"。《全唐詩》卷一一二存詩十九首。《全唐文補編》卷三五有《龍瑞宮山界至記》《參定南郊大禮奏題擬》文兩篇,墓誌《大唐故中散大夫尚書比部郎中鄭公墓誌銘并序》一方,墓主鄭績。《新唐書·藝文志三》有開元中張孝嵩出塞,張九齡、韓休、崔沔、王翰、胡皓、賀知章所撰送行歌詩,《朝英集》三卷。《通志·藝文略》載賀知章撰《會稽洞記》一卷,《賀知章入道表》一卷。目前出土賀知章撰寫墓誌一共有十一方,相關研究可參考虞越溪《新出石刻與賀知章研究

---

① 西安市長安博物館編:《長安新出墓誌》,北京:文物出版社,2011年,第123頁。
② 《長安新出墓誌》,第133頁。
③ 《舊唐書》卷一一八《元載傳》,第3414頁。

綜述》,①虞越溪、胡可先《新出資料與賀知章文學研究》等。②

《舊唐書》卷一百九十《文苑中》:"又善草隸書,好事者供其箋翰,每紙不過數十字,共傳寶之。"③《唐詩紀事校箋·郎餘令》"餘令善畫,唐秘書省内落星石,薛稷畫鶴,賀知章草書,餘令鳳,相傳爲四絶。元和中,韓公武爲校書郎,挾彈中鶴一眼,乃謂之五絶。"④《麟臺故事校證》卷五:"李至上表,引唐秘書省有薛稷畫鶴、郎餘令畫鳳、賀知章草書,當時目爲三絶。"⑤《宣和書譜》卷第十八《草書·賀知章》:"今御府所藏草書一十有二:孝經二、洛陽賦上下二、胡桃帖、上日等帖二、千文五。"⑥據上述文獻可知賀知章除了詩文出名,書法作品也很珍貴,尤擅草隸,他的墨迹留傳很少,現存作品有紹興城東南宛委山南坡飛來石上的《龍瑞宫記》刻石和流傳到日本的《孝經》草書,是研究賀知章書法藝術的難得資料。《裴子餘墓誌》記載"禮部侍郎賀知章,當朝碩彦,知音之友。勒銘操翰,以旌休烈",通過該墓誌亦可以研究賀知章書法特點。

(二) 裴耀卿詩文作品輯略

裴耀卿,生平見新、舊《唐書》本傳,孫逖《唐濟州刺史裴公德政碑》,王維《裴僕射濟州遺愛碑》,許孟容撰《唐故侍中尚書右僕射贈司空文獻公裴公神道碑銘并序》。裴耀卿能詩文,《全唐詩》卷一百十三存詩《敬酬張九齡當塗界留贈之作》《酬張九齡使風見示》兩首。《舊唐書》卷九十九《張九齡傳》:"時侍中裴耀卿、禮部尚書李林甫與九齡同在相位,九齡以詞學進,入視草翰林,又爲中書令,甚承恩顧。耀卿與九齡素善,林甫巧密,知九齡方承恩遇,善事之,意未相與。"⑦張九齡與裴耀卿爲好友。

《全唐文》卷二百九十七有文十四篇,包括表四篇、奏四篇、疏四篇、議一篇,《太子賓客贈太子太師竇希球神道碑》一方。《全唐文·唐文拾遺》有《營田奏》一篇。《全唐文補編》卷三五有《請於河口置倉奏》《對詔問救人之術》《征契丹凱旋奏》《請以講讀經子付史官奏》四篇。作爲一名政治家,裴耀卿所撰文多爲"奏議"文。《新唐書·藝文志》記載裴耀卿還爲他人編寫文集《崔液集》。《裴子餘墓誌》記載"公季弟左右僕射、文獻公作牧之歲,重爲

---

① 虞越溪:《新出石刻與賀知章研究綜述》,《中國詩歌研究動態》2015年第2期,第33—43頁。
② 虞越溪、胡可先:《新出資料與賀知章文學研究》,《國學》2019年第1期,第274—307頁。
③ 《舊唐書》卷一九〇《文苑中》,第5034頁。
④ 計有功撰,王仲鏞校箋:《唐詩紀事校箋》卷七,北京:中華書局,2007年,第211頁。
⑤ 程俱撰,張富祥校證:《麟臺故事校證》卷五,北京:中華書局,2000年,第191頁。
⑥ 佚名著,王群栗點校:《宣和書譜》卷一八,杭州:浙江人民美術出版社,2019年,第164頁。
⑦ 《舊唐書》卷九九《張九齡傳》,第3105頁。

記曰",裴耀卿是裴子餘之弟,對於墓主的生平瞭解詳細,但是墓誌受篇幅限制記載簡略。

(三)史學家韋述墓誌作品輯考

墓誌撰文者韋述,唐代著名史學家,《舊唐書》卷一百二、《新唐書》卷一百三十二有傳。父韋景駿,房州刺史。韋述家富於藏書,有二千多卷,舉進士後,"祕書監馬懷素受詔編次圖書,乃奏用左散騎常侍元行冲、左庶子齊澣、祕書少監王珣、衛尉少卿吴兢并述等二十六人,同於祕閣詳録四部書。懷素尋卒,行冲代掌其事,五年而成,其總目二百卷。述好譜學,祕閣中見常侍柳冲先撰姓族系録二百卷,述於分課之外手自抄録,暮則懷歸。如是周歲,寫録皆畢,百氏源流,轉益詳悉。乃於柳録之中,别撰成開元譜二十卷"。①《新唐書·藝文志》記載韋述參與編纂的史書有《唐書》一百三十卷、《唐春秋》三十卷、《高宗實録》三十卷、《六典》三十卷、《御史臺記》十卷、《東封記》一卷、《唐集賢書目》一卷、《群書四録》二百卷、《開元譜》二十卷、《兩京新記》五卷。子部類書有《初學記》三十卷。《通志·藝文略》在《新唐書·藝文志》基礎上增加《大唐十四家貴族》一卷、《國朝宰相甲族》一卷、《百家類例》三卷。《文獻通考·經籍考》對於相關書目記載更爲詳細。

目前出土韋述撰墓誌有十一方,按書寫時間順序排列分别是《唐故夔州都督府司馬薛府君(重明)墓誌銘》《大唐故鎮軍大將軍行右驍衛大將軍上柱國岳陽郡開國公范公(安及)墓誌銘并序》②《唐故侍中贈太師裴公夫人武氏墓誌銘并序》《唐故銀青光禄大夫冀州刺史歧王府長史裴府君(子餘)墓誌銘并序》《大唐故少府監范陽縣伯張公(去奢)墓誌銘并序》③《唐故臨汝郡太守桂陽郡司馬蘭陵蕭府君(諒)墓誌銘并序》《大唐故中散大夫使持節新定郡諸軍事守新定郡太守上柱國張君(子漸)墓誌銘并序》④《大唐故壯武將軍守左威衛大將軍兼五原太守郭府君(英奇)墓誌銘并序》《唐故給事中宜春郡司馬廣陽子張府君(垍)墓誌銘并序》《大唐故正議大夫行儀王傅上柱國奉明縣開國子賜紫金魚袋京兆韋府君(濟)墓誌銘并序》《大唐故壽光公主墓誌銘并序》。

這些墓誌可以按與韋述有無親緣關係分爲兩大類,一類是與韋述有親緣關係,如韋濟、蕭諒、裴光庭妻武氏、裴子餘四方墓誌。天寶四載正月廿六日《裴光庭妻武氏墓誌》撰

---

① 《舊唐書》卷一〇二《韋述傳》,第3183頁。
② 相關研究參考王永平:《朝官還是宦官——唐代〈范安及墓誌銘〉研究》,《唐史論叢》(第二十九輯),西安:三秦出版社,2019年,第363—375頁;賀忠輝:《唐墓誌書法的再認識》,《碑林集刊》,西安:陝西人民美術出版社,2000年,第130—137頁。將《范安及墓誌》歸爲楷書書法中"初唐四家"一類,"初唐四家"指的是歐陽詢、虞世南、褚遂良、薛稷。
③ 吴鋼主編:《全唐文補遺》(第三輯),西安:三秦出版社,1996年,第69—70頁。
④ 劉强:《新見韋述撰唐代張子漸墓誌考釋》,《文博》2016年第2期,第73—77頁。

者題署"從外孫太僕少卿知史官集賢院學士韋述撰,族子起居郎僑卿書",①韋述與裴氏之間的關係,裴耀卿是韋述之舅,而墓誌的書丹者裴僑卿,爲裴耀卿之弟,二人都出自南來吴裴,與出身中眷裴的裴光庭并非同支。天寶七載三月二十六日立石《唐故臨汝郡太守桂陽郡司馬蘭陵蕭府君(諒)墓誌銘并序》,墓誌撰者署名"左庶子集賢院學士修國史韋述撰,子前武陵郡龍陽縣尉員外置直書",②墓主蕭諒與其兄蕭誠是盛唐時代較爲知名的書法家,墓主從政之暇,注《老子》兩卷。蕭諒的妻子韋氏是坊州刺史餘慶之孫、房州刺史、奉先令景駿之女,韋景駿正是韋述之父。天寶十三載閏十一月十一日立石《韋濟墓誌》撰者署名"族叔銀青光禄大夫、行工部侍郎述撰,外甥、扶風郡參軍裴叔猷書",③墓誌文章字句流暢條理清晰,其内容補充了史書之不足,體現了韋述作爲史學家撰寫墓誌的特點。

另一類則是與韋述没有親緣關係,《薛重明墓誌》撰者署名"起居舍人韋述撰",④墓主薛重明,"河東汾陰人也",爲萬榮薛氏西祖薛瑚房薛芳支之後,他曾經出入唐代名將郭知運及唐代宰相陸象先幕府,并深受器重。《范安及墓誌》撰者署名"大中大夫、守國子司業、集賢院學士知史館事、上柱國韋述撰,朝議郎守榮王友騎都尉楊晋法書",⑤墓主范安及,在神龍政變以及誅滅太平公主集團兩次政治鬥争中站隊正確,從而獲得了光明的仕途,范安及夫人河東裴氏,蜀州長史裴瑗之女。《郭英奇墓誌》撰者署名"銀青光禄大夫、行工部侍郎、集賢院學士、兼知史官事、仍充禮儀使、上柱國、方城縣開國子韋述撰",⑥郭英奇父親郭知運,兩《唐書》有傳記,韋述撰寫墓誌向我們展示了郭知運子郭英奇隨父戰吐蕃,後官至左威衛大將軍兼五原太守,郭氏一家三代均是以軍事立家。《張垍墓誌》撰者署名"銀青光禄大夫、行尚書工部侍郎、集賢院學士、知史官事、方城縣公、上柱國韋述撰,朝議大

---

① 趙振華:《唐裴光庭墓誌與武氏墓誌研究》,《故宫博物院院刊》2016年第1期,第101—113頁。吴雨晴:《墓誌所見唐前期政治變局中的武氏女性——以裴光庭妻武氏墓誌爲中心》,《絲綢之路研究集刊》,北京:社會科學文獻出版社,2021年,第201—212頁。李政云:《新出裴光庭墓誌初探》《唐史論叢》(第二十三輯),西安:三秦出版社,2016年,第229—248頁。
② 趙文成:《秦晋豫新出墓誌搜佚續編》(第三册),北京:國家圖書館出版社,2015年,第758頁。關於這方墓誌研究參考毛陽光:《洛陽出土唐書家蕭諒墓誌及相關問題研究》,《中原文物》2016年第3期,第90—96頁。
③ 吴鋼主編:《全唐文補遺》(第二輯),西安:三秦出版社,1995年,第25—27頁。關於這方墓誌研究參考李陽:《唐〈韋濟墓誌〉考略》《碑林集刊》,西安:陝西人民美術出版社,2000年,第51—54頁)、陳鐵民:《由新發現的韋濟墓誌看杜甫天寶中的行止》,《唐代文學研究》,桂林:廣西師範大學出版社,1994年,第291—296頁)、胡可先:《出土文獻與唐代韋氏文學家族研究》,《文學與文化》2011年第3期,第107—120頁);胡可先:《杜甫與唐代京兆韋氏關係述論》《復旦學報(社會科學版)》2017年第6期,第54—64頁。
④ 劉連通編:《洛陽新獲七朝墓誌》,北京:中華書局,2012年,第192頁。
⑤ 吴鋼主編:《全唐文補遺》(第三輯),西安:三秦出版社,1996年,第66—68頁。
⑥ 吴鋼主編:《全唐文補遺》(第六輯),第83—84頁。關於這方墓誌研究參考王月華,陳根遠:《唐〈郭英奇墓誌〉》《碑林集刊》,第47—50頁)、韓若春:《陝西興平發現唐郭英奇墓誌》《文博》1998年第3期,第72—73頁)。

夫、行尚書、憲部郎中、攝司農少卿、上柱國徐浩書",①墓主張垍,字正平,是唐玄宗朝名相張説幼子也,韋述是張説的下屬、同僚。《壽光公主墓誌》撰者署名"銀青光禄大夫、行太子左庶子、集賢院學士、知史官事韋述撰,太子及諸王侍書、朝議大夫、守國子司業、輕車都尉韓擇木書",②壽光公主的駙馬是太原郭液,韋述作爲史臣撰文,韓擇木是韓愈的叔父。

韋述所撰寫的墓誌文受張説等初盛唐文人的影響,繼承了初盛唐時期文人作品中藴含的獨特文學意識、英雄情懷和時代精神。③ 同時,韋述撰寫的墓誌還體現了其史學家的身份,對於墓主的生平事迹有很詳細的描述。值得注意的是,他撰寫的墓主身份多爲高官貴族,與之後韓愈撰寫墓誌有很大區别。

結　語

《裴子餘墓誌》記載裴子餘出身於河東裴氏中南來吴裴支,娶妻京兆韋氏中西眷韋氏支,其妹嫁京兆韋氏鄖城公房韋景駿。裴子餘明經及第,先後擔任高平主簿、唐安縣尉、鄂縣尉、明堂縣尉、詹府司直、監察御史、侍御史、户部員外郎、駕部郎中、太子中舍人、給事中、弘文館事、太府少卿、冀州刺史、歧王府長史,開元十四年終於河南之歸德里第。賀知章不僅爲墓誌撰文還爲其書丹,藉此墓誌還可分析賀知章的書法。韋述作爲裴子餘的外甥,且是一名史學家,在這方墓誌中并未太多體現其身份特徵,但是總覽韋述撰寫的其他墓誌,受到初盛唐文人的影響。

【作者簡介】王偉,陝西師範大學文學院教授、博士生導師,主要從事唐代文學研究;杜維玲,陝西師範大學文學院碩士研究生。

---

① 《秦晉豫新出墓誌搜佚續編》(第三册),第 816 頁。相關研究參考殷憲:《徐浩書〈唐張垍墓誌〉跋》,《中國書法》2015 年第 15 期,第 196—197 頁;《青少年書法(青年版)》2014 年第 4 期,第 1—8 頁);李沉朋:《徐浩書法研究》,湖南師範大學碩士學位論文,2021 年。

② 郭海文等:《〈大唐故壽光公主墓誌銘并序〉考釋》,《唐史論叢》(第二十輯),西安:三秦出版社,2015 年,第 49—63 頁。相關研究參考鍾善明:《韓擇木隸書再認識》,《書法學刊》(第三輯),北京:商務印書館,2018 年,第 1—14 頁。

③ 王偉:《"正統在我":中古正統建構與文學演進》,《復旦學報》2021 年第 2 期,第 103 頁。

唐楊緘墓誌考釋*

朱麗莉　王慶昱

自北魏孝文帝改革之後，漢族士族崔盧鄭王等山東士族被定爲高門士族，隴西李氏與弘農楊氏也在北魏後期逐漸受到重視，這些漢族高門士族與出自鮮卑的勛貴一起構成了北魏統治的基礎，影響深遠。隴西李氏在北魏馮太后、孝文帝時期，逐漸從地方豪族進入中央。弘農楊氏則在北魏末年逐漸受到重視，"河陰之亂"中楊氏被殺者爲數衆多，這從已經出土的相關墓誌可以得到印證。

隋朝的建立者楊堅也自稱出自弘農楊氏，《新唐書》記載了出自弘農楊氏的幾支的相關情況，在整個唐代，弘農楊氏不僅仕宦顯達，而且在文化上也不次於山東士族。出土墓誌的不斷披露，也爲研究弘農楊氏提供了新的材料。千唐志齋收録有唐代前期楊緘墓誌一方。① 不僅對其家族相關情況有所記載，而且還記載了其仕宦，對於研究唐代士族以及唐代前期政治史等都有積極意義，故而筆者打算從幾個方面對這方墓誌進行考釋。

一、楊緘家族史事考

楊緘出自弘農楊氏，其家族自北魏後期開始顯赫，終東魏北齊、西魏北周乃至隋初唐，其家族仕宦顯達，屬於關隴集團的核心之一。其實關於西晉以後士族的形成，是地域性家族進入一定的政治區域，要有比較持續的爲官時間段，最終才得以形成一個士族家族。② 弘農楊氏在北魏後期開始進入中央，逐漸擺脱地域性豪族身份。而關中地區的地方豪族，很多是直到西魏建立後，才逐漸擺脱地方豪族身份。之前關於北朝以來弘農楊氏的相關

---

*　本文爲2021年國家社科基金重大項目"新出土墓誌與隋唐家族文學文獻整理與研究"（項目編號：21&ZD270）階段性成果。
①　吴鋼主編：《全唐文補遺・千唐志齋新藏專輯》，西安：三秦出版社，2006年，第23—25頁。
②　此文原載《唐研究》第二卷，此據郭鋒：《晉唐士族的郡望與士族等級判定標準》，《唐史與敦煌文獻論稿》，北京：中國社會科學出版社，2002年，第107—126頁。

研究,對於其家族郡望、卒葬地等相關問題都有涉及,此不贅述。①

楊緘家族出自弘農楊氏越公房,從北魏後期到隋唐時期,家族仕宦不斷。《楊緘墓誌》開頭也記載:"公諱緘,字緘,弘農華陰人也。"可知楊緘的名和字一樣,其家族出自弘農華陰。楊緘家族上追至漢代太尉楊震,但是隋唐時期一般記載家族史事,大多只是追溯幾代,大多都是能够到北朝後期,這也説明了歷經"十六國"之後,大部分家族其實很難再追溯至西晉時期,而北魏後期恰恰是大多數北朝士族家族發展的一個重要節點。《楊緘墓誌》也只是追到其曾祖楊儉,誌文載:"曾祖儉,周侍中、驃騎大將軍、開府儀同三司、使持節華雍秦三州諸軍事、雍州刺史、夏陽静公。"楊儉在《周書》有傳,②關於其贈官,《周書》作"東雍華二州諸軍事、驃騎大將軍、開府儀同三司、華州刺史"。不同於誌文載"使持節華雍秦三州諸軍事、雍州刺史",而《楊朏墓誌》載楊儉贈官"贈雍華二州刺史",③結合《周書》來看,《楊緘墓誌》與《楊朏墓誌》記載都有誤,其贈官當爲《周書》載"使持節東雍華二州諸軍事、華州刺史"。而楊儉的謚號也當爲"静",《周書》《楊緘墓誌》都作"静",《楊朏墓誌》作"莊"。④ 楊儉謚號是"静"抑或"莊",如果從謚號看"莊"是好的謚號,"静"就相對差些。而關於楊儉的爲人,《册府元龜》載:"楊儉爲北雍州刺史,與弟寬皆輕薄無行,爲流人所鄙。"⑤故而楊儉的謚號很可能是"静"。

楊儉卒於西魏時期,於時宇文泰在同州設立霸府,西魏文帝在長安,權力掌握在宇文泰的霸府。楊儉的兒子楊文偉,其卒於隋朝,誌文作"楊偉",看其終官,"祖偉,隨驃騎將軍、開府儀同三司、使持節温州刺史、永平公"。《新唐書》作"文偉,隋安、温二州刺史、安平公"⑥,則楊文偉終官爲温州刺史,此前曾擔任過安州刺史,至於《新唐書》載"安平公"則有别於志文"永平公"。楊文偉卒於隋代,而楊緘的父親則仕宦於隋初唐,誌文載:"父積,隨殿内直長、并州陽直令。"誌文作"楊積",《新唐書》作"楊士積",但是没有載其所任職官。⑦則可知《楊緘墓誌》把其祖父、父親的名字都省去一字,没用全稱。根據《楊緘墓誌》可知楊士積曾擔任過縣令。

《楊緘墓誌》只是記載其祖上的事迹,而對其夫人以及兒子相關事迹則無載。其實楊

---

① 郭偉濤:《論北魏楊播、楊鈞家族祖先譜系的構建——兼及隋唐弘農楊氏相關問題》,《中華文史論叢》2017年第4期,第131—159頁。
② 令狐德棻:《周書》卷二二《楊儉傳》,北京:中華書局,1971年,第368頁。
③ 羅新、葉煒:《新出魏晉南北朝墓誌疏證》,北京:中華書局,2016年,第384頁。
④ 《新出魏晉南北朝墓誌疏證》,第384頁。
⑤ 王欽若:《册府元龜》卷九四四《總錄部》,南京:鳳凰出版社,2006年,第10943頁。
⑥ 歐陽修、宋祁:《新唐書》卷七一下《宰相世系表》,北京:中華書局,1975年,第2380頁。
⑦ 《新唐書》卷七一下《宰相世系表》,第2382頁。

緘的夫人墓誌,早在1968年就已經出土,2003年入藏西安碑林博物館。① 楊緘的夫人懷德縣主,其誌文載:"雍州司馬緘,即主之金夫也。"② 不過很遺憾,《懷德縣主墓誌》没有記載其名字,其卒年"春秋五十五,薨於私第之禪院,則咸亨四年八月五日矣。仍以上元三年歲次景子十月乙未朔己酉遷厝于華陰太平原司馬公同穴,禮也"。③ 則懷德縣主先於楊緘而卒。誌文還記載了其有五子,"昭、綦、韜、庭、成等",可補《新唐書·宰相世系表》。

通過對楊緘墓誌的簡單考釋,大致對其家族相關史事有所了解。墓誌記載其家族仕宦從西魏時期算起,一直到唐代前期,大概一百多年里其家族仕宦不斷,屬於上層士族家庭。楊緘與李唐皇室聯姻,并且育有五子。從《新唐書·宰相世系表》記載來看,其家族仕宦顯赫,到開元天寶時期再一次達到其家族興盛的頂峰。而通過對楊緘家族的史事梳理,可以加深對關隴士族在西魏北周隋初唐時期的仕宦沉浮,對於研究唐代士族等問題都有積極意義。

二、楊緘仕宦考

楊緘最終以涼州都督府長史致仕,其所擔任的都督府長史屬於高層官員。其一生仕宦相對比較顯赫,從入仕至最終卒於長史位上,將近四十年的仕宦。楊緘卒於唐高宗時期,誌文載:"麟德二年六月十日,薨于官舍,春秋五十有八。"楊緘卒於麟德二年(665),享年五十七周歲,其生於隋大業四年(608),先後歷經隋煬帝、唐高祖、唐太宗、唐高宗統治時期。

關於楊緘入仕時間,誌文明確記載:"年廿,自太學生進士舉,試策高第,補校書郎。"則其入仕在公元627年,即唐太宗貞觀元年。吴宗國先生説唐初進士科主要是看文章的詞華。④ 而楊緘本人就富於才華,"備閲詞林,歷觀書粤。愛彫篆,工尺牘"。唐初進士科不受重視,并且低於秀才、明經。⑤ 但是楊緘以校書郎入仕,在唐代校書郎屬於清官。賴瑞和先生考察了校書郎最早設置的時間,《唐六典》記載唐初已經有校書郎,列舉了幾位貞觀初擔任校書郎者。⑥ 而從楊緘墓誌記載來看,楊緘在貞觀元年擔任校書郎,比文獻記載的還要早些。校書郎是士人起家之良選,在唐代頗受重視,中晚唐時期日益受到重視。楊緘

---

① 《懷德縣主墓誌》,載趙力光:《西安碑林博物館新藏墓誌彙編》,北京:綫裝書局,2007年,第156—158頁。
② 《懷德縣主墓誌》,第157頁。
③ 《懷德縣主墓誌》,第158頁。
④ 吴宗國:《唐代科舉制度研究》,北京:北京大學出版社,2010年,第132—133頁。
⑤ 金瀅坤:《中國科舉制度通史·隋唐五代卷》,上海:上海人民出版社,2017年,第107頁,
⑥ 賴瑞和:《唐代基層文官》,北京:中華書局,2008年,第19—20頁。

作爲唐代初期最早的一批入仕擔任校書郎者，從其仕宦來看，也可以説是起家之良選。

校書郎爲楊緘起家的第一任職官，隨後其又擔任"右衛兵曹，特授通事舍人"。參軍原本是軍事組織中的一種職位，後來逐漸轉變爲文官，一般是士人第二任或者第三任職官。① 楊緘擔任兵曹參軍後，又轉任通事舍人。通事舍人爲從六品，掌朝見引納以及辭謝於殿庭通奏。② 通事舍人已經屬於中層文官系列，故而誌文用"特授"。關於通事舍人的職責，誌文也載："懷鉛芸閣，伏奏玉階，才望兼華，庶僚欽屬。"

隨後楊緘前往地方擔任州僚佐，"又歷邢、益、洪三州佐"。唐代前期州和都督府同時設置，一些重要的州設立爲都督府，都督府分爲上中下三種。嚴耕望先生認爲府州上佐主要指京府少尹以及州別駕、長史、司馬而言。③ 從誌文記載來看，邢州屬於上州，益州屬於大都督府，洪州屬於中下都督府，則楊緘在上州、大都督府、中下都督府擔任上佐，誌文没有具體記載，不得而知，但是從一般仕宦來看，應該是逐漸升官的。關於唐代前期并州都督府的沿革，嚴耕望先生根據《括地志》，進行了研究。④ 洪州在唐代前期也是都督府。⑤ 楊緘作爲州佐，所做事情，正如誌文載："爰紆上德，齒迹郡曹。剖析滯疑，列城取則。"

擔任州佐之後，楊緘升任縣令，"又授揚州江陽令、雍州新豐令"。揚州屬於大都督府，江陽縣是望縣。⑥ 翁俊雄先生認爲望縣應該是户口多，土地肥沃，而唐代前期望縣主要分布於黄河流域，江南望縣數目有限。⑦ 而關於唐代縣分八等，但是并没有設立相應的官品對應，主要是政府考慮到州縣的整體性，不能讓有些縣的長官品級高於州長官。⑧ 唐代望縣屬於上縣。望縣縣令屬於縣令的中間階層，一般都有機會升遷。⑨ 新豐也即昭應縣，屬於次赤縣。⑩ 赤畿縣令一般主要是遷轉，一般士人擔任時間不會太長，一般都會前轉爲郎中等官員。⑪ 可見楊緘擔任的兩任縣令，對於其隨後的遷轉都起到了積極作用，也即其仕宦相對還是比較順利。

唐代京畿縣令在一般官員仕宦遷轉中是算比較重要的職官，很多士人由京畿縣令遷轉爲郎官。孫國棟先生認爲唐代五品職事官是諸官上進的一條重要界限，而擔任五品官

---

① 《唐代基層文官》，第 158—159 頁。
② 李林甫等：《唐六典》，北京：中華書局，1992 年，第 278 頁。
③ 嚴耕望：《唐代府州上佐與録事參軍》，《嚴耕望史學論文選集》，北京：中華書局，2006 年，第 454 頁。
④ 嚴耕望：《括地志序略都督府管州考》，《嚴耕望史學論文選集》，第 137 頁。
⑤ 《括地志序略都督府管州考》，第 146 頁。
⑥ 《新唐書》卷四一，第 1051—1052 頁。
⑦ 翁俊雄：《唐代的州縣等級制度》，《北京師範學院學報》(社科版)1991 年第 1 期，第 11 頁。
⑧ 曹雨琪：《唐代八等州縣等第形成探微》，《唐宋歷史評論》(第八輯)，北京：社會科學文獻出版社，2021 年，第 144—157 頁。
⑨⑪ 《唐代中層文官》，第 224 頁。
⑩ 《新唐書》卷三七《地理一》，第 962 頁。

者一般要先擔任六品清官。① 郎官就屬於六品清官的一種,楊緘也是這種情况,由縣令遷轉爲郎官,"績聞天聰,特授都官員外郎"。都官員外郎屬於六部之刑部,從六品上,主要是負責記録犯人的相關情况,刑部在六部中地位靠後,但是能夠擔任郎中和員外郎,在唐代也都屬於士人比較喜歡的職位。

唐代武舉實行於武則天長安二年,唐初没有實行武舉。② 然誌文載:"應詔武舉,授左衛郎將。"根據誌文後面記載的唐高宗時期討伐三韓事件來看,應該是朝廷在有職位的官員中間進行挑選,並且楊緘"武舉"之後就給其左衛郎將,也説明了不是實行後來普遍意義的武舉考試。其參加的應該是制舉,王勛成先生認爲唐代前期六品以下的官員在任期未滿時參加制舉,可以不再守選,並且應舉之後授予的官職要高點。③ 郎將大概正五品,相比都官員外郎品級有所增加。

唐高宗時期對三韓的戰争,最終滅亡了百濟和高句麗,當時爲了對百濟和高麗戰争,唐朝也是傾全國之力,誌載:"奉敕充大使,於江淮已南造船,仍除少府少監,兼支度軍糧入遼。"可見楊緘在此時擔任少府少監。少府少監爲從四品下,爲少府監副貳,主要是掌百工之機巧。在江南地區負責造船事宜的同時,還擔任了運糧的事務,最終因爲其功績,"軍還,勛加上柱國,封華陽縣開國伯,食邑五百户"。可見楊緘擔任大使前往江南造船,隨後又負責從山東半島運糧到朝鮮半島,在滅亡百濟後,其也因爲造船和運糧有功而被授予爵位。

唐高宗在滅亡了百濟之後,封禪泰山,誌文載:"又奉敕東都造封禪羽儀,兼檢校洛州長史、外府卿。又奉敕於西京造封禪羽儀,詔授雍州司馬,又加中散大夫,勛封并如故。"可見楊緘在唐高宗這次封禪泰山事宜中,先是在東都洛陽後來又在長安擔任製造封禪羽儀,並且先後擔任洛州長史和雍州司馬,作爲洛州和雍州的副貳,也説明了皇帝對其信任。楊緘卒於麟德二年(665),高宗封禪開始也在麟德二年(665),"丙寅,上發東都,從駕文武儀仗,數百里不絶"。④ 從誌文可以看到,楊緘爲唐高宗封禪泰山,應該準備了幾年,其檢校洛州長史時所任職官應該還是少府少監,隨後在長安則從少府少監遷轉爲雍州司馬。

本來楊緘在唐高宗泰山封禪中,功勞甚大,但是不知何故最終把其外放,"出爲涼州都督府長史,勛封并如故"。也許與當時西北邊疆地區的局勢有關,最終楊緘卒於涼州都督府長史任上,結束了其大約四十年的仕宦生涯,不知是否與其是縣主駙馬的身份有關。

---

① 孫國棟:《唐代中央重要文官遷轉途徑研究》,上海:上海古籍出版社,2009年,第53頁。
② 《中國科舉制度通史·隋唐五代卷》,第702頁。
③ 王勛成:《唐代銓選與文學》,北京:中華書局,2021年,第314—315頁。
④ 《資治通鑒》卷二〇一唐高宗麟德二年(665)丙寅條,第6459頁。

通過對楊緘仕宦生涯的簡單考釋,我們得以了解其在唐太宗時期入仕,卒於唐高宗統治前期,仕宦生涯將近四十年。并且楊緘是通過科舉中了進士得以入仕,其進士身份對於研究唐代初期科舉有一定的意義。隨後楊緘先後擔任州府僚佐以及縣令和郎官,參與了唐高宗時期對高句麗和百濟的戰爭,并且在兩京擔任過副貳,已經躋身於唐代高層官員行列。而對楊緘仕宦的簡單考釋,對於唐初政治以及科舉、對外交往等方面都有積極意義。

【作者簡介】朱麗莉,中國史碩士,現任職於陝西師範大學圖書館;王慶昱,中國史博士,陝西師範大學人文社會科學高等研究院博士後,主要從事出土墓誌與唐史研究。

唐《馮承宗墓誌》考釋

吴正浩

唐《馮承宗墓誌》,①石藏今彬州市文化館,該墓誌較詳細地記載了誌主馮承宗的家族世系、生平仕宦等情況,另外還涉及了唐代東受降城的建置、唐德宗時期的涇原兵變等相關史事,具有補史和證史作用,史料價值較高。目前,學界對此墓誌關注相對較少,②因此,筆者不揣淺陋,試對此墓誌做一考釋。不當之處,敬請方家批評指正。

一、馮承宗家族世系考

根據誌文記載,馮承宗於唐德宗興元初年(784)卒於陝府官舍,卒年54歲,可推算其當生於唐玄宗開元十九年(731)左右。關於馮承宗家族世系,志文記載較爲簡略。其内載"其先始平,訪道北轅,遂爲邠州新平縣人",可知其以邠州新平爲其家族郡望。關於馮氏家族的來源,唐代林寶所撰《元和姓纂》中記載主要有二種説法:其一,馮氏是周文王姬昌第十五子畢公高之後裔,因畢萬封魏,支孫食采於馮,從而以馮爲其姓氏;其二,馮氏源自於姬姓,爲鄭大夫馮簡子之後。③除此之外,在魏晋南北朝時期,還有部分馮姓家族則是由匈奴、百濟、俚等少數民族改姓而來。關於此問題,陳連慶先生曾做過詳細的考證,此處

---

* 本文爲國家社科基金重大項目"新出土墓誌與隋唐家族文學文獻整理與研究"(項目編號:21&ZD270);國家社科基金項目一般項目《新出墓誌與唐代治理西域研究》(項目編號:21BZS115)階段性成果。

① 關於此墓誌形制及録文,可參見吴鋼主編:《隋唐五代墓誌彙編·陝西卷》(第四册),天津:天津古籍出版社,1991年,第52頁;中國文物研究所、陝西省古籍整理辦公室編:《新中國出土墓誌·陝西(壹)》(上册),北京:文物出版社,2001年,第129頁;周紹良、趙超:《唐代墓誌彙編續集》,上海:上海古籍出版社,2001年,第744頁;陝西省古籍整理辦公室、咸陽市文物考古研究所合編,李慧、曹發展注考:《陝西金石文獻彙集·咸陽碑刻》,西安:三秦出版社,2003年,第75頁等。

② 李慧、曹發展先生對此墓誌有一定研究,在《陝西金石文獻彙集·咸陽碑刻》中提到志文中的"賊泚"所指即"朱泚"。見陝西省古籍整理辦公室、咸陽市文物考古研究所合編,李慧、曹發展注考:《陝西金石文獻彙集·咸陽碑刻》,第479—480頁。

③ 林寶撰,岑仲勉校記:《元和姓纂》(附四校記)卷一,北京:中華書局,1994年,第4頁。

不贅。① 由於《馮承宗墓誌》中未明確記載誌主的先祖世系,因此其家族具體來源尚不能完全確定。

關於中古時期馮姓家族的延續和發展,據學者研究,早在南北朝時期,馮姓家族曾分別以南陽馮氏(今河南南陽)、長樂信都(今河北冀州)、昌黎(今遼寧義縣)、長安(今陝西西安)、肥鄉(今河北肥鄉)、陝州(今河南陝縣)、河間(今河北河間)、中山安喜(今河北定州)、廣平鄡(今湖北老河口)等地爲其郡望。② 至隋唐時期,則又有上黨(今山西長治)、信都長樂(今河北冀州)、京兆(今陝西西安)、高州良德(今廣州高州)、東陽(今浙江東陽)、相州安陽(今河南安陽)、同州馮翊(今陝西大荔)、魏州元城(今河北大名)等地爲馮姓家族郡望。③ 事實上,除上述所提及的郡望外,還有部分在隋唐時期則以岡州(今廣東江門)、洛陽(今河南洛陽)、河東、新平(今陝西興平)等地爲其郡望。④ 其中,誌文所記載的誌主馮承宗郡望爲邠州新平,即上述之一。根據《元和姓纂》記載可知,唐代御史中丞馮嘉賓便出自新平馮氏,其曾在唐中宗時期出使突厥,因其與突厥首領娑葛手下將領闕啜忠節書疏反覆,被娑葛發現,最終被殺。⑤ 誌文雖未載馮承宗與馮嘉賓關係,但依然可以爲我們提供一個唐代馮氏家族自始平遷至新平的案例。

關於馮承宗家族世系及婚姻等情況,誌文僅載有其父爲馮日嚴,此人史書無載。誌載馮日嚴"枕石漱流,韜光晦迹,即於陵子仲之類也。貧既不諂,富且不驕,出或混時,處能自暢"。可知馮日嚴應該并未入仕朝廷。馮承宗即馮日嚴之嗣子。關於馮承宗婚姻及子嗣情況,誌載其夫人袁氏,先公而殂。其繼室諸葛氏,今歲(貞元六年)仲春而故,卒年五十八。女王氏,孀居貌爾。可知馮承宗共有妻三人,其中諸葛氏卒於此墓誌書寫時期,即唐德宗貞元六年(790),由此可推算出諸葛氏生於唐玄宗開元二十一年(733)。誌載馮承宗有子三人,分別爲長子馮准,次子馮況,幼子馮凝。此三人史書亦未有載,因此可據此墓誌補充唐代新平馮承宗家族世系情況。關於馮承宗卒葬地,誌文最後記載馮承宗先是於興元初年暴卒終於陝府官舍,此後又於貞元六年(790)四月二十四日遷葬於涇北原廿里趙柴墅。其葬地很有可能便是此墓誌的發現地,即咸陽市彬縣小章鄉趙寨村。

---

① 陳連慶:《中國古代少數民族姓氏研究——秦漢魏晉南北朝少數民族姓氏研究》,長春:吉林文史出版社,1993年,第36、163、259頁。
②③ 馮浩菲:《馮姓源流略論》,《民俗研究》2007年第1期,第187頁。
④ 《元和姓纂》(附四校記)卷一,第14—15頁。
⑤ 歐陽修、宋祁撰:《新唐書》卷二一五下《突厥傳下》,北京:中華書局,1975年,第6066頁。

二、墓誌所涉馮承宗仕宦考

關於馮承宗相關仕宦，誌文記載較詳細。因其中涉及唐代在勝州等地所修建的東受降城及當地的屯田等問題，以下試結合史書材料對此墓誌所涉相關史事做一詳細梳理：

誌載馮承宗"爰自弱歲，達於立身，服勤文法之場，光濟邊戎之務，累遷試太子家令，兼寧州司馬"。可知，馮承宗當爲文武兼備之人。誌文未載馮承宗入仕方式，直接記載其官職爲"試太子家令，兼寧州司馬"。根據唐代杜佑所撰《通典》記載，太子家令爲秦漢時期職官，屬詹事。隋代，太子家令掌東宮刑法、食膳、倉庫及奴婢等，隋煬帝時改爲司府令。唐代復爲家令寺，除不掌刑法外，其餘職責與隋代相同。① 由此可知，馮承宗任職太子家令期間的具體職責。又馮承宗所兼任寧州司馬一職，在《通典》中記載，司馬一職本爲主武之官，自魏晉以後，刺史多帶將軍，開府者則置府僚。司馬爲軍府之官，理軍事。唐太宗貞觀二十三年（649），高宗繼位後又改諸州治中并爲司馬，所職與長史同。② 又據《新唐書》記載，寧州（治今甘肅正寧）屬關內道，天寶元年（742）改名爲彭原郡。③ 乾元元年（758），又復爲寧州。④ 可知馮承宗任職寧州司馬的時間當在乾元元年（758）之後。由此可知，上述馮承宗所任太子家令期間的太子，當爲之後的唐代宗李豫。誌文未詳細記載馮承宗在任寧州司馬期間的相關事迹，僅言其"方有聞也，臺臣授鉞，遥總朔陲，式薦幹能，以清封略"，可知其在寧州等地有一定作爲，從而又被朝廷授爲"勝州都督府司馬，兼東授降城營田副使"。

關於馮承宗任職勝州都督府的時間，誌文未明確記載。有學者曾對此都督府的行政建制做過詳細的梳理，可知此都督府與靈州、夏州、豐州等三州都督府，屬於唐代前期"河曲四府"之一。⑤ 唐太宗貞觀二年（628），唐朝在平定梁師都之後，曾置勝州及勝州都督府，隸靈州大都督府，治勝州榆林縣（今内蒙古准格爾旗十二連城古城），管勝、雲二州。⑥ 天寶元年（742），又改勝州爲榆林郡，麟州爲新秦郡，改勝州都督府爲榆林郡都督府。至乾元元年（758），又復榆林郡爲勝州，隸屬振武麟勝等軍州節度觀察處置使。廣德二年（764），則復隸朔方節度使。至大曆十四年（779），此地又還隸振武麟勝等軍州節度觀察處

---

① 杜佑撰：《通典》卷三〇《職官十二》，北京：中華書局，1988年，第831—832頁。
② 《通典》卷三三《職官十五》，第911—912頁。
③ 《新唐書》卷三七《地理一》，第969頁。
④ 郭聲波：《中國行政區通史·唐代卷》（增訂版），上海：復旦大學出版社，2017年，第104頁。
⑤ 艾冲：《論唐代前期"河曲"地域的都府府政區》，《中國歷史地理論叢》2002年第1期，第56頁。
⑥ 劉昫撰：《舊唐書》卷三八《地理一》，北京：中華書局，1975年，第1419頁。

置使。① 《舊唐書》中記載此都督府爲下都督府,有户四千一百八十七,口二萬九百五十二。② 《唐六典》中記載下都督府司馬一職的品秩爲從五品下。③ 據此可知馮承宗任職此地期間的品秩情況。雖然,此職相較之馮承宗之前所擔任的太子家令一職的品秩,有一定程度的降低,④但勝州都督府作爲唐代長安北方的主要都督府之一,其扼處南北交通要衝,具有極其重要的戰略意義,在對抗北方突厥的進攻中起着較爲重要的作用。馮承宗能够被派至此地任職,一定程度上説明了朝廷對其具有一定的信任。

誌載馮承宗除在此地履行其司馬一職之職責外,另外還在此地兼任了唐代東受降城的營田副使。據史書記載可知,東受降城爲唐代所營建的三座受降城之一,爲唐代重要的軍事要塞及軍鎮。關於唐代所修建的受降城,史書中記載較詳。另外,學界也從受降城的修建時間、地理位置、作用影響等方面做了深入的研究。⑤ 首先來看受降城的由來及其修建時間。根據《漢書》記載,漢武帝太初元年(前104),便曾"遣因杅將軍公孫敖築塞外受降城"。⑥ 可知早在漢代時"受降城"一詞已經出現,其主要是漢代爲迎接北方匈奴族的投降所修建的。另外,還有學者指出,此城的修建也是爲了抵抗來自北方游牧民族的威脅,因此在唐代修建時也將此城命名爲"受降城"。⑦ 關於唐代所修建三座受降城的背景,根據《舊唐書·張仁愿傳》記載:"(神龍)三年,突厥入寇,朔方軍總管沙吒忠義爲賊所敗,詔仁愿攝御史大夫,代忠義統衆。仁愿至軍而賊衆已退,乃躡其後,夜掩大破之……時突厥默啜盡衆西擊突騎施娑葛,仁愿請乘虚奪取漢南之地,於河北築三受降城,首尾相應,以絶其南寇之路……以拂雲祠爲中城,與東、西兩城相去各四百餘里,皆據津濟,遥相應接,北拓地三百餘里,於牛頭朝那山北置烽候一千八百所。自是突厥不得度山放牧,朔方無復寇

---

① 郭聲波:《中國行政區通史·唐代卷》(增訂版),第129—130頁。
② 《舊唐書》卷三八《地理一》,第1419頁。
③ 李林甫撰,陳仲夫點校:《唐六典》卷三〇《三府都護州縣官吏》,北京:中華書局,2014年,第744頁。
④ 太子家令品秩爲從四品上,見《唐六典》卷二七《家令率更僕寺》,第696頁。
⑤ 王亞勇:《三受降城修築時間考》,《内蒙古師範大學學報》(哲學社會科學版)1988年第3期,第50—52頁;李鴻賓:《唐朝三受降城與北部防務問題》,載中國長城學會編:《長城國際學術研討會論文集》,長春:吉林人民出版社,1995年,第143—153頁;全建平:《唐代三受降城述論》,《黑龍江民族叢刊》2009年第5期,第95—99頁;孟洋洋:《唐代西受降城地望考——兼論西受降城在北疆治理過程中的作用》,載杜文玉主編:《唐史論叢》(第28輯),西安:三秦出版社,2019年,第95—106頁;張静:《唐築三受降城述略》,《集寧師範學院學報》2019年第1期,第52—55頁;余倩:《唐代西受降城的商業貿易地位簡論》,《西夏研究》2019年第3期,第92—98頁;袁志鵬、陳學勤:《唐代三受降城的歷史地位與作用述論》,《文教資料》2020年第34期,第87—89頁;牛建州:《唐"三受降城"的修築與地理變遷考述》,《陰山學刊》2020年第6期,第38—42頁;張静:《唐築三受降城及其對後突厥政局産生的影響》,内蒙古師範大學碩士論文,2018年;袁志鵬:《論唐代三受降城和鹽州城的修築》,中央民族大學博士論文,2011年,第49—80頁。
⑥ 班固撰,顏師古注:《漢書》卷六《武帝紀》,北京:中華書局,1962年,第200頁。
⑦ 袁志鵬:《論唐代三受降城和鹽州城的修築》,中央民族大學博士論文,2011年,第52頁。

掠,減鎮兵數萬人。"①由此可知,此三座受降城當爲唐中宗時期爲應對北方後突厥勢力的頻繁進攻和騷擾,而命張仁願在此地所修建的。關於唐代三座受降城的具體修建時間,史書材料記載不同,其中主要有神龍三年(707)、景龍二年(708)、景雲二年(711)、景雲三年(12)等四種説法。② 對此,有學者已做了詳細的考證,認爲《舊唐書·中宗本紀》所載景龍二年命張仁願修築三受降城當爲確切時間,史書所記多誤主要與"神龍""景龍"和"景雲"三個年號頗爲相似,改元的月份比較特殊,又前後時間相差太近,三二之數容易混淆有關。③

關於唐代所修建的三座受降城的具體地理位置,在李吉甫所撰的《元和郡縣圖志》中有較詳細記載。其中,關於東受降城的位置,書中有兩條記載。其卷四先是記載"東受降城,在朔州北三百五十里。本漢定襄郡之盛樂縣也,後魏都盛樂,亦謂此城。武德四年平突厥,於此置雲州,貞觀二十年改爲雲州都督府,麟德元年改爲單于大都護府,垂拱二年改爲鎮守使,聖曆元年改置安化都護,開元七年隸屬東受降城,八年復置單于大都護府"。此後,同卷又記載"東受降城,本漢雲中郡地,在榆林縣東北八里,今屬振武節度"。④ 有學者曾考證東受降城的地理位置,在今内蒙古自治區托克托南、黃河北大黑河東岸,此地本是漢雲中郡地,在唐代勝州榆林縣東北八里,後來隸屬振武軍節度。⑤ 又據《舊唐書》記載,元和七年(812)春正月癸酉,振武河溢,毀東受降城。⑥ 可知東受降城在此期間,已受到了較爲嚴重的損壞。之後,唐朝又命張惟等人重新選址并修建了新的東受降城。新的東受降城位置,據學者考證此城即"蒲灘拐"古城遺址。⑦ 據報導,此遺址位於内蒙古托克托縣灘鄉蒲灘拐村東山梁前沿臺地,很有可能便是唐代所興建的受降城之東城。⑧

關於唐代三受降城的作用及影響,學界已經做了大量的討論。如全建平先生指出,受降城的修建主要有以下幾點歷史作用:其一,此三城作爲邊防重鎮,連同唐代在其周圍所修建的其他防禦設施,共同構成了一道堅固的防禦網,有效地遏制了北方突厥等游牧民族的興兵南下;其二,唐政府在此三城及其周圍組織開田屯墾,部分解決了當地駐軍的軍糧供應、經費開支等問題;其三,三受降城中的西受降城成爲唐王朝與北方地區民族之間互

---

① 《舊唐書》卷九三《張仁願傳》,第2982頁。
② 分别見《舊唐書》卷九三《張仁願傳》,第2982頁;《舊唐書》卷七《中宗本紀》,第146頁;李昉等:《太平御覽》卷一九二《居處部二〇》,北京:中華書局,1960年,第927頁;《新唐書》卷三七《地理一》,第976頁。
③ 牛建州:《唐"三受降城"的修築與地理變遷考述》,《陰山學刊》2020年第6期,第38—39頁。
④ 李吉甫撰,賀次君點校:《元和郡縣圖志》卷四《關內道四》,北京:中華書局,1983年,第107、115頁。
⑤ 仝建平:《唐代三受降城述論》,《黑龍江民族叢刊》2009年第5期,第96頁。
⑥ 《舊唐書》卷一五《憲宗本紀下》,第441頁。
⑦ 牛建州:《唐"三受降城"的修築與地理變遷考述》,《陰山學刊》2020年第6期,第40頁。
⑧ 杜弋鵬:《内蒙古發現唐代東受降城》,《光明日報》2002年3月26日。

市馬匹的重要場所；其四，中受降城和西受降城對保護唐王朝與北方地區民族之間來往的交通要道，起到了積極的保護作用。① 這其中，與誌主馮承宗相關的主要爲第二條，即受降城所具有的開田屯墾之作用。誌載馮承宗在此地曾任"東受降城營田副使"，關於此職，學界已有所討論。② 此職爲唐朝專設的主管屯田、營田事務的官員。③ 李錦綉先生指出，在地方支度營田使系統之中，營田使的僚屬一般有營田副使、營田判官、營田巡官、道營田使、州營田使、屯官及營田護等等。④ 秦中亮先生指出，營田使不僅承擔勸課農桑、規畫田畝邊界、巡閱耕耘等日常事務。在遭逢不稔之年，營田使還會承擔一定的禱祠職能。⑤ 由此可知，馮承宗在任職營田副使期間的主要職責，主要與軍隊的開田屯墾有關。又據寧志新先生研究，唐代在道（方鎮）、軍、州的營田使例由當地軍政長官兼任，其中道由節度、觀察使兼任營田使，州由刺史兼任，軍置營田使則軍使兼之，此爲營田使特點之一。⑥ 根據《馮承宗墓誌》可知，馮承宗既是當地都督府司馬，爲軍職，同時也是都督府下轄東受降城營田副使，負責當地的屯墾。這一特點與上述寧志新先生所言較爲一致，可作爲又一例證説明唐代在地方所設營田使一職的作用及其特點。同時，此墓誌也可對唐代所建東受降城中設置的營田副使等職官信息做一補充。除此之外，在西安碑林博物館中還藏有一方《桓義成墓誌》，其内載誌主桓義成亦曾任東受降城營田副使，亦可補充此城營田副使的情況。⑦

誌載馮承宗任職勝州都督府期間，"榆林古塞，飛狐是連，遠至邇安，議課居最"。可知其一定程度上維護了唐代北部邊境的穩定，也促進了當地軍隊屯墾事業的發展。其中，誌文所載"飛狐"指的應該是位於蔚州境内的"飛狐道"。有學者指出，此道是連接内蒙古高原和華北平原的重要通道，早在漢代便是漢與匈奴交戰的必争之地。⑧ 誌文在此對飛狐道進行了強調，反映出此道在該時期仍然占據較爲重要的地理位置。然而，關於馮承宗任職此地的具體事迹，誌文未見有詳細記載。

---

① 仝建平：《唐代三受降城述論》，《黑龍江民族叢刊》2009年第5期，第97—99頁。
② 寧志新：《唐朝營田使初探》，《廈門大學學報》（哲學社會科學版）1997年第2期，第106—112頁；何汝泉：《唐代使職的産生》，《西南師範大學學報》（人文社會科學版）1987年第1期，第56—73頁；馮培紅：《唐五代敦煌的營田與營田使考》，《蘭州大學學報》（社會科學版）2001年第4期，第33—42頁；秦中亮：《唐代營田使相關問題芻議——以石刻文獻爲中心的考察》，《中國社會經濟史研究》2021年第2期，第14—20頁等。
③ 寧志新：《唐朝營田使初探》，《廈門大學學報》（哲學社會科學版）1997年第2期，第106頁。
④ 李錦綉：《唐代財政史稿》（第四册），北京：社會科學文獻出版社，2007年，第463頁。
⑤ 秦中亮：《唐代營田使相關問題芻議——以石刻文獻爲中心的考察》，《中國社會經濟史研究》2021年第2期，第14頁。
⑥ 寧志新：《隋唐使職制度研究（農牧工商編）》，北京：中華書局，2005年，第143頁。
⑦ 趙力光主編：《西安碑林博物館新藏墓誌彙編》，北京：綫裝書局，2007年，第465—466頁。
⑧ 曾磊：《飛狐道與漢代軍事交通》，《石家莊學院學報》2017年第2期，第37—41頁。

此後，誌文又記載馮承宗"詔遷綏州別駕，仍充蕃落團練副使"。根據《新唐書·地理志》記載，綏州屬唐代關内道，爲唐代的上郡，天寶元年（742）更郡名，有户萬八百六十七，口八萬九千一百一十二，治龍泉縣（今陝西綏德）。① 又據《唐六典》記載，上州別駕品秩爲從四品下。② 可知馮承宗官職較之前又有所提高。其中，需要注意的是，馮承宗在任別駕同時，也充任此地的蕃落團練副使。此職爲唐代在地方上的使職，關於此問題，有學者已做了詳細的深入研究。③ 其中，寧志新先生將唐代所設置的使職按照其主要職能，劃分爲了五大系統，包括：財經系統（度支使、鹽鐵使、轉運使、户部使等）；軍事系統（節度使、團練使、招討使、防禦使等）；行政監察系統（巡查使、采訪使、觀察使、黜陟使等）；宫廷服務系統（進食使、置頓使、宫市使、閣門使、五坊使等）以及禮法雜類系統（禮儀使、册立使等上述四大系統之外的所有使職）等。④ 根據寧志新先生的這一分類，可知馮承宗所任團練副使一職，屬於軍事系統中的使職種類之一。又據《新唐書》記載，團練使之下，又分有副使、判官、推官、巡官、衙推，各一人。⑤ 可知團練副使是地方團練使中的重要組成部分。關於團練使、團練副使的具體職能，有學者指出由於安史之亂的突然爆發，打亂了唐朝的地方建制格局，因爲中原用兵，州郡一級又增置防禦使或團練使，以主軍務，例由刺史充任。⑥ 可知其主要是負責管理唐代地方軍隊中的相關事務。誌載馮承宗任職期間"地稱上郡，人逸康歌，辭滿還鄉，聲聞軍正"。可見其在任期間，頗有一定作爲。

　　關於馮承宗最後官職，誌文載其在任職綏州之後，又"補充節度逐要，隨軍北征，賊玼亂常，元戎禦侮"。誌文中賊玼所指即朱泚，可知馮承宗在此後不久，便參與了唐德宗建中年間平定朱泚"涇原兵變"一事。關於此事，有學者已做了詳細討論，此處不贅。⑦ 誌文中未詳細記載馮承宗在平定涇原兵變中的具體事迹，僅記載其"以興元初，暴終於陝府官舍，以使主懷光之反物也"。可知馮承宗當爲李懷光部下，此墓誌可補涇原兵變相關史事。誌文首行所題"故正議大夫"很可能是馮承宗死後的贈官，誌文撰者爲處士王叔詹，此人史書

---

① 《新唐書》卷三七《地理一》，第 974 頁。
② 《唐六典》卷三〇《三府都護州縣官吏》，第 745 頁。
③ 寧志新：《唐代使職若干問題研究》，《歷史研究》1999 年第 2 期，第 58 頁。
④ 如陳仲安：《唐代的使職差遣制》，《武漢大學學報》（人文科學）1963 年第 1 期，第 87—103 頁；何汝泉：《唐代使職的產生》，《西南師範大學學報》（人文社會科學版）1987 年第 1 期，第 56—73 頁；寧志新：《唐代使職若干問題研究》，《歷史研究》1999 年第 2 期，第 52—70 頁；等等。
⑤ 《新唐書》卷四九下《百官四下》，第 1310 頁。
⑥ 寧志新：《唐代使職若干問題研究》，《歷史研究》1999 年第 2 期，第 70 頁。
⑦ 如黄永年：《涇師之變發微》，載史念海主編：《唐史論叢》（第 2 輯），西安：陝西人民出版社，1987 年，第 163—201 頁；彭鐵翔：《唐代建中時期的"涇原兵變"性質考辨》，《武漢師範學院學報》（哲學社會科學版）1982 年第 6 期，第 101—107 頁；陳衍德、楊際平：《試論唐代"涇原兵變"的性質——與彭鐵翔同志商榷》，《歷史教學問題》1989 年第 3 期，第 23—28 頁。

無載,可據此墓誌做一補充。

三、小　結

綜上所述,本文通過對《馮承宗墓誌》所涉誌主馮承宗家族世系、仕宦等問題的梳理和考證,可知馮承宗出自邠州新平馮氏家族,其先是任職於東宫太子府及寧州,之後又任職於勝州都督府、綏州等地,爲唐代北部邊境地區的穩定做出一定貢獻。誌文所載馮承宗在地方所兼任的營田副使、團練副使等職,還可對該時期唐代在地方的軍鎮建置、使職設置等情況做進一步的補充。除此之外,誌文所載馮承宗參與的唐朝對涇原兵變的平定,也可對史書材料做一補充。雖然,此墓誌内容較少,且并未詳細記載馮承宗任職各地期間的具體史事,但作爲一方少見的新平馮氏家族墓誌,誌文所載馮承宗的家族世系及其仕宦,可爲我們提供更多關於唐代該地區馮氏家族成員的相關信息,具有一定的史料價值。

【作者簡介】吴正浩,陝西師範大學中國西部邊疆研究院博士生,主要從事西北民族史研究。

新見明隆慶元年終南山萬壽宮通仙觀鐘銘考釋

劉康樂

西安城墻的東西南北四門城樓之上，各懸挂有鐵鐘一口，均爲宋、明兩朝西安鑄造的寺觀遺物，其中東門城樓之上的萬壽宮通仙觀鐵鐘，鑄造於明隆慶元年（1567），是目前陝西省内現存體量最大、保存最爲完好的道教鐵鐘。鐵鐘上的銘文記述了終南山大峪口萬壽宮通仙觀始建於漢代及歷代重修的觀史，題名包括本宮道士三十九人以及十方善信四百九十七人的姓名，反映了明代全真龍門派在陝西早期傳播的歷史，通仙觀也成爲明代最早連續六代使用龍門派字譜的重要宮觀。鐘銘題名善信來自西安府咸寧縣、長安縣、藍田縣、臨潼縣等44個村寨，構成了通仙觀龐大的信衆網絡，他們借由鑄造鐵鐘和醮盆的共同行動，表達了全真道士與信衆虔誠而素樸的信仰和願望。明隆慶元年萬壽宮通仙觀鐘的銘文是研究明代陝西道教歷史的重要金石材料，目前未見著録，筆者今整理公布於此，以爲學界同仁研究之參考。

一、形制、圖文布局和録文

鐘頂鑄雙面虎鈕，下有鏟形八足，兩足之間留有拱形的豁口。鐘體高約130釐米，下圍周長約355釐米，鐘頂雙面虎鈕以下鐘面的文字和圖案，自上而下共分爲高度不等的六層，除最下一層外，每層平均劃分爲8個梯形方格，層格皆以直綫分界。鐘面圖案清晰，呈浮雕式，鐘銘爲陽文，文字基本完整，部分有銹蝕。據鐘銘可知，此鐘鑄造於明隆慶元年（1567），記載了終南山萬壽宮通仙觀的歷史和鑄鐘緣起，并附有本宮道士和捐資信衆的名録，故筆者暫命名爲"大明隆慶元年萬壽宮通仙觀鐘"，以下詳細介紹每一層的圖案和内容：

第一層高約10釐米，順時針方向銘文依次爲："皇圖永固""帝道遐昌""道教興隆""法輪常轉"，其中每兩個字爲一格，每個字外都環以菱形雙綫細紋。據《寧國府志》載，早在元至正十五年(1355)寧國府景德寺所鑄的鐵鐘上就已刻有"帝道遐昌"等字，①明代佛教經卷前也常刻"皇圖永固，帝道遐昌，佛日增輝，法輪常轉"的發願文，此後寺觀造鐘的發願文幾乎全爲這種固定的格式。

第二層高約30釐米，其中第1格的銘文交代了鑄造此鐘的緣起：

　　大明國陝西布政使司」西安府咸寧縣孝義」里大巇峪口昔有古迹」萬壽宮通仙觀，至永壽」元年敕賜真人王崇玉，唐」朝天寶二年敕賜住持李」崇陽，中統三年重修，大」明弘治十八年重修殿宇兩」廊房舍，鑄造鳴鐘」住持蘭通仙、徒王玄玉」大明隆慶元年見得本」官鐘損，又鑄鳴鐘，造」立醮盆，十方助緣善信人」等開列於後」

第2格的部分文字有銹蝕，内容爲募化道士、起意齋主、功德主等人的姓名及捐助鐵材等，可辨認的銘文如下：

　　西□□道……」……重……」楊真性，徒李□□」趙常忠、□□玖、王常累、李常茂募作」爲首人：西安後衛前暫」候下軍餘梁吉，母劉氏、郝氏」□□一百長交，同男梁添知」宋應□、□氏，鐵一百日蘭」□□□□縣張登□」□□□仕善、陳□□」□□、□良、郝進朝」

第3格爲化主萬壽宮通仙觀住持楊真性師徒及本宮道士姓名共三十九人：

　　化主：楊真性，徒：李常聚」李常茂」李常玖 回價」趙常忠、王常累」
　　本宮道士：王常書、惠守文」李淨良、李常岐、陳守恩」楊真□、殷常教、孫守鄉」王真逢、師常應、惠守□」王真錦、費常美、楊守倪」王真定、葉常忍、李守正」李真軌、李常閆、惠守官」楊真右、李常遠、樊守端」劉常益、王守義、王守□」李常道、王守棠」何常滿、李守仲」何常樂、張守行」肖常生」

從第4格至第8格是助緣善信的題名，包括西安府及其所轄長安縣、咸寧縣、藍田縣在内的庫峪口、東段村、公道口、真武廟、侯家村、任家坡、後溝、王馬村、大兆村、□湯村、湯

---

① 魯銓、鍾英修，洪亮吉、施晉纂：《(嘉慶)寧國府志》卷二十，清嘉慶二十年刻，民國八年涇縣翟氏寧郡清華齋影印本。

容街、白楊寨白家村、營溝、趙村、三角坡、小寨、文家土村、肖家坡、新關子、文兒溝、引駕回、臨潼王府、咸寧縣馬巷里郭村、西木積等二十四處助緣善信共一百一十三人。第 8 格助緣善信名錄之後的款識是鑄造時間及金火匠人的姓名：

隆慶元年十二月吉日」造」在城金火匠人朱奉、男朱應車」孫男朱自鳴」徒朱亨其」張孟甫

第三層高約 10 釐米，爲瑞獸和瑞草的浮雕式圖案，筆者依據其内容擬名，八個格子由西北順時針方向依次爲孔雀開屏、雙馬齊奔、菊花并蒂、海龍吐水、獅滾綉球、雲龍戲珠、鳳鳴於飛、麒麟望日，造型精美，姿態生動，栩栩如生。

第四層高約 30 釐米，全部八格爲助緣善信的姓名，包括高村、南甫章村、胡林村、青嘴頭、嘴章村、引駕回、西段村、引駕回寨、大王村、下街、小寺坡、侯官寨、葫蘆坡、狄家灣、大蟻谷、正下街、羊圈村、王漢村、關王廟、許家溝、信坡峪等二十一個村寨共三百六十九人。

第五層高約 10 釐米，全部八個格子爲浮雕式菊花圖案，每個格子中有一株菊花，花開兩朵、三朵、四朵、六朵不等，有一幅圖案中的菊花是一位側躺的童子所抱，有一幅圖案中的菊花是一位坐着的童子所扛，還有一幅兩朵菊花上各立有一只展翅的蜻蜓。

第六層連足高約 40 釐米，每格各有一個八卦符號，按照後天八卦的順序排列，順時針方向由東至北依次爲：☳、☴、☲、☷、☱、☰、☵、☶，每個八卦符號置於 V 形三綫波紋之中，卦符下方的鐘足上鑄有一一對應的卦名：震、巽、離、坤、兌、乾、坎、艮，每個卦名之外依次環以圓圈和八瓣花紋。

此鐘的來源不詳，西安城牆博物館也未作介紹，初步估計是二十世紀九十年代以後西安城牆修復工程竣工之後自别處收集而來的文物。據有的文章稱，1997 年之前，西安鐘樓西北角曾懸挂一款明成化年間鑄造的大鐵鐘，重兩千五百公斤，上鑄有"皇圖永固，帝道遐昌，佛日增輝，法輪常轉"等字樣，鐘的邊沿鑄有八卦圖案，[①]文中所述與城牆上的這款通仙觀鐵鐘形制十分相像，但似乎來自佛教寺院。

二、萬壽宫通仙觀歷史辨析

萬壽宫通仙觀的沿革和歷代重修經歷，在鐘銘中有着清晰地交代："大明國陝西布政

[①] 俞茂宏著：《西安古城墙和鐘鼓樓歷史、藝術和科學》，西安：西安交通大學出版社，2009 年，第 96 頁。

使司西安府咸寧縣孝義里大蟻峪口,昔有古迹萬壽宮通仙觀,至永壽元年敕賜真人王崇玉,唐明皇天寶二年敕賜住持李崇陽,中統三年重修,大明弘治十八年重修。"不過,這座歷史悠久的終南山萬壽通仙觀,確在清代以前的文獻中不曾出現過,直到清嘉慶二十四年所修的《咸寧縣志》,才有關於通仙觀的隻言片語:"太峪口東有通仙觀……上大峪口有通仙觀。"①這裏記載的兩個通仙觀實際上是同一個地方,終南山大峪,明屬西安府咸寧縣孝義里,又名太峪,即"大義谷,俗名大峪口,在咸寧縣東南六十里,潏水出焉",②是關中通往安康和漢中的重要通道。民國宋聯奎所纂的《咸寧長安兩縣續志》有關於通仙觀較爲詳細的介紹:

> 通仙觀在大峪口,東距城六十里,舊名萬壽宮,漢永壽元年敕賜真人王崇玉建。唐天寶二年敕賜住持李重陽重修、明弘治八年又重修。觀毗連龍首原脈,忽起忽伏,蜿蜒不絕,綿亘數十里。前瞰省垣,形如掌心。後倚終南,巍峨聳秀,加以屏嶂排青,松柏交翠,俗塵不染,仙境也。③

這段文字的前一部分關於通仙觀的介紹,與鐘銘所載的內容頗爲相似,所不同在於,鐘銘中的"弘治十八年"在這裏作"弘治八年",又"李崇陽"作"李重陽",這種源於音形相近的細微誤差,反映了兩處文獻記載的密切關聯性,極有可能的情況是,《咸寧長安兩縣續志》的采訪使尋訪到了此鐘,并據鐘銘編寫了這段介紹文字,但此志的金石考又失收此鐘,未知何故。後一段文字是通仙觀地理形勝的介紹,似乎表明民國時終南山大峪口通仙觀尚存。筆者在大峪口通仙觀舊址考察時發現,作爲文物古迹的通仙觀地名在地圖上仍然得以保留,其地貌確如方志所述,形如掌心,聳立原上,背依終南,前覽西安,實爲一方仙境。然而不知觀毀於何時,舊時建築痕迹已經蕩然無存,只殘存小塊的石基和零碎的磚石。

鐘銘和方志均記載萬壽宮通仙觀始建於東漢永壽元年(155),漢桓帝敕賜給真人王崇玉居住,如果這個記載無誤的話,終南山萬壽宮通仙觀可能算是道教較早的宮觀之一了。漢桓帝劉志(132—168)崇信黃老道教,延熹八年(165)桓帝曾兩次派人去苦縣祭祀老子。漢武帝曾在終南山建太乙宮,但文獻并沒有漢代終南山建有萬壽宮的記載,也沒有真人王

---

① 高廷法修,陸耀遹等纂:《咸寧縣志》卷十二"祠祀志",清嘉慶二十四年修,民國二十五年重印,台北:成文出版社影印,1969年,第633—634頁。
② 毛鳳枝撰:《陝西南山谷口考》,清同治七年刊本,台北:成文出版社影印,1970年,第49頁。
③ 翁檉修,宋聯奎纂:《咸寧長安兩縣續志》卷七"祠祀考",民國二十五年鉛印,台北:成文出版社影印,1969年,第371頁。

崇玉的相關資料。總之，這座聲稱歷史悠久的萬壽宮通仙觀和第一任住持王崇玉，未曾在漢代的文獻留下任何的記載。

考宮觀的起源甚早，初爲天子王侯的居處，春秋時代王侯已大量建有宮觀，有登高望遠之功能，尚未作爲道教建築。至秦始皇好神仙，建了不少觀臺以求神仙，宮觀至此有了神仙道教的色彩。據《史記·秦始皇本紀》，秦始皇在方士盧生的建議下，於咸陽附近的二百里内修建了二百七十座宮觀以候神仙的降臨。①漢武帝好神仙之道，就在公卿的建議下修建宮觀以候神仙。據《史記·孝武本紀》載，公孫卿言漢武帝曰："今陛下可爲觀，如緱氏城，置脯棗，神人宜可致，且仙人好樓居。"於是武帝令"長安置蜚廉桂觀，甘泉則作益壽觀，使卿持節設具而候神人"。②秦漢時所建的皇家離宮別館甚多，在京城附近的終南山修建萬壽宮通仙觀并非不可能，而漢桓帝尊崇道教，便將這座宮觀賜予方士王崇玉居住。

不過鐘銘中提到唐天寶二年(743)賜住持李崇陽以及元明兩代重修的往事，在當時的文獻中尚無法得到印證，故此可以推測，明代終南山大峪口的通仙觀，并非一座有影響力的道教宮觀，甚至鐘銘所叙述的漢唐歷史，也有可能是鐘銘鑄造時本觀道士杜撰的，這種宗教的神聖叙事，對於信仰傳播和信衆俘獲，非常必要而且極其常見。

三、鐘銘上的明代全真龍門派道士

明太祖朱元璋重正一而輕全真，故明代全真的勢力總體上不如正一，但隨着明代中後期道教政策的進一步放開，全真教被壓抑的局面有所緩解，雖然在官方層面仍由正一道士出任各級道官，主持皇室齋醮科儀等，但在民間社會全真教已有了蓬勃的發展。爲了强化全真的認同，明宣德中全真道團已開始使用派字取名，據明嘉靖三年(1525)所立的《天壇修造白齋道人張公太素行實之碑》碑陰"長春真人仙派傳授圖"，載有完整的龍門派字二十字。③至嘉靖年間，完整的七真二十字的派字譜也已經出現，④也印證了此前全真道士使用派字取名的真實性。

陝西華山、終南山是明代全真龍門派的重要起源和傳播地，并且較早地使用龍門派

---

① 司馬遷撰：《史記》卷六，北京：中華書局，1959年，第257頁。
② 《史記》卷一二，第478—479頁。
③ 參見張方：《明代全真道的衰而復興——以華北地區爲中心的考察》，北京：中國社會科學出版社，2018年，第100—101頁。
④ 參見郭武：《〈金蓮正宗仙源圖贊〉碑文與明清全真道宗派"字譜"》，《世界宗教研究》2017年第2期。劉康樂、高葉青：《嘉靖三十二年〈重建五祖七真殿碑記〉與明代全真派宗譜的新發現》，《世界宗教研究》2020年第6期。

字。據樊光春研究員的考證,陝西龍門派字最早見於景泰三年(1452)鄠縣《重修東嶽廟碑》,其中記載了宣德元年(1426)由北京房山隆陽宮來終南山的榮常存及其徒鄭守山等七人。① 終南山萬壽宮通仙觀鐘銘中所提到的道士,其道名用字與龍門派字譜相符合,也表明了明代陝西全真派字使用的廣泛性。

據鐘銘叙述本觀歷史,"大明弘治十八年重修殿宇、兩廊、房舍,鑄造鳴鐘,住持蔺通仙、徒王玄玉"。弘治十八年(1505)通仙觀重修工程的組織者是住持蔺通仙及其徒王玄玉,他們當時鑄造的鳴鐘成爲62年後重鑄的範本。未能在其他資料中查到蔺通仙師徒二人的姓名和事迹,不過他們道名中却透漏出明代全真龍門派字使用的重要信息。師徒二人道名中的"通""玄"二字,符合全真龍門派字的第三代和第四代,同時也符合全真華山派的第三十三代和第三十四代,考慮到明代華山派字譜僅有前二十個字,且其代序不可能如此靠後,故應屬於全真龍門派。

接下來的鐘銘題名中出現了隆慶元年(1567)重鑄鳴鐘時的化主楊真性及徒弟李常聚等五人的姓名,楊真性師徒的道名分別符合全真龍門派的第六代和第七代,此時距弘治十八年(1505)鑄造鳴鐘已經超過兩代,到楊真性擔任住持時,道觀中僅剩一名第五代的"净"字輩道士"李净良",出現在隨後的"本宮道士"名錄中。這個名錄是除楊真性師徒之外的道士三十三人,其中"净"字輩一人,"真"字輩六人,"常"字輩十三人,"守"字輩十三人,加上弘治年間的"通"字輩和"玄"字輩,終南山萬壽宮通仙觀連續六代道士輩字"通玄净真常守",完全符合全真龍門派自第三代至第八代的派字,這是陝西全真龍門派最早使用"通"和"玄"字輩的記載,"净"和"真"的使用也比稍晚隆慶六年(1572)終南山樓觀《義格感應記》中出現的"静""真"輩字要早,②就全國範圍來看,明代終南山萬壽宮通玄觀也是較早連續六代使用龍門派字譜的全真道團。③

四、萬壽宮通仙觀的信衆網絡

明弘治十八年住持蔺通仙鑄造的一口鳴鐘,至明隆慶元年已經損壞,住持楊真性發心重鑄鳴鐘、造醮盆,十方善信熱情回應捐助,爲首之人是西安府後衛的軍户梁吉與母劉氏、郝氏同男梁添知及郝進朝等十五人,其他周邊四十四個村寨的四百八十二名信衆紛紛踴

---

① 樊光春:《明清時期西北地區全真道主要宗派梳理》,趙衛東主編:《全真道研究》第1輯,濟南:齊魯書社,2011年,第222頁。
② 王忠信編:《樓觀臺道教碑刻》,西安:三秦出版社,1995年,第167頁。
③ 張方在:《碑刻所見介休後土廟龍門派傳承》(《全真道研究》第4輯)中發現山西介休後土廟道士自明嘉靖十三年(1534)至天啓七年(1627)連續六代使用全真龍門派字譜"德通玄静真常"。

躍捐助資財，住持楊真性重鑄鳴鐘、造醮盆的願望得以很快實現。醮盆是道教信仰中十分重要的禮器，是置於宮觀之內供信眾焚香獻祭使用的，一般爲圓形盆狀，常見有石質、鐵質和銅質等，醮盆一般也會刻寫題記，交代造醮盆的緣起、發起人、善信姓名及鑄造時間等。通仙觀鐵鐘得以保存至今，但同時所造的醮盆不知流落何處，只有期待於將來的出土面世。

鐘銘助緣善信的題名，展現了萬壽宮通仙觀的龐大的信眾網絡，包括西安府城內臨潼郡王府的兩位中官，來自西安府及所轄長安縣、咸寧縣、藍田縣共四百九十七名信眾參與了捐助活動，以男性信眾居多，女性信眾僅四十六人。爲首人梁吉是西安後衛的軍餘，即軍户，"後衛"是明代西安府所設的軍事機構五衛之一，在今西安市未央區後衛寨，各衛所內住有軍户，梁吉就是後衛居住的軍户之一。此外，臨潼王府中官李奉、巨然是僅有的兩位官方背景的信眾，"中官"即藩王府的宦官，明代藩王通道之風濃厚，王府中的官員也必深受影響。據明嘉靖三十二年（1553）樓觀宗聖宮所立《重建五祖七真殿宇碑記》，碑陰的署名中有"秦藩臨潼王府奉國將軍惟烙"，[①]這位封爵奉國將軍的朱惟烙，當是臨潼王朱秉櫻的兒子之一，他熱衷於捐助寺院宮觀的功德，受其信仰的影響，王府中的宦官也多有奉道之人。

鐘銘中所列的四十四個村寨，集中在以大峪口爲中心方圓十公里以內的終南山北麓，至今大部分還保持着原名，如在藍田縣的侯家村、任家坡、後溝、湯峪街、肖家坡、白楊寨，在長安區的大峪口、庫峪口、大兆村、三角坡、營溝、高村、侯官寨、葫蘆坡、許家溝、小寺坡等。此外引駕回之名在民國時期仍然使用，即今長安區引鎮；羊圈村今名羊建村，在西安市長安區楊莊街道；青嘴頭今名清水頭，在長安區王莽街道；南甫章村今名爲南甫江村，在長安區引鎮街道；西木積今名西木斯，在長安區楊莊街道庫峪內。還有不少村寨由於歷史的原因而消失或改名，已難尋其踪。然而透過這口鏽迹斑斑的鐵鐘，我們似乎還能想像得到四百五十多年前大峪口通仙觀的裊裊香火，全真道士和終南山麓的善信們，將他們內心虔誠淳樸的信仰和願望融鑄在這通鐵鐘之中，祈願的鐘聲穿透漫漫歷史，道教信仰的傳統也在關中大地上代代流傳，至今不絕。

【作者簡介】劉康樂，博士後，長安大學副教授，主要從事歷史文獻整理研究、宗教學及哲學等領域的教學和研究。

---

① 參見西北民族大學圖書館藏：《重建五祖七真殿宇碑記》拓片。

康熙二十六年陝西丁卯武鄉試題名譜碑考釋

葛 天

康熙二十六年(1687)陝西丁卯武鄉試題名譜碑，現藏西安博物院。此碑由兩塊橫長方形碑組成，通高 0.76 米，寬 1.27 米，厚 0.13 米。小字正書。第一塊 45 行，滿行 23 字，計 817 字。第二塊 46 行，滿行 25 字，計 978 字。兩塊共計 1795 字。碑文内容依次分爲"小引"、示諸生勵志詩、3 位武舉題詩、50 名武舉簡介、後記，述及雁塔題名的起源、該科題名碑從雅集到書丹的過程，具有一定的文獻價值。

一、錄 文

題名譜

丁卯暢月，集武闈考雋諸子薦福寺雁塔題名小引。原夫星分井絡，地據雍梁。披三代之興圖，漁釣蔚爲佐命；考"二南"之句服，《兔罝》隱若干城。矧《馴鐵》《車鄰》，夙負雄奇之氣；當《蒹葭》霜露，尤多慷慨之懷。自古已然，於今爲烈。喜屬少春之令月，樂觀大夏之雄風。空冀北之群，千屯色別；奮圖南之翮，七萃鋒飛。惟兹科弟之得人，聿進詩書而謀帥。載訪城南薦福，尚存唐室浮圖。花雨繽紛，近接慈恩分小大；嵐光晻靄，遙瞻綉嶺辨東西。題名并列乎鷹揚，錫宴無殊乎鹿食。於時，蜃鱗冬起，鴻翼霄徵，黃花疏而流水清，紅葉飄而暮山紫。曲江日朗，珠簾映捲雪之濤；小苑風高，翠谷振含飆之樹。眷言嘉會，爰飭行厨。尚卜他年，奏凱歌而飲至；將從今日，臨樽俎以折衝。跤餘望之，嗜肯適我，四山□具。

許孫荃

題名追往迹，薦福步前塵，寶地□埃隔，石臺萬象新。時塔基更新，登臨當白雪，是日

---

* 本文爲 2022 年西安市社會科學規劃基金重點項目"唐宋明清小雁塔碑石整理與研究"(項目編號：22LW41)階段性成果。

新雪初。宴賞度陽春,雅集追鳴鹿,英流共濯麟(封禪頌濯麟游彼靈時),詩書堪師□,裘帶且武身。勢興關河壯,風懷馴鐵馴,鑒衡持自回,韜略美殊倫(諸同考并在伍)。野暗膺初擊,霜青雁欲賓。□黃祈好我,嘉寺進同人。願奮赳桓氣,常爲罷虎臣。

示諸生勵志詩

安危責將相,今古同一揆。采薇與天保,內外相表裏。尚想登壇彥,英名夙貫耳。吾子誠秦產,請言秦將起。西塞通金城,南征入交趾。或空國出師,或椎牛餉士,或六花入門,或没石飲矢,社稷生斯人,兩京固足恃。□行定戰綫,□則堅營壘。緩帶而輕裘,敦詩以說禮。雲臺鮮愧色,麟閣匪溢美。皇威清海岱,聖化周邊鄙。撫時日無事,儲才應有以。袍澤昔所同,長城兹可倚。志在必四方,功成邊萬里。偏早望顏色,雷電隨鞭弭。寶刀雪不如,金印鬥相□。自強大劍中,不若毛錐子。

田毓珣

欣逢嘉燕錫恩光,況珥彤毫啓後行。入穀有懷詢細柳,留題何士擅長楊。多時雲暗棲鳥回,竟日晴薰侯燕翔。敢□追隨同稷下,風流獨愧漢田郎。

王基

劍履城南集今晨,抽毫逐利愧詞人。徵□已許分儒序,好會還望附國賓。曲水經久長沉碧,遥風綻雪早知春。歡陪北海開筵後,頓洗郊游十丈塵。

任方華

千秋盛事聚禪林,結駟銜觴興獨深。南國鑒才推大雅,西京鐘鼓□元音。援毫已自摩霄漢,縱目還應憶古人。不解秦風饒壯略,干城誰慰□置心。

第一名:蕭元貞,長安人;第二名:張登第,山陽人;

第三名:田毓珣,富平人;第四名:蘇文鑒,榆林人;

第五名:賀宮彥,三原人;第六名:王基,榆林人;

第七名:王良佐,長安人;第八名:劉霈,高陵人;

第九名:郭績,鄠縣人;第十名:郝之杰,三水人;

第十一名:侶成彥,朝邑人;第十二名:任方華,涇陽人;

第十三名:張允美,澄城人;第十四名:吳成己,韓城人;

第十五名:劉紹漢,鎮安人;第十六名:孟楠,咸寧人;

第十七名:解聯桂,韓城人;第十八名:黨丕程,郃陽人;

第十九名:周維翰,沔縣人;第二十名:馮廷弼,米脂人;

第二十一名:丘良璧,長安人;第二十二名:杜□龍,長安人;

第二十三名:劉薰,商南人;第二十四名:李宗唐,延安人;

第二十五名：胡公杰，□□人；第二十六名：查稽古，延安人；

第二十七名：李偉然，三原人；第二十八名：陳爾璋，高陵人；

第二十九名：張愷，三原人；第三十名：申維藩，郃陽人；

第三十一名：王年禧，蒲城人；第三十二名：康國英，涇陽人；

第三十三名：寧挺，郃陽人；第三十四名：李世泰，富平人；

第三十五名：杜子偉，山陽人；第三十六名：趙鼎銘，富平人；

第三十七名：王永威，榆林人；第三十八名：宋琦，咸寧人；

第三十九名：宋之琦，城固人；第四十名：任琬，永壽人；

第四十一名：褚揚，郃陽人；第四十二名：王發政，西安人；

第四十三名：李玉璋，盩厔人；第四十四名：李□□，富平人；

第四十五名：王秉哲，富平人；第四十六名：郝名臣，延川人；

第四十七名：都堯封，涇陽人；第四十八名：馬文，紫陽人；

第四十九名：龐懷，涇陽人；第五十名：王庭珍，潼關人。

題名之例何昉乎？按，曲江池，開元中改鑿為勝地，其南有紫雲樓、芙蓉苑，其西有杏園、慈恩寺，煙水明媚，花卉環周，唐時進士錫宴於此。春風得意，簫鼓畫船，極一時之盛游焉。而韋肇初第，偶題其名於慈恩雁塔之壁，於時觀者艷之。其後相沿，遂為故事，迄今舉於鄉者，率亦因之不廢。□國家鹿鳴、鷹揚并舉，文士得續前游，而武獨缺如，非所□□□桓之氣而廣儲材於咸宜也。餘辱沒有事茲土，冬闈既竣，因大集諸子，兼諸同秀，即薦福雁塔賦詩、載酒，復接前座，濟濟鏘鏘，如見開元、天寶之舊矣。酒半，進諸子而告之曰："諸子知名之所自始乎？夫名者，實之賓也，君子顧名思義，每恥過情之譽，而踐履必返諸世。聲弘者實大，影端者表隨，蓋嘗要其成而論足之，故命名為實之間不可不謹也。且夫名者不翼而飛，不可以有□求，不可以力強致。泰山之雲觸石而起，膚寸而合，不崇朝而遍天下，斯名之所自遠乎！故君子致身，有一時之名，有一世之名，有千秋不易之名焉。今諸子各效其技術，能獲舉於鄉，則名在一時矣。他日感會風雲，擁旄萬里，苴茅分虎，勒之鐘鏞，則名在一世矣。若夫得臣尚在，城濮雖勝而憂；孟明既歸，先軫臨朝而唾。郲都木偶，射者猶驚；汾陽免胄，敵人罷鋒。或能寒寇膽，或能止兒啼，或能屹然，如樹一國之有防。莫不銘功太常，垂聲竹帛，斯非千秋不易者乎而何？莫非今日之名為之權輿也？若夫侈一時之榮，誇耀閭里，固非餘所望於諸子，諒亦非諸子所以自期矣。"

康熙二十六年臘月下浣正泰視學使者泚水許孫荃四山氏撰并書丹

二、題記考釋

題記内容較多,依次分爲"小引"、許孫荃兩段《示諸生勵志詩》、三位武舉題詩、後記。除了三位武舉的詩作,其餘詩文均爲許孫荃所作。許孫荃爲康熙九年進士,康熙九年夏四月,"諭吏部、選拔庶常、原以作養人才。今科進士、特加簡閱、取中李光地……許孫荃、祖文謨、李臬、朱典、李振裕、吳本立、劉恒祥、張鵬翮、孔興釴、德赫勒、牛紐、李玠、博濟、李夢庚、沈獨立等二十七員,俱著改爲庶吉士。教習滿書"。①康熙十一年閏七月丁酉,許孫荃開始任職,"諭吏部、庶吉士李錄予等、學習已久。今加考試、應分別授職。……許孫荃、劉恒祥、吳本立俱著以部員用"。②康熙十七年七月庚申,"刑部員外郎許孫荃、爲山西鄉試正考官"。③康熙二十三年四月癸巳,"以户部郎中許孫荃爲陝西按察使司僉事、提調學政"。④

題記第一段"小引",即簡短説明,許孫荃以駢文的形式抒發了對武科鄉試的感慨。"暢月"即冬十一月。"雋"即中式、中選。"星分井絡","井絡"指井宿區域,在西北隅。中國古代天文學家根據天空星宿的位置,劃分地面上相應的區域,稱爲星宿分野。井宿的分野,專指岷山,有時也泛指蜀地。岷山位於甘肅南部,爲廣義秦嶺的西部,陝西大部分地區的星宿分野屬於井絡。雍州一般指秦晋黄河至甘肅河西走廊一帶,梁州包括漢中盆地和四川盆地,"地居雍梁",指陝西横跨雍州和梁州之地。"披三代之興圖,漁釣蔚爲佐命",指姜太公掌握着軍事、治國謀略,在渭水垂釣最終輔佐周武王滅商。"二南"指《詩經》中的《周南》《召南》,周南是周公統治下的南方地域,召南是召公統治下的南方地域。"考二南之句服",指考證周公、召公所統治的南方地域。"兔罝"指勇猛的武士,典出《詩經》:"肅肅兔罝,椓之丁丁。赳赳武夫,公侯干城。"《駟鐵》《車鄰》,是《詩經·秦風》中的兩首,多雄奇之氣。《詩經》中的《兼葭》,多慷慨之懷。作者通過以上文字表達了對陝西古代深厚歷史文化的由衷贊嘆。

"屬",連續之意,時節快到初春。"空冀北之群,千屯色別",出自唐代韓愈的《送温處士赴河陽軍序》:"伯樂一過冀北之野,而馬群遂空。"伯樂相盡良馬,意指自己作爲考官將優秀的人才全部選拔。"奮圖南之翮,七萃鋒飛","圖南"《莊子集釋》卷一上《内篇·逍遥

---

① 《清實録》卷三三《聖祖實録》,北京:中華書局,1985年,第443頁。
② 《清實録》卷三九《聖祖實録》,第527頁。
③ 《清實録》卷七五《聖祖實録》,第966頁。
④ 《清實録》卷一一五《聖祖實録》,第200頁。

游》:"〔鵬〕摶負青天……而後乃今將圖南。""圖南"謂南飛,南征。後遂以"圖南"等比喻人的志向遠大。以前文字記述鄉試結束後,到城南薦福寺訪游,看到小雁塔,并描述了城南包括曲江、慈恩寺在内的景色。其中提及"鷹揚"指爲武舉舉辦鷹揚宴,"鹿鳴"指爲文舉鹿鳴宴。

第二段許孫荃以五言詩的形式抒發了在薦福寺小雁塔立題名碑的過程、景緻和感受以及對武舉們的期許。康熙二十三年的初雪,許孫荃和武舉們來到薦福寺,登小雁塔。與武舉們的雅集,直追文舉鹿鳴宴的盛景,又有司馬相如《封禪頌》中游靈畤時的感受。關中、黃河風景壯麗,民風雄渾剛勁。武舉們亦文亦武,躊躇滿志,祝願武舉們繼續努力,成爲國家棟梁。

第三段是許孫荃的《示諸生勵志詩》,將典故處略加考釋。"采薇"是《詩經·小雅》中的一首詩,表達了作者士兵從征獫狁的艱苦和返回的思家之情。"天保"也是《詩經·小雅》中的一首詩,表達了臣子對君上的祝福。武舉們都是秦人,遂回顧秦地歷史上的名將。"西塞通金城,南征入交趾",指馬援,助劉秀平定西北,南征交趾,平定徵側、徵貳的叛亂;"空國出師"指王翦,王翦率60萬秦軍攻楚,"王翦行,請美田宅園池甚衆……或曰:'將軍之乞貸亦已甚矣。'王翦曰:'不然。夫秦王怚。而不信人。今空秦國甲士而專委於我,我不多請田宅爲子孫業以自堅,顧令秦王坐而疑我矣'"。① "椎牛饗士"指魏尚,"魏尚爲雲中守,其軍市租盡以饗士卒,出私養錢、五日一椎牛,饗賓客、軍吏、舍人,是以匈奴,不近雲中之塞"。② "六花入門"指唐李靖。"此即九軍陣法也。至隋韓擒虎深明其法,以授其甥李靖。靖以時遇久亂,將臣通曉者頗多,故選六花陣以變九軍之漢,使世人不能曉之。大抵八陣即九軍,九軍者方陣也。六花陣即七軍,七軍者圓陣也。"③ "没石飲矢"指漢李廣,"廣出獵,見草中石,以爲虎而射之,中石没鏃,視之石也"。④ "自强大劍中,不若毛錐子","語出《舊五代史》,弘肇曰:"安朝廷,定禍亂,直須長槍大劍,若'毛錐子'安足用哉?"三司使王章曰:"無'毛錐子',軍賦何從集乎?"⑤ 毛錐子指毛筆,代指文吏,在許孫荃看來,文吏更重要,武舉雅集更有價值。

第三名武舉田毓珣所作律詩,"細柳",指細柳營,是指周亞夫當年駐扎在細柳的部隊。"長揚","長楊宮"的簡稱。漢揚雄《長楊賦》:"振師五柞,習馬長楊。""稷下"指戰國齊國的學宫,養士極多。"漢田郎"指東漢尚書郎田鳳。漢趙岐《三輔決録》卷二:"長陵田鳳,字季

---

① 司馬遷撰:《史記》卷七三《王翦傳》,北京:中華書局,1975年,第2340頁。
② 《史記》卷一〇二《馮唐傳》,第2758頁。
③ 脱脱撰:《宋史》卷一九五《兵九》,北京:中華書局,1977年,第4866頁。
④ 《史記》卷一〇九《李將軍傳》,第2871頁。
⑤ 薛居正撰:《舊五代史》卷一〇七《漢書九·史弘肇傳》,北京:中華書局,1976年,第1406頁。

宗,爲尚書郎,儀貌端正,入奏事,靈帝目送之,因題殿柱曰:'堂堂乎張,京兆田郎。'"後因以"田郎"爲稱美郎官、侍臣的典故。第六名武舉王基、第十二名武舉任方華所作的律詩,少有典故,不做考釋。

題記最後一段,許孫荃回顧了雁塔題名的起源。雁塔題名始於曲江宴飲後的偶然行爲,"而韋肇初第,偶題其名於慈恩雁塔之壁,於時觀者艷之。其後相沿,遂爲故事"。雁塔題名最早始於哪位進士,文獻記載不一。《太平廣記》載:"慈恩題名,起自張莒,本於寺中閒游而題同年,人因爲故事。"①《劉賓客嘉話錄》云:"張莒及進士第,閑行慈恩寺,因書同年姓名於塔壁,後以爲故事。"②《嘉慶戊午科陝西鄉試題名碑》載:"考唐時中第者,偶游慈恩寺,題其同年姓氏,後因踵爲故事。或以爲始張莒,或以爲始韋肇。然皆進士科,非鄉舉也。"③李裕民的《雁塔題名研究》一文,④論述雁塔進士題名起源於張莒。

許孫荃最後指出,留名有一時之名、一世之名、千秋不易之名,勉勵武舉繼續努力,爭取留千秋不易之名。武舉乃一時之名,他日若爲統兵將領,則爲一世之名。千秋不易之名者,建有重大戰功,成爲國防強大的標志性人物,許孫荃例舉四人,多用典故,略加考釋。"若夫得臣尚在,城濮雖勝而憂。"晋文公在城濮之戰打敗楚軍,晋軍歡呼,只有晋文公不太高興,左右問何故,晋文公說,楚軍雖敗,但其主帥子玉得臣尚在,不能放鬆警惕。"臣聞楚有子玉得臣,文公爲之仄席而坐",師古曰:"子玉,楚大夫也,得臣其名也。《春秋》僖二十八年,子玉帥師與晋文公戰於城濮,楚師敗績。晋師三日館穀,而文公猶有憂色,曰:'得臣猶在,憂未歇也。'及楚殺子玉,公喜而後可知也。"⑤"孟明既歸,先軫臨朝而唾。"秦國派孟明視、西乞術、白乙丙三人率軍偷襲鄭國,由於意圖暴露,中途返回,經過晋國。晋軍截擊秦軍,大戰於殽,全殲秦軍,三員秦將都成了俘虜,這就是殽之戰。晋襄公的母親是秦國人,對襄公說,秦穆公要殺那三員秦將。晋襄公把孟明視等三人放回了秦國,被秦國國君釋放。先軫得知消息後,指責晋襄公聽信婦人之言,放虎歸山,竟當着晋襄公的面,吐在地上。"郅都木偶,射者猶驚",指雁門太守郅都,"匈奴素聞郅都節,居邊,爲引兵去,竟郅都死不近雁門。匈奴至爲偶人象郅都,令騎馳射,莫能中,見憚如此"。⑥"汾陽免冑,敵人罷鋒",指 765 年郭子儀單騎入回紇大營,化敵爲友,共擊吐蕃,穩定了西北局勢。

---

① 李昉等編:《太平廣記》,北京:中華書局,1986 年,第 1991 頁。
② 韋絢著,陶敏、陶紅雨校注:《劉賓客嘉話錄》,北京:中華書局,2019 年,第 88 頁。
③ 《嘉慶戊午科陝西鄉試題名碑》,現藏西安市大雁塔保管所。
④ 李裕民:《雁塔題名研究》,《長安大學學報》(社會科學版)2010 年第 2 期,第 1—7 頁。
⑤ 班固撰:《漢書》卷七〇《陳湯傳》,北京:中華書局,1975 年,第 3021 頁。
⑥ 《史記》卷一二二《酷吏傳》,第 3133 頁。

題名譜碑的所有文字爲許孫荃撰并書,落款時間爲"康熙二十六年臘月下浣",即臘月下旬。題記首句有"丁卯暢月,集武闈考雋諸子薦福寺雁塔題名小引"。"暢月"爲十一月,從與武舉在薦福寺雅集到書丹,歷時一月左右。作詩的武舉不止此三人,何以此三位武舉詩作入題名碑?清代小雁塔武舉題名碑非官方行爲,由武舉們集資而成,可能此三位出資較多之故。

三、武舉考釋

與文學性較強的題記比較,50 名武舉及籍貫則透漏出更多的歷史信息。

1. 題名缺字考

碑中武舉缺字,據康熙二十六年《陝西武鄉試錄》載,第二十二名武舉的原名爲"杜振龍",第二十五名胡公杰的籍貫爲"涇陽縣",第四十四名武舉的原名爲"李樸"。①

2. 武舉事迹考

經考證,50 名武舉均無官職,也未有武進士,進一步的信息不多。光緒《高陵縣志》載:"康熙丁卯科二人。劉霈,字起雲,東吳里人。陳爾璋,見人物。"②第二十八名武舉陳爾璋,光緒《高陵縣志》亦有記載:"陳爾璋,郭下里人,有膂力,善騎射,中康熙丁卯科武舉。生平倜儻豪俠,族裏有紛爭,據理排解,仳離者完聚之。歲荒,有樊姓者鬻其子於市,爾璋如數與之,養其子於家三年。比歲稔,還之。子清蘭、熙蘭俱庠生。"③

乾隆《三原縣志》載:"康熙丁卯科,賀宮彦、李偉然、張愷、王發政。"④王發政是第四十二名武舉,碑中籍貫爲西安人,確切說是西安府三原縣人。該科舉人籍貫全部爲縣,王發政可能沒有出資立碑,不清楚其籍貫,也可能已經在西安定居。咸豐《澄城縣志》載:"張允美,明通州參將操子,康熙二十六年丁卯科。"⑤第十三名武舉張允美的父親爲明通州參將張操。

乾隆《朝邑縣志》載:"康熙丁卯,侶成彦,字俊卿。"⑥道光《紫陽縣志》載:"馬文,字彬

---

① 中國第一歷史檔案館膠捲檔案藏:《康熙二十六年陝西武鄉試錄》,檔案號:試 0870-鄉 0902,第 15—17 頁。
② 程維雍修、白遇道纂:《高陵縣續志》卷六《武舉》,光緒十年(1884)刻本,第 38 頁。
③ 《高陵縣續志》卷五《武舉》,第 14 頁。
④ 劉紹攽纂:《三原縣誌》卷五《武舉》,乾隆四十八年(1783)刻本,第 27—28 頁。
⑤ 金玉麟修、韓亞熊纂:《澄城縣志》卷十《武舉》,咸豐元年(1851)刻本,第 11 頁。
⑥ 金嘉琰、朱廷模修,錢坫纂:《朝邑志》卷九《武舉》,乾隆四十五年(1780)刻本,第 17 頁。

侯,中式康熙己酉科。"①《紫陽縣志》載:"己酉"爲"丁卯"之誤。

3. 武舉籍貫研究

50 名武舉籍貫,按今地市統計,渭南市 15 名:富平 5、郃陽 4、韓城 2、朝邑 1、澄城 1、蒲城 1、潼關 1;西安市 11 名:長安 4、咸寧 2、高陵 2、西安 1、鄠縣 1、盩厔 1;咸陽市 10 名:涇陽 5、三原 3、三水(旬邑)1、永壽 1;榆林市 4 名:榆林 3、米脂 1;商洛市 4 名:山陽 2、鎮安 1、商南 1;延安市 3 名:延安 2、延川 1;漢中市 2 名:勉縣 1、城固 1;安康市 1 名:紫陽 1。

渭南市武舉數量全省領先,不獨此科。清乾隆四十五年陝西武鄉試 50 名武舉,渭南以 19 名武舉與西安市并列第一。② 道光十一年陝西武鄉試中,陝西籍武舉 50 名中,渭南市以 17 名武舉遠超西安市 11 名。陝西近代傑出的軍事人才多出於渭南地區,如楊虎城、習仲勛等,與當地尚武之風不無關係。③ 武鄉試需要自備馬匹、衣物等,需要一定的經濟基礎。以縣域論,涇陽縣以 5 名之多與富平縣并列,反映出清代陝西經濟中心涇陽、三原一帶較强的經濟實力,對武鄉試的支持作用不容低估。

4. 陝西武舉額數的演變

《欽定大清會典事例》康熙二十六年武科鄉試額數覆準:"陝西二十名,甘肅二十名。"④通過康熙二十六年陝西丁卯武鄉試題名譜碑,該科武舉 50 名,并不是 20 名。

雍正《陝西通志》載:"會典順治二年題準西延漢鳳及榆林鎮武生載西安府鄉試,凡解額歷年多寡不等。康熙二十三年甲子科鄉試,西安四十名。武場條例武場原額,甘屬取中四十名,陝屬取中五十名,康熙二十九年部諮庚午科甘陝武闈照文闈例,各取二十名。"⑤可見,《欽定大清會典事例》康熙二十六年武科鄉試額數覆準陝西額數 20 名,應是該科武科鄉試結束後康熙二十六年年底的規定,陝西武科鄉試額數 20 名是從康熙二十九年開始執行的。

---

① 陳僅、吴純修,楊家坤、曹學易纂:《紫陽縣志》卷五,道光二十三年(1843)刻本,第 10 頁。
② 葛天:《乾隆四十五年陝甘武闈題名碑考釋》,《文博》2019 年第 3 期,第 66 頁。
③ 葛天:《道光十一年陝西武闈題名碑考釋》,《陝西歷史博物館論叢》(2019 年總 26 輯),西安:三秦出版社,2019 年,第 201—202 頁。
④ 昆岡編:《欽定大清會典事例》卷七一六《兵部》,北京:中華書局,1991 年,第 899 頁。
⑤ 劉於義等修,沈青崖等纂:《敕修陝西通志》卷三三《選舉四》,西安:三秦出版社,2014 年,第 17—18 頁。

四、結　語

　　題記中述及雁塔題名的起源、該科題名碑從雅集到書丹的過程，反映出小雁塔武舉題名的私人集資性質。該科陝西武舉，渭南以 15 名與西安并列第一。不獨此科，渭南武舉數量在清代陝西武鄉試中多次超越西安。陝西近代杰出的軍事人才多出於渭南地區，如楊虎城、習仲勛等，與當地尚武之風不無關係。康熙二十六年陝西武舉題名譜碑，反映了清代陝西武舉人數由 50 名降至 20 名，是從康熙二十九年開始實行的。

【作者簡介】葛天，西安博物院副研究館員，主要從事博物館、文獻學研究。

域外漢籍研究

早稻田大學圖書館藏《百家姓列國古人名》校注

胡耀飛　朱津萱

《百家姓》是中國優秀童蒙讀物之一，自北宋初年於吳越國區域誕生以來，流傳千年，吟誦不絕。在《百家姓》的基礎上，也產生了許多衍生文獻，是爲《百家姓》作爲蒙書的影響力之明證。① 而這些衍生文獻的流傳則不僅限於中國，也遍及整個東亞，日本早稻田大學圖書館即藏有五種《百家姓》衍生文獻。這五種《百家姓》衍生文獻分別是：《百家姓列國古人名》《十字百家姓》《同音百家姓》《歪講百家姓》《太平歌詞百家姓》。對此，雖然早稻田大學圖書館網站已公布這五種文獻的掃描件，但尚無專文予以整理，故筆者選取其中《百家姓列國古人名》一種，擬在校錄文本的基礎上，進行簡潔而必要的校注工作，以便於學界利用。

早稻田大學圖書館藏《百家姓列國古人名》（七字《百家姓》）收錄於一種石印本的蒙書合集中。該書爲八種蒙書合爲一册，上海錦章書局石印出版，時間不詳。早稻田大學圖書館所藏本著録爲"地理圖：他七種"（請求記號：文庫 19 F0400 Z0816），封面有"徐海昌"陽文朱印和"徐海昌"黑色筆迹，可知其最初的所有者名爲徐海昌，生平不詳。② 該本是日本民俗學家澤田瑞穗（1912—2002）於二十世紀四十年代在華搜集品，先入藏其本人的風陵書屋，後贈予早稻田大學圖書館以他書齋命名的風陵文庫。③

---

* 本文爲國家社科基金重大項目"中國童蒙文化史研究"（項目編號：16ZDA121）階段性成果。
① 關於《百家姓》衍生文獻的梳理，可參考王建霞：《〈百家姓〉沿革及其衍生文獻研究》，内蒙古師範大學碩士論文，2015年。筆者也曾就此進行過初步的研究，參見胡耀飛：《吳越國文獻〈百家姓〉的成書與流傳》，王長金、肖碧蓮主編：《吳越家聲陌上花——第三届吳越錢王文化論壇論文集》，杭州：浙江工商大學出版社，2021年，第156—163頁。
② 早稻田大學圖書館古籍綜合數據庫（古典籍總合データベース）已開放該本掃描件下載，地址：https://www.wul.waseda.ac.jp/kotenseki/html/bunko19/bunko19_f0400_z0816/index.html.
③ 關於澤田瑞穗的民俗曲藝文獻收藏，參考楊慧：《風陵文庫目録與澤田瑞穗的戲曲收藏》，《蘭臺世界》2017年第13期，第113—117頁；陳安梅、梁影：《澤田瑞穗的中國説唱文學文獻收藏及研究》，《常熟理工學院學報》2021年第6期，第1—4頁。

該本封面包括八種蒙書的書名,有些書名與內文有差,分別是:《地里圖》(內文《地里甾》)、《漁樵耕讀》(內文同)、《姜太公賣麵》(內文《百忍甾姜太公賣麵》)、《評演三字經》(內文同)、《十個字古人名》(內文《古人名十個字秧歌》)、《念喜歌》(內文《念喜歌詞》)、《唐二主探病》(內文同)、《七字百家姓古人列》(內文《百家姓列國古人名》)。其中,封面的《七字百家姓古人列》似乎被該本早期主人徐海昌所增補一個"國"字,則其書名在封面爲《七字百家姓古人列國》,內文則爲《百家姓列國古人名》。王建霞因其七字爲句,直接稱之爲《七字百家姓》,不妥。① 因封面上的書名爲符合封面編排設計而定,大多與內文的正式題目有所不同。故本文稱之爲《百家姓列國古人名》,又因其爲錦章書局石印出版,可稱之爲錦章書局石印本《百家姓列國古人名》,簡稱"錦章本"。

在早大藏錦章本之外,另有真正以《七字百家姓》命名者,比如東京大學東洋文化研究所藏四種《歷代古人名七字百家姓》,東京大學東洋文化研究所所藏漢籍善本全文影像資料庫的索書號統一爲"雙紅堂-戲曲-189"。② 這四種除了封面稍有不同,內容和版式基本一致。王建霞分別編號爲東1、東2、東3、東4,并予以描述版本信息。③ 根據東4本封面有"致文堂新刻",而東1、東2本封面有"堂存板"三字,知其爲致文堂刻本,本文稱之爲致文堂刻本《歷代古人名七字百家姓》,簡稱"致文本"。此外,中國國家圖書館古籍館藏有一種《七家百家姓》,據王建霞對比,與東京大學所藏基本相同,僅後者"崔丘環",前者作"崔玉環"。④ 今併入"致文本",稱之爲"致文本"(國圖藏)。

關於錦章本與致文本之別,王建霞以致文本爲準,將錦章本中異文予以列出。但整體而言,錦章本更爲押韵,致文本頗不協調。故本文整理,以錦章本爲底本,校以致文本,略加注釋。其中正文仿宋體,校注宋體字。校記用[1]、[2]排序,注文用[一]、[二]排序。

《百家姓列國古人名》

趙錢孫李李存孝[一],周吳鄭王王彥章[二]

注[一]:李存孝(858—894),五代後唐名將,本名安敬思,爲晉王李克用養子,《舊五代

---

① 王建霞:《〈百家姓〉沿革及其衍生文獻研究》,第27—28頁。
② 檢索網址:http://shanben.ioc.u-tokyo.ac.jp/list.php。
③ 《〈百家姓〉沿革及其衍生文獻研究》,第29—31頁。
④ 中國國家圖書館所藏未見原書,相關信息得自《〈百家姓〉沿革及其衍生文獻研究》,第29頁。其在中國國家圖書館文津搜索的頁面爲 http://find.nlc.cn/search/showDocDetails? docId=3216898601413380798& dataSource=ucs01。

史》卷五三有傳。後世形象多見於話本小説,故爲世人熟知。①

注[二]:王彥章(863—923),五代後梁名將,《舊五代史》卷二一、《新五代史》卷三二皆有傳。後世形象多見於話本小説,故爲世人熟知。李存孝與王彥章,皆五代名將而入宋元話本者,姓氏又契合"趙錢孫李"和"周吳鄭王"兩句末字,故列於此,朗朗上口。

  馮陳褚衛衛老將[1][一],蔣沈韓楊楊四郎[2][二]

校[1]:"衛老將",致文本作"陳有亮"。
校[2]:"楊四郎",致文本作"楊六郎"。
注[一]:衛老將,不詳何人。唐宋時期并無知名衛姓人物,疑指西漢將領衛青,或泛指唐代諸衛大將軍。致文本所謂陳有亮,亦不知其人。元末有割據勢力漢王陳友諒(1320—1363),疑指此人也。
注[二]:楊四郎,當即宋元以來楊家將小説中的楊業(?—986)四子楊延輝,在其中有重要情節,爲世人所熟知,但歷史上并無此人。② 致文本所謂楊六郎,則爲楊業六子楊延昭(958—1014),亦爲楊家將小説中著名人物形象,原型爲歷史上同名人物,且實爲楊業長子。

  朱秦尤許秦叔寶[一],何呂施張張子房[1][二]

校[1]:"張子房",致文本作"呂純陽"。
注[一]:秦叔寶,即隋末唐初名將秦瓊(?—638),凌烟閣二十四功臣之一,《舊唐書》卷六八、《新唐書》卷八九皆有傳。後世形象多見於隋唐之際相關通俗小説,且與尉遲敬德(585—658)并稱,爲民間常見兩位門神之一,故爲世人熟知。③
注[二]:張子房,即漢初丞相張良(?—前186),《史記》卷五五《留侯世家》《漢書》卷四〇皆有傳。與韓信(?—前196)、蕭何(?—前193)并稱"漢初三傑",且以爲圯上老人黄石公拾履的故事而爲人所知。致文本所謂吕純陽,則爲五代宋初隱士,後位列八仙之

---

① 樓含松:《李存孝形象與五代史故事的傳播——兼論古代通俗小説的文人化》,《浙江大學學報》(人文社會科學版)2005年第4期,第159—166頁;王慧:《從"逆將"到"義將"——李存孝傳説的形成演變研究》,山西大學碩士論文,2014年。
② 陳小林:《試論楊四郎故事的形成》,《山西師大學報》(社會科學版)2008年第5期,第83—85頁。
③ 王隽:《從凌烟閣功臣像到門神畫——秦叔寶、尉遲恭藝術形象的演變》,《名作欣賞》2021年第3期,第19—22頁。

一,初現於宋人筆記小説和元代雜劇,亦爲世人熟知。①

孔曹嚴華[1]曹孟德[一],金魏陶姜金玉鑲[2][二]

校[1]:原文作"黄",致文本作"華",王建霞未出异文。因下文有"黄",故此當作"華"。
校[2]:"金玉鑲",致文本作"金五香"。
注[一]:曹孟德,即魏太祖曹操(155—220),見《三國志》卷一《魏書·武帝操》。曹操爲宋元話本和明清小説三國故事的重要人物,世人耳熟能詳。
注[二]:金玉鑲,疑非人名,而爲押韻而添詞,致文本所謂金五香亦同。

戚謝鄒喻謝應登[1][一],柏[2]水寶章柏年長[3][二]

校[1]:"謝應登",致文本作"鄒再第"。
校[2]:"柏",致文本作"栢",俗寫之别,實即一字。
校[3]:"柏年長",致文本作"栢文連"。
注[一]:謝應登,或作謝映登,爲隋唐之際相關通俗小説《説唐全傳》《興唐傳》中的瓦崗寨將領,據説原型爲隋末道士。致文本所謂鄒再第,則見於清代小説《二度梅全傳》,爲河北大名府士紳。據考證,《二度梅全傳》成書於乾隆中期,則此"鄒再第"的出現亦當在其後。②
注[二]:柏年長,疑非人名,而爲押韻之用。柏同百,因百年爲長,故名也。致文本所謂栢(柏)文連,則見於清代小説《粉妝樓》,該書號稱《隋唐演義》續書,然書中官制全非唐官,栢文連亦屬虛構。

雲蘇潘葛蘇小妹[一],奚范彭郎范百祥[1][二]

校[1]:"范百祥",致文本作"范杞良"。
注[一]:蘇小妹,民間傳説中蘇軾(1037—1101)的妹妹,實無其人。但在明清小説中

---

① 關於吕洞賓的生活年代,參考李裕民:《吕洞賓考辨——揭示道教史上的謊言》,《山西大學學報》(哲學社會科學版)1990年第1期,第50—57頁。
② 《二度梅全傳》成書時間,參考張文德:《王昭君故事傳承與嬗變》,南京師範大學博士論文,2004年,第90—91頁。

常見其形象,爲秦觀之妻。①

注[二]:范百祥,疑非人名。不過致文本"范杞良"當指孟姜女哭長城傳説中孟姜女之夫范杞梁,相關文本流傳與學術研究十分繁盛。② 只是據魏建功(1901—1980)研究,早期傳説中范杞梁僅名"杞梁","范"字前綴并成爲其姓氏始自宋元,爲"杞"→"犯"→"范"形訛所致。③

魯韋昌馬魯子敬[一],苗鳳花方花振芳[1][二]

校[1]:"花振芳",致文本作"花木蘭"。

注[一]:魯子敬,即漢末吴人魯肅(172—217),字子敬,孫權謀士,《三國志》卷五四有傳。亦爲明清小説《三國演義》中重要人物。④

注[二]:花振芳,清中期武俠小説《綠牡丹》中人物,爲主人公之一花碧蓮之父,身份爲旱地響馬。《綠牡丹》爲較獨立之小説,雖然時間背景設定爲武周時期,但并無前代故事作爲前身,在宋元話本中基本没有雛形故事,屬於小説作者獨立創作而成。⑤ 不過筆者感覺,花碧蓮或許其原型爲致文本所謂花木蘭,兩者都是北朝隋唐背景下的女中豪杰。關於花木蘭的研究,史不絶書,此處從略。

俞任袁柳柳下惠[1][一],酆鮑史唐唐明皇[2][二]

校[1]:"柳下惠",致文本作"袁成業"。

校[2]:"唐明皇",致文本作"鮑賜安"。

注[一]:柳下惠,即春秋時展獲,字子禽,魯國人,以守信聞名。致文本所謂袁成業,不知其詳。

注[二]:唐明皇,即唐玄宗李隆基(685—762),因開元天寶盛世而爲人所稱贊,亦因引

---

① 關於蘇小妹文學形象的最新研究,參見王曉南:《蘇小妹故事文本演變及其文化内涵》,《天中學刊》2014年第4期,第17—20頁。
② 陳華文、孫希如:《孟姜女傳説研究綜述》,《吕梁學院學報》2011年第6期,第1—8頁。
③ 魏建功:《杞梁姓名的遞變與哭崩之城的遞變》,《孟姜女故事論文集》,北京:中國民間文藝出版社,1983年,第40—41頁。另可參考任會斌:《"杞梁"初考》,《南方文物》2019年第3期,第195—198頁。
④ 關於魯肅人物形象的演變,可綜合參考柯昌勛:《魯肅形象的演變與傳播》,陝西理工學院碩士論文,2014年;紀建秋:《〈三國演義〉中魯肅形象演變史》,渤海大學碩士論文,2019年。
⑤ 董国炎、徐燕:《論〈綠牡丹〉在俠義小説發展史上的價值》,《明清小説研究》2009年第2期,第307—316頁。

起安史之亂而爲人所詬病,更因與楊貴妃(719—756)的愛情而爲人所傳頌,故後世戲曲、小説多有其形象。此外,唐玄宗本人也好梨園,故後世梨園子弟奉爲祖師,人所共知。①致文本所謂鮑賜安,爲《緑牡丹》中緑林好漢。

費廉岑薛薛仁貴[一],雷賀倪湯湯振光[1][二]

校[1]:"湯振光",致文本作"倪守千"。
注[一]:薛仁貴(614—683),唐前期名將,《舊唐書》卷八三、《新唐書》卷一一一有傳。因征遼東事,又爲後世小説《薛仁貴征東》《薛剛反唐》等所描寫。②
注[二]:湯振光,不知其詳。致文本所謂倪守千,亦不知其詳。

滕殷羅畢羅士信[一],郝鄔[1]安常常開江[二]

校[1]:原文作"烏",致文本作"鄔",王建霞未出异文。因下文有"烏",故此當作"鄔"。
注[一]:羅士信,隋末唐初武將,《舊唐書》卷一八七、《新唐書》卷一九一有傳。亦爲後世隋唐背景小説人物之一。
注[二]:常開江,不知其詳。

樂于時傅于得水[一],皮卞齊康康玉良[1][二]

校[1]:"康玉良",致文本作"齊繼光"。
注[一]:于得水,疑非人名,乃諧音"如魚得水",即《三國演義》第四十三回所謂"幸得先生,以爲如魚得水"也。
注[二]:康玉良,不知其詳。致文本所謂齊繼光,疑諧音明代抗倭名將戚繼光。不過戚繼光雖有盛名,多因近代以來抗日背景下所凸顯。就明清兩代而言,民間關於戚繼光的傳説雖多,但寫入小説或戲曲的非常少,僅有模仿自楊家將"轅門斬子"的虛構情節閩劇

---

① 關於唐代梨園,可以參考王立:《歡娱的巔峰:唐代教坊考》,北京:新星出版社,2015年;張丹陽:《唐代教坊考論》,北京:中國社會科學出版社,2020年。
② 關於薛仁貴故事在後世的流傳,可參考張連慧:《元明清時期薛仁貴故事的生長研究》,杭州師範大學碩士論文,2016年。關於薛仁貴的歷史研究,可參考黃約瑟:《薛仁貴》,西安:西北大學出版社,1995年;再版,石家莊:河北教育出版社,2020年。

"戚繼光斬子"等。①

　　　　伍余元卜伍子胥[一]，顧孟平黄黄丁香[二]

注[一]：伍子胥，春秋晚期楚國大夫，因奔吴敗楚而爲後世所熟知，并通過變文、話本、小説等深入人心。②

注[二]：黄丁香，疑非人名，而是一味中藥，此處用以押韵。

　　　　和穆蕭尹穆懷古[一]，姚邵湛汪老姚綱[1][二]

校[1]："綱"，致文本作"岡"。

注[一]：穆懷古，當指明代嘉靖年間的莫懷古，與嚴嵩不合而遭陷害，昆曲、京劇《一捧雪》中人物。③

注[二]：老姚綱，當指豫劇《姚剛征南》中的姚剛。

　　　　祁毛禹狄狄東美[一]，米貝明臧明東方[1][二]

校[1]："明東方"，致文本作"米元章"。

注[一]：狄東美，當指評書《呼楊合兵》（又名《三下南唐》《楊家神槍》）中的狄青形象，在該評書中，狄青字棟美。該評書據説爲民國初年天津藝人王德鈞虚構創作，但其内容應有前輩藝人初稿。④ 事實上，歷史上的北宋將領狄青（1008—1057），其字漢臣，《宋史》卷二九〇有傳。

注[二]：明東方，疑非人名，而是指東方明亮之意。致文本所謂米元章則指米芾（1051—1107），字元章，北宋書畫名家，《宋史》卷四四四有傳。

　　　　計伏成戴成君禄[一]，談宋茅龐宋金剛[1][二]

---

① 楊輒：《戚繼光斬子説不能成立》，《東北師大學報》1988 年第 5 期，第 32—34 頁。
② 相關研究可參考付朝、劉慶俊：《改革開放以來伍子胥研究述評》，《孫子研究》2016 年第 3 期，第 91—97 頁；陳宇：《近三十年來伍子胥研究綜述》，《江蘇地方志》2021 年第 3 期，第 32—35 頁。
③ 關於《一捧雪》的版本，參考李曉麗：《李玉戲曲作品版本研究》，山西師範大學碩士論文，2020 年，第 126—133 頁。
④ 張賀芳、白樹榮整理：《呼楊合兵》，石家莊：花山文藝出版社，1983 年。

校[1]:"宋金剛",致文本作"龐士元"。

注[一]:成君禄,疑非人名,而是指成就(或諧音承,意爲承受)君王俸禄的意思。

注[二]:宋金剛,隋末唐初劉武周部將,常見於隋唐背景話本、小説。致文本所謂龐士元,則指漢末劉備重要謀士龐統(179—214),字士元,《三國志》卷三七有傳。在《三國演義》中,龐統與諸葛亮齊名,所謂"卧龍鳳雛"之"鳳雛",故人習知。

　　熊紀舒屈熊如虎[一],項祝董梁梁滿倉[1][二]

校[1]:"梁滿倉",致文本作"項霸王"。

注[一]:熊如虎,疑非人名,而是一種俗語。

注[二]:梁滿倉,疑非人名,而是諧音"糧滿倉",即指糧食滿倉,五穀豐登之意。致文本所謂項霸王,當指秦漢之際的西楚霸王項羽,《史記》有《項羽本紀》,《漢書》卷三一有傳。

　　杜阮藍閔閔子騫[1][一],席季麻强强自當[二]

校[1]:"閔子騫",致文本作"阮小二"。

注[一]:閔子騫,當指春秋孔子門人閔損,字子騫。致文本所謂阮小二,則指明代小説《水滸傳》中的108將之一立地太歲阮小二。

注[二]:强自當,疑非人名,而是取其義以諧音,即當自强也。

　　賈路婁危賈寶玉[一],江童顔郭郭正邦[二]

注[一]:賈寶玉,即清代著名小説《紅樓夢》主人公,人所熟知,不贅。

注[二]:郭正邦,疑非人名,而是取其義以諧音,或指郭子儀平定安史之亂的扶正邦國行爲。

　　梅盛林刁梅良玉[一],鍾徐邱駱駱賓王[二]

注[一]:梅良玉,當指清代小説《二度梅全傳》主人公梅良玉,小説中爲唐肅宗時人,父親遭宰相盧杞陷害云云,實無原型。①

---

① 關於《二度梅全傳》的相關研究,參考束悦:《清代小説〈二度梅全傳〉研究》,南京師範大學碩士論文,2012年。

注[二]：駱賓王，唐初四杰之一，以文擅長，其《討武曌檄》使其名振四海，《舊唐書》卷一四〇、《新唐書》卷二一四有傳。亦因此，常入唐史背景的明清小説，如長篇小説《緑牡丹》《鏡花緣》，短篇小説集《西湖佳話》等。

高夏蔡田高德玉[1][一]，樊胡凌霍胡延光[二]

校[1]："高德玉"，致文本作"高懷德"。
注[一]：高德玉，不知其詳。金元之際有金軍將領高德玉，見《元史》卷一一九《木華黎傳》，似無關聯。① 致文本所謂高懷德（926—982），則確有其人，爲宋太祖趙匡胤的妹夫，開國功臣，戰功卓著，《宋史》卷二五〇有傳。在後世，則常見於楊家將故事，也有高懷德爲主人公的戲曲如京韵大鼓《懷德别女》等。
注[二]：胡延光，不知其詳。清代嘉慶年間，有蕭山名醫胡延光，專治傷科，似無關聯。

虞萬支柯萬君照[一]，昝管盧莫盧仕郎[二]

注[一]：萬君照，清代戲曲人物，綽號八臂哪吒，見於《武文華總講》，收録於《清車王府藏戲曲全編》。② 此戲原型爲《彭公案》第二十回，其中萬君照作萬君兆。
注[二]：盧仕郎，不知其詳。疑有兩種可能：一是指具有宋代階官中的通仕郎、登仕郎、將仕郎等盧姓人物；一是指唐代門下侍郎、同中書門下平章事盧杞，爲《二度梅全傳》中的奸相形象。

經房裘繆經萬卷[一]，干解應宗解于[1]昌[二]

校[1]："于"，致文本作"子"。
注[一]：經萬卷，疑非人名，而是指家藏經書萬卷之人。
注[二]：解于昌，不知其詳。致文本作解子昌，亦難理解。不過在明清小説中，解子指的是押送犯人到流放地的官差，地位低下，疑解子昌指發達後的解子。

―――――――――
① 宋濂等：《元史》卷一一九《木華黎傳》，北京：中華書局，1976年，第2931頁。
② 黄仕忠主編：《清車王府藏戲曲全編》第十四册《清代戲》，廣州：廣東人民出版社，2013年，第76—88頁。

丁宣賁鄧丁得盛[一],郁單杭洪單天章[二]

注[一]:丁得盛,疑指明代小説《水滸傳》中出現的中箭虎丁得孫。
注[二]:單天章,不知其詳。宋元話本、明清小説中單姓英雄有隋末唐初單雄信和《水滸傳》中的聖水將單廷珪,此處不取此二人名而取單天章,不知爲何。

包諸左石[1]包文正[一],崔吉鈕龔吉慶祥[二]

校[1]:"石",致文本作"右"。據元代八思巴文《百家姓》和清人王相《百家姓考略》,皆作"石"。
注[一]:包文正,指明清公案小説中的包拯(999—1062),北宋名臣,《宋史》卷三一六有傳。不過包拯謚號并非文正,而是孝肅,蓋民間以文臣最高級别的謚號"文正"來表達對包拯的喜愛。①
注[二]:吉慶祥,疑非人名,而是取其義以諧音,即吉慶祥和之類。

程稽邢滑程知節[1][一],裴陸榮翁陸爲黄[二]

校[1]:"程知節",致文本作"程智郎"。
注[一]:程知節(589—665),字義貞,原名程咬金,唐初名將,《舊唐書》卷六八、《新唐書》卷九〇有傳。在後世演義中,常以程咬金爲名出現。② 致文本所謂程智郎,當是"知"常寫作"智","節"訛作"郎"所致。
注[二]:陸爲黄,疑非人名,而是指黄氏起源於陸終。《元和姓纂》卷五"黄"條載:"陸終之後,受封於黄,爲楚所滅,以國爲氏。"③

荀羊於惠於門要[1][一],甄麴[2]家封家萬邦[3][二]

---

① 成蔭:《包拯不是"文正公"》,《中學歷史教學》2014年第9期,第38頁。關於包拯相關的戲曲小説流傳,可參考李永平:《包公文學及其傳播》,北京:中國社會科學出版社,2011年。
② 關於程咬金形象的演變,參見羅書華:《中國傳奇喜劇英雄生成考辨——牛皋、程咬金、焦廷貴》,《明清小説研究》1997年第3期,第110—117頁;孟婕:《從程咬金形象看元明清英雄傳奇嬗變》,《長春大學學報》2018年第9期,第55—59頁。
③ 林寶撰,岑仲勉校記:《元和姓纂(附四校記)》卷五,北京:中華書局,1994年,第606頁;陶敏:《元和姓纂新校證》卷五,瀋陽:遼海出版社,2015年,第222頁。

校[1]:"於門要",致文本作"荀羊子"。
校[2]:"麪",致文本作"麴"。
校[3]:"家萬邦",致文本作"家安邦"。
注[一]:於門要,不知其詳。致文本所謂荀羊子,亦不知其詳。此句荀、羊二姓并現,然無荀羊複姓,故亦不得以"某某子"稱之。若指春秋羊舌子和荀子,亦似無甚關聯,故此存疑。
注[二]:家萬邦,疑非人名,而是指國家萬邦之類的意思以協韵。致文本所謂家安邦亦如此,指保家安邦之類。

芮羿儲靳靳成美[一],汲邘麋松松永康[二]

注[一]:靳成美,疑非人名。成美或指成人之美。
注[二]:松永康,疑非人名。永康或指永遠健康、安康之類。此處靳成美與松永康皆非真有其人或人物形象,而是用"芮羿儲靳"和"汲邘麋松"的末字加上表示美好的兩個字組成一個虛構的美名。

井段[1]富巫富克久[2][一],烏焦巴弓烏正堂[3][二]

校[1]:"段",錦章本作"叚",據致文本改。
校[2]:"富克久",致文本作"段干木"。
校[3]:"烏正堂",致文本作"烏玉堂"。
注[一]:富克久,疑非人名,而是指富貴當須長久之類。致文本所謂段干木,則指戰國時期魏國大夫段干木,據此亦可知錦章本的"叚"即"段"字。
注[二]:烏正堂,不知其詳。致文本所謂烏玉堂,亦不知其詳。

牧隗山谷山雲岫[一],車侯宓蓬侯正綱[二]

注[一]:山雲岫,疑非人名,而是取雲岫出山之義,以附山字。
注[二]:侯正綱,不知其詳。

全鄒班仰全福壽[1][一],秋仲伊宮秋瑞香[二]

校[1]："全福壽"，致文本作"班定遠"。

注[一]：全福壽，并非人名，而是古代酒席上的猜拳游戲。

注[二]：秋瑞香，或指宋代詞牌《秋蕊香》，而非人名。

甯仇欒暴甯長有[1][一]，甘鈄厲戎鈄萬倉[二]

校[1]："甯長有"，致文本作"甯武子"。

注[一]：甯長有，疑非人名，而是指長久擁有之義。若加上甯字，則有安甯（寧）長存之義。致文本所謂甯武子，則是指春秋衛國大夫甯俞。

注[二]：鈄萬倉，疑非人名。鈄爲銅勺，用於酌酒，雖亦姓氏之一，然人口稀少，明清小說未見。因此，所謂鈄萬倉，當以鈄字作動詞用，酌萬倉之糧也。至於在《百家姓》中出現鈄姓，或許與《百家姓》誕生地吳越國有鈄氏人物有關，即忠懿王時期的内衙指揮使鈄滔。①

祖武符劉老劉義[1][一]，景詹束龍龍德江[2][二]

校[1]："老劉義"，致文本作"劉金定"。

校[2]："龍德江"，致文本作"小景方"。

注[一]：老劉義，疑指清代民間故事劉義求子，因多年無子，年紀漸大，故曰老劉義。此故事今有河南墜子《劉義求子》。致文本所謂劉金定，又作劉金錠，爲戲曲小說中的宋初女將。當然，戲曲小說中以金定（金錠）爲名的女將很多，取其堅固之義。②

注[二]：龍德江、小景方，并不知其詳。

葉幸司韶葉視[1]茂[一]，郜黎薊薄郜玉光[二]

校[1]："視"，致文本作"福"。

注[一]：葉視茂，致文本作葉福茂。就用字而言，當以葉福茂爲佳。但無論是葉視茂還是葉福茂，皆不知其詳。頗可一說的是，古代小說葉姓人物稀少，當代武俠網絡文學的

---

① 錢儼：《吳越備史》卷四，傅璇琮等主編：《五代史書彙編》第十册，杭州：杭州出版社，2004年，第6245頁。
② 張潤華：《侃侃那些"金定"女漢子》，《中華魂》2014年第6期，第18—19頁。

主人公却多葉姓。大約古代小説取材多自真實歷史,葉姓人物確實不多,而當代虛構文學不必拘泥於此,故取意象較佳之葉爲姓氏。

注[二]:郤玉光,不知其詳。

　　　　印宿白懷印一品[一],蒲邰從鄂從正江[二]

注[一]:印一品,疑非人名,取一品官印之義乎？
注[二]:從正江,不知其詳。

　　　　索咸籍賴咸加瑞[一],卓蘭屠蒙屠自揚[二]

注[一]:咸加瑞,疑非人名。
注[二]:屠自揚,疑非人名。

　　　　池喬陰鬱喬光福[1][一],胥能蒼雙能定江[二]

校[1]:"喬光福",致文本作"喬国老"。
注[一]:喬光福,不知其詳。致文本所謂喬国(國)老,即《三國演義》中大喬、小喬的父親喬公,因大喬爲江東孫策所娶而被稱爲國老。
注[二]:能定江,疑非人名,取其義以諧音。定江或指平定江南,與北宋平定南唐(李煜因稱臣於北宋而自稱江南國主)有關的戲曲小説所在多有,故用"能"字加"定江"來指稱趙匡胤終能平定江南乎？

　　　　聞莘党翟莘仁義[1][一],譚貢勞逢貢君堂[2][二]

校[1]:"莘仁義",致文本作"老党進"。
校[2]:"貢君堂",致文本作"名逢龍"。
注[一]:莘仁義,不知其詳。致文本所謂老党進,當指北宋名將党進(927—978),《宋史》卷二六〇有傳。在明代小説《楊家府演義》中,有党進形象。
注[二]:貢君堂,疑非人名。致文本所謂名逢龍,亦非人名,且此三字以"名"字起首,組成"名某某"詞組,并非姓名組合,也較爲特殊。至於逢龍,或指商末忠臣龍逢,在明代小說《封神演義》中亦有其形象。

　　姬申扶堵申公豹[一]，冉宰酈雍冉伯祥[二]

　　注[一]：申公豹，亦屬《封神演義》中人物形象，但并無歷史原型，而屬虛構。申公豹在《封神演義》中較爲重要，故爲人所熟知。①
　　注[二]：冉伯祥，不知其詳。或指冉伯牛，爲孔子弟子之一冉耕，字伯牛，爲協韵而改爲祥字。

　　郤璩桑桂桂秀領[1][一]，濮牛壽通壽永昌[2][二]

　　校[1]："桂秀領"，致文本作"桑伯子"。
　　校[2]："壽永昌"，致文本作"牛成章"。
　　注[一]：桂秀領，疑非人名。致文本所謂桑伯子，爲《論語・雍也》中魯國人，生平不詳。
　　注[二]：壽永昌，疑非人名，而指古代傳國玉璽璽文"既壽永昌"，用以諧音。致文本所謂牛成章，當指清代蒲松齡《聊齋志異》中的人物，爲江西布商。

　　邊扈燕冀燕小乙[一]，郯浦尚農農自强[二]

　　注[一]：燕小乙，當指明代小説《水滸傳》中的浪子燕青，又名小乙，戲曲小説中多有其形象。② 小乙可因諧音作"小一"解，亦可因甲乙順序作"小二"解，皆指排行。
　　注[二]：農自强，疑非人名。

　　温别莊晏晏三甲[1][一]，柴瞿閣[2]充柴東陽[3][二]

　　校[1]："晏三甲"，致文本作"晏平仲"。
　　校[2]："閣"，致文本作"閆"。

---

① 白薇：《淺論申公豹的角色意藴》，《長江大學學報》（社會科學版）2011年第11期，第14—15頁。
② 王振星：《"浪子"與"可兒"——燕青形象索微》，《明清小説研究》2021年第4期，第269—282頁。

校[3]:"柴東陽",致文本作"閏世蕃"。

注[一]:晏三甲,不知其詳,疑即致文本所謂晏平仲,"平"訛爲"三","仲"訛爲"甲"。晏平仲即春秋齊國大臣晏嬰,其典故集中於《晏子春秋》。

注[二]:柴東陽,不知其詳。然後周世宗柴榮子孫,頗有後代居浙江東陽。致文本所謂閏世蕃,當指明代奸臣嚴嵩之子嚴世蕃。

　　慕連茹習習正國[1][一],宦艾魚容艾成雙[二]

校[1]:"習正國",致文本作"木桂英"。

注[一]:習正國,不知其詳。致文本所謂木桂英,當指穆桂英,爲戲曲小說中常見的宋初女將。

注[二]:艾成雙,不知其詳。

　　向古易慎古振國[一],戈廖庚終戈正邦[二]

注[一]:古振國,疑非人名。

注[二]:戈正邦,疑非人名。此處振國、正邦,疑爲對舉,并無實際指代,僅以諧音而已。

　　暨居衡步居之貴[一],都耿滿弘[1]滿萬倉[二]

校[1]:"弘",致文本作"宏"。另,錦章本"弘"字缺末筆,知此本當清末所印,避清高宗弘曆諱也。

注[一]:居之貴,疑非人名。

注[二]:滿萬倉,疑非人名,取裝滿萬座糧倉之義以諧音。

　　匡國[1]文冠老冠準[2][一],廣禄闕東小東方[3][二]

校[1]:"國",致文本作"匡",當爲"囯"之訛,即"国"。

校[2]:"老冠準",致文本作"冠成玉"。

校[3]:"小東方",致文本作"朔東方"。

注[一]:老寇準,即指北宋名臣寇準(961—1023),《宋史》卷二八一有傳。寇準形象亦多見於正史和傳説,大約在正史中爲忠君愛國之人,在宋代史料筆記中爲生活豪奢之人,在戲曲小説中則多傳奇經歷和機智形象。① 致文本所謂寇成玉,即公案小説《三俠五義》等小説中之宮女寇成玉,在狸猫换太子時保住了太子。②

注[二]:小東方和致文本所謂朔東方,當即漢武帝時期的大臣東方朔,《漢書》卷六五有傳。東方朔在後世形象爲狷狂之人,乃至位列仙班,在民間傳説中頗有流傳。③ 故小東方當指東方朔小時候,朔東方則是爲協韵而更换姓名。

歐殳沃利利成水[1][一],蔚越夔隆隆立娘[二]

校[1]:"利成水",致文本作"歐治子",當爲"歐冶子"之訛。
注[一]:利成水,疑非人名。
注[二]:隆立娘,不知其詳。

師鞏厙聶師千古[1][一],晁勾敖融晁天王[二]

校[1]:"千古",致文本作"于古"。
注[一]:師千古和致文本所謂師于古,疑皆非人名。
注[二]:晁天王,當指明代小説《水滸傳》中的托塔天王晁蓋。晁蓋這一人物形象及其在小説中的作用雖然是《水滸傳》作者所渲染,而非宋元話本之舊,但其原型亦是宋人,即南宋初洞庭湖鍾相、楊么起義中的鍾相。④

冷訾辛闞冷春雪[一],那簡饒空簡文祥[二]

---

① 詳參胡世强:《中國古代文獻中的寇準形象》,《江西社會科學》2018年第9期,第165—171頁。
② 關於狸猫换太子故事,可參考毛劼:《狸猫换太子兩個故事系統的并立與融合》,《北京社會科學》2019年第7期,第103—111頁。
③ 東方朔的形象在漢魏南北朝時期大體定型,可參考聶濟東:《文人·名士·神仙——漢晉東方朔形象演變與定型》,《民俗研究》2014年第3期,第78—84頁;曾磊:《金馬門與"朝隱"象徵——兼論東方朔形象的演變》,《東方論壇》2017年第6期,第54—60頁;林春香、韓莉:《漢魏六朝東方朔形象的演變》,《東北師大學報》(哲學社會科學版)2018年第1期,第53—58頁。整體性的東方朔形象研究,可參考林春香:《東方朔及其文學形象研究》,福建師範大學博士論文,2012年;康健:《東方朔形象新探》,南京大學碩士論文,2014年。
④ 侯會:《"天王"晁蓋之謎》,氏著《從"山賊"到"水寇":水滸傳的前世今生》,杭州:浙江古籍出版社,2018年,第68—73頁;侯會:《宋江、晁蓋與鍾相》(上、下),同書,第194—211頁。

注[一]：冷春雪，疑非人名，或指春雪之冷。
注[二]：簡文祥，不知其詳。

  曾母沙乇沙金貴[一]，養鞠須豐養有方[二]

注[一]：沙金貴，不知其詳。
注[二]：養有方，疑非人名，而是養育有方之義。此處"養鞠須豐"，除了指代四個姓氏，也諧音"養掬須豐"，即養育兒女必須家業豐贍之類的意思。

  巢關[1]蒯相相得襲[2][一]，查後荆紅紅連江[二]

校[1]："關"，致文本作"関"，即"關"俗寫。
校[2]："相得襲"，致文本作"関夫子"。
注[一]：相得襲，疑非人名，或爲可得承襲之義。
注[二]：紅連江，疑非人名，或指夕陽將連綿的江水映紅之義。致文本作関（關）夫子，即三國名將關羽（？—220），因其習武之餘，好學不倦，手不釋《春秋》，故有夫子之謂。關羽在《三國志》卷三六有傳，後世形象則更加廣泛。①

  游竺權逯竺春旺[1][一]，蓋[2]益桓公桓成梁[二]

校[1]："春旺"，致文本作"成旺"。
校[2]："蓋"，錦章本作"盖"，即"蓋"异體，據致文本改。
注[一]：竺春旺，致文本作竺成旺，然皆不知其詳。
注[二]：桓成梁，疑非人名。桓爲建築物旁所立木柱，即華表之謂。梁爲房屋橫梁。桓成梁，則似意爲以原本作爲表柱的木頭來架構房屋，或指張冠李戴乎。

  万俟司馬司馬師[1][一]，上官歐陽歐陽方[二]

---

① 關於關羽形象的研究，可參考渡邊義浩：《關羽：神化的〈三國志〉英雄》，北京：北京聯合出版公司，2017年；濮文起：《關羽：由人到神》，北京：商務印書館，2020年；田海：《關羽：由凡人神的歷史與想象》，北京：新星出版社，2022年。這三本書分別代表了近年日本、中國、西方學者對關羽研究的最新進展。

校[1]:"師",致文本作"旺",當涉前句"竺成旺"而訛。

注[一]:司馬師,即三國魏權臣(208—255),晉武帝司馬炎的伯父,見《晉書》卷二《世宗景帝紀》。在《三國演義》中,雖然不及其弟司馬昭有"司馬昭之心,路人皆知"的典故,但也爲人所知。

注[二]:歐陽方,戲曲《龍虎門》中的宋初將領,與北漢交戰。然此人無歷史原型人物,似出虛構。

夏侯諸葛諸葛亮[一],聞人東方東方光[二]

注[一]:諸葛亮,即三國蜀名臣諸葛亮,《三國志》卷三五有傳。諸葛亮在《三國演義》中得到其形象最大程度的升華,故而國内各地都有不少諸葛亮傳説,并因此形成各個地方的諸葛亮研究會。

注[二]:東方光,疑非人名,或即以"光"字協韵,并與東方朔之"朔"字所代表的日出放光相協。

赫連皇甫皇甫那[1][一],尉遲公羊尉遲江[二]

校[1]:"那",致文本作"瑞"。

注[一]:皇甫那,疑指明代小説《東周列國志》第七十二回中的皇甫訥,音近而訛。皇甫訥助伍子胥逃關,故形象正面,常見於伍子胥相關的戲曲。

注[一]:尉遲江,在隋唐相關小説、評書《薛家將》中有其人物形象,屬於將家子。

澹臺[1]公冶公冶長[一],宗正[2]濮陽宗正當[二]

校[1]:"澹臺",致文本作"澹台"。

校[2]:"宗正",致文本作"宗政",王建霞未出異文。

注[一]:公冶長,孔子弟子,見《史記·孔子世家》。

注[二]:宗正當,致文本作宗政當,皆可。因爲秦代以前作宗政,秦代因避諱秦始皇嬴政而作宗正。秦亡後,亦有改回宗政者。然宗正當或宗政當則似無其人。

淳于單于淳于可[一],太叔申屠申屠强[二]

注[一]：淳于可，不知其詳。

注[二]：申屠强，不知其詳。此處淳于可，申屠强，疑指淳于、單于二者中，淳于一姓可能確實有人使用；以及太叔、申屠二者中，申屠一姓相比於太叔，更爲人所知。

公孫仲孫公孫勝[一]，軒轅令狐狐狸王[1][二]

校[1]："狐狸王"，致文本作"令狐王"。

注[一]：公孫勝，當指明代小説《水滸傳》中的入雲龍公孫勝。據研究，公孫胜在早期水滸故事中并不知名，至明世宗時期因全國的崇道之風而被"拔高"，從而成爲小説中的重要人物。①

注[二]：狐狸王，疑非人名。此處應爲呼應公孫勝之勝字，即公孫勝出，狐狸（令狐）得王之義乎。

鍾離宇文宇文奇[一]，長孫慕容長孫良[二]

注[一]：宇文奇，不知其詳。

注[二]：長孫良，不知其詳。此處宇文奇、長孫良，當以奇、良二字來修飾宇文、長孫二姓，非實有其名。

司徒司空司有用[一]，百家姓終百家祥[二]

注[一]：司有用，疑非人名。此處以"司"字作動詞解，司職有用之事的含義。

注[二]：百家姓終百家祥，此句之"百家姓終"爲結語整個《百家姓》，"百家祥"則亦爲結語整個《百家姓列國古人名》。

【作者簡介】 胡耀飛，陝西師範大學歷史文化學院唐史研究所副教授，主要從事隋唐五代史研究；朱津萱，陝西師範大學歷史文化學院碩士生。

---

① 侯會：《後來居上的〈水滸〉人物——公孫勝》，《文學遺産》2000年第5期，第81—89頁。

日本内閣文庫所藏七種杜集書目考述

劉曉亮

有關日本所藏杜集書目,楊守敬《日本訪書志》、澁江全善和森立之《經籍訪古志》、和田麗《靜嘉堂秘笈志》等均有著録,但皆不全。周采泉、鄭慶篤、張忠綱等人所編著杜集書目雖皆涉及日本杜集文獻,但有關日本內閣文庫所藏杜集書目,或未著録,或僅録一二。嚴紹璗編著《日藏漢籍善本書録》是目前著録日本所藏杜集文獻最全面的著作,該書著録內閣文庫所藏杜集書目共24種。本文以筆者所目驗內閣文庫所藏7部杜集進行考述,以期增進世人對這些杜集文獻的進一步認識。

一、元大德陳氏重刻《杜工部草堂詩箋》 四十卷年譜二卷外集一卷

嚴紹璗著録爲"(唐)杜甫著,(宋)魯訔編,蔡夢弼箋,《年譜》(宋)趙子櫟編"。① 核原書,書前所附年譜,卷上爲趙子櫟編,卷下爲魯訔編,魯訔年譜無序。嚴書對《年譜》標識稍有差誤,因所附年譜乃趙子櫟和魯訔各作,非趙子櫟一人所編。據目録後所鈐牌記,知此本爲元桂軒陳氏大德(1297—1307)年間重刊本。桂軒陳氏何人,至今無考。

書內鈐印有:林氏藏書、林氏傳家圖書、淺草文庫、江雲渭樹、禿崖、日本政府圖書、昌平阪學問所。據嚴紹璗介紹,"(日本國立)公文書館(即内閣文庫)的漢籍特藏,大致可以分爲'楓山官庫'本、'昌平阪學問所'本、'醫學館'本和'釋迦文院'本四大系統"。② "'昌平阪學問所'是日本明正天皇寛永十年(1630)幕府的漢學巨擘林羅山在上野忍岡開設的

---

* 本文爲廣東省哲學社會科學"十三五"規劃2020年度學科共建項目"嶺南杜詩學文獻整理與研究"(項目編號:GD20XZW06)、廣東開放大學2020年校級科研重點項目"日本圖書館藏杜集書目整理與研究"(項目編號:ZD2003)、廣東開放大學2021年度校級教改項目"漢語言文學專業教學團隊"(項目編號:2021D003)階段性成果。

① 嚴紹璗編著:《日藏漢籍善本書録》,北京:中華書局,2006年,第1444頁。
② 嚴紹璗:《日本藏漢籍珍本追踪紀實:嚴紹璗海外訪書志》,上海:上海古籍出版社,2005年,第125頁。

書院。"①由《杜工部草堂詩箋》所鈐印可知，此本爲林家舊藏。

該書版本，嚴紹璗著録爲："每半葉有界十二行，行十九或二十字。注文雙行，二十五、六字不等。黑口，左右雙邊。"②有關《杜工部草堂詩箋》的版本情况，今所見各種杜集書録皆有著録，詳略不一。鄭慶篤等所編著《杜集書目提要》把該書版本分爲三類：五十卷本，宋槧；二十二卷本；四十卷加補遺十卷本。③ 而陳尚君與王欣悦所作《蔡夢弼〈杜工部草堂詩箋〉版本流傳考》則將該書版本分爲兩類：50卷本（11行本）和40卷本（12行本）。④ 其中，鄭書所謂第二類"二十二卷本"僅著録方功惠碧琳琅館影宋刻本，此本陳、王則歸爲40卷本中，謂"卷1—13屬40卷本系統，目録及卷14—22屬50卷本系統"。⑤ 內閣文庫所藏《杜工部草堂詩箋》亦屬於40卷本系統。

對於內閣文庫本，嚴紹璗、陳尚君等尚有未介紹的地方，筆者總結如下：

1. 內閣文庫本亦被陳尚君與王欣悦歸爲40卷本系統。據筆者查驗，內閣文庫本首爲趙、魯二人所編年譜，其次爲目録，目録共正文四十卷、外集一卷（酬唱），目録後附牌記，其次爲正文。但全書僅正文四十卷，缺外集一卷。此外，據筆者將此本與《古逸叢書》本相較，內閣文庫本卷二十缺開頭兩頁。

2. 內閣文庫本卷一末題"雲衢俞成元德校正"。據鄭慶篤等所編《杜集書目提要》介紹，北京圖書館所藏《杜工部草堂詩箋》五十卷本，卷九、二十七後亦有"雲衢俞成元德校正"一行。⑥

3. 內閣文庫本各卷首尾題名非常混亂。除"杜工部草堂詩箋"外，尚有"集諸家注杜工部草堂詩箋"（卷五），"增修杜工部草堂詩箋"（卷二、二十三、二十六、二十七），"集注杜工部草堂詩"（卷三十一）三種。卷首標題與卷末標題不一致者，如卷二十七首題"增修杜工部草堂詩箋"，而卷末題"杜工部詩"；卷三十首題"杜工部草堂詩箋"，而卷末題"集注草堂杜工部詩"；卷三十一首題"集注杜工部草堂詩"，而卷末却題"集注草堂杜工部詩"。此外，卷一、三十六、三十八、三十九題下有"嘉興魯訔編次 建安蔡夢弼會箋"，卷三十五、三十七題下僅有"嘉興魯訔編次"，其他各卷均未標識魯、蔡。

傅增湘對黎庶昌《古逸叢書》本《杜工部草堂詩箋》攻駁云："宋刻每卷標題《杜工部草堂詩箋》，嘉興魯訔編次，建安蔡夢弼會箋。黎刻於書名或加'增修'，或加'集注'，或改題

---

① 《日本藏漢籍珍本追踪紀實：嚴紹璗海外訪書志》，第127頁。
② 《日藏漢籍善本書録》，第1444頁。
③ 鄭慶篤、焦裕銀、張忠綱、馮建國編著：《杜集書目提要》，濟南：齊魯書社，1986年，第24—28頁。
④ 陳尚君、王欣悦：《蔡夢弼〈杜工部草堂詩箋〉版本流傳考》，《古籍整理研究學刊》2011年第5期，第20—26頁。
⑤ 陳尚君、王欣悦：《蔡夢弼〈杜工部草堂詩箋〉版本流傳考》，《古籍整理研究學刊》2011年第5期，第23頁。
⑥ 《杜集書目提要》，第25頁。

'黄氏集千家注杜工部',或題'黄氏杜工部草堂詩箋';其下或單題蔡氏,或單題魯氏,或題臨川黄鶴集注,歧見雜出,不可致詰。"①傅增湘所攻駁的這些問題,在内閣文庫本亦可見,且内閣文庫本比《古逸叢書》本更亂。不過,陳尚君、王欣悦文又指出:"其實,將黎本與《中華再造善本》影印上海圖書館藏之元本(即'影元本')對照可知,傅增湘提出的卷次顛倒、首尾題名、蔡箋异文等問題,皆是 40 卷本產生時既成的錯失,并非此次刊刻之誤。……黎本刊刻時很好地保持了 40 卷本系統的原貌,且在一些細節上甚至優於元本。"②

4. 内閣文庫本尚爲今人所未知者,還在於它所附的墨筆手抄評點文字。評點文字位於天頭處,僅有一處位於地脚。字數不等,其内容可分爲:杜詩校勘;杜詩注釋和補充脱句。

此外,内閣文庫本有些字存在塗抹、墨圍情況,評點有的予以補充,有的則仍原版,如卷二十《山寺》詩注文中有兩處墨圍,據《古逸叢書》本,知爲"經""陽"。正文中尚有朱筆圈點。

二、日本慶安四年(1651)覆刻本《杜工部七言律詩分類集注》二卷

明薛益集注,日本慶安四年中村市兵衛覆刻金昌五雲居刊本。封面鈐印:林氏藏書、弘文學士院、淺草文庫、日本政府圖書、芝宫。目錄後有"昌平阪學問所"印。

是書王重民《中國善本書提要》、周采泉《杜集書録》、鄭慶篤等《杜集書目提要》、張忠綱等《杜集叙録》均有著録。

嚴紹璗著録此書版本爲明崇禎年間(1628—1644)金昌五雲居刊本,亦謂此書宫内廳書陵部和東洋文庫有藏本。内閣文庫藏本原係昌平阪學問所舊藏,2 册。東洋文庫藏本原係小田切萬壽之助舊藏。③ 但據筆者核驗書末"慶安四年(辛卯)四月吉祥日""中村市兵衛開板"兩行字,可知内閣文庫本并非崇禎原刻,乃中村市兵衛覆刻本,且有 5 册。也許内閣文庫另藏有嚴紹璗所謂的"2 册本"崇禎刻本,筆者未見。

是書版式,嚴紹璗著録爲:"每半葉有界八行,行二十字。白口,左右雙邊。"④《杜集書

---

① 周采泉:《杜集書録》,上海:上海古籍出版社,1986 年,第 75 頁。
② 陳尚君、王欣悦:《蔡夢弼〈杜工部草堂詩箋〉版本流傳考》,《古籍整理研究學刊》2011 年第 5 期,第 25 頁。
③④ 《日藏漢籍善本書録》,第 1450 頁。

目提要》著録崇禎本版式爲:"半頁八行,行二十字,四欄雙邊,白口單魚尾。"①據筆者核驗,内閣文庫本確爲四欄雙邊,嚴書未標識魚尾,邊欄亦有些許差誤。

對於書内詳情,嚴紹璗亦僅提及:"前有明崇禎戊寅(1638)徐如翰《序》,又有崇禎辛巳(1641)林雲鳳《序》,并楊士奇《序》、白雲漫史《序》。後有崇禎十四年(1641)《自跋》。"②嚴氏并未揭示書内詳情,且亦有不確之處。現將書内自封面後詳情依次列於下:

1. 崇禎戊寅冬徐如翰《杜工部七言律詩分類集注序》;
2. 崇禎十四年七月林雲鳳《薛虞卿先生杜律七言集注序》;
3. 薛益《杜律集注乞序詩》;
4. 楊士奇《杜律虞注舊序》;
5. 白雲漫史③《少陵紀略》(象鼻處署"杜律紀略");
6. 《杜律心解題詞》四節,分別爲陳正敏《遯齋閑覽》④節録、王安石《杜甫畫像》詩全文、元稹《唐故工部員外郎杜君墓系銘并序》節録、宋祁《新唐書·文藝傳上·杜甫傳贊》節録。⑤
7. 白雲漫史《杜律虞注叙略》;
8. 崇禎十四年八月薛益《跋》;
9. 修默居士《杜律心解凡例》三條;
10. 《杜工部七言律詩分類集注目録》。

目録終頁鈐"昌平阪學問所"。以下爲正文。每卷題下署"明長洲後學薛益集注,海陽社弟程聖謨,男薛桂、松同較"。

三、明萬曆十六年(1588)初刻本《杜律集解》六卷

明邵傅撰。林春信批點。是書各杜集書目均有著録,然此初刻本國内已無藏。共六册,前四册爲《杜律五言集解》,後兩册爲《杜律七言集解》。

是書版式,嚴紹璗書未介紹。據筆者核檢,每半頁八行,行十七字,小字雙行,四欄單邊,白口,單魚尾。

---

① 《杜集書目提要》,第113頁。
② 《日藏漢籍善本書録》,第1450頁。
③ 《杜集叙録》提示白雲漫史爲謝杰。
④ 應爲《遯齋閑覽》。
⑤ 《杜集叙録》對此處描述稍有差誤,謂《杜律心解題詞》"録《遯齋閑覽》、王安石、元稹、宋祁杜詩話四則"。張忠綱等編著:《杜集叙録》,濟南:齊魯書社,2008年,第214頁。

《杜律五言集解》封面後內容依次爲：

1. 陳學樂萬曆戊子(1588)夏閏月望日《刻杜工部五言律詩集解序》。《序》首頁鈐印：林氏藏書、淺草文庫、林氏傳家圖書、勉亭、日本政府圖書。

2. 杜律五言集解目錄。四卷，錄杜甫五言律詩387首。其中卷二附高適《贈杜二拾遺》1首。詩題有的是節錄，如卷三《陪李梓州王閬州蘇遂州李果州四使君登惠義寺》，邵傅節作《陪四使君子登寺》。組詩有的全錄，有的節錄，如卷二節錄《秦州雜詩》十四首等。目錄詩題亦有別字，如卷四《入喬口》，作《入香口》。

3. 四卷正文。卷一首頁題下署：閩中邵傅夢弼集 陳學樂以成校。正文內每首詩有解題、有夾注、有句讀，詩末附闡釋，偶有朱筆圈點，個別字旁有墨筆日文。天頭處偶有墨筆批點文字，如《重過何氏五首其三》"自今幽興熟，來往亦無期"後小字注中有"臺上啜茗之詩、人、物各適"，此句中"詩"字誤，天頭處批一"時"字，此爲校勘。卷末鈐"昌平阪學問所"。卷末左欄外有朱筆"萬治庚子秋孟二十九日 春信滴露"二行字。萬治爲日本後西天皇第三個年號，庚子爲1660年。秋孟爲農曆七月。春信，即林春信，可知是書經林春信閱覽及收藏。

卷二首頁鈐印：林氏藏書、淺草文庫、日本政府圖書。天頭亦偶有批點，如《天末懷李白》"涼風起天末，君子意如何"注文引陸士衡詩，然"士"寫成了"仕"，故天頭處批一"士"字。卷末鈐"昌平阪學問所"。卷末左欄外有朱筆"萬治庚子孟秋晦日 春信途朱"二行字。孟秋晦日，農曆七月三十日，與卷一日期相接。

卷三、卷四首頁題下署名、鈐印，卷末鈐印均同卷一。卷三末頁天頭有一處朱筆批點，是校勘注文"劉楨"，寫作"楨"。從書法來看，與末頁左欄外的"庚子仲秋朔 春信一見"一樣，當爲林春信批點。庚子仲秋朔，仍然接續卷二日期，爲八月初一日。卷四木頁左欄外有"庚子八月二日 春信電矚"二行字，接續卷三日期。

《杜律七言集解》，封面後內容依次爲：

1. 陳學樂萬曆丁亥(1587)九月朔旦所作《刻杜工部七言律詩集解序》，鈐印：林氏藏書、淺草文庫、日本政府圖書；

2. 《杜詩七言目錄》卷上、卷下，選杜甫七言律詩137首；

3. 邵傅萬曆丁亥冬十月朔所作《集杜律七言注解序》；

4. 邵傅《集解凡例》七條；

5. 以下爲正文。卷上首頁署閩中邵傅夢弼集，無鈐印。天頭有兩處批點。末頁鈐"昌平阪學問所"，左欄外署"庚子南呂三褰 春信抹朱"。南呂，中國古代樂律調名。中國古人以十二律配十二月，南呂乃八月之異名。三褰是三日之意。八月三日，又接續第四冊日期。

第六册卷下首頁鈐印同前四册，天頭亦有批點。卷末有方起莘跋，鈐印"昌平阪學問所"，左欄外署"萬治庚子壯月初四 春信一覽了"，壯月即八月。

從以上六册末頁左欄外朱筆所署日期可知，林春信自農曆七月二十九日開始閱讀《杜律集解》，間有批點，每日一卷，歷六日而閱完。

邵傅此書在國内流傳不多，但在日本却非常受歡迎。周采泉説："此書亦無甚優异，國人鮮有知者，而日本却一再翻刻此書，殊可怪也。"① 據嚴紹璗著録，此書自日本明正天皇寬永二年(1625)開始，日本便一再翻刻此書，版本有14個版本。② 該書也并非如周采泉所謂"無甚優异"，《杜集叙録》評價説："邵傅《杜律集解》吸收了當時杜律研究的主要成果，因其對諸家評騭沉玩甚久，故對舊注之評駁多有精到之見，所出注解簡明平實，成爲一部比較完備的杜律著作，故頗得重視……"③

四、明萬曆三十年(1602)書林鄭雲竹宗文堂刻本《翰林考正杜律五言趙注句解》三卷《翰林考正杜律七言虞注大成》二卷

《翰林考正杜律五言趙注句解》三卷，元末明初趙汸注；《翰林考正杜律七言虞注大成》二卷，元虞集撰，各1册。據每册卷末牌記，知二書分別爲明萬曆壬寅(1602)秋、冬由書林宗文堂鄭雲竹刻。每册卷末鈐"昌平阪學問所"。嚴紹璗著録此書版式爲："每半頁有界十行，行二十一字。白口，四周雙邊。"④據筆者目驗，爲單魚尾。

第1册《翰林考正杜律五言趙注句解》封面後内容依次爲：

1. 萬曆癸卯(1603)季春中浣之吉日吴懷保《杜律五言趙注引》。據吴《引》可知，吴懷保曾爲趙汸刻《杜律五言趙注》。《杜集書目提要》稱三卷本《杜律五言趙注》，北京圖書館藏有明版兩種，其中一種題爲《杜律五言注釋》，爲萬曆十六年(1588)吴懷保七松居刻本；另一種爲萬曆十六年書林鄭雲竹刻本，亦題《翰林考正杜律五言趙注句解》。⑤ 筆者核《北京圖書館古籍善本書目》，確有藏萬曆十六年吴懷保七松居刻本《杜律五言注解》三卷，二

---

① 《杜集書録》，第332頁。
② 《日藏漢籍善本書録》，第1448頁。
③ 《杜集叙録》，第215—216頁。
④ 《日藏漢籍善本書録》，第1446頁。
⑤ 《杜集書目提要》，第64頁。

册,九行二十字,白口,四周單邊。亦有萬曆十六年書林鄭雲竹刻本,二册,版式同七松居刻本。① 但内閣文庫藏本趙懷保《引》所署時間爲1603年。而卷末牌記的確標爲萬曆壬寅鄭雲竹刻本。可能的解釋便是鄭雲竹1603年複刻《杜律五言趙注》,且將版式更改,而把吳懷保七松居刻本的《引》挪到了萬曆癸卯本前。

吳《引》首頁鈐印:林氏藏書、淺草文庫、江雲渭樹。嚴紹璗謂:"内閣文庫藏此刊本共兩部。一部原係昌平阪學問所舊藏。一部原係江户時代林羅山舊藏,卷中有'江雲渭樹'印迹。"②

2. 正德八年(1513)夏五月既望鮑松《東山先生注解杜律詩選序》。鮑松《序》署名後,又署"萬曆癸卯季春中浣之吉,建邑書林鄭雲竹新梓"。從鮑《序》可知,正德八年鮑松亦曾刻《杜律五言趙注》。從鄭雲竹署名來看,亦是鄭複刻時,將鮑《序》挪來。《杜集書目提要》稱上海圖書館藏明版《類選杜詩五言律》,明正德刻本,③可能即爲鮑松刻本。

3. 《翰林考正杜律五言趙注句解目録》。按題材分類,共分16類,選詩261首。

4. 正文。卷上首頁題下四行,分署:工部杜甫子美撰咏,東山趙汸子常選注,温陵蘇濬紫溪重閲,建邑書林鄭豪鋟梓。詩中有圈點,句中有夾注,對各句意均有總結概括。對句意的解釋,有類八股評法,如評《重過何氏》"頗怪朝參懶,應耽野趣長"云:"二句總喝起,中二聯分應之。"每首詩後引諸家注,具名者如劉須溪、蔡夢弼、王元美、謝榛、胡元瑞、劉後村等,尚有《王方直詩話》《東坡志林》《容齋三筆》《後山詩話》《西清詩話》《瑶溪集》等書。

第2册《翰林考正杜律七言虞注大成》封面後内容依次爲:

1. 正德甲戌(1514)冬十月望日董玘《虞邵庵注杜工部詩律序》。《序》首頁鈐印:林氏藏書、淺草文庫、江雲渭樹。從董《序》可知,虞集《杜律七言注解》曾爲餘姚魏仲厚、仲英兄弟刊刻。書刻好後,魏仲英子魏瑶赴京帥述職,請序於董玘。《杜集書目提要》著録一種正德三年(1508)刻本《杜律七言注解》,④未詳刻者,與董《序》本時間較接近。董《序》所署時間後,復署"萬曆癸卯春月書林鄭雲竹重新梓",亦應是鄭氏重刻《杜律七言注解》時,將正德本董《序》挪至此。

2. 《杜詩七言律目録》,按題材分爲32類。

3. 正文。卷一題署"翰林考正杜律七言虞注大成",題下分四行依次署:工部子美杜甫詩集,邵庵先生虞伯生注釋,温陵紫溪蘇濬校閲,宗文書舍鄭雲竹鋟梓。每首詩末注釋,

---

① 北京圖書館編:《北京圖書館古籍善本書目·集部》,北京:書目文獻出版社,1987年,第2033—2034頁。
② 《日藏漢籍善本書録》,第1446頁。
③ 《杜集書目提要》,第64頁。
④ 《杜集書目提要》,第62頁。

間引録前人評點,如劉須溪、范元實、《荆公語録》《誠齋詩話》等,但不多,主要以虞注爲主。

4. 卷二末鈐印"昌平阪學問所"。

五、大阪興文堂文化三年(1806)刊本《李杜詩法精選》二卷

是書嚴紹璗及各種杜集書目均無著録。清游藝輯,大阪浪華書肆興文堂覆刻本。版式:每半頁十行,行十八字。四欄單邊。白口,無魚尾。版心上署卷次,下署頁碼。間有圈點,詩句旁間有小字注釋,詩末多有評語。杜甫《新安吏》詩頁天頭有批點,引千家注,僅此一處。

游藝,字子六,明末清初人,生卒年不詳,建寧(今福建建陽)人。清初著名算學家,《四庫全書總目》"天文演算法類"著録其《天經或問前集四卷》《天經或問後集》。另輯有《詩法入門》。

《李杜詩法精選》即爲游藝《詩法入門》中的一部分。《詩法入門》刊刻於清初,《四庫全書總目》有提及。《杜集書目提要》著録《李杜詩選》二卷:"卷次下署'閩潭游藝子六原輯,寶山朱綿生民初重訂'。半頁八行,行二十字。詩旁間加圈點,偶有小字評語。多白文,注極少,注文小字雙行,附於題下或詩後。"又提及《成都杜甫紀念館館藏杜集目録》載有乾隆刻本《杜集》二卷,署"建寧游藝子六原輯,寶山朱春生東發重訂"。① 但内閣文庫藏本與此二本皆不同。

内閣文庫本有封面,從右至左三行,依次署:閩潭游子六評選,李杜詩法精選,大阪興文堂。

封面後首爲文化乙丑(1805)八月松本修撰《李杜詩法精選序》。序首頁鈐三方朱文印:書籍館印、日本政府圖書、淺草文庫。知此書舊爲書籍館所藏。一方白文印:文貫道器。序末鈐兩方印:松本修、子文氏。

松本修序有云:"有游子六所著《詩法入門》者,其中有《李杜詩選》一卷,浪華書肆興文堂欲表出行世,就余謀焉。乃批讀之,其於近體莫不備焉,且妙句變體等處,間注於其旁,此大有益於學者。凡泳學海、憩藝林者取法此書,馳騁則可以致其才之美。"據此可知,興文堂所刻本,乃截取《詩法入門》中的《李杜詩選》,并經松本修批讀。由正文題下所署"書林余明汝正氏梓"可知,興文堂所依據的版本應該是書林余明所刻《詩法入門》。

---

① 《杜集書目提要》,第142頁。

序後爲《李杜詩法精選卷之一目錄》,錄"李太白詩選",選李白詩八種體裁 102 首詩。

次爲《李杜詩法精選卷之二目錄》,錄"杜少陵詩選",亦分八種體裁 81 首詩。

次爲正文。每卷題下另兩行分署:閩潭游藝子六氏輯,書林余明汝正氏梓。卷二後附"二刻增訂李杜諸體詩法",但僅有"二家詩總評",輯錄劉次莊、鄭厚、嚴滄浪、松石軒、王世貞等 7 人評論李杜詩。此 7 人總評,并不見《詩法入門》。據題"二刻",可知爲刻書者輯入。

卷末鈐印"昌平阪學問所"。并附出版發行信息。署"文化三年丙寅正月發行",末署林伊兵衛、北澤伊八郎、淺野彌兵衛、三宅吉兵衛四人,當爲發行者。

内閣文庫本爲松本修批讀,其批點實有可觀。如他評杜甫《飲中八仙歌》云:"此篇直如貫珠走馬,各極其趣。"評《客亭》云:"此怨而不怒,哀而不傷,故非後來所及。"都可見會心處。《高都護驄馬行》有云"何由却出橫門道","橫門"旁注"長安西門"。

不過原刻的確有瑕疵,如李白《將進酒》"將進酒,君莫停",此句缺"將"。杜甫《月夜憶舍弟》題缺"舍"字,這些是刻書難免。

游藝《詩法入門》刻本很多,但此《李杜詩法精選》(《李杜詩選》)單刻本很少,而松本修之批注本,更因少見,故其價值未被注意。

六、明萬曆間刻本《杜詩鈔述注》十六卷

嚴紹璗書未著錄。内閣文庫藏本,將此書與林兆珂《李詩鈔述注》統一編在一起。

關於此書版本,《杜集書錄》著錄兩種説法:"明天啓間(一六二一—一六二七)刻於衡陽""明萬曆刻於贛州"。① 《四庫全書總目》已明言此書乃林兆珂守衡州時刊刻,林兆珂《杜詩鈔述注自序》亦明言此書是他守衡州時,與同僚曾汝嘉、鄭克嚴、② 周元微、③ 王世端共商刊刻,故此書不可能刻於贛州。據《興化府莆田縣志》卷二十二《人物志·文苑》載,林兆珂"萬曆甲戌(1574)進士,授蒙城知縣,改儀封教授,升國子監助教,轉博士監丞。在成均七年……升刑部主事,歷員外郎……出爲廉州太守,丁内外艱,補衡州,又補安慶。十年三典大郡,歸之日,囊無餘貲"。可見林兆珂與贛州沒有任何關係。

《杜集叙錄》謂"此書只初刻本",④ 但并未明確注明初刻本的版本信息。不過,對於林

---

① 《杜集書錄》,第 775、335 頁。
② 《杜集書目提要》作"光"。第 106 頁。
③ 《杜集書目提要》作"徽"。第 106 頁。
④ 《杜集叙錄》,第 185 頁。

氏生卒年,《杜集叙録》標爲"？—約1621"。① 1621年正是天啓元年,假如林氏果真卒於此年,那麽"天啓刻本"之説便不成立了。

《杜集書目提要》云:"我們所見者即林氏約於天啓年間在衡州所刻之本。扉頁題'林孟鳴先生述注',書名《杜詩抄》,下署'因因堂藏版'。卷首依次爲林兆珂自序,柯守愷序,均無年月。序後爲全書總目録,凡十六卷,分體編次"。② 此處也有問題,《莆田縣志》已交代,林氏典三郡(廉州、衡州、安慶)十年,故天啓年間林氏早已不在衡州。更何況天啓年間林氏是否在世還未知。不過,由"約於"二字也可看出,《杜集書目提要》是推測。但《杜集書目提要》所謂"因因堂藏版"言之鑿鑿,筆者未見此版本,又不敢遽定其誤。但天啓衡州刻本之説肯定存疑。

《四庫全書存目叢書》據福建省圖書館藏明萬曆刻本影印,卷首依次爲柯守愷序,林兆珂自序(缺一頁),鄧應奎《杜詩鈔述注後序》(實際是該書跋),然後才是全書總目録。又正文卷一題下署"仍孫徐質時垣氏重校"。這個署名很有問題。仍孫乃自身下數到第八世孫,林兆珂的仍孫不可能生活在萬曆年間。還有,林兆珂八世孫爲何姓"徐"？《四庫全書存目叢書》卷首内容的排序與《杜集書目提要》也不一樣。"萬曆刻本"可能成立,但《四庫全書存目叢書》所依據的這個底本標爲"萬曆刻本"存在問題。

内閣文庫亦藏林兆珂《李詩鈔述注》,首有林國光萬曆己亥(1599)序、黄履康萬曆戊戌(1598)序。其中林序提到"(林兆珂)守衡則謂杜重於衡,重杜所以重衡也,爲刻杜集於衡,海内欣賞",後林兆珂守皖,則又刻李白集(即《李詩鈔述注》)。黄序謂:"吾郡林孟鳴先生負千秋軼才,由國子拜西曹簿書,視它曹稍閑,號稱西翰先生,得以間理鉛槧業。取《子美詩鈔注》行之,流膾藝林……先生已從衡州守讀禮岩居,游思竹素,更取青蓮詩,亦攦摭其什六七,手自箋疏,與杜集并行之,持示余小子屬一言弁之。"從林、黄二人序可知,《杜詩鈔述注》成於《李詩鈔述注》之前,《杜詩鈔述注》成於衡州,《李詩鈔述注》成於皖(安慶)。從時間上來説,《杜詩鈔述注》肯定刻於《李詩鈔述注》的刊刻時間萬曆己亥之前。《莆田縣志》載林兆珂中進士後所歷官,其中"在成均七年",即當時的最高學府,那麽林氏到衡州任官時,可推知在萬曆九年(1581)之後。

綜上,《杜詩鈔述注》的初刻本應該是萬曆刻本,時間在萬曆九年至萬曆二十七年(1581—1599)之間。此外,林兆珂流傳至今的著述,如北京師範大學圖書館藏明萬曆刻本《檀弓述注》二卷(卷首郭子登序署萬曆丁未[1607])、上海圖書館藏明萬曆刻本《考工記述

---

① 《杜集叙録》,第184頁。
② 《杜集書目提要》,第107頁。

注》(湘藩逸史序署萬曆癸卯[1603]),這兩部書亦均以"述注"爲名,且均刻於萬曆年間,此或可作爲《杜詩鈔述注》刻於萬曆年間之旁證。

内閣文庫本共 9 册。卷首依次爲柯守愷序,林兆珂自序。柯序首頁鈐印:書籍館印、林氏藏書、大學藏書、淺草文庫、江雲渭樹、日本政府圖書。可知内閣文庫本爲林氏舊藏。林序末署"照磨鄧時登書",知林序乃鄧時登所書。此行亦見於《四庫全書存目叢書》本。照磨,是元朝時在中書省下設立的掌管磨勘和審計工作的官員。

内閣文庫本版式與《四庫全書存目叢書》本相同:每半頁有界八行,行二十字。注文與正文字一樣,只每行十九字。四欄單邊,白口,無魚尾。每卷題下另行署"莆林兆珂孟鳴父纂述"。卷末間有鈐印"日本政府圖書""昌平阪學問所"。十六卷末爲林兆珂門人鄧應奎《杜詩鈔述注後序》。

是書内容,《四庫全書總目》評價較低,云:"然甫詩全集凡一千四百餘首,巨制名章,往往不録,而於《杜鵑行》《虢國夫人》二詩,向因黄鶴、陳浩然二本誤入者,反并登選。其《秦州雜詩》二十首,則僅録八首;《游何氏山林》十首,則僅録六首,竟以'其一''其二'標寫次第,似原詩止有此數,尤不可解。至注中援引事實,多不注出典。此又明代著述之通病,非獨兆珂一人矣。"①四庫館臣對明人著述向多駁斥,然細按林氏所注,實有可觀。

七、明萬曆三十七年積善堂刊《内閣批選杜工部詩律金聲》二十四卷

元虞集注解,明李廷機批點。嚴紹璗僅著録該書版本:明萬曆三十七年(1609)積善堂刊,共三册。②但其實有誤,後文詳辨。周采泉、鄭慶篤、張忠綱等人所編書目均未著録此書。據筆者核檢,版式爲:每半頁十一行,行十八字。注文小字雙行。白口,四欄單邊,單魚尾。李廷機,《明史》卷二百十七有傳,《杜集叙録》有生平考述。③

首爲李廷機撰《題詩律金聲引》,未署年月。首頁鈐印:林氏藏書、淺草文庫、日本政府圖書、江雲渭樹。

次爲《鍥李閣老批點杜工部詩集目録》,另行署"太儀朱名世校訂"。朱名世,生平事迹不詳,江西臨川人,有《牛郎織女傳》四卷。

是書分二十四卷,但核目録與正文,其中有很多問題。目録有殘缺:卷十八止《送十五

---

① 永瑢等撰:《四庫全書總目》卷一七四,北京:中華書局,1965 年,第 1532 頁下。
② 《日藏漢籍善本書録》,第 1447 頁。
③ 《杜集叙録》,第 187 頁。

弟侍御》，自《洞房》缺至末，共十四題；卷十九缺全部；卷二十一《荆南述懷》和《江漢》之間爲《江上》，但正文却爲《舟中對雪有懷盧十四侍御弟》；卷二十一正文《移居公安山館》（題作《移居公安》）後，缺《夜》《醉歌行》《贈衛大郎》《送韋少府》《公安懷古》《送李晋肅》等六首詩；卷二十三、二十四目録全缺，但其實并非李廷機本原缺，後文詳述。

次爲正文。據筆者目驗，卷一至卷二十二，首均署"内閣批選杜工部詩律金聲"，題下另三行分署：九我李廷機批點，元虞集伯生注解，奇泉陳孫賢綉梓。每卷末署"内閣批點選注杜工部詩"。陳奇泉，名孫賢，建陽坊賈，又刻有《重刊官版地理天機會元》三十五卷等書，書坊號"積善堂"。李氏批點内容，均冠以"批云"二字，如卷八《遠送》，詩題下有"批云：如畫出塞圖"；再如卷九《劍門》，詩題下有"批云：嘆地險而惡負固者也"。或僅冠一"批"字，如卷一《夜宴左氏莊》末有"批"云："末謂聞吴詠而思昔游，是擺開説。寄興閒遠，狀景纖悉，寫情濃至，而閭閻參錯，不見其冗，乃此詩妙處。"

卷二十二末有一段跋：

　　杜少陵詩縱横闔闢，隱隱雲龍騰空，變化萬狀，誰得而步趨之？恨舊注坌冗，探公心迹者鮮。頃居秣陵，乃得劉須溪批本讀之，如獲珙璧。續見趙東山五言批評，又獲明備。不揣并虞伯生七言注，統三子合爲一編，以便檢閲。

　　東川黎堯卿跋。

跋文署名後鈐印：廷表、癸丑進士、司馬大夫。

黎堯卿這裏所謂的"統三子合爲一編"，就是把劉須溪、虞集（伯生）、趙汸（東山）三人杜詩批注并行刊刻。《杜集書目提要》著録成都杜甫紀念館藏明正德四年（1509）東川黎堯卿重刻《須溪評點選注杜工部集》二十二卷，賦趙東山類選杜詩、虞伯生注杜工部詩各一卷。①

卷二十三末又有跋：

　　東山詩選有朝省、宴游、感時、羈旅、閑適、宗族、朋友、送別、哀悼、登眺、感舊、節序、雜賦、天文、禽獸、題咏等16色，統若干首，入劉本者不區別矣。縱餘一首，亦題篇端，以見公批勘精到之意，覽者其注意焉。歲己巳重九跋。

---

① 《杜集書目提要》，第64頁。

己巳正是明正德四年,由此可證,此卷(二十三)正是黎氏所刻《須溪評點選注杜工部集》所附一卷之"趙東山類選杜詩"。但筆者核內閣文庫本原文,其中黎氏所謂十六類,此本缺朝省、感舊二類。但內閣文庫本卷二十三題仍署"內閣批選杜工部詩律金聲",題下另兩行分署"東山趙子常輯注""太儀朱名世校訂",據此可推斷,卷二十三應是陳孫賢積善堂據黎氏正德四年原刻所附趙汸《類選杜詩》覆刻。另趙汸分類注杜詩,皆爲五律,而卷二十三恰皆五律,此可證筆者推斷無誤。

卷二十四題署"內閣批選唐杜工部詩",題下另行署"書林奇泉陳孫賢梓"。此卷當是黎刻所附虞集《注杜工部詩》。此集全篇七律,亦可證此推斷無誤。

卷末鈐印"昌平阪學問所",并有"萬曆己酉歲積善堂"木記。嚴紹璗著録此書爲積善堂刊本,應該據此木記。但綜合以上考述,筆者認爲內閣文庫本《內閣批選杜工部詩律金聲》二十四卷,應爲萬曆三十七年積善堂據明正德四年黎堯卿重刻《須溪評點選注杜工部集》本覆刻,全書經朱名世校訂。不過,也有學人考證,李廷機并未撰過此書,此書應爲托名李廷機所撰的一部僞書。① 從著者李廷機的角度來考量,此確可視爲僞書;但拋開李廷機,此書作爲黎本的覆刻本,其實是有一定價值的。黎本傳世很少,而黎本的覆刻本更少。

以上是筆者就所見內閣文庫藏 7 種杜集書目進行了基本情況的考述。內閣文庫所藏杜集,有些具有版本價值,有些在國內已經難見,故值得進一步研究。內閣文庫所藏杜集文獻所附批點等內容,對目前的杜詩學文獻研究亦不無助益。

【作者簡介】劉曉亮,文學博士,廣東開放大學文化傳播與設計學院講師,主要從事中國古代文學、文獻學研究。

---

① 楊理論:《日藏本〈內閣批選杜工部詩律金聲〉考辨》,《域外漢籍研究集刊》第十五輯,北京:中華書局,2017 年,第 383—396 頁。

[學術論衡]

陝西存藏古代交通碑刻略論

吴敏霞

古代交通是實施行政管理與軍事行動的必要條件,也是古代社會政治經濟文化交流的直接依托。中國古代王朝都特別重視交通事業,如重視交通基本建設、設置館驛郵遞業務、建立交通管理機構、制定交通規約等,譜寫了中國古代交通事業發展的歷史篇章。陝西地處中國中心地帶,古都長安曾經是古代十三個王朝的政治、經濟、文化中心,它南托秦嶺,北依渭水,形成了豐富的水陸交通網絡,使陝西特別是以古都長安爲中心的古代交通事業較爲發達,顯示了陝西在中國古代交通事業方面的重要地位。這在陝西存藏的碑刻中都有充分的體現。

一、陝西存藏交通碑刻分類

在陝西存藏的交通碑刻中,"路"不僅指狹義的陸路,也包括水路、棧道、橋梁等廣義的道路。按内容,陝西存藏的古代交通碑刻可分爲修路碑、指路碑、路標碑和路規碑四類。

(一) 修路碑

這一類碑刻包括修路、修橋、修棧道、修水渡等。在陝西存藏的碑刻中,比較重要的修路碑刻是涉及溝通秦嶺南北的幾條通道。

涉及褒斜道的碑刻:褒斜道,古代穿越秦嶺的山間大道。南起褒谷口(今漢中市大鐘寺附近),北至斜谷口(今眉縣斜峪關口),沿褒斜二水行,貫穿褒斜二谷,故名。最早的修路碑刻當屬東漢永平六年至九年間(63—66)題刻的《鄐君開通褒斜道摩崖題刻》。[1] 該碑

---

[1] 東漢永平六年至九年間(63—66)刻。原刻於石門之南山崖間,現藏漢中市博物館。

記漢中太守鄐君受詔承修褒斜道,其部屬王弘、史荀茂、張宇、韓岑、楊顯等率領廣漢、蜀郡、巴郡的刑徒2600餘人,開通褒斜道258里,修橋5座,建橋閣600餘間,官寺64所,及其所用工、料、錢數等情況。秦嶺褒斜谷口是古代穿越秦嶺的最險要的隘口,絶壁陡峻,山崖仞立,水流湍急,很難架設棧道,故漢明帝於永平年間下詔開鑿穿山隧道,古稱"石門",歷時六年而成,使褒斜道初步通暢。關於修造褒斜道的碑刻,現存者還有《石門頌》,①東漢建和二年(148)刻立,全稱"故司隸校尉犍爲楊君頌",文頌楊涣開通褒斜道石門的豐功偉績;《漢右扶風丞李君通閣道摩崖題刻》,②東漢永壽元年(155)刻立,記載扶風丞李公修建棧道之事。三國曹魏時期又有《李苞通閣道摩崖題刻》,③記載李苞修建棧道相關事宜;《賈三德復通石門摩崖題刻》,④記載賈三德修復石門棧道相關事宜。後石門道破廢,北魏梁、秦二州刺史羊祉重修褒斜道,《石門銘》就是爲紀念此事而作,⑤北魏永平二年(509)刻立。

涉及嘉陵棧道(又稱故道、陳倉道)的碑刻:嘉陵棧道,是古代秦蜀相通的重要通道,沿嘉陵江大峽谷修建。現存陝西略陽靈岩寺的題刻於東漢建寧五年(172)的《郙閣頌》摩崖題刻,⑥原在略陽徐家坪街口村郭家地(古名析里,又名白崖),記載了武都太守李翕重修嘉陵棧道(又稱故道、陳倉道)析里段郙閣棧道析里大橋的情況,頌揚了李翕造福於民的功績。陝西略陽地處陝、甘、川三省交界,作爲秦蜀要衝、陝甘紐帶,明嘉靖李遇春《略陽縣志》稱其地"連峰環矗,江濤洶涌,道路險僻,控扼蜀門"。⑦ 其所存藏的北宋嘉祐二年(1057)題刻的《新開白水路摩崖題刻》,⑧又名"大石碑",記述了宋仁宗至和年間(1054—1056)開嘉陵棧道"白水路"的起始緣由、修路的基本情況、修成後的規模以及修路的宗旨與效益等。

涉及儻駱道的碑刻:儻駱道,是穿越秦嶺連通關中與漢中最近捷的古道路。南起漢中洋縣儻水河口,北至今周至縣西駱峪。終南山古儻駱道駱峪河西岸的明嘉靖三十七年(1558)題刻的《李吕捐資修橋摩崖題刻》,⑨記載了當地村民捐錢修橋之事。位於周至縣王家河鄉老莊子村的清代光緒六年(1880)鐫刻的《老莊子古棧道碑》,⑩記此處爲古儻駱

---

① 東漢建和二年(148)刻。全稱"故司隸校尉犍爲楊君頌"。原刻於石門隧道西壁,現藏漢中市博物館。
② 東漢永壽元年(155)刻。原刻於漢中石門隧道西壁,現藏漢中市博物館。
③ 三國曹魏時期(220—266)刻。現藏漢中市博物館。
④⑤ 北魏永平二年(509)刻。原刻於漢中石門隧道東壁北口,現藏漢中市博物館。
⑥ 東漢建寧五年(172)刻。原刻於陝西略陽徐家坪上,現移藏至略陽靈岩寺内。
⑦ 李遇春:《略陽縣志》卷一《形勝》,《天一閣藏明代方志選刊》明嘉靖三十一年刻本。
⑧ 北宋嘉祐二年(1057)刻。位於略陽縣白水江鎮小河壩村與甘肅徽縣大河鄉瓦泉村交界處。
⑨ 明嘉靖三十七年(1558)刻。位於秦嶺駱峪碾子坪。
⑩ 清光緒六年(1880)刻。現存周至縣王家河鄉老莊子村。

道遺迹，其"上則是崖，下則是水。行人到此，輾轉徘徊。涉水未深，涉山未險"，故不惜錙銖，修建棧道，以便行人通過。同處存藏的清雍正十年（1732）刻立的《西駱峪龍化橋碑》，①記載了修建龍化橋的經過。立於周至板房子鄉長坪村的清代刻立的《長坪觀音橋碑》，文記"觀音橋，南連漢中，北接長安，亦往過來徑之通衢也。當秋夏之際，洪水注洋，長流若帶，不絕如縷，隔咫尺於天涯，蹇裳莫□病"，故於乾隆三十年時，募資鳩工，修建觀音橋，以便往來之方便。

除上述記述古代主要道路修建情況的碑刻外，陝西存藏碑刻中還有衆多其他修建道路碑刻。一是修建鄉間公路及小路的碑刻。清光緒四年（1878）刻立的《創修水峽運粮砭記》，碑額篆書"水峽萬古"四字。已碎爲三截，分置於鎮安縣茅坪鎮蒿潭村。記載鎮安交通不便，陝甘兩省同力修築水峽運糧砭道路之事。據稱該棧道爲左宗棠收復新疆時，爲加快軍需轉運，特上報朝廷，請求創修水峽運粮道路，獲朝廷支持而修建。還有旬陽縣仁河鄉觀音砭村存藏的清乾隆四十六年（1781）刻立的《觀音砭修路碑》、山陽縣南寬坪鎮安家門鄉存藏的清乾隆五十四（1789）刻立的《群子溝築路碑》、城固縣小河鎮大壩村存藏的清乾隆五十七年（1792）刻立的《酒房坪修路碑》、寧陝縣皇冠鄉鹿子坪村存藏的清嘉慶二十四年（1819）刻立的《創修復興寺棧道碑》、華陰市存藏的清光緒六年（1880）刻立的《重修雪映宮木柵馬路記》等。二是修建小型橋梁的碑刻。略陽縣兩河口鎮張家壩村存藏的明萬曆四十四年（1616）刻立的《長坪觀音橋碑》、周至縣厚畛子鎮老縣城存藏的清道光二十八年（1848）刻立的《重修渭水河橋碑》、秦嶺灃峪口存藏的清咸豐九年（1859）刻立的《修建鐵索橋碑》等。三是修建渡口及驛站的碑刻。石泉縣池河鎮桂花村存藏的清道光五年（1825）刻立的《石泉知縣池河口義渡碑》、旬陽縣城關鎮後河街存藏的清道光十八年（1838）刻立的《兩河關建修義渡碑》、漢陰縣雙乳鄉界牌村存藏的清光緒十二年（1886）刻立的《界牌義渡碑》、佛坪縣長角壩鄉東河台村存藏的清道光五年（1825）刻立的《東河台驛站碑》等。

（二）指路碑

在古代，特別是深山老林道路迷幻，方位無法辨識，極易迷路。在這種情況下，指路碑的豎立，就爲人們辨別方位和出行提供了極大的方便。這類碑刻，大致有指四至界綫、指古代遺迹和指里程三種。

---

① 清雍正十年（1732）刻。現存周至縣駱峪鄉駱峪村。

指四至界綫碑刻：此類碑刻大致有以下兩種類型。一是指明行政區域界綫的碑刻。寧陝縣湯坪鎮青草村青草關竪立的《石泉縣界碑》，①位於長安河北岸山梁之上，此地處於石泉和寧陝的交界之處，此碑載明了清代石泉縣與寧陝縣的交界地就在此處。竪立於鳳縣黃牛鋪鎮黃牛鋪村磨房前街的《鳳縣南界碑》，②本標明的是鳳縣的南界所至，但其碑竪於今鳳縣黃牛鋪村，此爲今鳳縣北界，具體情況待考。在今陝西鳳縣黃牛鋪鎮存藏着一通清代的指路碑，中書"寶鷄縣西南界"，③標明當時的寶鷄縣西南界綫所在。旬陽縣仙河鄉仙河口村存藏的《洵陽東界碑》，④本爲明嘉靖二十年刻立。後因字體崩落，又於背面重刻，并注明清乾隆四十八年款。故現存碑刻呈現陰面陽面均縱排雙鈎刻"旬陽東界碑"五字的局面。指明旬陽縣東至的具體位置。二是指明某個地理單元四至的碑刻。陝西長安引鎮嘉午臺山破山寺存藏的《破山寺山界碑》，⑤標明破山寺在明代嘉靖年間的山界地段和具體的地理位置。竪立於略陽靈岩寺的《地界碑》，清代嘉慶十三年(1808)刻立，高0.78米，寬0.44米。碑文行楷17行，滿行33字。此碑除指明靈岩寺地界四至外，還説明勘測靈岩寺地界的起因及勘測經過，爲瞭解此一時段靈岩寺的範圍和規模，提供了重要的資料。現竪立於城固楊侯禪院的《楊侯院邊界碑》，刻於清道光十二年(1832)，高0.96米，寬0.50米。碑文楷書15行，滿行26字。記載楊侯院的四至邊界，對於瞭解楊侯院的歷史，具有一定的資料價值。

指歷史遺迹碑刻：在今陝西略陽兩河口鎮張家壩村大路坎組觀音岩上，存藏明萬曆四十四年(1616)刻立的《路碑》，⑥爲人工在連山石上淺浮雕而成，花崗岩質，圓首，蓮花底座，高1.20米，寬0.61米，碑額正中陰刻楷書"路碑"二字，又橫排陰刻"神明鑒照"四字，碑文竪排陰刻楷書，是一通指明古代或有的道路的摩崖題刻。竪立於陝西鳳縣南星鎮連雲寺村的《對面古陳倉道碑》，⑦是由分巡陝西漢興道兼管水利驛傳事務豐吉立。據1988年文物普查，此碑對面分布古棧道遺址四處，標明此即連接陝川的古陳倉道，此碑的刻立，留下較爲珍貴的歷史遺迹和可資利用的研究資料。也是竪立的一通指路碑刻。

指里程碑刻：城固董家營鄉存藏清代刻立的《指路碑》，⑧内容記述"東從廟後走孫家

---

① 清乾隆五十年(1785)刻。現存寧陝縣湯坪鎮青草村。
② 清嘉慶十一年(1806)刻。現存鳳縣黃牛鋪鎮黃牛鋪村。
③ 清代(1644—1911)刻。現存鳳縣黃牛鋪鎮。
④ 明嘉靖二十年(1541)刻，陽面爲明嘉靖二十年款，後因崩落，又於陰面重刻，并注明乾隆四十八年款，均縱排雙鈎刻"旬陽東界碑"五字。
⑤ 明嘉靖四十五年(1566)刻。現存長安區引鎮嘉午臺山破山寺。
⑥ 明萬曆四十四年(1616)刻。現存略陽兩河口鎮張家壩村。
⑦ 清乾隆四十九年(1784)刻。現存鳳縣南星鎮連雲寺村。
⑧ 清代(1644—1911)刻。現存城固縣董家營鄉。

坪六十里,南走天明寺三十里,北走城固三十里,西過沙河走漢中府五十里",額書"指路碑"三字,供經過此地的人們辨識路徑。陝西洋縣寨溝梨樹埡存藏的《指路碑》,內容爲"東走新鋪五十里,西走桑園四十里,南走西鄉五十里,北走龍亭鋪四十里",較爲準確地説明此處的具體地理位置,爲行至此處的人們提供了方便。

(三) 路標碑

路標是指示道路名稱的標記。在陝西存藏碑刻中,這樣的碑刻較多。如在古代秦嶺褒斜道上的石門,就有著名的漢隸大字"石門"二字的摩崖題刻,鐫刻於石門北口西壁,高0.82米,寬0.50米,字徑0.35米,竪向排列,1970年鑿遷至漢中市博物館。東漢明帝永平年間鑿通此隧道,尚未命名,到東漢王升撰《石門頌》,始有"鑿通石門"之説。故"石門"二字當爲此隧道之名,爲路標性質的題刻。寧陝縣蒿溝村鐫刻的"黄草坪"三字,是明代所題,以標明此處爲何處。樓觀台康熙二十年(1681)鐫刻的"吾老洞"三字,爲清高宗弘曆所題,標明吾老洞所在。華山有明代鐫刻的吴伯與題"蒼龍嶺"三字、米萬鐘題"守身岩"三字、清代鐫刻的達禮善題"王猛台"三字、"玉女峰"三字等,也是標明華山各處路標的標志。另有"朝陽台""迎陽洞""三元洞""箭嶺關"等,也都是路標性質的摩崖題刻。

(四) 路規碑

路規即管理道路的法規。在陝西存藏碑刻中,關於路規方面的比較重要的一通碑刻爲南宋淳熙八年(1181)刻立的《儀制令碑》,①內容爲:"賤避貴,少避長,輕避重,去避來。"儀制令是古代國家制定的社會行爲規範的條令,始於唐,宋承之。宋代爲推行此項政令,特於各交通要道及城市主要街口竪立木制欙杖,以曉示天下。《宋史·孔承恭傳》記載:"及舉令文'賤避貴,少避長,輕避重,去避來',請詔京兆并諸州於要害處設木牌刻其字,違者論如律。"②即以法令的形式公布於世,違者以法律論處。因木刻易腐朽,故傳世未見。而用石鐫刻者,目前發現共有五通:河北邯鄲一通,陝西略陽一通,福建松溪一通,江蘇盱眙一通,山東曲阜一通,可見,這項法規儀制當時在全國範圍內得到了廣泛的推行實施。

---

① 南宋淳熙八年(1181)刻。現存略陽靈岩寺。
② 脱脱等撰:《宋史》卷二七六,北京:中華書局,1977年,第9390頁。

二、碑刻反映的古代交通事業的特徵

通過對陝西存藏交通碑刻類型的劃分,結合其内容和相關歷史文獻進行進一步分析,可以發現陝西存藏的交通碑刻反映了古代交通事業的某些特徵。

首先,陝西存藏交通碑刻内容中體現了修路(橋)濟民觀念。如富平清順治十八年(1661)刻立的《創修東濟橋碑》,記載富平人於明天啓年間,在周暗然、封蒲源等宣導下,集資創修東濟橋,不但方便了百姓通行,且引水灌溉,造就了大片良田,利濟一方。沔縣存藏的清咸豐二年(1852)刻立的《修建沔縣漢水大橋碑》,碑稱"係善士吳自福所創,捐老虎溝、馬坡山地二處",修建而成,爲時人提供了極大的便利。户縣榖子磑存藏明嘉靖二十三年(1544)刻立的《創建太平河石橋記》,記載了太平峪下流太平河原有木橋腐壞,阻礙行人出行,鄉耆富紳蕭宰出資,與邑人共同修造石橋一座而爲鄉里提供了方便。城固縣百丈堰存藏明萬曆二十八年(1599)刻立的《百丈堰新建高公橋碑記》,記載了邑侯高登明"不傷民財,自捐俸數十金",修築石橋,"而民生以遂其利","故因名其橋曰高公橋",俾後世永不忘其惠民之功也。上述這些碑刻内容都在一定程度了體現了修路(橋)濟民的觀念,蘊涵著中國傳統儒家"以民爲本"的思想。

其次,陝西存藏交通碑刻内容中記載了官主民輔的交通道路修造思路。中國古代社會交通道路,主要是官道,由官方來修造,這在陝西存藏碑刻中有突出顯現,如前文所述的石門碑刻内容中就是由官方修造褒斜道。除此之外,還有陝西略陽與甘肅徽縣交界處北宋嘉祐二年(1057)題刻的《新開白水路摩崖題刻》,是一通典型的官方修路碑刻,詳細記載了北宋政府派遣時任利州路主客郎中的李虞卿,以秦蜀要道青泥嶺舊路高峻險拔,泥濘難行,特自鳳州(今陝西鳳縣)河池驛至興州(今陝西略陽)長舉驛,新修五十一餘里長的白水路以便公私之行的具體歷史。在中國古代社會,民間修造道路只是官方修造的補充,且多爲縣鄉以下道路。民間多爲集資修造,如澄城縣存藏清道光十五年(1835)刻立的《新移車路記》,記載澄城縣墊村村民因洪水冲毁原有東西大路一條,爲重新修建一條通村公路,特向村民集資,碑稱"幸余村古風猶存,樂善者衆,有施地者焉,有捐金者焉",衆志成城,一蹴而就,極大地方便了百姓的出入。民間除集資修造外,亦有私人修造,如韓城存藏清咸豐十一年(1861)刻立的《捐路小引碑》,記載韓城民人以己田捐獻於公建路,俾百姓行動便利,於公家亦有利焉之事。又如華山脚下明嘉靖四十一年(1562)刻立的《重修駐馬橋記》,記載駐馬橋早已有之,因嘉靖三十四年關中大地震而摧毁,邑侯李時芳"奮然興起",捐己俸,對所摧毁之橋"墜者起之,缺者補之,兩旁爲欄杆、爲石獅",可爲永久之計。

再次，陝西存藏交通碑刻内容中記述了官民共同護理交通道路的管理模式。有官民共同管理的模式。如安康存藏清道光三十年（1850）刻立的《雙豐橋禁賭碑》，就有"官塘大路寬以五尺爲準，鄉間小徑寬以三尺爲度，主戒其客，各管各地，無論春耕夏耘，不許上壅下挖。如不遵者，公同罰錢，以作修路之資"的記載，規定了道路的寬度及"各管各地"和"公同罰錢"的官、民共同經管的管理模式。有民間鄉約管理的模式。如清乾隆四十七年（1782）刻立的《唐仙橋置公産記事碑》，①記載唐仙渡口，爲解決每歲修繕船橋費用，特置辦公産，以備不時之需，以保證橋梁渡口交通持久，這其實是一通鄉約管理的條規碑。又如清光緒十二年（1886）刻立的《界牌義渡碑》，②碑文記載了清光緒四年和光緒七年分別經鄉飲耆賓晏雙和庠生田國典的捐産資助，爲方便行船停靠和渡人歇脚，特建立安漢（即安康與漢陰）要津月河渡口，并刊立"水漲駕船，有客即渡，水退搭橋，四季不停"等渡口管理條規五款，亦爲民間鄉約管理方式。

三、陝西存藏交通碑刻的價值

陝西存藏的交通碑刻保存了非常珍貴的歷史資料，具有重要的學術價值。

第一，陝西交通碑刻爲瞭解陝西古代交通的發展提供了可靠的依據。碑刻是不易移動搬遷的文獻載體，大多位於原立的位置，特別是摩崖題刻，直接鐫刻於岩石之上，如果不是現當代的有意保護而鑿刻搬遷，基本都處於原來的位置。在陝西存藏碑刻中，立於橋頭、路邊、驛站、碼頭等的碑碣，對於我們瞭解陝西古道建設、發展、管理提供了極大的方便。如二十世紀六十年代末，高陵縣白家嘴村村民在渭河挖沙時挖出了一通《東渭橋記碑》，碑文謂"詩美造舟之役，史重河橋之功"，闡述了橋梁在古代交通中的重要性，并記述了唐玄宗因渭河水大浪急，"莫可得而濟"，故下令時任京兆尹的孟公主持修建一座大型橋梁，即有東渭橋之修建，該橋處於唐長安城通往黄河渡口的必經之地，也是當時長安的戰略咽喉之地。此碑的出土，對於瞭解唐代東渭橋的地理位置、建造時間以及渭河河道的變遷等，都有重要的價值。又如竪立於略陽縣靈岩寺奈何橋旁的《重修奈何橋碑》，記載了"靈岩寺通後洞處，舊有飛橋一座，以木爲之，歷年已久，傾圮已甚，履斯橋者，靡不戰兢"，"近有陝安道何大人偕吾縣令郭太爺來游於此，目睹心惻，因度地相形"，修建石橋於其上，以企"易危爲安，履險若夷"。碑文就靈岩寺旁奈何橋修建情況及具體位置作了詳細説明，

---

① 清乾隆四十七年（1782）刻。現存城固桔園鎮唐廣中學。
② 清光緒十二年（1886）刻。現存漢陰縣雙乳鎮三同村東南渡口。

對於後代瞭解此橋及交通狀況幫助良多。再如上文所述的石門摩崖題刻及內容,爲我們瞭解褒斜道的修建及具體地理情況,提供了史籍未載的第一手資料。

第二,陝西存藏交通碑刻內容爲歷史學研究提供了珍貴的資料。碑刻的內容,并不是孤立描述或記叙某一事實,而是或多或少地記叙一定的時代背景、一定的事件背景、一定的歷史人物、一定的歷史事件、一定的歷史地理或一定的社會習俗等。以《石門銘》爲例,此摩崖題刻本爲頌揚羊祉重新開通石門古道的頌文,然其中包含了許多歷史事件及歷史人物及歷代職官等信息。如其所叙"此門蓋漢永平中所穿,將五百載。世代綿迴,屯夷遞作,乍開乍閉,通塞不恒。自晋氏南遷,斯路廢矣。其崖岸崩淪,澗閣埋褫,門南北各數里,車馬不通者久之"。表明石門古道始於東漢永平帝時,而在其後的二三百年間,基本處於廢弛的狀況。又云"皇魏正始元年,漢中獻地,褒斜始開",系指夏侯道遷叛梁降魏的歷史事件。又叙此項工程的起始年月及工程內容,包括"起四年十月十日,訖永平二年正月畢功,閣廣四丈,路廣六丈……二百餘里",可見其工程之浩大。又記領其事者爲羊祉,其官爲"假節龍驤將軍、督梁秦諸軍事、梁秦二州刺史",其祖籍泰山。將北魏永平二年重新開通石門古道的歷史事件及歷史人物完全呈現出來,對於研究相關歷史事件、人物、職官等提供了珍貴的歷史資料。又如鎸刻於今徽(甘肅徽縣)白(白水江)公路北側崖壁上的《新修白水路記》,由時任宣德郎、守殿中丞、知雅州軍州兼管内橋道勸農事、管勾駐泊及提舉黎州兵甲巡檢賊盜公事、騎都尉、借緋雷簡夫撰書并篆額,記載所修建的白水路,"自鳳州河池驛,至興州長舉驛,五十一里有半,以便公私之行"。又記其工程包括"作閣道二千三百九間,郵亭、營屋、綱院三百八十三間,減舊路三十三里"等。據史載,青泥嶺在興州(今略陽縣)西北一百五十里處,自唐以來爲秦蜀要道。安禄山之亂,唐玄宗幸蜀即經此。此嶺懸崖萬仞,山多雲雨,道路泥濘難行,故李白有"蜀道難,難於上青天"之詩句,杜甫有《青泥嶺》詩云:"朝行青泥上,暮在青泥中。泥濘非一時,版築勞人功。"可見當時交通之不便。白水路的修建及碑刻的刻立,爲研究當時行政區劃的具體情況提供了非常明確的資料。再如留壩縣樊河北存藏清道光十五年(1835)刻立的《新建樊河鐵索橋德政碑》,較爲詳細地記載了古代鐵索橋的結構與修建的方法,如其曰:"創浮橋,橫排鐵索。其式以鐵鍊成環,勾連成索,索磐石幢,幢列兩岸,而橋身中空焉。"保存了古代修建鐵索橋的珍貴的歷史資料。

第三,陝西存藏交通碑刻保存了古代道路修建和使用管理的基本規則,具有一定的啓示和借鑒作用。清道光二十六年(1846)的《護路條規碑》,[①]刊刻清代關於道路養護方面

---

① 清道光二十六年(1846)刻。現存略陽徐家坪鎮張家莊村西河南岸。

的條規,是一種具有地方法規性質的路規碑;清同治三年(1864)刻立的《太平橋會碑》,①記載太平橋會公議條規及會員權責的碑刻,是一通爲保護和管理太平橋,特設立太平橋會,并公議制定的有關條規及會員權責的路規碑。還有,太白縣斜石崖《斜石崖修路碑》、旬陽縣觀音砭《觀音砭修路碑》、留壩縣汪家溝《汪家溝修路碑》、石泉縣後柳鎮《黑溝河修路碑》、勉縣土嶺子《土嶺子修路碑》、留壩縣武關驛《武關驛修路碑》、略陽白水江鎮封家壩《封家壩修路碑》等,僅從其碑名即可看出古道修建所體現出的順河道修路、循谷地成道、逢河流造橋、遇懸崖架棧的修路規則。不僅如此,這種修路規則也奠定了近現代交通幹道修建的基礎,現在寶成鐵路和212國道的基礎綫路就是秦蜀古道,210省道的基礎綫路是古褒斜道,108國道的基礎綫路是儻駱古道,210國道的基礎綫路是子午古道,312國道的基礎綫路是藍武古道。又如《儀制令碑》,是以碑刻爲載體的政府公布的道路通告規則。其内容一方面反映了古代等級觀念在道路通行上的要求,道路通行中的"賤避貴",就是地位卑賤的人一定要讓地位高貴的人先行,平民百姓一定要躲避在朝官員,這在史書中有同樣的記載,反映出官員與官員之間、官員與庶民之間森嚴的等級關係。從另一方面來看,也反映了有些通行規則的制定,對於形成良好的社會秩序具有一定的積極意義。"少避長""輕避重""去避來"等,就是教導人們在出行時,年少者要讓年長者先行,負擔輕者要讓負擔重者先行,下坡者要讓上坡者先行。這些規則在今天仍然有積極意義,或爲當代社會所承襲。

　　陝西存藏交通碑刻揭示了陝西古代交通的基本狀況,反映了陝西地域古代道路交通修造、作用和管理的基本特徵,是瞭解和研究古代交通的一個視窗,具有重要的文獻價值和學術價值。

　　【作者簡介】吴敏霞,陝西省社會科學院古籍整理研究所研究員,主要從事中古碑刻文獻和典籍文獻研究。

---

① 清同治三年(1864)刻。現存寧陝縣皇冠鄉興隆坪村。

論《離騷》分段與結構層次

高 惠

"《離騷》的難點在篇章層次",①《離騷》結構解析與篇章劃分密切相關,明清治楚辭學諸家皆有將《離騷》分段之舉,《離騷》之分段因此有三分法、五分法、六分法、七分法、八分法、九分法、十分法、十二分法、十四分法、十六分法、十七分法、十八分法等。此外,《離騷》分段亦有雙層或多層嵌套結構,大框架與小框架相間,分段導致結構變化從而促使《離騷》文本節奏隨之相異,其對理解《離騷》表達與情感亦有微妙動態。同時,在楚辭學研究中,分段之解讀亦與時文品評與文章學之要處脉脉相通,藤樹相連,"讀《離騷》需分段看,又需通長看。不分段看,則章法不清;不通長看,則血脉不貫。舊注之失,在逐字逐句求其解,而於前後呼應闔闢處,全欠理會",②因此,分段分節與結構層次解讀乃爲研讀《離騷》、進入文本、體味深意之痛癢肯綮。

一、《離騷》的分段分節

《離騷》的分段與分節是楚辭學研究上一個重要且複雜的問題,姜亮夫在談及如何讀離騷時引方廷珪③言:"讀《離騷》當細分其前後段落,自前至後,由淺入深;中有虛有實,有虛中實、實中虛,并無一句重複,無一字没意義、没着落,又當知其前後用意所在。"④除知曉前後文意,分段還涉及《離騷》的結構之美。然而明代之前《離騷》的分段雖已經出現,但并不多,自朱熹《楚辭集注》始將《離騷》全篇以四句爲一節分爲九十三節,"以後的學者將《離騷》分段的有九十五家之多"。⑤明萬曆以後,楚辭學勃興,至清乾嘉走向全面繁榮,楚辭學在經學、理學、辭章、音義等方面的研究著作層出不窮,因此《離騷》的結構研究與段落

---

① 姜亮夫、姜昆武:《屈原與楚辭》,合肥:安徽教育出版社,1996年,第50頁。
② 朱冀:《離騷辨·凡例》,杜松柏主編:《離騷彙編》第9册,臺北:新文豐出版公司,1986年,第21頁。
③ 方廷珪,字伯海,清代雍正、乾隆間人。
④ 于光華輯:《重訂文選集評(中)》,北京:國家圖書館出版社,2012年,第389頁。
⑤ 《屈原與楚辭》,第31頁。

劃分也相應出現多家之説。具有代表性的則有三段説、五段説、六段説、七段説、八段説、九段説、十段説、十二段説、十四段説、十六段説、十七段説、十八段説等。《離騷》的段落複雜之處不僅在於分段種類，還在於各類分段之間的取捨并不相同，例如同爲五段説，屈復(1668—1745)《楚辭新注》與顔錫名(1811—1880)《屈騷求志》的分法并不一致；以及分段中夾雜分節，例如張象津(1738—1824)《離騷經章句義疏》將《離騷》總分爲三大段，三大段中又分爲十八小節。此外，各家對《離騷》結構劃分的稱法各有不同，段與節是最基本、最常見的用法，謝濟世(1689—1755)《離騷解》則析爲十四章，奚禄詒①《楚辭詳解》則分爲四大段、七小段、九十二章，總之，從結構和體量上來説，段＞節＞章。

　　三段説的分法最著名的是清初王邦采②的《離騷匯訂》，從篇首至"之可懲"爲第一段，第二段從"女嬃之嬋媛"至"終古"，"索藑茅"至篇末爲第三段。王邦采之後，凡是采用三段説的或在其框架内，例如張象津《離騷經章句義疏》、朱駿聲(1788—1858)《離騷賦補注》、駱鴻凱《楚辭論文》中的三段劃分與王邦采完全一致；或大同小异，例如龔景翰③(1747—1802)《離騷箋》第一段止於"沾余襟之浪浪"，後兩段與王氏亦相同。即使"三段説"分法是否合理一直衆説紛紜，清代以後裂三段爲多分法，但若論整體框架的建立，乃至於今人許多《楚辭》注本中的《離騷》三段分法基本延續王氏的分法，例如蔣天樞《楚辭校釋》、雷慶翼《楚辭正解》、杜月村《楚辭新讀》等三段分法皆依王氏之法。此外，奚禄詒《楚辭詳解》將《離騷》分爲四大段：

　　　　總之則四大段。自首至"予心可懲"是一段，自"女嬃"至"予襟浪浪"是一段，自"敷衽陳詞"至"焉能終古"是一段，自"索藑茅"至末是一段。④

　　觀其四大段之説，實際上與三段説在關鍵句劃分上相似，例如末段自"索藑茅"、前三段的"可懲""女嬃""浪浪"都是三段説劃分的重要節點。奚氏之書當出於清初，但此書并未廣泛流傳，今惟見楚黄奚氏知津堂乾隆九年(1744)刻本，由於奚氏乃順康時人，此書可能初刻更早。因此并非奚氏調和三段説的不同分法，實乃一家之識見，黄靈庚贊其"四大段之説，尤爲後世所推重"。⑤

　　五段説的代表有清屈復《楚辭新注》，屈復將《離騷》分爲五段，第一段至"靈均"，第二

---

① 奚禄詒，詒一作詒，字蘇嶺，號克生，順治十六年(1659)進士。
② 王邦采，字貽六，清康熙間諸生。
③ 龔景翰，翰一作瀚，字惟廣，乾隆三十六年(1771)進士。
④ 奚禄詒：《楚辭詳解》，見黄靈庚：《楚辭文獻叢考》，北京：國家圖書館出版社，2017年，第1229頁。
⑤ 《楚辭文獻叢考》，第1229頁。

段至"不予聽",第三段至"此終古",第四段至"不行",後"亂曰"爲第五段,其中第二、三、四段又分別析爲六、五、五節。另有清顏錫名《屈騷求志》,亦以五段劃分《離騷》,然而顏氏的五段與屈氏相異,第一段自卷首至"數化",第二段至"所厚",第三段至"不予聽",第四段至"終古",第五段至"不行"。比較二者,實際上亦有共性,即中間三處的劃分皆一致,只在第一段分段處略有不同,及"亂曰"是否爲一段。"亂曰"作爲《離騷》收束全篇的一段,在歷來的分段分節中有三種處理方式:其一,"亂曰"單獨成段,作爲文章有機體的一部分,如清錢陸燦(1612—1698)批校明代俞初①刻本,錢氏批點本於眉批處將其分爲八段,第八段爲"亂曰";其二,"亂曰"不獨立分出,與上文段落成爲共同一段,如清魯筆(約 1675—1762)《楚辭達》第十二段爲"靈氛既告余"至末,"寫去國自疏,以末章死節爲歸結",②則末章死節不僅收束全篇,還作爲整體不可切割的一部分;其三,"亂曰"不參與全文的分段,雖亦獨立,但與全文存在區域間隔。如明代陳第(1541—1617)《屈宋古音義》,陳氏言"'亂'則總結前意,謂義無可往,惟以死自誓而已矣",③點明"亂曰"爲總結前文之意。此外,"亂曰"在二段式結構中具有特殊意義,日本學者竹治貞夫認爲"亂"作爲一個標目將《離騷》分爲兩段式,類似形式的還有宋玉的《招魂》、東方朔的《七諫》。"亂"來自樂曲形式,原先作爲樂曲形式的標目在《離騷》中被賦予嶄新概括前文的意義。④清顏錫名《屈騷求志》在闡明"亂曰"之義時,亦提及"亂"的樂曲含義,"亂者,樂終合奏之名,其音節視前爲變。《大招》云:'叩鐘調磬,娛人亂只。四上競氣,極聲變之'是也。篇章之末,變其格調,促其音節,以爲一篇結束,一如樂之有亂,故亦謂之亂也",⑤亦有説法"通篇大旨亂之數語盡之,亦猶詩之小序也,讀者熟讀而深思之文意曉然矣"。⑥因此,在分析《離騷》的分段時,需要考慮"亂曰"在各處作何處理,如相互比較時,實際上應只按照"亂曰"以上正文的劃分作爲標注分段的依據。

六段説的代表作品有清于光華《重訂文選集評·楚辭》引方廷珪批語,持七段説的有明代陳第《屈宋古音義》,八段説有錢陸燦批明代俞初刻本,九段説有清姚鼐(1732—1815)《諸家評點古文辭類纂·楚辭》等。⑦ 十段説以上則將文本細化,戴震(1724—1777)《屈原

---

① 俞初,約活動於嘉靖、隆慶、萬曆間。
② 魯筆:《楚辭達》,見《楚辭文獻叢考》,第 1127 頁。
③ 陳:《屈宋古音義》,見《楚辭文獻叢考》,第 789 頁。
④ 詳見[日]竹治貞夫著,徐公持譯:《楚辭的二段氏結構》,尹錫康、周發祥等主編:《楚辭資料海外編》,武漢:湖北人民出版社,1986 年,第 109—130 頁。
⑤ 顏錫名:《屈騷求志》,見《楚辭文獻叢考》,第 1523 頁。
⑥ 龔景翰:《離騷箋》,見《楚辭文獻叢考》,第 1447 頁。
⑦ 《楚辭文獻叢考》中將姚鼐《諸家評點楚辭類纂》作"八段",實際第八段重複標注,第八段"靈氛既告"至篇末應爲第九段。

賦注》劃爲十段，魯筆《楚辭達》分《離騷》爲十二段，與衆多分段不同的是，魯氏在各段之外設有"過文"，"開端五章（每章四句），自叙其具天人交至本領，急乘時圖君也，以'不撫壯'一章爲過文"。① 在魯氏看來，《離騷》的結構之間并非可以直接順承，魯氏設"過文"意爲承上啓下，連接各個篇章。此構思在諸多分類中實爲少見，魯氏提供了另一種思考《離騷》結構的方式，即不必刻意把某某句劃入某段，作"過文"處理在文意上可能更爲妥帖。但魯氏"過文"設定并非完全游離於段落之外，他以"女嬃"以下三章爲全篇過文，將《離騷》斷爲上下兩部分，"女嬃"過文爲全文第六段，"過文"既在段落之外，又在結構之中。

　　超過十二段劃分的有謝濟世（1689—1755）的《離騷解》（十四章）、畢大琛（1820—?）《離騷九歌釋》（十四節）、牟庭（1759—1832）《楚辭述芳》（十六段）、林雲銘（1628—1697）《楚辭燈》（十七節）、②李光地（1642—1718）《離騷經注附九歌注》（十七段）、黄恩彤（1801—1883）《離騷分段約説》（十七段）、許清奇（1728—?）《楚辭訂注》（十八段）、③明林兆珂④《林氏楚辭述注》（十八段）等。事實上《離騷》分段分節超過十段以後與十段以下不能算作同一個分段系統，因爲在三段説或者五段説的分法下，往往在大框架中詳細再析分小結構，例如張象津將《離騷》分爲三大段，但其實三大段之下又分爲十八小節；龔景翰將三大段分爲十三小節；屈復則把細分的十八節置於五段之中，《離騷》在此種分類中擁有兩層結構，并非簡單的"某段説"可以概括。而對於瑣碎分法，即使屈復在五段之下又條析，但其態度則顯得更爲謹慎，"長篇大作，原有條貫；和氏之璧，御璽材也，推碎作零星小玉，連城失色矣"，這也是其選擇雙層結構之原因。《離騷》作爲一個整體，分段過於細碎，有破壞其整體之美的擔憂。要之，楚辭學研究者對《離騷》的結構劃分幾乎是各持説法，在分類上既有沿襲也有生發。

表 1　《離騷》分段簡表

三段/節	清張象津《離騷經章句義疏》三大段十八節不包括"亂曰"
	清龔景翰《離騷箋》三大節三十三小節不包括"亂曰"
	清朱駿聲《離騷賦補注》三段包括"亂曰"
	駱鴻凱《楚辭論文》三段包括"亂曰"
	清王邦采《離騷匯訂》三段包括"亂曰"

---

① 魯筆：《楚辭達》，見黄靈庚：《楚辭文獻叢考》，第1126頁。
② 《楚辭文獻叢考》分類作"十六段"，實際第八段亦重複標注，"悔相道"至"可懲"應爲第九段。
③ 《楚辭文獻叢考》分類作"十七段"，第十段重複標注，"跪敷衽"至"求索"應爲第十一段。
④ 林兆珂，字孟鳴，萬曆二年（1574）進士。

續表

四段/節	清奚禄詒《楚辭詳解》四大段七小段九十二章"亂曰"單獨成段
五段/節	清屈復《楚辭新注》五段"亂曰"單獨成段
	清顔錫名《屈騷求志》五大節不包括"亂曰"
六段/節	清于光華《重訂文選集評·楚辭》引方廷珪包括"亂曰"
七段/節	明陳第《屈宋古音義》七節不包括"亂曰"
八段/節	明俞初校刻《明俞初刻本附錢陸燦批校》錢氏批點此書,眉批分爲八節"亂曰"單獨成段
九段/節	清姚鼐《諸家評點古文辭類纂·楚辭》九段包括"亂曰"
十段/節	清戴震《屈原賦注》十段不包括"亂曰"
十二段/節	清魯筆《楚辭達》十二段包括"亂曰"
	清劉夢鵬《屈子楚辭章句》十二節"亂曰"單獨成段
十四段/節	清謝濟世《離騷解》十四章"亂曰"單獨成段
	清畢大琛《離騷九歌釋》十四節"亂曰"單獨成段
十六段/節	清牟庭《楚辭述芳》十六段"亂曰"單獨成段
十七段/節	清李光地《離騷經注附九歌注》十七段包括"亂曰"
	清黄恩彤《離騷分段約説》十七段"亂曰"單獨成段
	清林雲銘《楚辭燈》十七節"亂曰"單獨成段
十八段/節	明林兆珂《林氏楚辭述注》十八段"亂曰"單獨成段
	清許清奇《楚辭訂注》十八段"亂曰"單獨成段

二、《離騷》分段與詩歌節奏

《離騷》分類在明清楚辭學研究中莫衷一是,各有論斷。然而於衆説紛紜劃分中,并非雜亂無章,毫無軌迹可尋。甚至在一些關隘處,衆家亦有沿襲傳統的認識或不約而同之論斷。對《離騷》文本的分段并非簡單掌握文意,也無形中重構《離騷》文本。注者分段分節的處理給予文本停頓與轉折,行文疏密由此産生,并一定程度拓展形式上空間,造成不同的節奏感。一重分段之外,亦有二重甚至三重結構,既把《離騷》作爲整體,却又縱横切割,因此結構之美的解讀與賞味從文本形式的組織角度實可更爲深入。根據 22 家《楚辭》研究著作中對《離騷》分段斷句處的統計,①可知分段較爲集中的有:"字余曰靈均"7 次、"夕

---

① 所統計 22 家《楚辭》研究著作分别爲明俞初校刻:《明俞初刻本附錢陸燦批校》、明林兆珂:《林氏楚辭述注》、明陳第:《屈宋古音義》、清王邦采:《離騷匯訂》、清林雲銘:《楚辭燈》、清李光地:《離騷經注附九歌注》、清屈復:《楚辭新注》、清謝濟世:《離騷解》、清奚禄詒:《楚辭詳解》、清戴震:《屈原賦注》、清許清奇:《楚辭訂注》、清魯筆:《楚辭達》、清于光華:《重訂文選集評·楚辭》、清牟庭:《楚辭述芳》、清劉夢鵬:《屈子楚辭章句》、清龔景瀚:《離騷箋》、清張象津:《離騷經章句義疏》、清黄恩彤:《離騷分段約説》、清朱駿聲:《離騷賦補注》、畢大琛:《離騷九歌釋》、清顔錫名:《屈騷求志》、駱鴻凱:《楚辭論文》。據黄靈庚:《楚辭文獻叢考》統計。

攬洲之宿莽""來吾導夫先路"5次、"夫惟捷徑以窘步""雖九死其尤未悔"6次、"傷靈修之數化""好蔽美而稱惡"8次、"願依彭咸之遺則"13次、"固前聖之所厚"17次、"豈余心之可懲"21次、"夫何煢獨而不予聽"11次、"沾余襟之浪浪""周流觀乎上下"14次、"好蔽美而嫉妒"12次、"余焉能忍而與此終古"19次、"謂申椒其不芳""蜷局顧而不行"15次、"吾將從彭咸之所居(亂曰一章)"16次。

　　在龐雜的《離騷》分段中,仍然有一些研究者認定的"重者恒重"的共識。分段處最多的一句是"豈余心之可懲"與"余焉能忍此而終古"。而此二句正是三段說的一般劃分中的斷句之處,這從側面亦說明三段的劃分儘管受到多種挑戰,但對於篇章結構中重要節點的定位在衆家眼中趨於一致。此兩句之間内容爲"求女","求女"一部分占據全文篇幅三分之一,《離騷》行文至此突然宕開一筆,離開對自我理想的闡揚與現實中被誣的控訴不滿,轉向光怪陸離的幻象中"求女"。黄恩彤《離騷分段約説》稱:"《離騷》此段最難解,以其語多荒忽,且與下第十六段("惟茲佩"至"而不行")殊相近,倉卒求之而不知其用意所在。"①無論從内容或主題來説,這一部分的特殊與隱含之意都顯得尤爲突出。因此從表格亦可看出,"豈余心之可懲"(求女)内容之前的分段爭議較之後文頗多,亦更爲瑣碎,而"求女"一部分則在全篇中顯得完整。駱鴻凱《楚辭論文》折衷諸家,采用王邦采、朱駿聲三段論之説,但其在第一段處又析爲十三小節,此表明"女嬃"前部分節確有諸多爭議,以至於難以整合,或者難以取法囊括。因此,爲解決篇章的連貫問題,魯筆將"女嬃"以下三章作爲過文爲第六段,在《楚辭達》的全部分段中,只有"女嬃"部分的過文單獨成段,可以理解此爲全篇過度順承之處。許清奇《楚辭訂注》則稱"女嬃"至"不予聽"爲全文轉捩處。可以説,三段或五段的劃分基本圍繞"求女"爲結構支點,此部分不僅爲内容撲朔難解之點,亦爲結構上的癥結所在,爲不得不突出之重點。

　　此外,"願依彭咸之遺則""固前聖之所厚""夫何煢獨而不予聽""沾余襟之浪浪""好蔽美而嫉妒""謂申椒其不芳""周流觀乎上下"僅次前二句的分段較多之處。"女嬃"稍前部分,"願依彭咸之遺則""固前聖之所厚"爲重要的兩處劃分。而"女嬃"之後則"謂申椒其不芳"和"周流觀乎上下"爲分段集中句。如果以這幾處爲節點劃分,則與持六段説的方廷珪分法基本一致。此表明方氏六段説在文本的結構上處理得較爲均衡,對前後篇幅體量有一定掌控,然而七段説雖從段數來説與之接近,但是劃分上却大相徑庭。此六段説的分法并非依托三段的大框架,較五段與七段來説都相對獨立,但方氏仍在框架内有小的結構分

---

① 黄恩彤:《離騷分段約説》,見《楚辭文獻叢考》,第1548頁。

組,例如"沾余襟之浪浪爲小住脚""閨中四句爲大劈落"。① 如果從細小的節點來説,六分法在重要句段的認識上有趨同,然而大框架的偏重導致篇章節奏的不同也存在。

從各家分段的疏密來看,《離騷》稍前部分叙述己之出生來歷、抱負志向,後遭遇讒諓,清白受詬,既而見疑被棄,分段意見離散,文本節奏緊張。待轉向求女後,分段則較爲集中,文本的節奏舒緩下來。形式主義者將詩學理論中的"節奏"理論擴展出來,因而節奏不僅包含語言與格律,也爲文本話語的組織形式。語言學家本尼維斯特溯源"節奏"來源,認爲節奏即形式,"并且可將之理解爲區别性的形式,即各部分組合成整體的特殊安排",②《離騷》的分段作爲理解作品的手段實際上創造了文本的節奏,而韋勒克闡述節奏型散文之語在《離騷》分段上則可共通,"這種節奏如果使用得好,就能够使我們更完好地理解作品本文;它有强調作用;它使文章緊凑;它建立不同層次的變化,提示了平行對比的關係;它把白話組織起來,而組織就是藝術"。③《離騷》中關鍵句與段充當構成節奏的重音、停頓因素,而不同分段無異於文本話語的重組。同爲三段説,張象津與龔景瀚都在三段基礎上進行二重分節,二人對三段中間的停頓處理解并不相同,分歧處在於自"女嬃之嬋媛"至"沾余襟之浪浪"應當從上還是作爲啓下的重要片段,然而這部分兩處小分節兩人却是一致。如果按照龔氏分法,"女嬃詈己"一部分亦在言"無人知我"之困悶,與上文聯繫更爲緊密,上文言"己盡忠於君而君不知之也","善類皆化於黨人,楚朝之上無一人知己也","人心風俗因而敗壞,楚國之中無一人知己也",④因此女嬃以鯀婞直而終殀於羽山之野告誡自己時,也因女嬃不知己。而"跪敷衽"開端則爲真正開始漫游徜徉求女,作爲第三段開篇。此種劃分第一段苦悶盤旋,節奏緊密壓抑,層層鋪染,至第二段則忽然舒緩,進入求女與美政的思索中。對比張象津,則是將女嬃告誡之處,劃爲第二段段首,行文節奏則與前一種發生變化,女嬃之責爲"以此心外不見知於朝,内不見知於姊,故欲就聖人之神,質其是非",⑤女嬃之不知爲轉而求知己的最後一層原因,連上下一段則表明强調此處已無人知己,最後一條路惟有出走。内容前後關係之理解不同,導致對停頓處認識有偏差。

要言,關於《離騷》分段雖然衆説紛紜,却并非毫無章法規律,《離騷》的分段與結構理解有一種大致的區域或框架趨向。其難以理解之處不在於中斷點,而在於對大框架與具體内容的順承關係,基本可視爲三段五段説之下的層層細分。但分段之間看似段數的增

---

① 于光華輯:《重訂文選集評(中)》,第 390—391 頁。
② Benveniste. Emile, *Problèmes de linguistique Générale*, Paris: Editions Gallimard, 1966. p. 283.
③ [美]韋勒克、沃侖著,劉象愚等譯:《文學理論》,北京:生活·讀書·新知三聯書店,1984 年,第 175 頁。
④ 龔景瀚:《離騷箋》,見《楚辭文獻叢考》,第 1446 頁。
⑤ 張象津:《離騷經章句義疏》,見《楚辭文獻叢考》,第 1432 頁。

減亦有完全不一致的文本節奏。

三、《離騷》分段與時文章法

正是認識到《離騷》結構的重要性,《離騷》的章節與結構之學將文本根據理解的不同做切分,切分的實質是重回《離騷》文本,理解《離騷》如何創作的問題。分段乃進入《離騷》結構最快速便捷方式,各家皆十分強調離騷之"章法"。明清人對《離騷》的分段與章法分析之中藴含了品評時文之眼光。

清代方廷珪將《離騷》分爲六段,方氏用時文評點形式劃分品評《離騷》章節,不斷強調前後文之呼應。

> "女嬃"至"忍與此終古"合四小段爲一大段,波瀾俱從姊詈其婞直二字生出。……而以不予聽一嘆作小住脚,且將往觀四荒之念放下,想到折中前聖,明其果屬婞直與否,前聖二字,遥應上前聖所厚,而以沾余襟之浪浪爲小住脚,跪敷衽二句又是承上起下,因重華不爲折中,想到見帝,帝閽不内因發出世溷濁一嘆爲小住脚,因帝閽不爲折中,想到求女,總是欲折中其爲婞直與否,因女不可求,發出時溷濁一嘆爲小住脚,下用閨中四句作大劈落。而以不能忍與黨人終古結住。仍遥應上欲依彭咸遺則意,爲四大段中間亦各以四句八句爲一章,惟見帝求女二嘆,各以二句爲章法。①
>
> "索藑茅"至"觀乎上下"合下巫咸二小段爲一大段。索藑茅至狐疑作小住脚,靈氛教以九州島求女是主,巫咸教以九州島擇君是賓,仍以上下求女結住。前以索藑茅二句領下,後以巫咸將夕降二句領下。遥爲章法。下亦各以四句八句爲一章,爲五大段。②
>
> "靈氛告余以吉占"至末爲六大段,中亦各以四句八句爲一章,前後章法一絲不亂。中間起伏迴合照應,已盡各截分注細閲當自得之。③

觀方氏評點,可見其對《離騷》的章法品評是運用文章甚至時文圈評的方式,重視《離騷》的起承轉合。與一般簡約劃分或僅根據内容區别,方氏強調行文前後之關係,除過文承接之外,亦有轉合截斷之關捩。何處平地起波瀾,在其運用的諸類分析話語中,"合"

---

① 《重訂文選集評(中)》,第390—391頁。
②③ 《重訂文選集評(中)》,第391頁。

"承""結住""奇峰""波瀾""小住脚""大劈落"等也都爲時文評點常用術語。更有"靈氛教以九州求女是主,巫咸教以九州擇君是賓"與"中間起伏迴合照應"等此類强調"主賓""起伏"的二元性的文章結構特點。明人沈位的"論股法"言:"有輕叙,有重發,有照應,有賓主,有反復,有疑問,有流水,有推説,有鎖上,有起下,有轉換,有操縱,有一層上一層。"①方廷珪評點《離騷》結構的側重有時文偏向,不著一字時文相關却隱含八股的思維範式。方氏評《山鬼》"留靈修句爲山鬼享祭正文,餘俱從題之前後際生情,蓋作文從無呆寫題面之法",②明確點出如何作文,其對《楚辭》的評點乃以圈評時文的眼光審視,落脚點在《離騷》爲文的章法布局,在"作文之法"的考究。

事實上除方廷珪之外,對《離騷》結構分析中,不乏這種文章學的思維方式,但皆稍隱晦。例如魯筆《楚辭達》,前述已提及《楚辭達》在分段分析中設置多處"過文":

> 開端五章,每章四句,自叙其具天人交至本領,急乘時圖君也。以"不撫壯"一章爲過文。"三後"以下七章,叙因導先路見疏,總由於黨人蠱惑君心也。"余既滋蘭"爲過文。"衆競"以下五章,言與衆競進馳騁,立修名如古人。"長太息"二章爲過文。"怨靈修"以下五章忽怨忽疑,自傷自解。以末章自信,起下忽疑爲過文。"悔相道"以下六章,先悔後解,與上段共翻論前半篇之案。"女嬃"三章作過文爲第六段……③

事實上"過文"亦是對文章結構的關注,"過文"起承前啓後的作用,猶如文章章法中之"遥接",方廷珪所言之"遥應",使文章前後一以貫之,又非黄茅白葦,單一無味,平直無波。明人徐傲玹論"過文"説:"過文乃文章命脉所系,前半篇意賴此收成,後半篇賴此提起。或散或對,最要存想精到,渾成圓活,聯絡有情。若此處氣脉不接,雖前後文如錦綉,只似平中剪斷,不能成用者也。"④在魯氏劃分中,分段更似對《離騷》行文波瀾處的一種提示,是先有"過文"再有分段,"過文"處自然形成段落與層次,例如前有詳盡論述"女嬃"一處的過文因"女嬃"一部分在全文中的忽轉而作爲單獨一段。在明言"過文"之外,分段諸説亦注意《離騷》各部分之間往復呼應,如林雲銘《楚辭燈》:

> ("昔三後"至"蹇步")已上歷叙前代君德治道之得失,以起下文。⑤

---

① 袁黄:《〈游藝塾文規〉正續編》,武漢:武漢大學出版社,2009年,第190頁。
② 《重訂文選集評(中)》,第400頁。
③ 魯筆:《楚辭達》,見《楚辭文獻叢考》,第1126頁。
④ 袁黄:《〈游藝塾文規〉正續編》,第192頁。
⑤ 林雲銘著,于淑娟點校:《楚辭燈》,上海:上海古籍出版社,2019年,第2頁。

("曰黄昏"至"數化")已上叙己之見疏不足恨,但君德無常操,不足與有爲,是可悲耳。反應上文"堯舜耿介"、"遵道得路"二句。①

　　("余既滋蘭"至"之蕪穢")已上叙己之見疏不足惜,但正士皆喪氣,無有與君爲美政者,所關非小耳。反應上文"三後純粹"、"衆芳所在"。②

　　林氏强調行文之間回環往復,何處"起",何處"應"皆有章法所在。各段之間相互關聯,層折呼應,行文有序,爲此林氏在序中譏諷陳繼儒"古今文章無首尾者,惟《莊》《騷》兩家"的論斷,③"治騷者向稱《七十二家評》本,大約惑於舊詁之傳訛,隨聲附和;而好奇之士又往往憑臆穿鑿,削趾適履,甚至有胸中感憤,借題抒泄,造出棘句鈎章,武斷賣弄,憒然不知本題之層折,行文之步驟,反謂《莊》《騷》兩家無首無尾,無端無緒"。④ 林氏認爲如果對《離騷》結構把握不准確,那麽對行文題旨之理解亦會謬誤偏差。與方廷珪强調作文之法的評點不同,林雲銘剖析《離騷》結構,并斥責《離騷》無首尾端緒的論調則偏重於對《離騷》作注解,通過理解行文之步驟,以意逆志,"止求其大旨吻合,脉絡分明,使讀者洞如觀火,還他一部有首有尾、有端有緒之文"。⑤ 儘管如此,《楚辭燈》中時文傾向在具體詞句的注釋上仍有迹可循。例如"教菌桂以紉蘭兮,索胡繩之纚纚"下注"亦皆取已棄之餘芳以爲服,伏下'清白'二字",⑥"忽反顧以游目兮,將往觀乎四荒"下注有"伏下'周流上下'數段",⑦"吾將上下而求索"下注"此一句,作下文見帝求女總引"等,⑧林氏在具體的文句上間或作上下伏筆和前後牽引之解,留意句與段之關係,并在最後强調"此篇至首至尾,千頭萬緒,看來只是一條綫,直貫到底,并無重複",⑨文脉貫通一氣的强調亦爲典型的文章結構思想。四庫館臣評斷林氏《楚辭燈》淺近未及深造,并暗諷朱冀與林氏注解《楚辭》用時文之法,"江寧朱冀嘗作《離騷辨》一卷,攻雲銘之説甚力。然二人均以時文之法解古書,亦同浴而譏裸裎也"。⑩《離騷》爲屈原作品最具代表之作,文體上自兩漢名賦,到魏晉言騷,蕭統《文選》將其另分一類與詩、賦并存,"騷體"漸有文體意識;而近代以後,《離騷》則作爲浪漫主義詩歌代表,屈原在文化教育中被冠以詩人身份,更有認爲《離騷》具有代言體古戲

---

① 《楚辭燈》,第3頁。
②⑥ 《楚辭燈》,第4頁。
③ 陳繼儒:《楚辭評林》,《四庫全書存目叢書》集2,濟南:齊魯書社,1997年,第16頁。
④ 《楚辭燈·序》,第1頁。
⑤ 《楚辭燈·序》,第2頁。
⑦ 《楚辭燈》,第7頁。
⑧ 《楚辭燈》,第10頁。
⑨ 《楚辭燈》,第19頁。
⑩ 紀昀等:《四庫全書總目》卷一百四十八集部一楚辭類,第1270頁。

劇的雛形。而在上述分段評點中，明清人將眼光聚焦在時文之法，《離騷》作爲古文"辭賦類"被姚鼐選進《古文辭類纂》，姚鼐亦對《離騷》作九段之分，段落與層次爲文章學結構之肯綮，亦爲時文結撰之關隘，《離騷》的分段之學藴含古人品評時文的思想，既不離文章理論的發展，亦與明清時文風氣相關聯。

四、結　語

《離騷》分段至明清已經漸成定型，後世分法關鍵處未能脱明清之框架，"楚辭學"研究也難以繞開層次結構評斷。《離騷》分段衆説既有一家識見，又有一定的結點趨同性。正如韋勒克言及"組織的藝術"，《離騷》分段認識上的偏差正是對文本組織藝術的不同理解，讀者情感節奏帶動閲讀體驗生成，從而産生行文疏密與起伏的效果，這種效果幾乎由讀者塑造；而從時文評點角度理解《離騷》層次，亦隱含讀者重構《離騷》之話語，將之自然置於時代語境中。駱鴻凱認爲《離騷》筋節"隱而不露"，但又并非毫無條理，正是這種隱微却暗藏文理與脉絡的行文撲朔感引起衆多解讀，與品悟《離騷》情感，澆注自身之塊壘相類，理解結構亦藴含思想性。

【作者簡介】高惠，南京大學文學院博士生，主要從事明清文學研究。

牛郎織女故事的起源與演變的性別分析[*]

焦 杰 鄭偉鳳

學界關於牛郎和織女故事的起源與演變研究已經有了很多成果。牛天偉、金愛秀《漢畫神靈圖像考述》[①]和段懷清《民間傳説里的中國》[②]認爲在秦漢之際牛郎織女故事經歷了由天庭到人間這樣一個演變過程。趙逵夫的《論牛郎織女故事的產生與主題》[③]《再論"牛郎織女"傳説的孕育、形成與早期分化》[④]則認爲戰國中期至東漢末年是"牛郎織女"傳説的故事情節形成、發展的階段,到了東晉南北朝時期,牛郎織女故事則產生分化。劉學智、李路兵的《七夕文化源流考論》則將牛郎織女故事分爲生成期、定型期、演進期,認爲牛郎織女傳説經歷了逐漸人格化、世俗化與情欲化的過程。[⑤] 關於牛郎織女故事的發展演變歷史,我大體認同衆位學者的研究,但對秦漢之際牛郎織女故事經歷了由天庭到人間的演變過程這一觀點則有不同的看法。從性別視角來看,牛郎織女故事在秦漢之際的演變正好相反,不是天庭到人間,而是從人間到天庭。另外,從先秦到秦漢再到南北朝,牛郎織女的婚變情況也深深打上了時代的烙印。

一、先秦時期三棄牛郎的織女

牛郎與織女在上古時期是兩顆星辰的名字,它們分别居於銀河的東西兩端。牛郎星由三顆星星組成,分别是河鼓一、河鼓二和河鼓三,屬於天鷹星座,民間相傳的牛郎星是河鼓二,而河鼓一和河鼓三則被視爲牛郎的兩個孩子;織女星也由三顆星星組成,分别是織

---

[*] 本文爲 2019 年國家社科基金後期資助項目"中古婦女文化研究"(項目編號:19FZSB047)階段性成果。
① 牛天偉、金愛秀:《漢畫神靈圖像考述》,鄭州:河南大學出版社,2017 年,第 270 頁。
② 段懷清:《民間傳説里的中國》,上海:上海文藝出版社,2019 年,第 72 頁。
③ 趙逵夫:《論牛郎織女故事的產生與主題》,《西北師大學報(社會科學版)》1990 年第 4 期,第 58 頁。
④ 趙逵夫:《再論"牛郎織女"傳説的孕育、形成與早期分化》,《中華文史論叢》第 96 期,2009 年 4 月,第 179—185 頁。
⑤ 劉學智、李路兵:《七夕文化源流考論》,《陝西師範大學學報》2007 年第 6 期,第 58—60 頁。

女一、織女二和織女三,屬於天琴星座。因爲織女星是北半球最亮的早型星,所以很早的時候就被人們注意到了。《大戴禮記·夏小正》就記載説,七月的時候,銀河自南而北橫亘天上,織女位於銀河之東。此時在銀河之西,也有一顆明亮的星星,那就是牽牛星。因爲它們的名字與農業社會的關係密切,故而被先秦時代的人們賦予人的情感。《詩經·小雅·大東》曰:"維天有漢,監亦有光。跂彼織女,終日七襄。雖則七襄,不成報章。睆彼牽牛,不以服箱。"①這首詩通過對比和暗喻的手法,表達了東方人民對統治者沉重壓迫的憤懣,織女和牽牛則象徵着人間的織婦和耕夫。《大東》這首詩雖然没有將牛郎和織女視爲一對夫妻,但牛郎織女故事却可以溯源到這里。

在先秦占星家的眼中,織女和牽牛星分别主管人間的事務,它們在星空中位置的變化會對人世間發生影響。成書於戰國時的《石氏星經》就説"牽牛主關梁、七政,故置九坎通水道",②"辰星守牽牛,水涌爲敗,大牛多死。辰星守牽牛,民有自賣者,歲多水災,萬物不成,五穀傷。一曰地氣泄,貴人多死",所以每當"辰星守牽牛"的時候,就意味着要"有犧牲之事",③即舉行祭祀儀式進行禳解。而"織女主經緯絲帛之事",④其星相往往與蠶桑豐賤有關,偶爾也會預示着災咎。《石氏星經》又講道:"織女之道與貫索相直,布帛賤;不相直,天下有急,布帛貴。織女主絲帛之事,與扶筐爲妃,其足常向扶筐,即吉,不則絲帛有變。其一足亡也,女病。或曰兵起。"⑤

牛郎和織女的工作就是人間男主外女主内的分工,所以在民間的傳説中,這對辛苦勞作的耕夫織婦發生了情感聯繫,牛郎娶織女爲妻,只是没過多久,牛郎便被織女抛棄了。這一傳説見於睡虎地秦簡《日書》:"戊申、己酉,牽牛以取織女,不果,三棄。""戊申、己酉,牽牛以取織女而不果。不出三歲,棄若亡。"⑥有學者認爲,這兩個日子婚嫁不吉利,比如王暉就認爲:"牽牛、織女的婚期是戊申、己酉,但二人并未白頭到老,不到三年,牽牛便抛棄了織女,如織女死去一般。"⑦也有學者認爲:"牛郎織女故事中織女三年逃離,明顯是一種逃婚,所以該故事是婚姻生活的一種記憶。很多的毛衣女故事,或者天鵝處女型故事都有這樣的情節,體現出對於不穩定婚姻的不安情緒。"⑧對這兩種觀點,我是不太認同的。我認爲"三棄"和"棄若亡"是兩種不同的含義。"三棄"是説織女三棄牛郎,這種行爲與"不

---

① 鄭玄箋、孔穎達疏:《毛詩正義》卷一三,北京:中華書局,2009年,影印清阮元十三經注疏本,第990頁。
② 瞿曇悉達:《開元占經》卷六一《牽牛占二》,《四庫術數類叢書》,上海:上海古籍出版社,1990年,第5册,第638頁。
③ 《開元占經》卷五五《辰星犯牽牛二》,《四庫術數類叢書》,第5册,第579頁。
④⑤ 《開元占經》卷六五《織女占十二》,《四庫術數類叢書》,第5册,第638頁。
⑥ 睡虎地秦墓竹簡整理小組:《睡虎地秦墓竹簡》,北京:文物出版社,1990年,第206—208頁。
⑦ 王暉、王建科:《出土文字資料與古代神話原型新探》,《北京師範大學學報》2005年第1期,第104頁。
⑧ 田兆元:《叙事譜系與文化傳承:神話學民俗學文集》,上海:上海文藝出版社,2018年,第48頁。

落夫家"和"三回九轉"的婚俗頗爲相似,反映了從母系時代的從妻居向父系時代從夫居轉變過程中婦女對"男娶女嫁"婚姻的不滿與反抗。"三棄"的卜辭說明牛郎織女的傳說最早產生於從母系社會向父系社會轉變的過程中。而"不出三歲,棄若亡"的確是織女逃婚,反映的是男娶女嫁婚姻中女性生活的不如意。秦代的法律顯示現實社會中的確有不少背夫私逃再婚的婦女,對這樣的婦女秦律的處置是黥爲城旦。① 之所以不贊同王暉的觀點,主要根據是"娶"字,這明顯是男方對婚姻懷有疑慮,不知婚姻能否長久,顯然男方對未來的妻子能否安於家室是没有信心的。雖然這兩條材料都出自秦簡《日書》,但所反映了牛郎織女故事的時代背景是不一樣的。前者更早,後者要晚一些。無論是較早的織女"三棄"牛郎時期,還是三年以後織女"棄若亡"時期,先秦(包括秦)時期的牛郎織女都是人間的凡夫俗女,他們是現實社會中的耕夫和織婦,婚姻并不美滿和諧。

二、兩漢時代被出的牛郎

兩漢時代,牛郎織女的故事發生了變化。首先,兩漢以後,兩星更多地與人間的禍福吉凶比如水旱之災及政治變遷聯繫到一起。因爲牽牛星又稱河鼓星,主關梁,所以占星家往往將其與軍事附會到一起,河鼓三星也被附會爲上將和左右將,旁邊的星星被附會爲軍旗。《史記·天官書》曰:"牽牛爲犧牲。其北河鼓。河鼓大星,上將;左星,左右將。"②《石氏星經》曰:"河鼓三星,旗九星,在牽牛北。"《黄帝占》曰:"河鼓一名天鼓,一名三武,一名三將軍也。中央星,大將也;左星,左將;右星,右將也。"《春秋合誠圖》曰:"河鼓備關梁,設難距,鼓金聲,無口以音守,聞遠知近,達志意。"郗萌曰:"河鼓星主軍鼓,主斧鉞,主外關州,又主軍喜怒。"③牽牛星位置和亮度的變化則影響着軍事行動的吉咎。《甘氏星經》曰:"辰星入河鼓,大將出用兵。"④《石氏星經》曰:"河鼓旗揚而舒者,大將出不可逆,當隨旗之指而擊之,大勝。"又曰:"河鼓旗星明者,則旗幟出,以日占其國;其星若戾,將軍政亂,士卒強將相凌。若旗星不正,有兵。"《黄帝》曰:"河鼓星曲,失計奪勢。"⑤人們可以根據星相預測吉凶。

織女星主女工,而女工又屬於内務,故與内務有關的各種事務都成了織女的工作。只不過,織女在兩漢時代成爲天帝之女,一説天帝外孫女。《史記·天官書》即曰:"婺女,其

---

① 《睡虎地秦墓竹簡》,第196頁。
② 司馬遷:《史記》卷二七《天官書》,北京:中華書局,1982年,第1310—1311頁。
③⑤ 《開元占經》卷六五《河鼓星占二十五》,《四庫術數類叢書》,第5册,第643頁。
④ 《開元占經》卷五八《辰星犯河鼓二十三》,《四庫術數類叢書》,第5册,第591頁。

北織女。織女,天女孫也。"唐張守節《正義》解釋道:"織女三星,在河北天紀東,天女也,主果蓏絲帛珍寶。"①《春秋合誠圖》講得更詳細:"織女,天女也。主瓜果,收藏珍寶,以保神明。成衣、立紀、故齊,製成文綉應天道。"②在漢代讖緯學家和星相學家眼中,織女的星相不但影響着蠶桑和女紅之務,也影響着後宫和婦德之治。《黄帝》曰:"織女主絲帛五采之府。大星後兩小星,太子之位。三星齊明,天下和平,絲綿彩帛賤;星若不明,主后有憂,絲綿繒帛貴。織女大星怒而角者,布帛貴。"又説:"織女一星亡,兵起,女子爲侈。織女不居其處,若更天下,以女爲憂。"③郗萌曰:"織女晨見東方,赤精明,女工善;不精明,女工惡。常以十月朔六七日視之。"④織女三星齊明不僅意味着天下太平,也意味着桑蠶業豐收,少一星或不見織女星對婦女來説都是不吉利的,清晨之時在東方天際能看到明亮的織女星,意味着女紅出色,反之亦惡。

牽牛和織女雖然各有所主,但他們能否協調互助,也會影響着人間的吉咎,表現在占星學中就是它們在星空中的位置。《開元占經》引"荆州占"云:"織女一名天女,天子之女也。在牽牛西北,鼎足居。星足常向牽牛扶筐,牽牛扶筐星亦常向織女之足,不如其故,布帛倍其價,若有喪。"⑤這個内容顯然是抄自《石氏星經》,但在扶筐前加上牽牛,強調牛郎和織女合作的重要性。《黄帝占》云:"牽牛不與織女直者,天下陰陽不和。"⑥《石氏星經》講的是織女星不與貫索星直絲帛貴,《黄帝占》則強調牽牛與織女直才會陰陽調和。

雖然占星家的願望很美好,但漢代的牛郎織女故事却是一個悲劇。"迢迢牽牛星,皎皎河漢女。纖纖擢素手,札札弄機杼。終日不成章,泣涕零如雨。河漢清且淺,相去復幾許。盈盈一水間,脈脈不得語。"⑦在這首産生於東漢末年《迢迢牽牛星》的古詩里,牽牛與織女是一對情投意合的鴛鴦,他們彼此相愛却又兩地分隔。河南南陽曾出土一塊漢代畫像石,畫的中心爲白虎,白虎前是織女星座,白虎後是牽牛星,牽牛圖像是一位農夫牽着一頭牛,牛體上方一字排開有三顆星。織女的圖像則高髻坐姿,周圍環繞着四顆星。白虎是二十八星宿中西方七宿奎、婁、胃、昴、畢、觜、參的總稱,主兵,執斬殺之權,代表着權力。《史記·天官書》即曰:"參爲白虎,三星直者,是爲衡石。下有三星,兑,曰罰,爲斬艾事。"⑧《後漢書·郎顗傳》亦曰:"罰者白虎,其宿主兵。"李賢注道:"《天官書》曰:'參爲白

---

① 司馬遷:《史記》卷二七《天官書》,北京:中華書局,1982年,第1311頁。
②③⑤ 《開元占經》卷六五《織女占十二》,《四庫術數類叢書》,第638頁。
④ 《開元占經》卷六五《織女占十二》,《四庫術數類叢書》,第638頁。按:十月疑七月之誤。
⑥ 《開元占經》卷六一《牽牛占二》,《四庫術數類叢書》,第608頁。
⑦ 沈德潛:《古詩源》卷四,北京:中華書局,1963年,第90頁。
⑧ 《史記》卷二七《天官書》,第1306頁。

虎,下有三星曰罰,爲斬刈之事。'故主兵。"①牛郎和織女是被白虎所代表的強權分開的。誰能主宰貴爲天女的織女婚姻呢? 當然是她的父親——天帝。至此,牛郎織女的婚變故事在性質上發生了很大的改變,最早的婚變是織女對從夫居的反抗,秦時的婚變是織女對父權制個體家庭的逃離,漢代的婚變是父權干涉的結果。此時的牛郎織女在星相學家的撥弄下,已經由先秦時期的凡夫俗女飛升到天庭,一個成爲征伐的將軍,一個貴爲天帝之女。

織女和牛郎很相愛,天帝爲什麼不顧女兒幸福而強迫倆人分開呢? 民間相傳,牛郎欠了天帝的債還不起,所以才被天帝趕走了。晋周處《風土記》載道:"緯書曰:'牽牛星,荆州呼爲河鼓,主關梁;織女則主瓜果。嘗見道書云:'牽牛娶織女,取天帝錢二萬備禮,久而不還,被驅在營室也。'言雖不經,有是爲徵也。"②這個傳説也見於《荆楚歲時記》杜邦瞻注,文字完全相同。③ 顯然,這是漢代以來廣爲流傳的故事。在這個故事裏,牛郎娶織女的聘禮是從天帝那裏借的,所以他應該是上門女婿,通過服役婚而娶織女的。正因爲如此,當他的勞動無法償還聘禮的時候,他就被天帝趕出了家門。牛郎織女的婚變反映了"奔則爲妾,聘者爲妻"成爲社會法定結婚禮儀後下層社會男子娶妻不易的現實。這也許是讓學者誤以爲牛郎織女故事由天庭到人間演化的一個證據吧?

三、魏晋南北朝時期被召回的織女

魏晋南北朝以後,隨着道教的傳播,牛郎和織女也被拉入神仙體系,故事內容變得越詳細,人物形象也變得越來越豐滿。西晋張華《博物志》載道:

舊説云,天河與海通。近世有人居海渚者,年年八月有浮槎去來,不失期。人有奇志,立飛閣于查上,多齎糧,乘槎而去。十餘日中,猶觀星月日辰,自後茫茫忽忽,亦不覺晝夜。去十餘日,奄至一處,有城郭狀,屋舍甚嚴。遥望宫中多織婦,見天丈夫牽牛,渚次飲之。牽牛人乃驚問曰:"何由至此?"此人具説來意,并問此是何處,答曰:"君還至蜀郡,訪嚴君平則知之。"竟不上岸,因還如期。後至蜀,問君平,曰:"某年月日有客星犯牽牛宿。"計年月,正是此人到天河時也。④

---

① 范曄撰,李賢等注:《後漢書》卷三〇《郎顗傳》,北京:中華書局,1965年,第1063頁。
② 李昉:《太平御覽》卷三一《時序部六》,北京:中華書局,1962年,第149頁。
③ 宗懍著,劉金龍校注:《荆楚歲時記》,太原:山西人民出版社,1987年,第54頁。
④ 張華:《博物志》卷一〇《雜説下》,南京:鳳凰出版社,2017年,第116頁。

这个故事讲的是一个人乘船於海上旅行,無意之間進入了天河,來到了天庭,不僅見到了很多織女在忙於紡織,而且見到牛郎在天河邊飲牛。凡人無意間進入天庭的奇迹在魏晋南北朝隋唐時代的文獻中層出不窮,以在民間廣爲流傳的牛郎織女故事來證明道教神仙的真實存在自然是非常具有説服力的。這個故事在南北朝隋唐時期廣爲流傳,宋之問曾賦《明河篇》云:"明河可望不可親,願得乘槎一問津。更將織女支機石,還訪成都賣卜人。"①中唐以後的《因話録》亦收入這個故事,據説當時成都的嚴真觀有一石,"俗呼支機石,皆目云:當時君平留之"。② 到了兩宋時代,支機石的故事被附會到通西域的張騫身上。南宋胡仔《苕溪漁隱叢話前集·杜少陵六》引南朝梁宗懍《荆楚歲時記》道:

张华《博物志》云:"漢武帝令張騫窮河源,乘槎經月而去。至一處,見城郭如官府,室内有一女織,又見一丈夫牽牛飲河,騫問云:'此是何處?'答曰:'可問嚴君平。'織女取楮機石與騫而還。後至蜀問君平,君平曰:'某年月日客星犯牛女。'所得搘機石,爲東方朔所識,并其證焉。"③

胡仔認爲:"案騫本傳及《大宛傳》,騫以郞應募使月氏,爲匈奴所留,十餘歲得還,騫身所至者大宛、大月氏、大夏、康居,而傳聞其旁大國五六,具爲天子言其地形所有,并無乘槎至天河之説。而宗懍乃傳(附)會以爲武帝、張騫之事,又益以楮機石之説,何邪?子美《夔府詠懷》詩曰:'途中非阮籍,槎上似張騫。'又《秋興》詩曰:'奉使虚隨八月槎。'如此類,前賢多用之,恐非實事。"④ 按:《荆楚歲時記》有不同的傳本。有的版本所載與此同,有的版本則與《博物志》同,有的版本無此條。而與胡仔所引文字相同的均見於兩宋之際的作品,如《詩律武庫後集》《杜工部草堂詩箋》《黄氏集千家注杜工部詩史補遺》《歲時廣記》和《古今事文類聚前集》等。故張騫乘槎至天宫的説法并非産生於南北朝時期,極有可能是在流傳過程中漸漸附會,至宋代才形成的。⑤

在道教神仙思想的影響下,南北朝時期的牛郎織女的故事又有了新的發展。他們兩人被迫分離不是因爲牛郎欠債不還,而是貪圖情愛之歡的織女荒廢了女工,惹她的父親——天帝——生氣了,所以才將其押回,只許他們夫婦一年相見一次。南朝梁殷芸《小

---

① 宋之問撰,陶敏、易淑瓊校注:《宋之問集校注》卷一,北京:中華書局,2001年,第409—410頁。
② 趙璘:《因話録》卷五,上海:上海古籍出版社,1957年,第108頁。
③④ 胡仔:《苕溪漁隱叢話前集》卷一一《杜少陵六》,北京:人民文學出版社,1962年,第74頁。
⑤ 支機石故事有不同的傳本,僅《太平御覽》所引便不相同。如卷五一引《荆楚歲時記》:"張騫尋河源,得一石示東方朔。朔曰:此石是天上織女支機石,何至於此?"卷八引《集林》:"昔有一人尋河源,見婦人浣紗,以問之。曰:'此天河也。'乃與一石。而歸問嚴君平,云:'此織女支機石也。'"

説》記載道:"天河之東有織女,天帝之子也。年年機杼勞役,織成雲錦天衣,容貌不暇整。帝憐其獨處,許嫁河西牽牛郎,嫁後遂廢織紝。天帝怒,責令歸河東,但使一年一度相會。"①可是隔着寬寬的天河,牛郎織女如何重逢呢? 熱心的喜鵲紛紛飛上星空,爲兩人搭建了一座鵲橋。鵲橋的傳説最早見於東漢末年應劭的《風俗通》:"七夕織女當渡河,使鵲爲橋。"②葛洪的《西京雜記》也有相同的記載:"織女渡河,使鵲爲橋,故是日人間無鵲。至八日,則鵲尾皆禿。"③魏晉人傅玄《擬天問》也有"七月七日,牽牛、織女特會天河"的説法。④顯然牛郎和織女於鵲橋相會的故事早則西漢遲則東漢時期已經傳遍大江南北了。至此,牛郎織女的故事經過秦漢民間的傳説、兩漢讖緯學的附會和魏晉南北朝的道教神仙體系的創造,終於形成了完整的故事鏈:織女三棄牛郎——婚後三年織女逃婚——牛郎入贅被驅出——織女被召回。這意味着織女由婚姻的掌控者變成被掌握者,追求婚姻自由的織女成爲父權的工具,無論是牛郎被驅還是她被召回,她的父親——掌握婚姻權力的天帝——考慮的都是自己的利益,織女的意願完全被忽視。

　　殷芸《小説》里的牛郎織女故事與漢代又有所不同,漢代的牛郎織女是從妻居,南北朝的牛郎織女是從夫居,雖然他們都是因爲天帝的干涉而被拆散,但前者是牛郎被出,後者是織女被召回。這一變化體現了父權制的權力越來越大、根基越來越牢固。儘管這時的牛郎織女故事呈現出明顯的人格化、世俗化與情欲化色彩,但他們在人們的心目中已經實實在在生活在天宫,只是他們的形象被賦予更多世俗化的色彩。畢竟宗教是社會現實的映射,緣於人間的牛郎和織女不可能不被打上現實的烙印。當然牛郎本是民間的凡夫俗子,通過與織女的聯姻而重返天庭的民間故事是後話了。

　　不過除殷芸《小説》外,織女許嫁河西牛郎的故事還有兩個版本:一是《荆楚歲時記》,見於明陳耀文《天中記》卷二,最後一句作"唯每年七月七日夜渡河一會";二是《述異記》,見於清褚人獲《堅瓠二集》卷二,文字略异。但今本《小説》《荆楚歲時記》与《述异記》均無此條。據武麗霞、羅寧研究,《殷芸小説》到宋代還有著録和引用,今天所輯文字也多數來自宋元時書,如《太平廣記》《續談助》《類説》《紺珠集》《説郛》等,而明以後書絶少見引用或書目著録,僅《述古堂書目》著録一卷,是一個抄本,應當是從《續談助》或《説郛》等書

---

① 馮應京:《月令廣義》卷一四《七月令·日次》,轉引自司馬光撰,李之亮編年箋注:《司馬温公集編年箋注》卷三《和公達過潘樓觀七夕市》,成都:巴蜀書社,2009年,第178頁。
② 應劭著,王利器校注:《風俗通義校注·佚文》,北京:中華書局,1981年,第600頁。
③ 葛洪撰,周天游校注:《西京雜記》卷一《七夕穿針開襟樓》,西安:三秦出版社,2006年。按:陳元靚:《歲時廣記》卷二六有"烏鵲填河成橋而渡織女"之句,云出自《淮南子》,但今本無。
④ 《荆楚歲時記》,第54頁。

中抄出的。可以推斷,《殷芸小説》大約在元明之際便已散亡了。① 按:《月令廣義》與《天中記》均成書於明代中後期,褚人獲生活於清初,時間上差距并不太大,而宋元時期的《太平御覽》《歲時廣記》《新編古今事文類聚》等多收有牛郎和織女詩文與故事,不知何故唯獨没有此條? 但據南北朝時至隋唐時期支機石故事的流傳,以及唐代相關的詩文如盧仝的《月蝕詩》"癡牛與騃女,不肯勤農桑。徒勞含淫思,旦夕遥相望"的描述,②織女許嫁河西牛郎故事在當時肯定有流傳,只是是否出於殷芸《小説》尚需要考證。

綜上,從性別視角來探討漢唐時代的牛郎織女故事的起源與發展演變,完全可以看到另一幅的畫卷。織女"三棄"牛郎的行爲反映了從母系氏族到父系社會的轉變過程中婦女對"從夫居"婚姻的反抗,"不出三年,棄若亡"反映了戰國秦漢時期婦女背夫私逃的社會現象,牛郎"被驅在營室"反映的是婚姻六禮成爲主流婚制後男子娶妻不易的現實,而織女"被責令歸河東"反映的男娶女嫁婚制下父權制的强大。從先秦到南北朝,儘管牛郎織女故事世俗化特徵越來越明顯,但兩人的身份却經歷了從人間到天庭的演化,先秦時是人間的耕夫織婦,兩漢時是天上的星宿,分别主管軍事和婦功,南北朝時正式成爲道教中的神仙,却又回歸其耕夫和織婦的身份。牛郎織女的故事在秦漢至南北朝的發展與最後形成,是秦漢民間故事的傳播、兩漢讖緯學的附會和魏晋南北朝道教神仙思想的編創一同作用的結果。不同時期所呈現的不同故事内容,既是不同時期社會現實的映射,也是依附於父權制下男耕女織個體婚姻的真實再現。

【作者簡介】焦杰,歷史學博士,陝西師範大學歷史文化學院教授、博士生導師,主要從事性別史和文化史研究;鄭偉鳳,女,陝西師範大學歷史文化學院中國古代史專業 2021 級碩士研究生。

---

① 武麗霞、羅寧:《〈殷芸小説〉考論》,《華中科技大學學報》2004 年第 1 期,第 81 頁。
② 彭定求:《全唐詩》卷三八七,北京:中華書局,1960 年,第 4366 頁。

傳統祭祀之禮的涵義探析

——以《周禮·春官·大宗伯》爲主綫

陳　雄　彭勇安

《說文·士部》云："吉，善也。"薛綜注張平子《東京賦》曰："吉，福也。"①所以，這是一種求善求福之禮，而"求"的方法是"事神"。《周禮·春官·大宗伯》說："以吉禮事邦國之鬼神祇。"鄭玄注曰："事，謂祀之、祭之、享之。"②所以，"吉禮"就是"祭禮"。關於吉禮的地位，東周大夫劉康公說："國之大事，在戎與祀。"（《左傳·成公十三年》）魯國大夫展禽則說："夫祀，國之大節也。"（《國語·魯語上》）對後世影響最深的，莫過於《禮記·祭統》之言："凡治人之道，莫急於禮。禮有五經，莫重於祭。"③三句中"國之大事""國之大節""莫重於祭"三個詞道出了吉禮的重要性。清孫詒讓對此總結道："祭祀之禮，取以善得福，是謂之吉禮……禮以事神致福爲本義，故五禮首吉禮。"④梁啓超也說："諸禮之中，惟祭尤重。蓋禮之所以能範圍群倫，實植根於宗教思想，故祭禮又爲諸禮總持焉。"⑤"吉禮"即"祭祀"的内容共計12個項目，分屬"天神""地祇(示)""人鬼"三個門類，其中於天神稱"祀"、於地祇稱"祭"、於人鬼稱"享"，這三個動詞"對文則異，散文亦通"，⑥因此在區别祭祀之禮的大門類中，三者分别對應天、地、人以示其細微差别，而在單獨指某種具體吉禮時，三者是可以通用的。

一、天　神

祭祀天神之禮有三個項目：

---

① 蕭統選，李善注：《昭明文選》，北京：京華出版社，2000年，第85頁。
② 鄭玄注，賈公彦疏：《周禮注疏》，上海：上海古籍出版社，2010年，第646頁。
③ 這里的"五經"，鄭玄注指的是"吉""凶""賓""軍""嘉"五禮，沈文倬先生說："春秋以後，社會發生變革，古禮逐漸被廢棄，禮家着手整理，闡析其意義，加以系統的總結，編次爲五大類，以吉、凶、賓、軍、嘉爲類目名稱，總稱'五禮'。"見《菿闇文存——宗周禮樂文明與中國文化考論》，北京：商務印書館，2006年，第902頁。
④ 孫詒讓：《周禮正義》第三册，北京：中華書局，1987年，第1297頁。
⑤ 梁啓超：《志三代宗教禮學》，《國史研究六篇》附録三，北京：中華書局，1947年，第9頁。
⑥ 《周禮正義》第三册，第1298頁。

> 以禋祀祀昊天、上帝，以實柴祀日、月、星、辰，以槱燎祀司中、司命、風師、雨師。（《周禮·春官·大宗伯》）

"禋"，按照鄭玄的説法，就是"烟"，他認爲周人崇尚氣味："禋之言烟，周人尚臭，烟氣之臭聞者。"①《尚書·洛誥》中也出現有"禋"字："予以秬鬯二卣曰：明禋……"孔安國傳曰："禋，芬芳之祭。"②《禮記·郊特牲》説："殷人尚聲，臭味未成……周人尚臭，灌用鬯臭……"此三者皆以氣味言之，然而《國語》却有不同的解釋，《周語上》云："精意以享，禋也。"誠心誠意的祭祀方爲"禋"。王肅也引《周語》反駁鄭玄説："禋非燔燎之謂也。"③其實，兩説本無二致，不僅"禋祀"，包括"實柴祀""槱燎祀""血祭""饋食"等在内的諸多祭禮都要誠心誠意。《國語》所説，実通於所有祭祀之禮，正如《爾雅·釋詁》所説"禋，祭也。"故可作此解：天神之神主不可望也不可即，離我們太遠，而人們要盡自己的至誠之心，於是就想到了使夾雜着祭品氣味的烟氣上升於天的辦法來表達自己的"精意"，這樣就與孔安國、鄭玄所謂"禋"爲"芬芳"、"禋"爲"烟"相通了。至於"實柴"，《説文·木部》云："柴，小木取柴。"《禮記·月令》鄭玄注"百祀之薪燎"曰："大者可析謂之薪，小者合束謂之柴；薪施炊爨，柴以給燎。"④還有第三個"槱"，《説文·木部》云："槱，積火燎之也。"《風俗通義·祀典》亦云："槱者，積薪燔柴也。"所以，槱應該訓爲"積薪"。

通過以上分析，天神之三祀"禋""實柴""槱"皆爲"積柴實牲體"以"升烟"，烟霧中夾雜着祭品的氣味以祭祀在上的神靈。但三者還是有不同之處的，比如"玉帛"，《周禮·春官·肆師》曰："立大祀，用玉帛牲牷；立次祀，用牲幣；立小祀，用牲。"其中，"大祀"指的就是天地，"次祀"指日月星辰，"小祀"指司中、司命、風師、雨師，⑤可大致等同於"禋""實柴""槱"三者。⑥ 也即是説，禋祀玉、帛、牲三者俱全；實柴祀没有玉，唯有牲、幣；槱燎則只有牲體。儘管如此，三者的"禮義"畢竟一致，那就是"報陽"。天神就是"陽"，氣臭亦屬陽，烟氣上升便是"以陽報陽"。以上是理解"吉禮"的基礎，明了了這些概念，就可以對天神的名類涵義等做一詳細區分。

所謂"昊天"，在歷代經文及經家注疏中，有"一天"説和"六天"説兩種，鄭衆屬於前者，

---

① 《周禮注疏》，第646頁。
② 孔安國傳，孔穎達正義：《尚書正義》，上海：上海古籍出版社，2007年，第608頁。
③ 毛亨傳，鄭玄箋，孔穎達疏：《毛詩正義》，北京：北京大學出版社，1999年，第1058頁。
④ 鄭玄注，孔穎達疏：《禮記正義》，北京：北京大學出版社，2000年，第656頁。
⑤ 采東漢經學家鄭衆説，見《周禮正義》第1465頁："大祀，天地。次祀，日月星辰。小祀，司命已下。"
⑥ 此處但就祭祀天神之禮而言大致等同，因爲按照鄭玄的意思，"大祀又有宗廟，次祀又有社稷、五祀、五嶽，小祀又有司中、風師、雨師、山川、百物"。見《周禮注疏》卷二一，第719頁。

認爲"昊天"就是天的大名，不依四時而變："昊天，天也。上帝，玄天也。昊天上帝，樂以雲門。"①天色爲玄（黑色），地色爲黃，鄭司農認爲上帝就是玄天上帝也就是昊天上帝。而鄭玄則認爲昊天上帝是冬至的時候在圜丘所祭祀的天皇大帝，他認爲共有五帝：皇天、北辰、耀魄寶、上帝和大微。《春秋公羊傳·宣公三年》中有"帝牲不吉，則扳稷牲而卜之"一語，何休注之曰：

> 帝，皇天大帝，在北辰之中，主總領天地五帝群神也。②

此説與《爾雅·釋天》的"春爲蒼天，夏爲昊天"，《解天》的"北極謂之北辰"之説相通。而《爾雅》一書當爲孔子門人所作，是一部解釋經典、詮釋"六藝"的專門著作，應該是可信的。所以，前鄭所云"一天"説蓋誤，後鄭"六天"説爲確，畢竟《周禮·春官·司服》中有"祀昊天、上帝則服大裘而冕，祀五帝亦如之，享先王則衮冕……"這樣的記載。但他將昊天與上帝合爲一説則謬，當分爲二，昊天應是冬至圜丘所祭祀的"天"，是總領其他五帝的總神；上帝則是五帝之一的蒼帝，南郊祭祀的受命帝；經文中只云"昊天"和"上帝"，就是以"五帝"之一的上帝即蒼帝來代表其他五帝。

"日、月、星、辰"四者中，"日""月"二者古今義同，無需贅言，後兩者較爲複雜。"星"指的是"五緯"，也即"五星"，古有星宿之説，這"五星"隨天右旋，被稱爲"緯"，另有"二十八宿"隨天左轉是爲"經"。"緯"者有五：東方歲星，南方熒惑，西方太白，北方辰星，中央鎮星。其中歲星一天運行十二分度之一，12年完成循環；熒惑一天運行三十三分度之一，要33年才能完成循環；鎮星一天運行二十八分度之一，28年完成循環；太白一天運行八分度之一，繞天一周要8年；辰星一天運行一度，一年就可以周天。"辰"按鄭玄的説法，指的是"日月所會十二次"，根據《尚書·堯典》孔穎達的疏解："日行遲，月行疾，每月之朔，月行及日而與之會，其必在宿，分二十八宿，是日月所會之處。辰，時也。集會有時，故謂之辰。"③孫詒讓説：

> 二十八星，面有七，不當日月之會，直謂之星；若日月所會，則謂之宿，謂之辰，謂之次，亦謂之房。④

---

① 《周禮注疏》，第646頁。
② 何休解詁，徐彦疏：《春秋公羊傳注疏》，上海：上海古籍出版社，2014年，第613頁。
③ 《尚書正義》，第44頁。
④ 《周禮正義》第三册，第1311頁。

所以"辰"當是指的"二十八宿",分别爲:東方蒼龍之角、亢、氐、房、心、尾、箕七宿,南方朱雀之井、鬼、柳、星、張、翼、軫七宿,西方白虎之奎、婁、胃、昴、畢、觜、參七宿,北方玄武之斗、牛、女、虚、危、室、壁七宿。與上文所説"祀""祭""享"一樣,"星""辰"二者也是對文則异(即"五星"只稱"星"、"二十八宿"則只能稱"辰"),散文則通(即二者稱"星"稱"辰"均可)。

"司中"按鄭衆的説法是"三能三階",古"能"字也就是後來的"臺"字,"三能三階"即"三臺":西近文昌的二星爲"上臺",也就是"司命",主掌壽命;次二星是"中臺",也就是"司中",主掌宗室;東近文昌的二星爲"下臺",也即是"司禄",主掌兵事。"司命"則是文昌宫星。但問題是,上面的"三臺"屬文昌星宫,"三臺"有"司中""司命",文昌星宫亦有"司中""司命",《史記·天官書》云:

> 斗魁戴匡六星,曰文昌宫。一曰上將,二曰次將,三曰貴相,四曰司命,五曰司中,六曰司禄。

所以,鄭玄不同意前鄭的解釋,認爲"司中""司命"是"文昌第五第四星,或曰中能上能。"又據《禮記·祭法》云:"王爲羣姓立七祀:曰司命,曰中霤,曰國門,曰國行,曰泰厲,曰户,曰竈。"鄭玄注曰:"此非大神所祈報大事者也,小神,居人之間,司察小過。"①可見,"七祀"中的"司命"與上述天神之"司命"是不同的。"風師"即"箕星",此星爲東方七宿中的大星,又被稱爲風星,主顛簸飛揚,如龍尾擺動所引發之旋風,此星一旦特别明亮就是起風的預兆,所以"箕"爲風師。"雨師"即"畢星",《詩經·小雅·漸漸之石》云:"月離於畢,俾滂沱矣。"《尚書·洪範》曰:"庶民惟星,星有好風,星有好雨。"孔安國曰:"星,民象,故衆民惟若星。箕星好風,畢星好雨,亦民所好。"②所以,東方箕星是好風,西方畢星是好雨。

二、地 祇

祭祀地祇也稱"陰祀",亦有三個項目,《大宗伯》曰:

> 以血祭祭社稷、五祀、五嶽。以貍沉祭山、林、川、澤。以疈辜祭四方百物。

---

① 《禮記正義》,第1522頁。
② 《尚書正義》,第476頁。

因天神地祇正好相對,所以祭祀的名目、方法亦相對應,天神有昊天、上帝、日、月、星、辰,司中、司命、風師、雨師三個等級,地祇也有社稷、五祀、五嶽、山、林、川、澤,四方百物三個等級與之相對。宋人王昭禹說:"血之爲物,有象而非虛,有形而非實,物之幽也。"①所以,當以血配地祇之屬陰,正如天神屬陽、氣爲陽,故以烟氣上升祭祀天神一樣,以牲血下降來祭祀地祇,這就是所謂的"陰陽各從其類"。但"血祭"不是正祭,是在行正祭之前額外所行,只有"社稷""五祀"和"五嶽"享有,貍沉則適用於所有地祇的三個等級,"疈辜"則只適用於四方百物等這些"小神"。

　　"社"就是土神,《禮記·郊特牲》曰:"社,所以神地之道。"再有明代王應電曰:"地之靈曰示,地示之祭莫尊於社稷。社,土神即地也。觀古人,言社則不言地,言地則不言社,可見有社必有稷土爰稼穡也。"②所以,"社"似乎可以代指"地",但有着大小之分,天子爲大社,祭祀天下九州之土,諸侯、大夫則祭祀邦國域內封地之土。"稷"是五穀之長,百穀之主,其最得陰陽中和之氣,百穀不可偏敬,所以立"稷"爲穀神以代表糧食類作物。"社稷"連起來便是"土穀之神",鄭玄說:

　　　　社稷,土穀之神,有德者配食焉,共工氏之子曰句龍,食於社;有厲山氏之子曰柱,食於稷。湯遷之而祀棄。③

　　緣何是"有德者配食"?《孟子·盡心下》云:"犧牲既成,粢盛既潔,祭祀以時,然而旱幹水溢,則變置社稷。"朱熹注曰:"祭祀不失禮,而土穀之神不能爲民禦災捍患,則毀其壇壝而更置之。"④所謂"變置"者,一則爲"變"一則爲"置",焦循說:"此變置社稷亦是更立社稷。"⑤所以,土穀之神不是永恒不變的。《禮記·祭法》云:"厲山氏之有天下也,其子曰農,能殖百穀。夏之衰也,周棄繼之,故祀以爲稷。共工氏之霸九州也,其子曰后土,能平九州,故祀以爲社。"厲山氏即炎帝(起於曆山),其子農(即柱)因"能殖百穀"而爲穀神;後共工氏之子后土(即句龍)因"能平九州"而爲社神;顓頊進行了"國爲巫史"的原始宗教改革之後,二者被作爲社稷之神奉祀直至夏桀時。當時可謂"犧牲既成,粢盛既潔,祭祀以時",然而旱災連續七年不減,故商湯欲遷社稷,以堯舜時期掌管農業而聞名的周始祖后稷代替農爲穀神,而后土因沒有合適的替代人選只能作罷。

---

① 王昭禹:《周禮詳解》卷一七,文淵閣《四庫全書》本。
② 王應電:《周禮傳》卷三上,文淵閣《四庫全書》本。
③ 《周禮注疏》,第657頁。
④ 朱熹:《四書章句集注》,北京:中華書局,2012年,第375頁。
⑤ 焦循:《孟子正義》,《諸子集成》本,第一冊,北京:中華書局,2006年,第573頁。

"五祀"按《左傳》的説法是祭祀"五官"之神:"有五行之官,是謂五官,實列受氏姓,封爲上公,祀爲貴神,社稷五祀,是尊是奉。"(《昭公二十九年》)《太平御覽・禮義・五祀》又載:"祠五祀,謂五行金木水火土也。木正曰勾芒,火正曰祝融,金正曰蓐收,水正曰玄冥,土正曰后土,皆古賢能治成五行有功者也。主其神祀之。"其中"勾芒"是重、"蓐收"是該、"玄冥"爲修和熙二人,他們是少皞氏的四位叔叔,因爲他們"實能金木及水",顓頊氏之子黎爲祝融,共工氏之子句龍爲后土。杜預説:"五官之君長,能修其業者,死皆配食於五行之神。爲王者所尊奉。"①但是,五官之長死後所成"五官"之神并不是地祇之"五祀",畢竟是地祇,"五祀"之神也應當有鮮明的"地"的屬性,不應該是五人官之神。《國語・魯語》載:

天之三辰,民所以瞻仰也;地之五行,所以生殖也。

韋昭曰:"五行,五祀,金木水火土。"②所以,五祀主神當爲五行之神,即"五祇",而不是五官之人神,對此,孫詒讓所引金鶚之言釋之甚當:"五行,氣行於天,質具於地,故在天有五帝,在地亦有五神。五神分列五方,佐地以造化萬物,天子祀之,謂之五祀。《月令》云春神句芒,夏神祝融,中央后土,秋神蓐收,冬神玄冥,即五祀之神也。《左傳》:重爲句芒,該爲蓐收,修及熙爲玄冥,黎爲祝融,句龍爲后土。此五官有功於世,故配食於五神。若《月令》句芒等,則非人神也。"③除以上二者之外,與本章相關的還有"五德之帝",即大昊、炎帝、黄帝、少昊、顓頊五帝,在五人神之上,五行神之下。五德之人帝與五官之人神二者皆附祭於五行之地神祇即"五祀"之正神。"五嶽",據鄭注及《史記・封禪書》《爾雅・釋山》等文獻,爲岱宗泰山、南嶽霍山、西嶽華山、北嶽恒山、中嶽嵩高。

"貍"者,埋於土下;"沉"者,沉於水下。賈公彦疏鄭玄之意曰:"貍沈祭山林川澤總言,不析別而説,故鄭分之。以其山林無水,故埋之,川澤有水故沈之,是其順性之含藏也。"問題是,關於"貍沉"的記載諸經典不太一致,這裏是埋在地下,《儀禮・覲禮》却説:"祭山丘陵升,祭川沉。"《爾雅・釋天》則説:"祭山曰庪縣,祭川曰浮沉。"祭祀川、澤没有什麽疑問,都是"沉",而對於山則有埋、升、懸,這一點令人疑惑。根據孫詒讓的理解,可能是對於山林的正祭用"貍",告祭則"庪縣",④可通。關於"疈",根據明代王應電的解釋,就是用刀

---

① 杜預注,孔穎達正義:《春秋左傳正義》,北京:北京大學出版社,1999年,第1506頁。
② 韋昭注:《國語》,上海:上海古籍出版社,1978年,第170頁。
③ 《周禮正義》第三册,第1325頁。
④ 《周禮正義》第三册,第1328頁。

割開所奉祭之物的牲體；"辜"則是將牲體分裂開來擺放。① 此禮祭祀四方百物，皆爲小神且數量龐多，將牲體割裂以不同部位的牲體祭祀對應的方位。

三、人　鬼

　　天神屬陽而地祇屬陰，人鬼則兼涵陰陽，《禮記·郊特牲》曰："魂氣歸於天，形魄歸於地，故祭所以求諸陰陽之義也。"魂者，陽氣也；魄者，陰神也。人死之後，魂氣屬陽而上升於天，形魄屬陰而埋藏於地。祭祀的時候響樂爲陽，灌地爲陰，前者求諸陽而後者求諸陰，所以祭祀是"求諸陰陽之義也"。換言之，祭祀人鬼之禮通於祭祀天神地祇之禮，是以先祖配天神地祇的一種特殊表現形式。所異者，如王安石所説："天祀用物氣而貴精，地祭用物形而貴幽，鬼享用人義而貴時。"②天地爲萬物之祖故用物之形氣，精爲烟而幽爲血，鬼爲人之祖故用人之義而有"時"。祭祀人鬼之禮有六個項目，《大宗伯》曰：

　　　　以肆獻祼享先王，以饋食享先王，以祠春享先王，以礿夏享先王，以嘗秋享先王，以烝冬享先王。

　　所謂"享"者，《説文·亯部》云："亯，獻也"，"享"是"亯"的隸變，故"享"就是"獻物"之意，這裏就是進獻饌具於祖先。所謂"肆"，解也、陳也；所謂"獻"，進也、敬也；所謂"祼"，酌也，灌祭也。鄭玄解釋説："肆者，進所解牲體，謂薦熟時也。獻，獻醴，謂薦血腥也。祼之言灌，灌以鬱鬯，謂始獻尸求神時也。"③賈公彦疏解鄭玄之意認爲，在"朝踐"之後，"爓祭"之時，割離牲體二十一塊，這是"肆"。"獻醴"是朝踐的禮節，在"二灌"之後，天子出迎牲，祝引導尸出户，面朝南坐於堂上。牲被迎入之後，豚解而腥之，進獻於神坐，以玉製的酒杯斟酒醴齊以獻尸，這就是"薦血腥"。"祼"者，灌也，以鬱鬯（香酒）灌地降神，取其澆灌之義。宗廟祭祀中，尸被迎入户坐好之後，天子用圭瓚（玉製酒器，形狀如勺，以圭爲柄，用於祭祀）斟酒醴恭敬地送給尸，尸拿到以後慢慢地瀝灑在地上完成祭祀，尸爲神主，瀝地是爲求神，故獻尸儀節是祭祀的開始。按理説，應該是先"祼"，這是開始；然後"獻"，是朝踐儀節；再"肆"，是饋獻的儀節。鄭玄的注解正好是反的，按照賈疏的説法，這是"於祫逆言之也"，可通。

---

① 王應電：《周禮傳》卷三上，文淵閣《四庫全書》本。
② 王安石：《周官新義》卷八，文淵閣《四庫全書》本。
③ 《周禮注疏》，第660—661頁。

經文說"以肆獻祼享先王",以鄭玄的解釋,就是"祫",而"饋食"爲"禘",春夏秋冬則爲"時祭",鄭注曰:"肆獻祼,饋食,在四時之上,則是祫也,禘也。"如這麼理解無誤的話,祭祀人鬼之禮雖有六個項目,但同天神地祇一樣可分屬三個等級,我們認爲這樣的對應應該是合適的。那麼,何謂"祫"?什麼時候可以行祫祭?何時又行禘祭?《公羊傳·文公二年》云:

> 大事者何?大祫也。大祫者何?合祭也。其合祭奈何?毀廟之主陳於大祖,未毀廟之主皆升,合食於大祖。五年而再殷祭。

何休解曰:"祫,音洽,大祭。"[1]基於此,"祫"就可以簡單地理解爲"合",是將遠近祖先的神主大合祭於太祖廟,其禮義是"列昭穆而序父子",元代毛應龍說:"祫以昭穆合食於太祖,而禘以審諦其尊卑,此禘祫之義。"[2]"禘",《爾雅·釋樂》云:"禘,大祭也。"是天子五年行一次的大祭。鄭賈依照春秋時魯禮,僖公三十三年時僖公薨,至文公二年秋八月行祫祭於周公廟(即"大事於大廟"),也就是說,三年之喪結束之後祫祭於太祖廟。又僖公八年、宣公八年皆有禘祭,按上文禘祭五年行一次,由此減五年推論,僖公三年、宣公三年亦當有禘祭;同樣,以魯禮文公二年"祫"而推論,僖公二年、宣公二年也應有"祫",則是三年祫祭後於次年行禘祭。

但宋人易袚認爲"肆獻祼"爲"大禘","饋食"則代指"祫祭",他說:"以肆獻祼享先王者,謂五年王者之大禘,故備言曰肆曰獻曰祼之序。饋食享先王則三年喪畢之祫祭,以饋爲主。"[3]此可備一說。依《周禮》,禘、祫、時祭皆應有肆獻祼、饋食等儀節,所以鄭賈易諸說均有所偏頗。孫詒讓言曰:"鄭賈以肆獻祼、饋食分屬禘祫,殆非經義。鄭《鬯人》注謂始禘自饋食始,於經亦無可徵。竊謂此云肆獻祼者,亦兼有饋食,此統含祫禘及時祭也。"[4]明代柯尚遷說:"天子宗廟之禮有禘,有祫,有四時之祭。諸侯有祫,無禘,四時之祭廢其一。大夫無祫無禘,四時之祭廢其二。"[5]又《儀禮》載"特牲饋食禮"與"少牢饋食禮"皆有三獻,皆以饋熟作爲開始。大夫只有四時之祭尚且如此,則天子諸侯禘、祫、四時之祭也應有"大牢饋食禮",故肆獻祼,亦當兼有饋食。要之,關於禘祫之祭,自漢以來,聚訟久矣,異說繁雜,莫衷一是。

---

[1] 何休解詁,徐彥疏:《春秋公羊傳注疏》,第522頁。
[2] 毛應龍:《周官集傳》卷五,文淵閣《四庫全書》本。
[3] 易袚:《周官總義》卷一一,文淵閣《四庫全書》本。
[4] 《周禮正義》第三冊,第1331頁。
[5] 柯尚遷:《周禮全經釋原》卷六,文淵閣《四庫全書》本。

關於四時之祭,所謂"祠春"者,《公羊傳·桓公八年》云:"春曰祠",何休注曰:"祠,猶食也,猶繼嗣也。春物始生,孝子思親,繼嗣而食之,故曰祠,因以別死生。"①此釋"祠"爲"食",却未解釋所食者爲何。《説文·示部》則釋"祠"爲"文詞":"春季曰祠,品物少,多文詞也。"王安石也説:"春物生,未有以享也,其享也,以詞爲主,故春曰祠。"②即便有文詞,也應以祭享之物爲主才對,如《詩經·豳風·七月》云:"二之日鑿冰冲冲,三之日納於凌陰。四之日其蚤,獻羔祭韭。"《禮記·月令》亦云:"仲春之月……天子乃獻羔開冰,先薦寢廟……"由此論,"祠春"可解釋爲"獻羔祭韭"。所謂"礿夏"者,《爾雅·釋天》曰"夏祭曰礿",晋郭璞注曰"新菜可汋"。③《公羊傳》曰"夏曰礿",何休注云:"薦尚麥苗。麥始熟,可礿,故曰礿。"王安石曰:"夏則陽盛矣,其享也,以樂爲主,故夏曰禴。"宋人朱申也説:"春物生,未有以享,故曰祠;夏陽盛,以樂爲主,故曰禴。"④以"樂"釋"礿"亦可通,但也應有祭享之物方成祭祀之事,故當以何休之説爲是。所謂"嘗秋"者,《周禮·春官·肆師》云:"嘗之日,涖卜來歲之芟。"鄭玄注曰:"嘗者,嘗新穀,此芟之功也。"賈公彦疏曰:"秋祭曰嘗,以其物新熟可嘗而爲祭名也。"⑤《公羊傳》何休注曰:"嘗者,先辭也。秋穀成者非一,黍先熟,可得薦,故曰嘗。"所以"嘗秋"可釋爲進獻新穀即黍。所謂"烝冬"者,《爾雅》郭注曰:"烝,進物品也。"《公羊傳》何注云:"烝,衆也,氣盛貌。冬萬物畢成,所薦衆多,芬芳備具,故曰烝。"二説皆可通,郭注似更有所據,然其所進物品者何?《禮記·王制》云:"春薦韭,夏薦麥,秋薦黍,冬薦稻。韭以卵,麥以魚,黍以豚,稻以雁。"清人孫希旦曰:"春穀未成而韭可食……麥夏熟,黍秋熟,稻冬熟。"⑥此處所説雖是庶人之禮,但時祭之禮所獻之物當是通於天子諸侯的。

四、餘　論

綜上所述,《春官》所載吉禮共計 12 個項目。"事天"有三個:以"禋祀"祭祀昊天上帝;以"實柴祀"祭祀日月星辰;以"槱祀"祭祀司中、司命、風師、雨師。"禋祀""實柴祀""槱祀"皆是燒柴生烟,在火上加牲體、玉帛之類的祭物,烟氣混合着祭物的味道上升,從而象徵天神已享用。"事地"也有三個:以"血祭"祭祀社稷、五祀、五嶽,方法是將牲血滴在地上,"社

---

① 何休解詁,徐彦疏:《春秋公羊傳注疏》,第 159 頁。
② 王安石:《周官新義》卷八,文淵閣《四庫全書》本。
③ 郭璞注,邢昺疏:《爾雅注疏》,上海:上海古籍出版社,2010 年,第 307 頁。
④ 朱申:《周禮句解》卷五,文淵閣《四庫全書》本。
⑤ 《周禮注疏》,第 729 頁。
⑥ 孫希旦:《禮記集解》,北京:中華書局,1989 年,第 353 頁。

稷"是土神和穀神,"五祀"是五官之神,"五嶽"即泰山、霍山、華山、恒山、嵩高五山;以"貍沈"祭祀山林川澤,是將牲體埋在土裏或者沉入河底的祭祀方法;以"疈辜"祭祀四方百物,是將牲體分割、肢解開來的祭祀方法。"事人(鬼)"則有六個,第一個項目即"祫",是三年之喪結束後合享於太祖廟;第二個項目"禘"是次年的春季分享於太祖廟、四親廟;"祠""禴""嘗""烝"爲春夏秋冬四時時祭。

除了《大宗伯》所列的十二個項目之外,古代祭祀之禮尚有一些例外,比如,正常情況下,"神不歆非類,民不祀非族"(《左傳·僖公十年》)是爲通例,但自殷周以來"例外之祭"却常見於文獻,且自漢唐以降盛行不輟。如《史記·南越尉佗列傳》載:"南越王尉佗者,真定人也……文帝元年初鎮撫天下,使告諸侯四夷從代來即位意,喻盛德焉。乃爲佗親塚在真定置守邑,歲時奉祀。"南越國雖不屬於漢朝,但南越王尉佗的籍貫真定屬漢朝封國趙,由朝廷授意爲尉佗的親冢設置了族外祭。值得一提的是,祠堂出現在西漢時期,陳戍國先生説:"立祠堂或祠室,是西漢才有的事。此後兩千多年間,祠堂遍布中國南北東西。"①再如漢桓帝於延熹八年命中常侍到苦縣祭祀老子,又在延熹九年"親祠老子於濯龍"(《後漢書·祭祀志》)。又如《舊唐書·太宗本紀》載:"壬午,令自古明王聖帝、賢臣烈士墳墓無得芻牧,春秋致祭。"如此之類不勝枚舉。

例外之祭最爲典型且影響深遠的當屬"祭孔"了。漢代以前,祭祀孔子者大多是孔子後人,漢高祖開帝王祭祀孔子之先河,《漢書·高祖本紀》載:"(十二年)十一月,行自淮南,還過魯。以太牢祠孔子。"不過"祭孔"此時還未被融入漢朝的國家祭祀體系,根據董喜寧的研究,在漢成帝末期,孔子後裔被奉爲"殷紹嘉候",孔子也只是依附於殷後的祀典體系。直到漢明帝時,周公和孔子開始被一起獲祭於各級學校,②自此之後,國家祭祀孔子的路綫逐漸明了,但作爲學校專屬的"釋奠禮"還没有形成,學校之中也没有專門爲孔子立廟。東晋孝武帝時,孔子廟開始被設置於京師國學,其後南北政權中央官學均設有孔廟。③《舊唐書·高祖本紀》載:"(武德二年)令國子學立周公孔子廟,四時致祭。"但却以周公爲先聖,以孔子爲配。唐太宗時,以孔子爲先聖,以顔淵配享并詔令各地州、縣學校配建孔子廟,此後,地方孔廟開始普遍,孔廟釋奠禮的規格也漸有定制。太宗又繼"褒成宣尼公""文聖尼父"後尊孔子爲"宣父",玄宗時追謚爲"文宣王",宋真宗時加謚"至聖文宣王",元武宗

---

① 陳戍國:《中國禮制史·先秦卷》,長沙:湖南教育出版社,1993年,第111頁。
② "明帝永平二年三月,上始帥群臣躬養三老五更於辟雍,行大射之禮,郡縣道行鄉飲酒於學校,皆祀聖師周公孔子,牲以犬。"見范曄:《後漢書》,北京:中華書局,1965年,第3108頁。
③ 參董喜寧:《孔廟祭祀研究》,北京:中國社會科學出版社,2014年,第32—52頁。

加謚爲"大成至聖文宣王",嘉靖時改稱"至聖先師"後成定制。① 另外,除了正祀孔子外,還有配享,如四配、十哲、先儒先賢等。

要之,任何禮儀都不過是一些形式,重要的是通過這些儀式所表達出來的人文和價值追求,如上述對先師孔子的祭祀除了表達對孔子的崇敬之情外,更是對孔子這種崇高人格的追求,這種追求無疑起到了激勵人心向善之作用,而且,在無形中也增強了人們的凝聚力。這些潛藏在"禮儀"背後的"禮義",或謂之曰"禮"的本質,才是最爲重要的。孔子曰:"禮,與其奢也,寧儉;喪,與其易也,寧戚。"(《論語·八佾》)凡禮皆應以"尚儉"爲本,奢靡的文飾"華而不實",故捨"奢"取"儉";而喪禮表達了對親人的戀戀不捨,其禮義是因親人的離去感到憂戚,而不在於喪禮的奢華,故捨"易"取"戚"。孔子還說:"麻冕,禮也;今也純,儉,吾從衆。"(《子罕》)麻冕由奢入儉符合禮義,故孔子從之。所以,看似無用的"古禮",其生命力就隱藏在那禮的"儀"與"義"的張力之中。

正如本文所論的傳統吉禮,此禮雖建立在古代信仰體系的基礎之上,似與我們今天的文化觀念"格格不入",但要知道,信仰本身也可以是多元的,或是對主客觀神靈的信仰,或是對某種自然力量的信仰,抑或是對某種高深理論或觀念的信仰,甚至只是對自身的某種積極而自信的崇拜。有了這些,其實也就有了心靈上的指引,反過來説也是心靈上的規矩、原則或束縛。若沒有了這些指引和束縛,可想而知在物質生活無比豐富的今天會怎樣?是否爲追求享受、滿足物欲而不擇手段、喪失底綫?當今的國人中有相當大的部分如同無源之水、無根之木一般,處在這個缺乏心靈指引的尷尬而危險之境地。究其原因,乃是機械的、一刀切的無神論的過度泛濫,正如兩漢經學、宋明理學曾經的畸形發展一樣最終走向了自身的反面,這些理論本身并無不妥,有的甚至是一門極艱深的學問,除了潛心研究的人士能夠掌握、消化、吸收和信仰之外,是不可能要求所有社會成員都真心信仰的。這種情況下,古代信仰體系及其下的倫理價值規範便具備了被借鑒的可能性,且孔子早有言曰:"敬鬼神而遠之。"(《論語·雍也》)宗周以來的祭祀之禮并不是像殷商那般對神靈的無休止的占卜和淫祀,而是過渡到了極具人文關懷的"祭如在,祭神如神在"(《論語·八

---

① 本段所引見於:"貞觀二年,左僕射房玄齡、博士朱子奢建言周公尼父俱聖人,然釋奠於學以夫子也,大業以前皆孔子爲先聖,顔回爲先師。乃罷周公,升孔子爲先聖,以顔回配。四年,詔州縣學皆作孔子廟。十一年,詔尊孔子爲宣父。"歐陽修等:《新唐書》,北京:中華書局,1975年,第373頁。"追謚孔子曰:'褒成宣尼公'。"班固:《漢書》,北京:中華書局,1964年,第351頁。"丁未,改謚宣尼曰:'文聖尼父'。告謚孔廟。"魏收:《魏書》,北京:中華書局,1974年,第169頁。"追贈孔宣父爲文宣王,顔回爲兗國公。"劉昫:《舊唐書》,北京:中華書局,1975年,第211頁。"改謚玄聖文宣王曰至聖文宣王。"脱脱等:《宋史》,北京:中華書局,1977年,第152頁。"辛巳,加封至聖文宣王爲大成至聖文宣王。"宋濂等:《元史》,北京:中華書局,1976年,第484頁。"十一月辛丑,更正孔廟祀典,定孔子謚號曰:'至聖先師'。"張廷玉:《明史》,北京:中華書局,1974年,第223頁。

俗》)的精神層面的價值追求。時至如今,雖然古禮所賴以存在的宗法社會的土壤消失了,但古禮及其内核却仍具有頑强的生命力,更極具創造性轉化的價值,這些都有待於我們去深入探究。

【作者簡介】陳雄,歷史學博士,江西師範大學歷史系副教授,主要從事禮學研究;彭勇安,江西師範大學歷史系本科生。

藍田吕氏家族墓園出土墓誌中女性群體研究

黄澤凡

北宋藍田吕氏，即汲郡吕氏，屬五代"三院吕氏"的一支，①因吕大忠、吕大防、吕大鈞、吕大臨四兄弟，聞名於世，一直頗受學界關注。尤其是 2006 年 3 月至 2009 年 12 月間，陝西省考古研究院、西安市文物保護考古研究所對藍田縣五里頭吕氏家族墓地進行搶救性發掘，該墓地由吕氏家族五代人共有 29 座墓組成，出土墓誌銘 32 方（合），基本確定了大部分墓主的身份，相關考古成果在 2018 年以《藍田吕氏家族墓園》問世，②引起了學界廣泛關注。關於北宋藍田吕氏家族的研究成果已有不少，其墓址、形制、世系、家族成員仕宦履歷、人際關係、家族興衰歷程等基本問題已有較好解決，③但缺少對該家族女性的專題研究。本文以黨斌在氏著中收録的 28 通吕氏家族成員墓誌銘爲基礎，以出土墓誌中女性群體爲研究對象，討論該家族女性成員的組成、壽命、婚姻、生活環境、品行等基本特徵，以期豐富吕氏家族的狀況。

---

* 本文爲陝西省社會科學基金項目"宋初陝西黄河流域物資轉輸機制研究"（項目編號：2021G012）階段性成果，陝西省社會科學院 2022 年度青年專項課題"出土墓誌中北宋陝西路婚姻生活研究"（項目編號：22QN20）階段性成果。

① 三院吕氏，學界對此已有研究，據《吕通墓誌》載黨斌著：《民族·盟約·邊界·戰争：陝西出土墓誌輯釋》，北京：社會科學文獻出版社，2021 年，第 56—57 頁。以下所有載於是書墓誌後括注的内容均爲該墓誌在是書中所處頁碼。載："當五代之際，更後唐、晋、周爲侍郎者凡三人，俱有名於時。經亂譜亡，莫知其緒。然參求傳記，考其本末，蓋兄弟也。其一曰琦，晋天福中以兵部卒；其一曰夢奇，後唐長興中以户部卒，皆著國史；其一即公祖户部府君也，周顯德初終於位。吏部尚書張昭叙其神道甚詳。故國初衣冠間謂之'三院吕氏'。"

② 陝西省考古研究院、西安市文物保護考古研究編：《藍田吕氏家族墓園》，北京：文物出版社，2018 年。另外，《陝西省考古研究院新入藏墓誌》亦收録以上墓誌。

③ 学界关于吕氏家族的研究，參見潘静：《北宋藍田吕氏家族内部人際規範的構想與運行》，西北大學碩士論文，2021 年。拜鳳英：《陝西藍田北宋吕氏家族墓葬研究》，西北師範大學碩士論文，2021 年。王聰：《陝西藍田北宋吕氏家族墓園出土墓誌研究》西北師範大學碩士論文，2021 年。黨斌：《民族·盟約·邊界·戰争：陝西出土墓誌輯釋》，北京：社會科學文獻出版社，2021 年。胡譯文：《尊古複禮：藍田吕氏家族墓的墓園布局與喪葬實踐》，《故宫博物院院刊》2022 年第 3 期，第 38—50 頁。

一、藍田吕氏女性相關墓誌概述

目前學界已經基本釋讀了吕氏家族成員墓誌銘的拓片，其中黨斌《民族·盟約·邊界·戰爭：陝西出土墓誌輯釋》一書對墓誌基本信息、墓主生平事迹、墓誌著録情況等均有説明，可謂整理詳備、釋讀精準、考證詳實。鑒於男性墓誌銘中大多會記載其母親、妻子、女兒等基本信息，因此本文整理了是書中吕氏家族男女共 28 位成員的墓誌銘，其基本情況如下：

吕氏第一代：《吕通墓誌》《吕通妻張氏墓誌》，即吕通及其妻吕張氏墓誌。

吕氏第二代：《吕英墓誌》《吕英妻王氏墓誌》，即吕英及其妻吕王氏墓誌。《吕蕡墓誌》《吕大防母方氏墓誌》《吕大鈞庶母馬氏墓誌》，即吕蕡及其妻吕方氏、妾馬氏墓誌。

吕氏第三代：《吕大忠墓誌》《吕大忠妻姚氏墓誌》《吕大忠妻樊氏墓誌》，即吕大忠及妻吕姚氏、繼室吕樊氏墓誌。《吕大鈞妻馬氏墓誌》《吕大鈞妻種氏墓誌》，即吕大鈞妻吕馬氏及繼室吕種氏墓誌。《吕大圭墓誌》《吕大圭妻張氏墓誌》，即吕大圭及妻吕張氏墓誌。《吕大章墓誌》《吕大受墓誌》《吕大觀墓誌》。《吕大雅墓誌》《吕大雅妻賈氏墓誌》，即吕大雅及妻吕賈氏墓誌。

吕氏第四代：《吕錫山妻齊氏墓誌》《吕錫山妻侯氏墓誌》，即吕錫山妻齊氏墓誌及繼室吕侯氏墓誌。《吕大忠子汴墓誌》《吕大防下殤岷老墓誌》《吕大雅子興伯墓誌》《吕大雅子鄭十七墓誌》。

吕氏第五代：《吕義山子麟墓誌》《吕錫山女文娘墓誌》《吕景山女吕嫣墓誌》。需要注意的是，《吕大忠子汴墓誌》《吕大防下殤岷老墓誌》《吕大雅子興伯墓誌》《吕人雅子鄭十七墓誌》《吕義山子麟墓誌》《吕錫山女文娘墓誌》《吕景山女吕嫣墓誌》等墓主爲吕氏第四代或第五代，皆是未成年子女，分别附葬其祖父旁。

上述 28 通墓誌中，墓主爲女性者共 14 通，占墓誌總數的 50%。其身份有吕氏家族的妻（繼室）、妾、未成年女兒三類。且除吕文娘、吕嫣屬於未成年女兒，占總數的 7% 外，其餘女性則爲吕氏的妻子或者母親。由此可知，嫁入藍田吕氏的外姓女是藍田吕氏家族中最重要的女性成員，生兒育女，生老病死，終其一生與吕氏家族息息相關。按身份可分爲兩類，一是吕氏男子的正妻或繼室。二是，未獲得正式身份但依舊承擔養育下一代責任的媵妾，這以吕蕡的妾，吕大防的庶母吕馬氏爲代表。從墓誌書寫的角度則分爲三類，一是，作爲墓主世系追述、與祖、父輩并行的先世，一般僅列姓名，已備查閲。二是，作爲墓主妻子、母親等身份附於墓主之後，記載其生死、婚嫁、生育等基本情況。三是，作爲墓主，全文記載其家世、出嫁前生存狀況以及嫁入吕氏之後所承擔的家庭責任等。

藍田吕氏的女兒們按出嫁與否可爲兩類,一是,外嫁他姓的外嫁女。二是,未及出嫁的早夭女。從墓誌書寫的角度則可分爲兩類,一,作爲墓主(男性、女性墓誌銘均有體現)的女兒、孫女等,僅列其數量、婚嫁情況,是否成年等基本信息。二,作爲墓主本人,詳載其生卒年、成長歷程、品行等。前者囿於史料,僅大概知其成年否,婚嫁何人。後者則有吕文娘、吕媽二人,詳見下文,此處暫不贅述。

二、藍田吕氏女性的婚育狀況

吕姓爲炎帝姜姓之後,後經歷代繁衍,逐漸壯大。唐代時,東平吕氏、京兆吕氏、馮翎吕氏、河東吕氏等聞名於世。其中,河東吕氏自吕延之後得到了很大發展。[①] 五代時,吕延之的孫子吕温、吕恭、吕儉三兄弟的後裔形成"三院吕氏"。即晋天福中,兵部侍郎幽州吕琦;後唐長興中,户部侍郎河南吕夢奇;周顯德初,户部侍郎汲郡吕咸休。據唐宋吕氏家族世系圖載,[②]其具體世系爲吕延之—吕渭—吕儉—吕寬—吕貞—吕珣—吕咸休。[③] 本文討論的藍田吕氏皆爲吕咸休的後代,即吕咸休—吕鵠—吕通。由於學界對藍田吕氏世系、仕宦履歷等的研究充分且有力,見本文注釋三中羅列文章中相關章節,因此本文僅從女性視角就其家庭成員婚育等作梳理。

陝西藍田五里頭吕氏家族墓可見第一代女性是吕通妻吕張氏,爲吕蒙外甥女,生子二人,即吕英(995—1050,字德華),吕賁(1000—1074,字秀實)。生女兒三人,據《吕通墓誌》(P56)載:"長適左班殿直王令先,次適進士史譜,次早亡。"

該家族墓誌可見第二代女性共三人,共生女兒五人,一人早夭。其一,吕英妻吕王氏(1009—1093),贈太子太傅王明之孫,殿中丞王揆之女,生子三人,即吕大圭、吕大章、吕大年(一説"吕大雅")。由於學界對吕大年與吕大雅的關係尚未有定論,或認爲吕大年、吕大雅實爲兩人,且關係不明,或認爲二人爲同一人。本文就墓誌中所載作簡要考證。《吕通墓誌》(P56)載:"子男二人:英,終著作佐郎;賁,今爲殿中丞。女三人:長適左班殿直王令先,次適進士史譜,次早亡。孫九人:大忠,澤州晋城縣令;大防,著作佐郎;大鈞,秦州右司理參軍;大圭,大章,未仕;大受,同進士出身;大臨、大觀、大年,未仕。"又《吕賁墓誌》(P165)載:"子男六人:長大忠,秘書丞;次大防,尚書度支員外郎;次大鈞,光禄寺丞;次大

[①] 李如冰:《宋代藍田四吕及其著述研究》,西北師範大學博士論文,2010年,第12頁。
[②] 吕治平:《吕氏家譜》,國家圖書館藏清康熙三十二年家刻本。
[③] 李如冰:《吕咸休生平及家族世系考》,《新鄉學院學報》2010年第3期,第78—80頁。

受,同進士出身;次大臨,潁州團練推官;次大觀,不仕。大受、大觀皆早卒。"呂通僅有呂英、呂賁二子。因此呂通孫子中,除呂賁的呂大忠、呂大防、呂大鈞、呂大受、呂大臨、呂大觀六子外,剩餘的呂大圭、呂大章、呂大年當爲呂英三子,且呂大年排行最小。據《呂英墓誌》(P104)載:"……生男三人:大圭、大章、大年,願而能嗣其業。"此墓誌可證實呂大年爲呂英最小的兒子。但《呂英妻王氏墓誌》(P229)載:"……男三人:大圭,右宣德郎;大章,早夭;大雅,陳州南頓縣主簿。"此處,呂英第三子稱呂大雅。又《呂大雅墓誌》(P283)載:"君諱大雅,字正之,大夫公之季子。母王,安定縣太君。"由此可知,呂大雅、呂大年實爲一人,其改名字的時間大概在呂英去世之後呂英妻去世之前,改名原因暫不可考。

呂王氏生女兒共三人。據《呂英墓誌》《呂英妻王氏墓誌》載,呂英有女兒三人。《呂英墓誌》載:"女之婿,長曰宋元穎,次曰秦昱,又次曰李亢,皆士人也。"《呂英妻王氏墓誌》(P229)載:"女三人,長適絳州司户宋元穎,次秦昱、宋紘,皆士人子也。"此處分歧有二,其一,兩人的小女兒是嫁李亢還是宋紘? 其二,宋元穎、秦昱、李亢(宋紘)三人本身是士人,還是士人的子弟。上述問題,暫不可考,存疑。

其二,呂賁妻呂方氏,生子六人,呂大忠、呂大防、呂大鈞、呂大受、呂大臨、呂大觀。其三呂賁妾呂馬氏。呂方氏、呂馬氏共生女兒兩人。據《呂賁墓誌》(P165)載:"女二人,長歸前名山縣主簿喬嶽,次早卒。"又《呂大防母方氏墓誌》(P96)載:"女二人,長適進士喬嶽,次蚤亡。"而據《呂大鈞庶母馬氏墓誌》(P168)載"……生一女,適雅州名山縣尉喬嶽……"由此可知,適喬嶽者,爲呂賁、馬氏所生。而呂賁與呂方氏生一女,早亡。呂賁與馬氏生一女,嫁喬嶽。

該家族墓可見第三代女性共15人,所生女兒共8人,2人夭,其餘皆成年出嫁。其一、其二,即呂大忠(1025—1100,字進伯)妻呂姚氏及繼室呂樊氏。《呂大忠妻姚氏墓誌》(P92)載,"因誕不育,遂卒"。又《呂大忠妻樊氏墓誌》(P246)載:"子二人:道山、汴奴,皆夭;錫山,承務郎。"由此可知,呂大忠、姚氏無子女。呂大忠與呂樊氏生子三人,呂道山(夭)、呂汴奴(夭)、呂錫山。《呂大忠子汴墓誌》(P193):"大忠之子,生二歲,夭於大名府。元豐癸亥十月癸酉,祔葬于顯祖諫議府君之兆。"此處,呂汴與呂汴奴是否爲同一人,待考。

其三、其四,即呂大防(1027—1097,字微仲)妻李氏及繼室安氏。① 有子二人,呂岷老,生母不詳,呂大防之子,《呂大防下殤岷老墓誌》(P158)載,早夭。呂景山,生母不詳。有女一人,生母不詳,嫁給了母沆的兒子。②

其五、其六,即呂大鈞(1031—1082,字和叔)妻馬氏及繼室種氏。呂馬氏生子呂義山,

---

① 呂大防研究,參見胡波:《呂大防研究》,西北大學碩士論文,2009年。
② 李燾:《續資治通鑒長編》卷二二九熙寧五年正月辛丑條,北京:中華書局,2000年,第5571頁,載"陝西轉運副使、太常少卿母沆知涇州,祠部郎中趙瞻復權陝西轉運副使。沆子娶呂大防女,大防新知華州,沆乞避親也"。

據《李邦直墓誌》(P187)載:"解州防禦推官知京兆府武功縣事兼管勾兵馬司公事呂義山書。"可推知其任解州防禦推官、知京兆府武功縣事、兼管勾兵馬司公事。

其七、其八,即呂大圭(1031—1116,字君玉)妻張氏(1029—1073,追封安居縣君)及繼室王氏(封安仁縣君)。有子呂信山,生母不詳。有女一人,生母不詳,適士人何適祖。

其九,呂大章(1037—1067,字仲夔)妻隨氏。生女三人。《呂大章墓誌》(P141)載,"長未嫁,次皆蚤卒"。

其十,呂大受(1038—1062,字彥輝)妻桂州荔浦縣主簿張珹之女,據《呂大受墓誌》(P133)載,"娶三日而君亡,無子爲後"。

其十一、十二,即呂大臨(1040—1093,字與叔)①妻張戩女兒張氏及繼室陳安仁長女陳氏,有子呂孝山,據《呂大雅妻賈氏墓誌》(P192)載:"叔父秘書省正字諱大臨之嗣未立,主簿君以其子孝山爲正字君後,正字君易孝山曰省山。"可知,他實爲呂大雅次子呂省山。

其十三,呂大觀,妻雷氏,生子一人,呂至山。鑒於目前呂至山仕宦研究較少,此處盡可能地梳理。元豐五年(1082),據《呂大雅妻賈氏墓誌》(P192)載:"雲安軍司理參軍新差管句書寫秦鳳路經略安撫都總管司機宜文字呂至山書并篆蓋。"可推知其任雲安軍司理參軍、新差管句書寫、秦鳳路經略安撫都總管司機宜文字。據《呂大雅墓誌》(P283)載:"承議郎充環慶路經略安撫都總管司管勾機宜文字呂至山篆蓋。"可推知其任承議郎、充環慶路經略安撫都總管司管勾機宜文字。崇寧四年(1105)十月十七日,在文林郎知淳化縣事任上。②女一人,呂畫奴。又《金石萃編》卷一二八,呂至山等題名:"呂至山朝謁,男試校書郎康成,外甥進士唐受侍行,康成題。"③由此可知,呂畫奴嫁唐氏,生唐受。

其十四、十五,呂大雅(1044—1109,字正之)妻賈氏及繼室羅氏。此三人生子共11人。長子呂仲山,次子呂孝山,據《呂大雅墓誌》(P284)載,後爲"從兄大臨之後"。呂興伯,《呂大雅子興伯墓誌》(P152)載,呂大雅次子。呂鄭十七,《呂大雅子鄭十七墓誌》(P162)載:"大雅之第三子,二歲。熙寧六年八月夭歿,七年九月祔葬。"由此可知,呂大雅、呂賈氏先後生育仲山、孝山、興伯(夭)、鄭十七(夭)及幼子(姓名不詳,夭)。而呂大雅與呂羅氏所生六子皆早夭。呂大雅的女兒共2人,《呂大雅墓誌》(P284)載:"長歸進士李公輔,次歸進士張納言。"又《呂大雅妻賈氏墓誌》(P192)載:"女一人,未嫁。"可知,呂大雅與呂賈氏生一女,歸進士李公輔。呂大雅、呂羅氏生一女,歸進士張納言。

---

① 呂大臨生卒年,學界觀點不一,考證過程詳見李如冰:《宋代藍田四呂及其學術著作研究》,第46—51頁。
② 轉引自姚永柱:讀《文林郎知淳化縣事呂至山》,《收藏界》2011年,第108頁,載"文林郎知淳化縣事呂至山謹記,將仕郎縣尉兼主簿事白圖立石"。
③ 王昶:《金石萃編》卷一二八,《宋代石刻文獻全編》第三册,北京:北京圖書館出版社,2003年,第129頁。

該家族墓可見第四代女性共 2 人,即呂錫山妻侯氏及繼室齊氏。生子一人,呂清孫。生女一人,呂文娘(1101—1102)。另外,呂義山有二女,生母不詳,據《呂大鈞妻種氏墓誌》(P301)載,"一適宣德郎范益,一在室"。

據以上史料可製藍田呂氏女性基本信息表,如下:

丈夫	妻子	年齡	兒子	女兒	死因
呂通	妻張氏	64	2 人	3 人(1 夭)	以疾卒。
呂英	妻王氏	85	3 人	3 人	
呂賁	妻方氏		6 人	1 人(夭)	
	妾馬氏			1 人	
呂大忠	妻姚氏				因誕不育。
	繼室樊氏	59	3 人(2 夭)		以疾卒。
呂大鈞	妻馬氏	23	1 人		以疾卒。
	繼室種氏	73			以疾卒。
呂大圭	妻張氏	45			以疾卒。
	繼室王氏				
呂大章	妻隨氏			3 人(1 夭)	
呂大受	妻張氏				
呂大觀	妻雷氏		1 人	1 人	
呂大雅	妻賈氏	32	5 人(3 夭)	1 人	
	繼室羅氏		6 人(皆夭)	1 人	
呂錫山	妻侯氏	22	1 人	1 人	
	繼室齊氏	26		2 人(皆夭)	以乳死。

上述表格中,從身份來講,呂氏媳婦共 17 人,其中正妻 11 人,占總數 65%；繼室 5 人,占總數 29%；妾 1 人,占總數 6%。從年齡來講,可確定年齡者 9 人,占總數 53%,平均年齡 47.6,其中處於 20 至 40 歲生育年齡者 4 人,占總數 44.4%。從生育子女狀況看,17 人中有 15 人生育子女,占總數的 88%。共生育子女數 45 人,其中男子 28 人,成年者 18 人,占 64%；女兒 17 人,成年者 11 人,占總數 65%。從死亡原因看,明確死因者 7 人,占總數 41%,其中 6 人"因疾卒",占總數 86%,一人"因誕不育"。

三、藍田呂氏女性的家族職能

嫁入藍田呂氏的外姓女皆以媳婦的身份承擔着家族延續及興盛的任務,孝順長輩、友愛叔嫂、輔助丈夫、教育子孫、管理内務等是她們最核心的職能。爲保證媳婦們能承擔得起上述職責，媳婦們的婚前品行是其考察的重要依據。如《吕大防母方氏墓誌》（P96）載，吕賁妻吕方氏"年始十六，而婦道備也"。此處"婦道"，應泛指符合當時倫理規範。再如《吕大圭妻張氏墓誌銘》（P161）載，吕大圭妻張氏婚前"服勤不懈，事寡姑以孝聞。斂箧鞬所藏，以資叔妹，而無吝色"。"勤""孝""資叔妹，而無吝色"皆是值得稱道的品行。又如《吕大雅妻賈氏墓誌》（P192）載，吕大雅妻賈氏"警慧温淑"，早年遭逢父親去世、兄弟皆夭的家難，她事寡母，曲盡孝友，使其寡母守義不再嫁。與庶媦皆待字家中，儘管其母鞠養之道蓋有隆殺。她"每以所有潛使分遺，必均而已。既歸吕氏，又爲庶媦擇婿，納之使奉母養，其睦姻廉約如此"。

此外，吕氏媳婦們皆有"静"的美好品質。如《吕通妻張氏墓誌》（P88）載，吕通妻吕張氏是"性静而專，動必以禮，治家教子，皆有方法云"。再如，《吕大鈞妻馬氏墓誌》（P112）載，吕大忠妻吕姚氏"性專静，不妄語笑"。吕大鈞妻吕馬氏"沉静有識"。《吕大鈞妻種氏墓誌》（P301）載，吕大鈞妻種氏"性沉審，敏於處事"。上述"静而專""性專静""沉静有識""性沉審"等字樣皆透漏出吕氏家族對女性成員"静"的約束。

吕氏媳婦們婚後第一要義是輔助丈夫。如吕大鈞推行其治家、學文理念，《吕大鈞妻種氏墓誌》（P301）載，其繼室種氏全力支持丈夫的志向，"不愬不違，由内以及外，其助爲多"。再如吕大忠年少時，喜歡宴賓客，但囿於病、貧不能滿足，《吕大忠妻姚氏墓誌》（P92）載，其妻吕姚氏"嘗攜奩中玩好，秘授婢子，以貰酒脯。晋城愧其意，乃曰：'吾祖所尚，苟佳士日至，此長物，奚惜哉？'"後來吕大忠擔任州縣官，賢士大夫高朋滿座，《吕大忠妻樊氏墓誌》（P245）載，其繼室樊氏"日治肴蔌無倦色"。再如吕錫山妻侯氏，《吕錫山妻侯氏墓誌》（P272）載，每每吕錫山"歸自外，夫人必問其所與。知從賢者游，則悦，曰：'是所望於君者也。'又以先公所以戒予者相勉，使予知所守，夫人力也"。

事上以敬，孝順公婆。如吕賁妻方氏，《吕大防母方氏墓誌》（P96）載，"仙居縣太君方在堂，夫人晨昏□色，左右無違"。再如吕大忠妻樊氏事舅莘國公，《吕大忠妻樊氏墓誌》（P245）載，"奉養惟謹"。吕大雅妻賈氏，《吕大雅妻賈氏墓誌》（P192）載，"言動謹在繩墨之内，左右就養，服勤婦事，能獲姑之歡心"。在其死後，更是得到了婆母的追念。

撫下以慈，教養子女。吕通妻張氏是吕文穆的外甥女，因此在他去世之後，《吕賁墓誌》（P164）載，他兒子吕賁"隨其母張夫人依外氏丞相吕文穆公"，并參加了西都的鄉舉。再如，吕大鈞繼室種氏對待繼子視如己出，兩人一生并無任何間隙，在遭遇寡居後，面臨是否改嫁，《吕大鈞妻種氏墓誌》（P301）載她"誓死靡它，以門户自任，更三十年，人莫得而議"。又如吕賁妾室吕馬氏，也是吕大鈞的庶母，她在正妻去世後，即使家中官小家貧，依舊以庶母的身份撫養子女,《吕大鈞庶母馬氏墓誌》(P167)載,"有所不足,不以稟請,輒簪履以資之"。因此,吕大忠諸兄弟成年出仕之後,對其庶母奉養有加,她下葬時子、孫、婦都送至墓所。吕大忠三弟去世後,《吕大忠妻樊氏墓誌》(P245)載,其繼室吕樊氏"鞠其二子如己生。至男仕女嫁,乃喜曰:'吾願畢矣。'"

　　治家嚴整,務必有法。《吕錫山妻侯氏墓誌》(P272)載,侯氏"天資警悟,識量遠。言動一循於禮,雖婢使不見喜愠。待人以誠,人有善,樂爲之譽;聞其過,絶口不道。予長安大族也,夫人事上以敬,撫下以慈,皆得其情。自奉約服飾,取給則止。事有杵於理者,他人方色改氣,拂膺夫人,初若不經意,事帖然卒契於理者,人莫測其所施設"。吕大忠繼室樊氏自奉簡約,無所嗜好。僅喜讀書,學習止心養氣之術。《吕大忠妻樊氏墓誌》(P245)載"族衆食貧,夫人先之以勤儉,敦睦親疏愛服焉。吕氏世學禮,賓祭婚喪莫不仿古。平居貴賤,長幼必恭。夫人身率而行之,閨門肅乂如學校官府云"。《吕大鈞妻种氏墓誌》(P301)載,种氏"治家勤儉,稱其有無,莫不撙節適中。生平嚴于法度,不尚綺麗聲樂,身能之而不禦,謂非婦道之先;燕游雖盛而不好,謂終吝之道也。其於媵嬃,撫之有恩意。諄諄教戒,不大聲色,故人人樂盡力"。

　　吕氏女兒是吕氏家族女性群體的重要成員,但志文中對絶大部分女兒記載甚略,所附于其父母、祖父母之後。若未嫁早夭則記數量,若嫁人則記所嫁之人姓名。因此,僅能就有限史料管窺一二。

　　《吕錫山女文娘墓誌》《吕景山女吕嫣墓誌》是以吕氏未嫁女爲墓主的兩通墓誌。前者墓主爲吕文娘,是吕錫山與吕侯氏的嫡長女,年僅1歲,"得風疾而化",《吕錫山女文娘墓誌》(P267)稱其"性極惠,其母侯甚憐之"。後者墓主爲吕嫣(1086—1107),字倩容,係吕大防之孫女,吕景山與正室李氏嫡女,排行第四。"其爲人明慧,异于常童,凡女工、儒釋、音樂之事無不洞曉,孝友婉娩,盡得家人之歡心,而汲公、秦國尤鍾愛焉。"志文稱吕嫣精通女工、儒釋、音樂,由此大概可以推出吕氏對在室女兒的日常培養。吕嫣曾許嫁章郇公(章得象(978—1048),字希言,建州蒲城人)的曾孫章壽孫,但受到吕大防貶官、去世等因素的影響,《吕景山女吕嫣墓誌》(P281)載,"病既革,趣之成禮,婿行次華陰而已逝矣"。次年十二月葬於藍田祖塋汲公與秦國夫人墓旁,并有先卒之同胞兄弟翼、小四陪伴。① 據墓誌載,吕倩容卒於足弱,而龔鈺軒等就吕氏家族七號墓出土瓷盒内包含物作了分析,證明殘留物是包含輕粉和鐘乳的複方藥物,從而證實吕倩容生前曾服用此藥以治療足弱。②

---

　　① 魏軍:《北宋吕倩容墓誌考釋》,《考古與文物》2016年第3期,第89—92頁。
　　② 龔鈺軒、李程浩、張藴、劉柳、龔德才等:《北宋吕氏家族墓研究——吕倩容疾病及其用藥考證》,《考古與文物》2020年第4期,第120—124頁。

對於呂氏出嫁的女兒們,呂氏家族會在適當的時候給予幫助。元祐三年(1088)八月,劉安世指出宰相呂大防在擔任中書侍郎的時候,"堂除其女婿王讜京東排岸司,妻族李栝知洋州,李機知華州"。① 再如,《呂賁墓誌》(P164)載,呂賁"向在定國幕府,嘗權州事,而會今上即位,例得奏薦親屬,公有季子未仕,乃以子婿喬嶽應令。至是,復置其子,而以兄之子大圭奏任恩例,人皆義之"。作爲呂賁女婿,喬嶽得以例獲得奏薦。

她們夫家會參加呂氏家族的禮儀性活動。哲宗元祐八年(1093)正月癸未,鑒於嗣子呂省山年甫及冠,《呂大雅妻賈氏墓誌》(P192)載,呂大臨"乃諏日具儀祗告祖考,命外姻毋敦常、王康朝居賓贊行三加禮,字之曰子茂,抑欲省其躬而茂其德也"。王康朝,太原人,是呂大臨伯父呂英妻王氏的兄弟,是呂大雅的舅父。呂大雅的次子呂孝山過繼給呂大臨作嗣子,所以請王康朝做賓贊之一。此外,王康朝也爲《呂錫山妻侯氏墓誌》《呂景山女呂嫣墓誌》兩通墓誌書丹。

四、結　語

《陝西出土宋代墓誌輯釋》中收錄了 28 通呂氏家族成員墓誌銘,爲系統了解藍田呂氏家族成員情況提供了重要的文獻資料。本文以藍田呂氏家族女性爲研究對象,其中 14 通墓誌銘墓主爲女性,除呂文娘、呂嫣外,其餘 12 名墓主均呂氏媳婦,婚前,她們婦道已備;嫁入呂氏之後,更是以"靜"爲美。終其一生,輔助丈夫,孝順公婆,教養兒女,嚴肅家紀,是呂氏家族得以延續的重要支柱。呂氏家族女性墓誌記載的內容,在很大程度上反映出北宋時期整個社會層面女性在家庭中的地位、職能的基本情況,具有一定普遍性。而作爲呂氏家族女性成員重要組成部分的呂氏女兒們,除了少部分早夭外,出嫁的女兒是可以受到娘家的助力,同時其夫家成員也參與娘家的禮儀性活動,同樣具有一定的普遍性。

此外,結合相關文獻的綜合考察來看,呂大雅應當就是呂大年,即呂英之第三子;且呂至山當爲呂大觀獨子。當然,這一結論亦有待其他新出文獻的進一步印證。

【作者簡介】黄澤凡,陝西省社科院古籍整理研究所助理研究員,主要從事宋代政治制度史及碑刻文獻整理研究。

---

① 李燾:《續資治通鑑長編》卷四三〇元祐三年八月辛丑條,北京:中華書局,2000 年,第 10045 頁。

宋代書鋪再辨析

張雲夢

關於宋代書鋪的記載散見於史書中,將這些史料綜合分析可以看到這一機構的職能貫穿於司法、選任以及科舉的全過程,"凡舉子預試,并仕宦到部參堂,應干節次文書,并有書鋪承幹"。① 其亦官亦民的性質以及審核與刻書之間的模糊屬性更是讓這個機構充滿了"宋代特色"。回顧有關書鋪的學術研究脈絡,最早可見戴建國先生《宋代的公證機構——書鋪》一文,②該文首次簡要叙述了書鋪的職能,并判斷其爲私人盈利性機構,產生於宋代且與賣書刻書的書鋪不能混同。同一時期,陳智超先生發表《宋代的書鋪與訟師》,文中從法律角度也論及書鋪户,并開宗明義提出"宋代有兩類書鋪",即"公證"書鋪和賣書書鋪。③ 此後的研究多沿用這一認識,但是對於基本的書鋪辨析問題,還是存在不同看法。④ 因此,本文試圖從基本的史料梳理出發來考察書鋪在宋代的具體含義,辨析書鋪的起源與流變。

一、書鋪的起源——對書鋪"起源唐代説"的回應

在宋代,書鋪以一種幾乎橫空出世的姿態出現在歷史記載中,活躍在科舉、官員選任以及司法審判各層面。可是,書肆、書坊和書鋪在宋代文獻中頻頻出現,其含義有時相似有時又顯得截然不同。要更好地瞭解書鋪的起源和在宋人語境中的含義,有必要將三者

---

* 本文爲陝西省社會科學院 2022 年度青年專項"陝西碑刻文獻所見宋代書鋪發展研究"(22QN17)階段性成果。
① 趙升編,王瑞來點校:《朝野類要》卷五《餘紀》,北京:中華書局,2007 年,第 103 頁。
② 戴建國:《宋代的公證機構——書鋪》,《中國史研究》1988 年第 4 期,第 137—144 頁。
③ 陳智超:《宋代的書鋪與訟師》,載《劉子健博士頌壽紀念宋史研究論集》,日本同朋社,1989 年,後收入《宋史十二講》,北京:清華大學出版社,2010 年,第 178—189 頁。
④ 參見林珊:《宋代的書鋪與科舉》,《文史知識》2009 年第 10 期,第 88—93 頁;劉本棟:《宋代科舉擔保新論》,《寧波大學學報》(人文科學版)2015 年第 1 期,第 64—69 頁;程民生:《宋代的傭書》,《中國史研究》2019 年第 3 期,第 110—124 頁,三者均直接采用戴建國先生的觀點。而范建文:《宋代書鋪再認識》,《四川師範大學學報》(社會科學版)2015 年第 4 期,第 163—169 頁,其認爲公證書鋪和刻書賣書書鋪并不能完全區分開來,但并沒有在史料上予以證實。

的源流做一番梳理。

　　書肆和書坊作爲售書機構,其出現和文化普及密切相關。秦漢時期,書籍還主要掌握在官方手中,而後隨着文化下移、儒學興起,有關書籍售賣的記録開始出現。如漢代揚雄曾云:"好書而不要諸仲尼,書肆也;好説而不見諸仲尼,説鈴也。"①《後漢書》中同樣記載:"家貧無書,常游洛陽市肆閲所賣書,一見輒能誦憶。"②都以書肆指稱買書店鋪。且從史料看,書肆這種賣書業務延續到唐中前期依舊没有改變,唯一不同的是,唐末中和三年(883),柳玭記載他在四川地區"閲書於重城之東南,其書多陰陽雜記、占夢相宅、九宫五緯之流。又有字書小學,率雕板,印紙浸染,不可盡曉"。③ 和此前不同,隨着雕版印刷技術的傳播,這時候書肆不再僅僅滿足於售書,已經開始刊刻書籍。即至晚在唐末五代書肆已經完成了從售書到刻書與售書結合的轉變。

　　而坊的出現則和中國古代城市的發展密不可分,作爲城市居住及商業活動重要的分布地點,坊的出現遠比城市的出現要晚。④ 目前所見"書坊"一詞在唐代史料中僅見兩處,觀二者所指均不是賣書店鋪。⑤ 真正大規模出現書坊的記載還要到宋代,這一時期雕版印刷技術不斷發展,崇文的國策大大增加了印刷業的消費需求,地域性的印刷中心也開始呈現。對比書肆和書坊在史料中的分布可以發現,書肆這一名稱起源久遠,至少在漢代已經出現,大概在唐末已在原來售書的基礎上開始刻書;書坊則發萌於雕版印刷技術出現的唐代,隨着雕印技術的普及興盛於宋代。我們今天在宋人用語中還能看到這種詞源的細微差异,如宋人只講"書坊刻本",而無"書肆刻本"之説,即證明書坊更側重於刻書。至南宋二者則呈現合一的趨勢,才指稱同一事物。⑥

　　那麽書鋪起源於何時,唐代是否存在書鋪這樣一個機構呢? 讓我們從"書鋪"的字義本身以及書鋪户的職能出發,兩方面考察這一機構在唐代的踪跡。目前所見,"書鋪"一詞

---

① 揚雄:《法言義疏·吾子》卷二,北京:中華書局,1987年,第74頁。對這一則記載,學術界多將其視爲最早有記録的書店,可參見戚福康:《中國古代書坊研究》,北京:商務印書館,2007年,第18頁。
② 范曄:《後漢書》卷四九《王充王符仲長統列傳》,北京:中華書局,1965年,第1639頁。
③ 薛居正等:《舊五代史》卷四三《明宗紀九》,北京:中華書局,2015年,第589頁。
④ "坊"作爲城鎮中街巷的含義在史書中分布呈現極大的不平均。在《史記》中,這一含義僅僅出現三次,此後雖有增加,但增長量并不大;直至唐代,《舊唐書》中關於"坊"的這一含義的記載達到173次;到宋代,《宋史》中的記載更是高達399處,這也反映出唐宋城鎮經濟的繁榮爲孕育新的社會形態提供了條件。參見占焕然:《從"坊"字詞頻詞義談中國里坊制度的形成與發展》,《建築與文化》2019年第3期,第198—200頁。
⑤ 參見楊炯:《青苔賦》,《全唐文》卷一九〇,北京:中華書局,1983年,第1921頁:"地則經省而書坊,人則後車而先馬。"張説:《張燕公集》卷四,《四部叢刊》景明嘉靖本:"臺坐徵人杰,書坊應國華。賦詩開廣宴,賜酒酌流霞。"觀二者所指,前者爲動詞,非賣書之意,後者以國華和人杰相對應,根據史料推斷,此處書坊當指翰林學士院一類的機構。
⑥ 參見岳珂:《愧郯録》卷九《場屋編類之書》,《全宋筆記》第7編第4册,鄭州:大象出版社,2017年,第105頁。岳珂在描述南宋科舉教材出版情况時就將"建陽書坊"稱爲"建陽書肆"。

唐代僅見一處,即張籍所作《送楊少尹赴鳳翔》。目前個別文章試圖將這作爲"起源唐代説"的證據,但就詩句内容而言并不妥,現選取詩文如下:

  詩名往日動長安,首首人家卷裏看。西學已行秦博士,南宫新拜漢郎官。得錢祇了還書鋪,借宅常思事藥欄。今去岐州生計薄,移居偏近隴頭寒。①

  按照徐禮節和余恕誠先生的考證,楊少尹當指楊巨源,當時已經從太常博士拜爲虞部員外郎,該詩正是爲楊巨源元和十五年(820)左右遷鳳翔府少尹而作。那麼該如何理解詩中所説"得錢祇了還書鋪,借宅常思事藥欄"? 從後半句來看,"借宅"一詞在唐詩中常見,指官員、舉子借住在京城某處,藥欄則指代芍藥之欄,泛指花欄。此詩恰好可用張籍爲楊巨源所作另一首詩來解:

  頭白新年六十餘,近聞生計轉空虛。久爲博士誰人識? 自到長安賃舍居。騎馬出隨游寺客,呼兒散寫乞錢書。古來賢哲皆如此,應是才高與衆疏。②

  將兩詩聯繫起來看,二者都提及了楊巨源借住在京城的生活境況,"呼兒散寫乞錢書"正好解釋了"得錢祇了還書鋪"。所以詩中所提"書鋪"絕不會是審核文書的書鋪。何況書鋪雖然在後世多有邀索錢財的記載,但并不是什麽光彩的事,綜合詩句意旨,這裏的"書鋪"應當是"書籍鋪"的簡稱,與後文一起强調楊巨源的生活境況,只不過爲了詩句對仗工整才寫成這樣。

  而就宋代書鋪所涉最核心的文書審核職能看,在唐代更没有生存基礎。首先唐代科舉録取人數就遠不及宋代動輒數百上千人那樣龐大,也没有封彌、謄録這樣複雜的程序,各地舉子到京依靠禮部自身的吏人就足以應付。③ 再者,唐代科舉考試科目多樣,考試内容更具靈活性,其舉子也由地方長官歲舉,④科舉士子行卷投文都是圍繞這些官員而來,而書鋪這類機構則是適應高度規則化、程式化的考試才出現的。這從《新唐書》中的相關記載可以印證:"(舉子)既至省,皆疏名列到,結款通保及所居,始由户部集閲,而關於考功

---

① 張籍撰,徐禮節、余恕誠校注:《張籍集繫年校注》卷四《送楊少尹赴鳳翔》,北京:中華書局,2011年,第483頁。
② 《張籍集繫年校注》卷四《贈令狐博士》,第462頁,令狐巨源即指楊巨源,"令狐"爲"楊"之訛,見注釋。
③ 唐代進士登科人數每榜至多二三十人,其舉進士人數也不過千餘人,詳見徐松撰,孟二冬補正:《登科記考補正》,北京:中華書局,2019年。
④ 上文所提及的張籍就是依靠韓愈的推薦得到徐州節度使張建賞識,解送至京城參加省試。參見吕大防等撰,徐敏霞校輯:《韓愈年譜》,北京:中華書局,1991年,第32頁。

員外郎試之。"①即説明此時到京舉子的身份信息直接由中央户部負責審核。此外唐代爲解決官員參選中的員闕之弊,采用"循資格",凡是任期結束都需要守選,守選結束則由吏部三銓負責六品及以下文官的注擬。另有南曹,"員外郎一人,掌選院,謂之南曹。每歲,選人有解狀、簿書、資歷、考課,必由之以核其實,乃上三銓"。② 從《唐六典》的記載來看,唐代選人參選的各種文書材料是直接交由吏部南曹來審核,通過之後才由三銓負責注擬,這期間并未見其他的社會力量。到五代時期,這一程序也沒有大的變化,所有選人通過南曹審核後,"其合保文狀,使識官司使印,限開曹後兩日内赴銓送納,須得齊足"。③ 這一過程依然是僅僅依靠官僚隊伍自身的力量。所以我們從宋代書鋪户所涉及的核心職能來看,這些工作在唐朝也是存在的,區别是唐朝僅依靠各部門自己的人手處理。

那麽促使書鋪出現的契機就需要到宋朝去尋找了。宋初建國,沿用唐五代的舊制,依舊能够看到行卷和公卷的身影。真宗年間,大臣上奏提到貢舉所見公卷"多假借他人文字,或用舊卷裝飾重行,或爲傭書人易換文本,是致考校無準"。④ 於是要求應試的舉子於試紙前親書家狀并投納,然後將這部分的字體和將來試卷所寫文字以及家狀中的簽名比對,防止舞弊。而後,隨着科舉考試程式逐步完備,賈昌朝提議:"今有封彌、謄録法,一切考諸試篇,則公卷可罷。"⑤算上宋初爲嚴防科舉舞弊而廢除的行卷制度,至此,唐代科舉通行的行卷和公卷都已取消。與此同時,宋代的文武官員群體在這一階段迅速壯大,後世所見的使臣和選人群體也在這一階段逐漸定型,加之宋代經濟步入繁榮期,民間訴訟也隨之增多,好訴之風始盛,宋朝政府需要一個通道來幫助政府部門處理日漸繁雜的文書信息。更值得關注的是,商業的發展也會反過來影響到政府行政的方式,從王安石變法時期推行的免行錢、免役錢可以管窺一二,這種商業組織的繁榮最後會促使政府使用市場經濟的邏輯來處理某些問題。到仁宗年間,已經可以從史料中看到這種轉變。

《曲洧舊聞》記載:

> 吕申公公著當文靖秉政時,自書鋪中投應舉家狀,敝衣塞驢,謙退如寒素。見者雖愛其容止,亦不异也。既去,問書鋪家,知是吕廷評,乃始驚嘆。⑥

---

① 歐陽修等:《新唐書》卷四四《選舉志上》,北京:中華書局,1975年,第1161頁。
② 李林甫:《唐六典》卷二《尚書吏部》,北京:中華書局,1992年,第36頁。
③ 王欽若:《册府元龜》卷六三四《銓選部六》,南京:鳳凰出版社,2006年,第7332頁。
④ 李燾:《續資治通鑒長編》卷六一,景德二年十二月乙卯,北京:中華書局,2004年,第1376頁,以下簡稱爲《長編》。
⑤ 脱脱等:《宋史》卷一五五《選舉志一》,北京:中華書局,1985年,第3612頁。
⑥ 朱弁:《曲洧舊聞》卷四《吕申公謙退》,北京:中華書局,2002年,第140頁。

按《宋宰輔編年録》所載,"公著與安石爲同年進士",①即在仁宗慶曆二年(1042)。從該條史料推斷,至晚在此時,書鋪户已承接科舉文書的審核。這時期部分精通文書工作的群體可能已經依靠其技能逐步爲政府所用,成爲專業的書鋪户。

二、宋朝書鋪類型再辨

對宋代書鋪,學界的爭論點在於書鋪的職能區分,目前多認爲宋代的書鋪可分爲兩種或三種:1. 售書刻書書鋪;2. 審核書鋪;3. 二者功能兼有。對於這一分歧,後來的研究者并没有從史料方面予以論證,只是表明作者的傾向性看法。爲更好瞭解這一分歧,有必要回到爭論的起點。戴建國先生是最早關注書鋪分類的學者,在其文章中對書鋪采用二分法,即刻書售書之書鋪與承辦公事的書鋪。② 而作者的依據來自兩處史料,引用如下:

> 朝廷累有指揮,禁止雕印文字,非不嚴切,而近日雕板尤多,蓋爲不曾條約書鋪販賣之人。臣竊見京城近有雕印文集二十卷,名爲《宋文》者,多是當今論議時政之言。其首篇是富弼往年讓官表,其間陳北虜事宜甚多詳,其語言不可流布。③
>
> 建寧書鋪,蔡琪純父一經堂,嘉定戊辰元年刻《漢書》一百二十卷。建寧府陳八郎書鋪,刻賈誼《新書》十卷。④

追溯二者史源可以發現作者在援引歐陽修和葉德輝的記録,但葉德輝是民國時期之人,首先可靠性就存疑。再進一步探究,所謂"建寧書鋪"者,最早來自清人陸心源對宋蔡琪家塾本《漢書》的描述,⑤不過從葉德輝和陸心源的記録看,筆者對二者所説的準確性持疑。原因在於葉德輝所説的蔡琪純父所刻一百二十卷《漢書》,國家圖書館即藏有,其牌記僅"建安蔡純父刻梓於家塾"十字,⑥并未自稱書鋪。至於蔡琪家塾本《後漢書》所刻牌記,收録於《宋元書刻牌記圖録》,也未見"建寧書鋪"字樣。⑦ 而《書林清話》中所載的"陳八郎

---

① 徐自明著,王瑞來校補:《宋宰輔編年録校補》卷八《神宗皇帝下》,北京:中華書局,1986年,第476頁。
② 詳見《宋代的公證機構——書鋪》,第137—144頁。
③ 歐陽修:《歐陽修全集》卷一〇八《論雕印文字劄子》,北京:中華書局,2001年,第1637頁。
④ 葉德輝:《書林清話·書林餘話》卷三《宋坊刻書之盛》,長沙:岳麓書社,1999年,第72頁。
⑤ 參見陸心源:《儀顧堂題跋》卷二《宋槧蔡琪一經堂本後漢書跋》,清刻《潛園總集》本。
⑥ 參見《漢書·前漢本》,《中華再造善本》據國圖藏宋蔡琪家塾刻本影印本,第4頁。
⑦ 參見林申清:《宋元書坊牌記圖録》,北京:北京圖書館出版社,1999年,第62頁。

書鋪",則源自宋刻本賈誼《新書》裏面的一枚牌記。① 雖然今天沒有宋刻本《新書》傳世,不過在《抱經堂叢書》本中可見盧文弨在卷尾自注:"是宋時刻本。明毛斧季、吳元恭皆據以改近世之本。宋本即有謬誤,亦悉仍之。前失去序文,故不知是何年所梓。唯目錄後有'建寧府陳八郎書鋪印'一行,故今稱爲建本。"②

至此,這則史料的來源終於捋清,是明人吳元恭根據一份殘缺了序文的宋刻本,在目錄之後發現了這一枚牌記,也依此判定其爲建本。這一切在邏輯上都吻合,可是嘉靖三十四年(1555)才中舉人的吳元恭所見的這份宋刻本《新書》版本却非常突兀。不管是按弘治十八年(1505)刻本還是正德八年(1513)刻本都記載《新書》在宋代僅刊刻過兩次,其中首次刊刻於南宋孝宗淳熙八年(1181)的潭州,即程漕使本。此後,南宋理宗淳祐八年(1248)於長沙再根據程本重雕。③ 這兩個刻本同一源頭,地點還都是在今湖南長沙地區,和吳元恭所見的福建建寧地區的牌記嚴重不合。并且吳元恭所見宋本書的保存情況極其容易讓人聯想到明人的作假方式,殘缺一二要處或者割去紀元、僞造宋人印章牌記,這些正是明人造僞的慣用手法。

不過吳元恭畢竟爲明代著名的校勘學家,其所見古籍自不是我輩所能比擬,僅以文章所見兩點是不足以推翻前人的論斷,但反之亦然。所以關於宋代書鋪分類還是需要從歐陽修的上奏入手,回到最早記録書鋪刻書的史料上來。至和二年(1055),歐陽修在發現書鋪所刻內容涉及時政文字,而這可能泄露宋朝的內政外交政策,因而上奏説"朝廷累有指揮,禁止雕印文字",説明對於刻印書籍的機構,朝廷已經對其有了相關的約束。但市場上還是看到了這方面的書籍,因而歐陽修接下來解釋"蓋爲不曾條約書鋪販賣之人"。④ 這就説明在此前的約束範圍內并不包含書鋪。

關於這點,我們從《宋會要輯稿》中的記載可以驗證,"康定元年(1040)五月二日詔:訪聞在京無圖之輩及書肆之家,多將諸色人所進邊機文字,鏤板鬻賣,流布於外。委開封府密切根捉,許人陳告,勘鞫聞奏"。⑤ 即在至和二年(1055)之前,朝廷對於賣書機構的管理并不包括書鋪。接下來歐陽修在奏折中建議:"書鋪今後如有不經官司詳定,妄行雕印文集,并不得貨賣,許書鋪及諸色人陳告。"⑥這樣就把書鋪刻書也納入到監管之下。從歐陽修的奏札可以推斷,書鋪在此指代的就是書籍鋪,強調的是販賣功能,即宋代的書籍鋪原

---

① 丁丙:《善本書室藏書志》卷一五,清光緒刻本。
② 賈誼:《新書·校目》,《四部備要》據《抱經堂叢書》本,第 54 册,上海:中華書局,1936 年,第 12 頁。
③ 參見《四部叢刊》景明正德長沙刻賈誼《新書》卷尾跋,又見《四部備要》據《抱經堂叢書》本《新書》舊跋。
④ 《歐陽修全集》卷一○八《論雕印文字札子》,第 1637 頁。
⑤ 徐松輯,劉琳等點校:《宋會要輯稿·刑法》2 之 24,上海:上海古籍出版社,2014 年,第 8296 頁。
⑥ 《歐陽修全集》卷一○八《奏議》,第 1637 頁。

本只是一般賣書的店鋪，至晚在仁宗時，也開始刻印書籍。而後，徽宗時期相似的事件更是印證這一觀點，《宋會要輯稿》中記載有大觀三年(1109)"虜中多收蓄本朝見行印賣文集書册之類，其間不無夾帶論議邊防、兵機、夷狄之事"，因而要求對這些"雕印書鋪"看驗。①在此，同樣的書鋪販賣書籍，但徽宗却特别强調"雕印"書鋪，這説明書籍鋪不僅雕印書籍，并且在詔書中有意與當時流行的審核書鋪相區分，特地突出其雕印職能。

由此，筆者更認同戴建國先生的觀點，即宋代書鋪不僅指代處理政府相關文書的機構，和前文討論的詩句一樣，"書鋪"也可以是來自"書籍鋪"的簡稱。那麼這樣的推論是否能够找到進一步的證據呢？在目前所見到的宋本牌記中，乾道年間所刻《鉅宋廣韵》保存完好，其牌記明確記載："己丑建寧府黄三八郎書鋪印行。"(圖一)②這也是目前所見唯一一枚書鋪牌記，對於這枚牌記，本文認爲此"書鋪"就是本文所提到的"雕印書鋪"。但需留意的是，這時候宋人語境中對於書坊和書鋪是有着非常明確的區分。比如朱熹在《約束榜》中要求"官人、進士、僧道、公人（謂訴己事，無以次人，聽自陳），聽親書狀，自餘民户并各就書鋪寫狀投陳"，③而在《晦庵别集》則記載，"乃此間付之書坊鏤板，甚不費力"，④書鋪和書坊區分明顯。與黄三八郎同一時期的洪邁也説："士大夫告命間有錯誤，如文官則猶能自言，書鋪亦不敢大有邀索。"⑤即提到書鋪審核士大夫的參選文書。而在同書序言又有"乃婺女所刻，買人販鬻於書坊中"，⑥二者所指也是區分清晰。

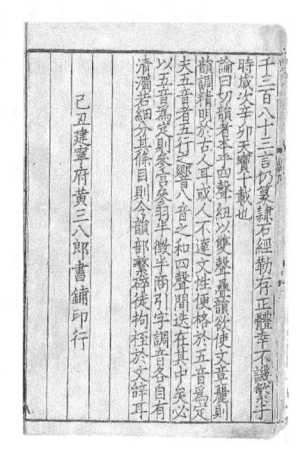

圖一

從史料對比看，宋人的這種區分是有意的，對於賣書店鋪，宋人往往只稱呼爲"書籍鋪"或者"經籍鋪"，正式文本中稱"書鋪"者極其少。從宋人留下的記載中可以非常明顯看到這種巨大差异，關於"書肆""書坊""經籍鋪"一類的詞，在宋史史料中數以百計，但除了歐陽修和黄三八郎這兩處直稱"書鋪"，其他所有記載賣書機構者都有意回避了"書鋪"一詞，單單以史料的缺失來解釋這一現象并不能行通。一種合理的解釋是，歐陽修所在的年代，書鋪的職能還處於發展時期，對於當時社會的影響有限，故而歐陽修在上奏時將販賣

---

① 《宋會要輯稿·刑法》2之47，第8309頁。
② 參見陳彭年等撰：《鉅宋廣韵·韵序》，日本國立公文書館藏宋黄三八郎書鋪刻本，第4頁；又收録於《宋元書坊牌記圖録》，第55頁。
③ 朱熹：《晦庵先生朱文公文集》卷一〇〇《約束榜》，上海：上海古籍出版社，合肥：安徽教育出版社，2002年，第4630頁。
④ 朱熹：《晦庵别集》卷六《黄商伯》，上海：上海古籍出版社，合肥：安徽教育出版社，2002年，第4954頁。
⑤ 洪邁：《容齋隨筆·三筆》卷四《宣告錯誤》，北京：中華書局，2005年，第471頁。
⑥ 《容齋隨筆·續筆》卷一，第219頁。

書籍的店鋪直接簡稱爲"書鋪"。而在此後的時代，書鋪户逐漸成爲宋代銓選部門及地方司法的重要補充，所以宋人在筆記文集中再也看不到類似的記載，以免造成混淆，黄三八郎也僅僅在不會造成誤解的情況下才在牌記中使用"書鋪"一詞。

直至元代，科舉衰敗，宋代建立的完善的職官制度也被打破，書鋪不再染指官員和舉子的文書。唯獨剩下代書訴狀的職能，依托民間廣泛的需求頑强生存。然而到了大德五年（1301）三月，監察御史忻都以書鋪"既不諳曉吏事，反以爲營利之所"爲由，上書元成宗"今後各令有司於籍記吏員内遴選行止謹慎、吏事熟閑者，輪差一名，專管書狀"。① 至此，從北宋以來審核文狀的書鋪走向終結。②

隨着審核文書的書鋪在元代前期逐步消失，另一種更爲我們當代人熟悉的售賣書籍的書鋪慢慢作爲書籍鋪的簡稱出現在元代的史料中。甲申歲（1284）五月，元人趙孟頫在《閣帖跋》中即提到"余書鋪中得古帖三卷"，③已經使用書鋪來指稱原來的書籍鋪。這一稱呼也被後世沿用，實際上元明以來藏書家所謂的宋人某家書鋪并非我們所要討論的書鋪，而是由書籍鋪簡稱而來。并且明清之人在回憶宋代書坊之時，往往使用當時的"書鋪"來指稱宋代的書籍鋪。比如南宋中後期刊刻的《王建詩集》中有"臨安府棚北大街睦親坊南陳解元宅書籍鋪刊行"字一行，④到了清人丁丙的記載中，"陳解元書籍鋪"被簡寫爲"陳解元書鋪"。⑤ 同樣的情況也出現於"尹家書籍鋪"，⑥後世所謂書鋪當是從書籍鋪簡稱而來。

三、宋代書鋪的職能變遷

從"書鋪"到"雕印書鋪"，再隨着審核文書的書鋪流行，我們在宋人的文集筆記中再未見到類似記載。而本文要論述的審核書鋪則在此時從科舉蔓延至選任、司法諸層面。但是從史料看，這種職能的擴張却呈現出兩條較爲獨立的綫索。其一，書鋪户從科舉文狀審核出發，由發解試到省試再到殿試，并繼續延伸到試射升甲及注闕；再繼續沿着這條綫索

---

① 佚名：《元典章》卷六《典章十二》，北京：中華書局，天津：天津古籍出版社，2011年，第489頁。
② 以吏人專管書狀并不能根治投狀弊病，在書鋪户消亡的背後，是否與元代吏人崛起有關，還有待史料進一步證明。且從記載看，書鋪的消亡并非一蹴而就，姚疇在皇慶元年（1312）仍曾提到知浮梁州郭鬱"使索書鋪元稿觀之，知其人之罪，冤者得雪"。見《編類運使復齋郭公敏行録》不分卷《昌江百咏詩》，該詩又載於《全元詩》第27册，北京：中華書局，2013年，第148頁。
③ 趙孟頫：《閣帖跋》，《全元文》卷五九四，南京：鳳凰出版社，1998年，第95頁。
④ 《宋元書坊牌記圖録》三四《王建詩集》，第68頁。
⑤ 《善本書室藏書志》卷三八《群賢小集八十八卷》。
⑥ 陸心源：《儀顧堂集》卷六《重刊北户録序》，清光緒刻本。

負責出官試的文狀審核以及此後的參選、射闕甚至於大、小使臣七十致仕。① 這一過程幾乎囊括了一個低級官員的仕宦生涯。其二，書鋪户則從民間訴狀書寫出發，最終壟斷縣一級的司法投狀，并隨着升訴流程至轉運司，最終經登聞鼓院、登聞檢院直接上書皇帝。這一過程則反映了一個案件由地方至中央登聞院的基本流程。

可是從時間看，這兩條看似層層遞進的嚴密綫索中間却存在着斷裂。從第一條綫索出發，書鋪户負責科舉文狀投納首見於仁宗慶曆二年(1042)吕公著參加科舉考試時，②至慶曆八年(1048)禮部貢院已經對書鋪户審核、送納舉人試卷文字有了詳細的規定。③ 到嘉祐元年(1056)可見趙抃在《乞追攝晏思晦勘斷》中狀告晏垂慶"構架保識官員，於書鋪官司投請文字"，從而冒名授身死兄宗應京官公事。④ 這説明書鋪很早就沿着科舉介入到了官員的選任文書處理中。熙寧五年(1072)王安石與神宗討論變法時還曾舉例："既而又修三班、審官東西院、流内銓法，即自來書鋪計會差遣行賕之人又皆失職。"⑤説明書鋪已經廣泛參與到使臣與選人的參選過程。到政和五年(1115)重編侍郎右選使臣文狀，甚至需要依靠書鋪户來清查相關使臣的脚色、家狀及功過。⑥

反觀司法系統中的書鋪職能，最早只能追溯到哲宗時，在北宋末年成書的《作邑自箴》一書中，已經對書鋪户形成了較爲規範的管理。⑦ 該書作者李元弼在紹聖年間(1094—1097)爲餘杭縣令，所以可以肯定至晚在此時，書鋪作爲官方司法的補充力量已經深入到了縣一級的行政單位。不過這時書鋪雖然負責書寫狀鈔諸般文字，但"如人户自能書寫，即於狀鈔上稱説係某親書"。⑧ 直到南宋紹熙五年(1194)知潭州、荆湖南路安撫使朱熹發布《約束榜》，才看到書鋪對地方狀書代書的壟斷："官人、進士、僧道、公人(謂訴己事，無以次人，聽自陳)聽親書狀，自餘民户，并各就書鋪寫狀投陳。"⑨而後，黄震在其《黄氏日抄》中記載了更多細節："詞訴條目必經書鋪，必守限日，諸廂收領，不許隔宿"；⑩"不經書鋪不

---

① 《宋會要輯稿·職官》10之34，第3297頁：淳熙六年，考功置大小使臣年甲簿，"録示書鋪，遇有陳乞磨勘關升，并不收接"。
② 《曲洧舊聞》卷四《吕申公謙退》，第140頁。
③ 《宋會要輯稿·選舉》3之32，第5301頁。
④ 趙抃：《趙清獻公文集》卷八《奏狀乞追攝晏思晦勘斷》，《宋集珍本叢刊》第6册，北京：綫裝書局，2004年，第790頁。
⑤ 《長編》卷一二六，熙寧五年七月丙辰，第5738頁。
⑥ 《宋會要輯稿·選舉》25之15，第5736頁。
⑦ 參見《作邑自箴》卷三《處事》，第19頁；卷八《寫狀鈔書鋪户約束》，第48頁。
⑧ 《作邑自箴》卷六《勸諭民庶榜》，第41頁。
⑨ 《晦庵先生朱文公集》卷一〇〇《約束榜》，第4630頁。
⑩ 黄震：《慈溪黄氏日抄分類古今紀要》卷七八《公移》，《中華再造善本》，北京：國家圖書館出版社，2015年。

受,狀無保識不受,狀過二百字不受,一狀訴兩事不受,事不干己不受……"①從中可以發現,大概到南宋中前期,書鋪已基本壟斷民間訴訟代書業務,因而我們今天在理宗時期成書的《名公書判清明集》中才能看到大量書鋪户參與審理的案件。

  中央司法方面,書鋪户的身影最早出現在元祐舊臣梁燾捲入的"同文館之獄"中,李燾在書中引用劉跂《辨謗録》對案件的記載:"曾有省部文字下書鋪告示元告人尚洙等,劉某、梁燾已身亡,更不施行,所知委去。"②按梁燾紹聖四年(1097)十一月死於貶所,因此李燾在《長編》中將這段史料放於元符元年(1098)。可見書鋪至晚在這一年明確介入到了中央司法系統中,但此時書鋪户是否負責該案件的訴狀書寫,史料沒有明説。直到兩宋之際的王庭珪才在書信中提及"蒙示以所獻書,皆究切當時之務,必有見之者。檢院進文字,非書鋪所慣,彼處自有一等人,專管寫此文,兼識體面"。③ 強調了登聞檢院中書鋪所上狀書與檢院自身上呈文書的不同。結合紹興十一年(1141)監檢院王習提到"切見自來投進文字皆係實封,官司無從檢察。其投進文字人多是書鋪、保人同共商量"。④ 就史料來看,書鋪在檢院中的表現與一般傭書人無異,但這一狀況在之後發生變化。由於實封投狀無法查驗,投狀人一旦事就潛逃。所以到了紹興二十八年(1158),轉而加强對保識人的要求:"'欲乞今後應上書進狀人,如係有官人即召本色有官人,進士、布衣即召見在上庠生,僧道百姓召臨安府土著有家業居止之人,軍人召所屬將校各一人作保,仍令逐院籍書鋪户繫書保識,方許收接投進。'從之。"⑤可知到此時,書鋪户才正式壟斷登聞院的投狀,成爲投狀人書狀及身份審核的第一關,直接對書狀承擔保識責任。

  以時間的角度來看書鋪户在兩宋的職能發展,可以明顯看到,在仁宗時已經參與到科舉與選任的書鋪户與南宋初期方壟斷司法訴狀的書鋪户,期間存在着一個巨大的時間差。而相關的記載則大致爲我們提供了一個思考方向,即在官方給予書鋪户壟斷地位來輔助政府司法工作之前,書鋪户早就利用自身文書特長參與到司法代書,與傭書人一起活躍在民間。以下文兩則記載爲例:

  蔡定,字元應,越之會稽人。家世微貧,父革依郡獄吏,傭書以生,力使定學,身勞苦資之,以故定處黌校,稍稍有稱。郡獄吏一日坐舞文法被繫,革以註誤,例在劾中。

---

① 《慈溪黄氏日抄分類古今紀要》卷七八《公移》。
② 《長編》卷四九八,元符元年五月辛亥,第 11846 頁。
③ 王庭珪:《盧溪先生文集》卷三二《與劉子方一》,《宋集珍本叢刊》第 34 册,第 660 頁。
④ 《宋會要輯稿·職官》3 之 69,第 3086 頁。
⑤ 《宋會要輯稿·職官》3 之 70,第 3087 頁。

革年七十餘矣……①

　　應籍定寫狀鈔書鋪户,不得爲見縣司指揮不係籍人不得書寫狀鈔,却致邀難人户,多要錢物。如察探得知,必定開落姓名。②

　　這兩則史料均涉及北宋後期民間司法寫狀的情況,第一則爲范浚所記蔡定傳記。按其内容,蔡定之父爲當地傭書人,七十多歲被牽連入獄,蔡定救父不成於建炎元年(1127)投河而死。第二則爲上文李元弼在《作邑自箴》中所記録的榜文。以蔡定之父蔡革的年紀推斷,在北宋後期書鋪户和傭書人都在從事司法代書。此後我們才從史料中看到書鋪户在地方司法中的更多表現:辯驗文契、代書罪犯姓名,甚至跳出司法的範圍,在南宋前期介入到地方賦税的征運中。③ 而在登聞院系統中,書鋪同樣在南宋初年取代傭書人壟斷投狀。這雖然和宋代好訴之風盛行以及司法力量有限有着直接關係,但爲何二者都選擇書鋪户,而不是同樣活躍在司法系統中的傭書人、訟師?

　　對這個問題,以目前所見的史料還無法還原出一個滿意的答案,但不妨就已有的證據進一步限定探求的範圍。首先,書鋪這一機構在宋代絶大部分時間應該是運行有序的,最起碼達到了統治者的最低要求。雖然我們所見不少關於書鋪户邀索錢財的記録,但不能忽略的一個現象是,宋代書鋪運行的兩百餘年裏竟未見一人上書要求廢除這一機構。④ 再者,書鋪原本職能就與訴狀代書相似,且在官方給予其特殊司法地位之前書鋪户已經開展這一業務。這既有内部經營壓力促使,畢竟科舉和官員選任文書數量有限,時間相對固定;也有司法部門爲杜絶健訴之人和無序投狀,而主動選擇這一熟悉且固定的群體。并且不能排除書鋪的司法職能擴張與其來源没有關係。如前文所言,書鋪户的來源是一群熟悉書狀之人,雖然李元弼和朱熹在對書鋪户管理中對其出身有所限制,但"自來有行止、不是僧道公人"這一範圍太過模糊。而從書鋪職能的擴張看,不論是謄録試卷還是代書訴狀,都是原來傭書人所做的工作。在此史料給我們展示了書鋪户與傭書人之間的一層曖

---

① 范浚:《范香溪先生文集》卷二一《蔡孝子傳》,《宋集珍本叢刊》第42册,第500頁。
② 《作邑自箴》卷六《勸諭民庶榜》,第41頁。
③ 參見《宋會要輯稿·食貨》51之12,第7147頁。左藏東、西庫言:"諸處綱運到庫,有合用書鋪、甲頭、脚户、般夯搭垛等人,皆是百姓……今欲將左藏庫書鋪、甲頭、脚户等常例使用,依内藏庫見行體例裁酌,各量逐人名色高下立定則例有差。"
④ 《宋會要輯稿·兵》15之17,第8924頁。其中記録南宋初年優待歸正之人,免除書鋪繫書,但待遇上的優厚直接導致的結果就是僞冒身份泛濫,可作爲書鋪存在必要性的一個反證。

昧聯繫,可惜又未提供更多證據。① 而且,討論書鋪户的職能擴張不能離開宋代國家治理的大背景。宋代繁榮的經濟不僅催生了像書鋪、牙人、攬户這樣的民間力量,反之這些群體所展示的活力同樣可以改變政府的行政方式或者提供更多樣的行政手段。

四、結　語

總的看來,宋代士人在用語中對於書鋪和書坊、書肆有着較爲明晰的區别。其中,書肆起源最早,書坊則直接出現在雕版印刷時代。因此,宋人對於書籍版本只稱"某某書坊刻本"。而宋代書鋪在絶大部分時候僅指代處理政府相關文書的機構,將售賣書籍的店鋪稱爲"書鋪",只有在書鋪審核文狀的職能没有普及之前才會在史料中出現,後世所謂的書鋪乃是沿用元代對書籍鋪的簡稱。而從書鋪三大職能的擴張情況看,科舉和選任中的書鋪審核職能在仁宗時就已經出現,而後不斷完善,這些係籍書鋪有着固定聯繫的政府部門和舉子(官員),由科舉而進入此後的選任更像是業務上的延伸。但在司法方面,書鋪户在北宋一度與傭書人共同活躍在司法代書領域,而後才被司法部門倚重以杜絶健訴亂象,這一過程在哲宗時大概成型,到南宋中前期最終確立書鋪在地方司法到中央登聞院系統中的壟斷地位。

【作者簡介】張雲夢,陝西省社會科學院古籍整理研究所研究實習員,主要從事宋史與文獻學研究。

---

① 書鋪户、傭書人與落第舉子之間關係複雜,如宋代科舉謄録之人,"例係縣科吏貼轉雇,游手混雜其間,亦有士人流落,衮同抄寫"。其中傭書人與落第士子就界限模糊,而後這一職能又部分被書鋪取代。參見《宋會要輯稿·選舉》6之38,第5378頁,又見《宋會要輯稿·崇儒》1之19,第2737頁。

金末關中儒士楊奐科舉赴試考

李 梅

金末元初關中大儒楊奐,年輕時人生態度積極進取,曾渴望通過科舉入仕來改變命運,實現自己"致君澤民"的政治理想。文獻中關於他參加科考的時間和次數記載,因整理版本的不同存在着諸多差異,[①]從而導致學界對這一問題的認識存在着很大的分歧,分歧如下:① 楊奐在三十歲前參加過三次科考,② 他在三十三歲前參加過三次廷試,③ 他在三十二歲時參加了一次廷試。其實,產生這些分歧的根源,就在於後人對楊奐墓碑中"不三十三赴廷試"的不同斷句和解讀上。[②] 本文擬通過楊奐在金代的科考仕歷經過,以其三十歲爲分界點,結合金代的科舉制度、他的作品以及他同父母朋友之間的往來交流等多個角度來進行考證論述,從而理清楊奐的具體科考時間和次數。不當之處,敬請學界批評指正。

一、楊奐三十歲之前的科考

關於楊奐在金代參加的第一次科考,元人趙復在爲其母程夫人撰寫的墓碑銘中載:"承安五年,奐與炳同試長安。炳以疾作,弗克。奐預優選。明年春官,復中優等。"[③]所以,楊奐第一次科考在承安五年(1200)無疑,這年楊奐十五歲,秋試優選,又參加了泰和元年(1201)的廷試。此後楊奐在《跋趙太常擬試賦稿後》言:"當泰和丙寅春三月二十五日,萬甯宮試貢士,總兩科無慮千二百輩。上躬命題曰《日合天統》,侍臣初甚難之,而太常卿北京趙公適充御前讀卷官,獨以爲不難,即日奏,賦議乃定。既而中選者才二十有八人。

[①] 關於楊奐的文獻資料主要由其所著文集《還山遺稿》和後人整理的《還山遺稿附錄》組成。主要整理版本有:魏崇武主編的《還山遺稿》及其附錄(長春:吉林文史出版社,2010年);劉學智、方光華主編整理的《還山遺稿》及其附錄(西安:西北大學出版社,2015年)。

[②] 楊奐:《還山遺稿》附錄,上海古籍出版社,1987年,景印《文淵閣四庫全書》第1198册,第261頁。

[③] 《楊奐集》還山遺稿附錄,第453頁。

僕是甫冠,獲試廷下,而席屋偶居前列。"①泰和丙寅春即泰和六年(1206)。因此,第二次是泰和五年(1205)秋試中選,泰和六年(1206)廷試萬甯宮,下第。此年楊奐二十一歲。

对于楊奐的第三次科考時間,文獻中沒有直接的記載。在元好問撰寫的《故河南路徵收課稅所長官兼廉防使楊公神道之碑》中有載:"賦業成,即有聲場屋間。不三十,三赴廷試。興定辛巳,以遺誤下第。"②這句話在後來的整理研究版本中存在着諸多分歧,這直接影響到我們對楊奐科舉考試次數、時間以及人生仕宦的瞭解和剖析。主要存在幾個版本:

1. 姚奠中主編的《元好問全集》作"不三十,三赴廷試"。③此外,李修生編輯《楊奐年譜》時,引用元好問撰的《楊奐神道碑》也斷爲"不三十,三赴廷試"。④

2. 魏崇武主編《楊奐集》附錄一的傳記資料是"不三十三,赴廷試"。⑤

3. 劉學智、方光華主編,孫學功點校整理的《元代關學三家集》中,收錄元好問撰寫的楊奐碑銘是:"賦業成,即有聲場屋間。年三十二,赴廷試。"⑥這條記錄應該是根據清代武億撰的《授堂金石文字續跋一則》中載:"碑間有訛字:'年三十三','年'作'不';'改弦更張','更'作'吏'。"⑦武億認爲碑中的"不"應該是"年"的訛字。這個版本就據此改爲"年三十二"。至於將"三十三"改爲"三十二"則無根據。

由上得出,学界對於楊奐在三十歲之前,即章宗和宣宗朝時(1190—1223),參加科考的次數和具體时间存在分歧。那麽楊奐應該是"不三十,三赴廷試"呢,還是"不三十三,赴廷試",亦或是"年三十三,赴廷試"? 筆者認爲,應該爲"不三十,三赴廷試"。原因如下:

首先,文淵閣四庫本楊奐別集《還山遺稿》附錄裏邊記載,"不三十三赴廷試",⑧在後面的研究整理中,斷句出現了差異。如果按"不三十三,赴廷試"來斷的話,一是不符合古漢語的語句表達習慣,"不"後應該是整數才符合表達習慣。二來關於楊奐廷試的明確記載在三十歲之前有兩次,那麽"不三十,三赴廷試"在行文邏輯上也是成立的。

其次,認爲"不三十"的"不"字應該是"年"字的訛誤則不可信。在這裏碑文應該是正確的,只是作者在讀碑文的過程中,斷句錯誤,就認爲"不"應該是"年",并將赴廷試具體到楊奐的三十三歲。楊奐確實是在三十三歲時參加了科考,但元好問并沒有在碑銘中直接

---

① 《楊奐集》還山遺稿附錄,第391—392頁。
② 《楊奐集》還山遺稿附錄,第455頁。
③ 姚奠中主編,李正民增訂:《元好問全集》卷二三,太原:三晉出版社,1990年,第577頁。
④ 李修生:《楊奐年譜》,《中國典籍與文化論叢》(第一輯),北京:中華書局,1993年,第103頁。
⑤ 魏崇武主編,楊奐纂:《楊奐集》附錄一,第344頁。
⑥ 劉學智、方光華主編:《元代關學三家集》,楊奐《楊奐集》還山遺稿附錄,第455頁。
⑦ 武億撰:《授堂金石文字續跋》,見劉學智、方光華主編,楊奐纂:《楊奐集》還山遺稿附錄,第548頁。
⑧ 楊奐:《還山遺稿》附錄,第261頁。

告知,筆者通過幾點重要的信息可以推論出他三十三歲参加科考的結論(詳見下文)。我們不能根據結論而蓄意更改碑文,事實上,碑文所記無誤。而且,"不"和"年"二字完全没有相似性,出現此種訛誤的可能性也不大。所以,碑文中"不三十,三赴廷試"的碑銘應該是正確的。

綜上可知,楊奂應該是在他三十歲之前參加廷試的,即"不三十,三赴廷試"。也就是説,楊奂三十歲之前最後一次参加科舉的時間應該就在衛紹王大安(1209—1211)至宣宗貞祐三年(1215)之前。

根據趙復撰寫的《程夫人墓碑》中記載楊奂"前後凡五充賦于王庭",①王慶生將未確定楊奂具體参加科舉的年代定爲貞祐三年(1215)和正大元年(1224)。② 金代科舉始於天會七年(1129),自正隆元年(1156)起定爲三年一辟。據《金史》卷五十一選舉志載:"凡諸進士舉人,由鄉至府,由府至省,及殿廷,凡四試皆中選,則官之。"③鄉試爲三月,府試爲八月,會試和殿試分別是來年的正月和三月。

"海陵庶人天德二年,始增設殿試之制,而更定試期。"④從海陵王天德二年(1150)增加了殿試,到明昌元年(1190),"言事者謂'舉人四試而鄉試似爲虚設,固當罷去。'上是其言,詔免鄉試,府試以五人取一人"。⑤章宗因鄉試在實施中流爲形式,故而罷去。至此,金代的選舉制發展成爲三年一次的府、省、御三級考試制度。

但是,如《楊府君墓碑銘》載:"以貞祐三年三月二十五日,春秋六十有三,終於華嚴里之正寢。"⑥可知,楊奂的父親楊振公在貞祐三年(1215)的三月二十五日去世。而從小接受傳統儒家思想教育的楊奂,必然要恪守《論語·陽貨》中所言"子生三年,然後免於父母之懷,夫三年之喪,天下之通喪也"的守孝之禮。⑦ 斷不會在其父去世當年的八月份就去參加府試。我們不能只單憑楊奂《與姚公茂書》中"奂三十時入汴梁,得宫室廟社法度於一故老處"⑧一句話就推斷出楊奂三十歲這年到汴梁是去赴廷試了。⑨

如果把貞祐三年定爲他的科考年,楊奂這一年已經三十歲了,又與墓碑中不及三十已參加三次廷試的事實相抵牾。

最後,於下文推斷得出楊奂的第四次科考時間在興定二年(1218),距其父貞祐三年

---

① 《元代關學三家集》,第453頁。
② 王慶生:《金代作家年譜》,南京:鳳凰出版社,2005年,第1333—1335頁。
③④⑤ 脱脱等撰:《金史》卷五一,北京:中華書局,1998年,第1134頁。
⑥ 《元代關學三家集》,第450—451頁。
⑦ 朱熹撰:《四書章句集注》卷九,北京:中華書局,2015年,第301頁。
⑧ 楊奂:《還山遺稿》卷上,第231—232頁。
⑨ 王慶生:《金代作家年譜》,第1331頁。

(1215)去世,剛好間隔三年的守孝時間,倒推亦成立。由此斷定,貞祐三年(1215),楊奐并未參加科考。

李修生先生認爲是在大安元年(1209)與貞祐元年(1213)。① 首先,貞祐元年不爲科舉年,②這個可以排除。而楊奐三十歲之前的最後一次參加廷試,應該是從衛紹王大安元年(1209)到貞祐三年(1215)以前,除了大安元年(1209)是科考年之外,還有因戰亂由崇慶元年(1212)移至崇慶二年(1213)舉行的第二次科考,③以及貞祐三年(1215)的第三次科考。由上我們可以得出,楊奐三十歲之前最後一次參加科考應該就在大安元年(1209)或者崇慶二年(1213)。由於文獻資料有限,楊奐到底具體是哪一年參加還有待考證。

二、關於楊奐三十歲後在金末的科考

接下來,我們再來討論楊奐在三十歲後,即貞祐三年(1215)一直到金末帝天興三年(1234)之前的科考情況。

《程夫人墓碑銘》中記載楊奐"前後凡五次充賦于王庭。涇陽盧長卿、蒲人李欽若、欽用,惜其不偶,勤就台掾。奐悼念夫人疇昔,終不忍負其言而歸,一時名公巨卿如李右司之純、苑司農極之、李御史欽止、宋内翰飛卿壯其恪守遺訓,共賦詩以序其志"。④ 在元好問撰寫的楊奐碑銘中關於他在三十歲後的科舉有如下記載:"興定辛巳,以遺誤下第,同舍盧

---

① 李修生:《楊奐年譜》,《中國典籍與文化論叢》(第一輯),第103—104頁。
② 可參見都興智所著:《遼金史研究》(北京:人民出版社,2004年,第41—68頁)中關於遼金科舉制度的研究。他考證得出宣宗朝的首科考試在貞祐三年(1215)舉行。而認爲關於《金史》中出現貞祐二年(1214)登第的情況當爲貞祐三年(1215)之誤。此外趙東暉在《金代科舉年表考訂》的文章中也認爲貞祐二年(1214)不是科舉年。(詳見趙東輝:《金代科舉年表考訂》,《北方文物》1989年第2期,第89—95頁)孫孝偉在《金朝科舉制度探析》中則認爲,貞祐二年和三年應該都開了科舉(見孫孝偉:《金朝科舉制度探析》,《長春師範學院學報》2007年第2期,第42—45頁)。根據金代科舉三年一辟之制,以及貞祐間,戰亂頻繁,崇慶元年之舉場因兵事都移至崇慶二年(1213),這與貞祐二年(1214)只隔一年,恐怕無暇如此頻繁地舉行科舉考試。所以,筆者認爲貞祐年間只有貞祐三年(1215)爲科考年。
③ 《莊靖集》卷二載《癸酉榜後寄侄僅甫》注云:"盧忝後夢一人云:'王道衡、李撝更三舉,二人亦高第。癸酉省試王道衡第二,御試撝第二,道衡第十一,隔三舉也,本壬辰舉場,爲兵事移至次年。"癸酉即崇慶二年(1213),壬辰即崇慶元年(1212)。李俊民對此年科舉因其侄參加而注記清楚,可以確定因兵事本是崇慶元年(1212)的科舉轉到了次年的崇慶二年(1213)(見李俊民:《莊靖集》卷二,太原:山西古籍出版社,2006年,第143頁)。
④ 劉學智、方光華主編:《元代關學三家集》,楊奐:《楊奐集》還山遺稿附録,第453頁。此整理本收録的《程夫人墓碑》原文爲:"涇陽盧長卿泊蒲人李欽若、欽用,惜其不偶,勤就台掾。"(第453頁)而《楊奐神道碑》記載:"同舍盧長卿、李欽若、欽用昆弟惜君連蹇。"(第455頁)《全遼金文》收録的《故河南路課税所長官兼廉防使楊君神道之碑》整理爲"同舍盧長卿、李欽若、欽用昆季惜君連蹇"(閻鳳梧主編:《全遼金文》,太原:山西古籍出版社,2002年,第2992頁)。四庫本則記載爲"昆弟"(楊奐:《還山遺稿》附録,第261頁)通過材料比對分析發現,應爲"同舍盧長卿、李欽若、欽用昆弟惜君連蹇"爲恰當,而《元代關學三家集》所録《程夫人墓碑》"涇陽盧長卿泊蒲人李欽若、欽用,惜其不偶,勤就台掾"中的"泊"應該是衍字,當去掉。引文據改。

長卿、李欽若、欽用昆弟惜君連蹇,勸試補台掾。台掾要津,士子慕羨而不能得者。君答書曰'先夫人每以作掾爲諱,僕無所似肖,不能顯親揚名,敢殆下泉之憂乎?'"①通過兩則文獻的對比我們可以發現:

楊奐在興定辛巳年即興定五年(1221)參加了廷試,這次遺誤下第。而"前後凡五次充賦于王庭"應該是包含這次楊奐在興定五年(1221)以及之前共參加的五次科考。科考連遭失利,楊奐備受打擊,甚至趙秉文在《與楊焕然先生》的書信中都言:"足下高才博學,留心經術,研究聖心宜矣。科舉之學有命存焉,不足置意。"②表達他對楊奐屢試不第的惜才之心与勸慰之情。通過上文考證,楊奐在三十歲之前已經參加了三次科舉考試,那麼他的第四次科考應該是介於貞祐三年(除去貞祐三年)(1215)與興定五年(1221)之間,那麼很顯然這中間只有興定二年(1218)是科考年。《金史·選舉志一》記載:"興定二年,御史中丞把胡魯言:'國家數路取人,惟進士之選最爲崇重,不求備數,惟物德賢。今場會試,策論進士不及二人取一,詞賦二人取一。'"③其後還載:"特賜經義進士王彪等十三人及第,上覽其程文,愛其辭藻,諮嘆久之。"④說明這一年正常進行了科考。而楊奐正是在此年,他三十三歲的時候,進行了第四次科舉考試。

由此可見,有整理本將四庫本的這句"不三十三赴廷試",徑改爲"年三十三,赴廷試"是很武斷的。楊奐確實在三十三歲這一年參加了廷試,但是我們不能就此把碑文中的内容肆意更改。当杨奐三十三歲,即興定二年(1218)參加第四次科考与"不三十,三赴廷試"的文獻記載毫無矛盾。并且能通過此段記載和文獻"前後凡五充賦于王庭"⑤及金代的科舉制度來推論出:他第四次科考的時間就在興定二年(1218),即他三十三歲的時候。

三、結　論

通過上文的論證,可以得出,楊奐在金代共參加了五次科考,除了第三次的時間在大安元年(1209)或者崇慶二年(1213)待考之外,其他的四次分別是:第一次,承安五年(1200)秋試長安中選,泰和元年(1201)廷試。第二次,泰和五年(1205)秋試長安中選,泰和六年(1206)廷試萬甯宫,下第。第四次,興定二年(1218)廷試。第五次;興定四年(1220)秋試長安中選,興定五年(1221)春廷試,遺誤下第。通過考證,理清了文獻整理研

---

① 《元代關學三家集》,第455頁。
② 閻鳳梧主編:《全遼金文》,太原:山西古籍出版社,2002年,第2379頁。
③ 《金史》卷五一,第1139頁。
④ 《金史》卷五一,第1140頁。
⑤ 《元代關學三家集》,第450—451頁。

究中的一些分歧和抵牾。故而,元好問撰寫的楊奐碑銘中"不三十三赴廷試"應該斷句爲"不三十,三赴廷試"。古文獻的整理和考證是古代文學研究的堅實基礎。文獻整理必須建立在對文獻本身及相關人物的家族、生平仕歷以及交友等多方面的綜合把握上,如此我們才能在古文獻的整理與研究中做得更爲合理和精準。

【作者簡介】李梅,文學碩士,寶鷄文理學院圖書館館員,主要從事遼金元文學研究。

[校勘札記]

點校本《史記》標點獻疑

王志勇

《史記》點校本由顧頡剛、賀次君標點,後經宋雲彬編輯加工、聶崇岐覆校,於一九五九年由中華書局出版。雖然此次標點出自大家之手,但因《史記》篇幅巨大,難免有失。自點校本出版以來,衆多學者就標點問題提出意見,指出其存在的錯誤。二〇一四年,趙生群先生主持修訂的"點校本二十四史修訂本"《史記》由中華書局出版,糾正了原標點的許多錯誤,但有些文句的標點尚有商榷的餘地,現擇其要者予以討論,以求教於方家。所引《史記》原文據中華書局二〇一四年八月出版的"點校本二十四史修訂本"《史記》,括注内容爲篇名、册數及頁碼。

西至于流沙(《五帝本紀》1-14)

正義 濟,渡也。(《五帝本紀》1-15)

按:"濟,渡也"應標點爲"濟渡也"。原標點"濟,渡也"給人的第一感覺是在給"濟"字作注,但《史記》原文祇是"西至于流沙",未見"濟"字,《集解》中亦未見"濟"字。所以我們認爲標爲"濟,渡也"不妥。"濟渡也"應該是對"至"的注釋,即到達流沙的途徑是"濟渡"。《正義》中不出現注釋對象的注文很多,此處亦是省略"至"字。"濟渡"作爲一個詞出現在《正義》中也見於《史記》他篇,如《秦始皇本紀》"還過吴,從江乘渡",《正義》注云:"渡謂濟渡也。"(1-335)《曹相國世家》"從攻陽武,下轘轅、緱氏,絶河津",《正義》注云:"津,濟渡處。"(6-2458)而釋"濟"爲"渡"之例在《正義》中也有出現,如《樂書》"濟河而西,馬散華山之陽而弗復乘",《正義》注云:"濟,渡也。"(4-1462)以上例子可以説明,"濟渡"是否作爲一個詞出現,應視具體情况而定,在本句中,應視爲一個詞。又按:《大戴禮記·五帝德》云:"北至于幽陵,南至于交趾,西濟于流沙,東至于蟠木。"[①]惟"濟于流沙"用"濟",或者張

---

① 王聘珍:《大戴禮記解詁》,北京:中華書局,1983年,第120頁。

守節所據本正作"西濟于流沙",故有注文"濟,渡也"。但目前所見《史記正義》未見有作"西濟于流沙"者,故最合理的標點還應該是"濟渡也"。

> 湯湯洪水滔天,浩浩懷山襄陵,下民其憂,有能使治者?(《五帝本紀》1-24)
> 當帝堯之時,鴻水滔天,浩浩懷山襄陵,下民其憂。(《夏本紀》1-64)
> 鴻水滔天,浩浩懷山襄陵,下民皆服於水。(《夏本紀》1-98)

按:《五帝本紀》"湯湯洪水滔天,浩浩懷山襄陵"應標點爲"湯湯洪水,滔天浩浩,懷山襄陵"。《夏本紀》"鴻水滔天,浩浩懷山襄陵"應標點爲"鴻水滔天浩浩,懷山襄陵"。吳汝綸《尚書故》云:"《史記》'鴻水滔天浩浩',汝綸案:'浩浩'屬上讀,即《堯典》之'浩浩滔天'也。"①吳氏早已提出這個觀點,祗不過標點《史記》時没有采納,我們認爲,吳氏的觀點是正確的。上引《史記》幾段文字出自《尚書》,《尚書·堯典》云:"帝曰:咨!四岳,湯湯洪水方割,蕩蕩懷山襄陵,浩浩滔天。下民其咨,有能俾乂。""浩浩"是形容水盛大,可以作爲"滔天"的修飾語,故《堯典》云"浩浩滔天",《史記》"滔天浩浩"僅僅是語序顛倒而已。《堯典》中"蕩蕩懷山襄陵",《注》云:"蕩蕩,言之奔突有所滌除。"顯然,"浩浩"是不具備"蕩蕩"所表示的意義的。"滔天浩浩"是言洪水之大,"懷山襄陵"是言洪水之危害,側重點不同。所以"浩浩"應該屬上讀。與《夏本紀》相對比,《五帝本紀》在"洪水"有修飾語"湯湯",同於《堯典》。如果没有"湯湯",則上述幾條關於洪水的叙述,句式是一樣的;有修飾語"湯湯",則"湯湯洪水滔天浩浩"應斷作"湯湯洪水,滔天浩浩"。總之《史記》中的"滔天浩浩"即《堯典》之"浩浩滔天",此四字聯繫緊密,不宜斷開。

> 索隱 濟水出河東垣縣王屋山東,其流至濟陰,故應劭云「濟水出平原漯陰縣東,漯水出東郡東武陽縣,北至千乘縣而入于海」。(《夏本紀》1-70)

按:"濟水出河東垣縣王屋山東,其流至濟陰"應標點爲"濟水出河東垣縣王屋山,東其流至濟陰"。"東"應屬下讀,言水之流向。濟水初發源爲沇水,諸書言其發源地,多言出王屋山,而未言在山之東。如《水經注》卷七云:"濟水出河東垣縣東王屋山,爲沇水。"②《初學記》卷六云:"《水經注》及《山海經》云濟水出河東垣縣王屋山,初名沇水。"③此外,下文

---

① 吳汝綸:《尚書故》,《續修四庫全書》經部第50册,上海:上海古籍出版社,2002年,第547頁。
② 酈道元著,陳橋驛校證:《水經注校證》,北京:中華書局,2007年,第187頁。
③ 徐堅等:《初學記》,北京:中華書局,1962年,第130頁。

"道沇水,東爲濟,入于河,泆爲滎"相關注解可爲重要參考。其《集解》云:"鄭玄曰:'《地理志》沇水出河東垣縣東王屋山,東至河内武德入河,泆爲滎。'"《索隱》:"《水經》云:'自河東垣縣王屋山東流爲沇水,至溫縣西北爲濟水。'"《正義》:"《括地志》云:'沇水出懷州王屋縣北十里王屋山頂,岩下石泉渟不流,其深不測,既見而伏,至濟源縣西北二里平地,其源重發,而東南流,爲泜水。'"以上注解文字或言出王屋山,或言出王屋山頂,均未言及沇水出王屋山東。而"東至河内武德入河""東流爲沇水""而東南流"皆言其流向,《尚書·禹貢》"導沇水,東流爲濟",亦言沇水東流。由此可知,"濟水出河東垣縣王屋山東"之"東"應屬下讀。"東其流"義等同於"東流"。

七月,蝗蔽天下。百姓納粟千石,拜爵一級。(《六國年表》2-901)

按:本段疑應標點爲"七月,蝗蔽天。下百姓納粟千石,拜爵一級"。"蝗蔽天下"顯然不合常理,而"蝗蔽天"則是比較客觀的描述。《秦始皇本紀》有相關文句云:"十月庚寅,蝗蟲從東方來,蔽天。天下疫。百姓内粟千石,拜爵一級。"(1-290)亦云"蔽天",祇是多了"天下疫"一句。梁玉繩《史記志疑》云:"當有脱字,《本紀》云:'蝗蟲從東方來,蔽天。天下疫。'"①梁氏認爲《六國年表》有脱字,有可能。但是也不能排除相反的情況,即《秦始皇本紀》有增字。如果不考慮脱字、衍文的問題,但就現有文字來看,將"下"字屬下讀是可以得到合理解釋的。百姓納粟拜爵,是要經過官方許可的,需要下達命令。而"下"字則是秦漢時官方文書的常用語。《三王世家》云:"六年四月戊寅朔,癸卯,御史大夫湯下丞相,丞相下中二千石,二千石下郡太守、諸侯相,丞書從事下當用者。"(6-2567)所謂"下當用者",即下達到實施者這一群體,"下百姓"是一種簡略的説法,即"詔令百姓"之意。睡虎地秦墓竹簡《語書》簡四云:"故騰爲是而脩法律令、田令及爲閒私方而下之,令吏明布,令吏民皆明知。"②這一段文字可以很好地説明"下"可適用於"吏民",自然也可適用於"百姓"。《資治通鑑》卷六云:"七月,蝗,疫。令百姓納粟千石,拜爵一級。"③此"令百姓納粟千石"即同於《六國年表》"下百姓納粟千石"。

昔自在古,曆建正作於孟春。(《曆書》4-1499)

---

① 梁玉繩:《史記志疑》,北京:中華書局,1981年,第448頁。
② 睡虎地秦墓竹簡整理小組:《睡虎地秦墓竹簡》,北京:文物出版社,1990年,第13頁。
③ 司馬光:《資治通鑑》,北京:中華書局,1956年,第210頁。

按：本句疑應標點爲："昔自在古曆，建正作於孟春。"《索隱》云："按：古曆者，謂黃帝調曆以前有上元太初曆等，皆以建寅爲正，謂之孟春也。"是《索隱》以"古曆"爲一語，認爲即"上元太初曆等"。梁玉繩《史記志疑》卷一五云："'昔自在古'至'難成矣'百餘字，乃《大戴禮‧誥志篇》孔子稱周太史之語，而倒亂先後，改易字句，不可解。"①《大戴禮記‧誥志》云："虞夏之曆，正建於孟春。"其"虞夏之曆"即相對於《曆書》之"古曆"，梁玉繩所言甚是。《爾雅‧釋詁》云："徂、在，存也。"是"在"有"存"義，"昔自在古曆"意思即爲"昔自有古曆"。"曆"屬下讀，則句意爲"在古之時，曆法建正作於孟春"；屬上讀，則句意爲"古之時有曆法，其建正作於孟春"。二者句意有所不同，我們認爲"曆"宜屬上。

秦、韓之兵毋東，旬餘，則魏氏轉韓從秦，秦逐張儀，交臂而事齊楚，此公之事成也。（《田敬仲完世家》6－2297～2298）

按：此段文字亦見《長沙馬王堆漢墓簡帛集成（叁）‧戰國縱橫家書》行239："秦、韓之兵毋東，旬餘，魏氏轉，韓氏從，秦逐張儀，交臂而事楚，此公事成也。"②關於"魏氏轉，韓氏從"一句，原整理者注云："此處指韓氏隨魏而轉。《田敬仲完世家》作'韓從秦'，誤。"《集成》注引裘錫圭先生意見云："《田敬仲完世家》'韓從秦'之'秦'爲涉下文'秦逐張儀'句而衍。"③原整理者認爲"韓氏隨魏而轉"值得參考，裘錫圭先生認爲"'韓從秦'之'秦'"爲衍文，亦是很好的意見。雖然不能完全肯定《田敬仲完世家》的文字有問題，至少可以在標點上予以修訂。當時魏被齊攻打，希望秦、韓出兵相救。上文云："今者臣立於門，客有言曰魏王謂韓馮、張儀曰：'煮棗將拔，齊兵又進，子來救寡人則可矣；不救寡人，寡人弗能拔。'此特轉辭也。"是魏王希望秦、韓出兵相救，如果不出兵，則魏無力應對。蘇代認爲"此特轉辭"，即認爲魏有去秦、韓而親楚之心。"此特轉辭"的"轉"即"魏氏轉"之"轉"，"秦、韓之兵毋東"即不救魏，不救魏，則"旬餘，則魏氏轉"，所以，《田敬仲完世家》此段宜標點爲：秦、韓之兵毋東，旬餘，則魏氏轉，韓從秦，秦逐張儀，交臂而事齊楚，此公之事成也。

明尊卑爵秩等級，各以差次；名田宅臣妾衣服以家次；有功者顯榮，無功者雖富無所芬華。（《商君列傳》7－2710）

---

① 《史記志疑》，第764頁。
② 裘錫圭主編：《長沙馬王堆漢墓簡帛集成》（叁），北京：中華書局，2014年，第252頁。
③ 《長沙馬王堆漢墓簡帛集成》（叁），第253頁。

按：本段文字原標點作："明尊卑爵秩等級，各以差次名田宅，臣妾衣服以家次。""各以差次名田宅"，即主要以爵秩等級的差次占田宅，這在出土文獻恰好有明確的記載。張家山漢簡《二年律令》簡三一〇～三一三："關内侯九十五頃……大上造八十六頃……公卒、士伍、庶人各一頃，司寇、隱官各五十畝。……其已前爲户而毋田宅，田宅不盈，得以盈。宅不比，不得。"簡三一四～三一六："宅之大方卅步。徹侯受百五宅，關内侯九十五宅，大庶長九十宅……大夫五宅，不更四宅，簪裹三宅，上造二宅，公士一宅半宅，公卒、士伍、庶人一宅，司寇、隱官半宅。欲爲户者，許之。"①這兩條材料清晰地反映了爵秩不同所占田亦不同，亦説明"以差次"是"名田宅"的分配標準。

　　兩種不同標點的分歧主要在於對"以家次"的理解。《索隱》云："謂各隨其家爵秩之班次，亦不使僭侈逾等也。"田宅作爲重要的私人財産，是按照爵秩的差次分配的，而"臣妾衣服"的重要性次於"田宅"，故《索隱》云"隨其家爵秩之班次"，并且也需要按照等級占有，所以《索隱》云"亦不使僭侈逾等"。這裏其實已經説得很清楚了，一"隨"字、一"亦"字已經足以説明"以家次"是就"臣妾衣服"而言的。"家次"亦見於出土文獻，揚州胥浦一〇一號漢墓出土竹簡四、五："……爲先令券書。亥自言：有三父子男女六人，皆不同父，欲令子各知其父家次。"②注云："家次，家庭的尊卑順次、等次。……券書裏所説的'家次'，有家庭財産繼承方面的先後次第問題。"竹簡中的"家次"與《商君列傳》中的"家次"含義有所區别，但對我們準確理解"家次"的意義有所幫助。據《索隱》，"家次"即"其家爵秩之班次"，近是。我們認爲"家次"即家之等次，爵秩即便相同，其家亦有甲乙之次第，所以在占有"臣妾衣服"方面也會有所區别。《禮記·王制》云："制：農田百畝。百畝之分，上農夫食九人，其次食八人，其次食七人，其次食六人。下農夫食五人。庶人在官者，其禄以是爲差也。"是農夫即有上中下之别，以此例之，後世之各爵秩之家亦有所差别，即"家次"也。

【作者簡介】王志勇，文學博士，陝西省社會科學院古籍整理研究所助理研究員，主要從事先秦文獻整理和研究。

---

① 張家山二四七號漢墓竹簡整理小組：《張家山漢墓竹簡（二四七號墓）》（釋文修訂本），北京：文物出版社，2006年，第52頁。
② 中國簡牘集成編輯委員會：《中國簡牘集成》（十九），蘭州：敦煌文藝出版社，2005年，第1899頁。

修訂本《史記》校讀三則*

黄巧萍　張寅瀟

作爲"二十四史"之首,《史記》在我國古代典籍中占有十分重要的地位,對後世史學和文學的發展都産生了深遠影響,被譽爲"史家之絶唱,無韵之《離騷》"。中華書局曾於1959年和1982年陸續出版了點校本《史記》的第一版與第二版,受到學術界的普遍好評和廣大讀者的歡迎,成爲半個世紀以來最爲通行的《史記》整理本。進入21世紀以後,爲適應新時代學術發展和讀者使用的需要,中華書局2005年即開始籌備"二十四史"及《清史稿》的修訂工作。2013年出版的"點校本二十四史修訂本"《史記》在原有點校本的基礎上進一步校正錯誤,取得了豐碩的成果。然而,校書如秋風掃落葉,時掃時有,本文即以中華書局2013年修訂本《史記》爲底本,就其中個别值得商榷之處進行分析,以期爲讀者和修訂者作參考,不當之處尚祈方家指正。

一、《史記》卷二《夏本紀》

"荆及衡阳维荆州:江汉朝宗于海,九江甚中,沱、涔已道,云土、梦为治。"①司馬貞《索隱》曰:"涔,亦作'潜'。沱出蜀郡郫縣西,東入江。潜出漢中安陽縣直西,北入漢。"②

按:《索隱》"安陽縣直西"中"直"字不可解,清代學者張文虎《校刊史記集解索隱正義札記》根據《漢志》"漢中郡安陽鸞穀水出西南,北入漢"的記載,認爲"此'直'字疑'南'之

---

* 本文爲陝西省社會科學院博士科研啓動項目(22KYQD19)階段性成果。
① 司馬遷:《史記》卷二《夏本紀》,北京:中華書局,2013年,第76頁。
② 《史記》卷二《夏本紀》,第77頁。

誤,而又錯在'西'上"。① 中華書局 1959 年點校本《史記》據此刪"直"字,并於"西"後加"南"字,整句作"潛出漢中安陽縣(直)西〔南〕,北入漢"。②

《漢書·地理志》"漢中郡安陽縣"條下云:"鷊谷水出西南,北入漢。在谷水出北,南入漢。"③唐顏師古注曰:"鷊音潛,其字亦或從水。"④清王先謙《漢書補注》引王念孫曰:"鷊谷水,'谷'字涉下文'在谷水'而衍。《水經》'鷊'作'涔',《沔水篇》《涔水篇》皆無'谷'字。"⑤王説是,《漢志》"鷊谷水"實爲潛水,即涔水,"鷊谷水出西南,北入漢"即"潛水出安陽縣西南,北入漢水"之意,張説據此懷疑《索隱》"直西"有誤是很有見識的。《水經注》卷二十七《沔水》注亦曰:"安陽縣故隸漢中,魏分漢中立魏興郡,安陽隸焉。涔水出西南而東北入漢,左谷水出西北,即婿水也。"⑥

更爲關鍵的是,《漢書補注》的《索隱》引文是没有"直"字的,《漢書補注》引《史記·夏本紀》之《索隱》云:"潛出漢中安陽縣西,北入漢。"⑦據此可知,王先謙所見《史記索隱》之版本無"直"字,修訂本《史記》校勘記中也寫道:"黄本、彭本、柯本、凌本、殿本無'直'字。"⑧説明不止一種版本的《史記》無"直"字。

總之,在多條證據都偏向於無"直"字版本的情況下,修訂本《史記》的點校者仍維持底本——金陵局本有"直"字的原狀,筆者認爲是不恰當的,應按照原點校本的處理方式,刪去"直"字。至於是否需要增加"南"字,我們認爲還應以《漢書補注》所引《史記索隱》以及黄本、彭本、柯本、凌本、殿本等版本爲准,且"西"與"西南"語意并無顯著區别,故無需增"南"字。整句應作"潛出漢中安陽縣(直)西,北入漢"。

二、《史記》卷九六《張丞相列傳》

太史公曰:"諸爲大夫而丞相次也,其心冀幸丞相物故也。"⑨裴駰《集解》曰:"高

---

① 張文虎:《校刊史記集解索隱正義札記》,北京:中華書局,1977 年,第 17—18 頁。
② 司馬遷:《史記》卷二《夏本紀》,北京:中華書局,1959 年,第 61 頁。
③ 班固:《漢書》卷二八上《地理志》,北京:中華書局,1962 年,第 1596 頁。
④ 《漢書》卷二八上《地理志》注,第 1597 頁。
⑤ 王先謙撰,上海師範大學古籍整理研究所整理:《漢書補注》卷二八上《地理志》,上海:上海古籍出版社,2008 年,第 2568 頁。
⑥ 酈道元著,陳橋驛校證:《水經注校證》卷二七《沔水》注,北京:中華書局,2007 年,第 646 頁。
⑦ 王先謙:《漢書補注》,北京:中華書局影印本,1983 年,第 773 頁上欄夾注。按:上海古籍出版社 2008 年出版的標點整理本將"西"字後的逗號置於"縣"字之後(第 2568 頁),誤。
⑧ 《史記》卷二《夏本紀》"校勘記",第 112 頁。
⑨ 《史記》卷九六《張丞相列傳》,第 3258 頁。

<u>堂隆答魏朝訪</u>曰:'物,無也。故,事也。言無復所能於事。'"①

按:"魏朝訪"於史無徵,未詳何人,高堂隆釋"物故"義出其所撰《魏臺雜訪議》(或稱《魏臺訪議》),原書已佚,但從它書所引内容來看,其多爲曹魏朝臣針對皇帝詔問而進行的論議。《初學記·臘第十三》"魏辰 晉丑"引《魏臺訪議》曰:"詔問何以用未祖丑臘?臣(高堂)崇(即"隆",避唐玄宗諱)對曰:'按《月令》,孟冬十月臘先祖五祀,謂薦田獵所得禽獸,謂之臘。……今魏據土德,宜以戌祖辰臘。'"②《藝文類聚·歲時下·社》引《魏臺訪議》曰:"帝問何用未社丑臘?王肅對曰:'魏,土也。土畏木,丑之明日,便寅。寅,木也。故以丑臘,土成於未,故於歲始未社也。'"③魏帝詢問朝臣關於冬季臘祭的相關問題,高堂隆與王肅分别發表了各自的看法。

而且,關於"物故"之義的解釋,典籍所引頗多,如《後漢書·儒林列傳》載"(牟長子紆)道物故",唐李賢注曰:"在路死也。案:《魏臺訪〔議〕》問物故之義,高堂隆答曰:'聞之先師,物,無也,故,事也。言死者無復所能於事者也。'"④又《三國志·蜀書·劉二牧傳》載"(劉焉子)瑁狂疾物故",臣(裴)松之案:"魏臺訪'物故'之義,<u>高堂隆答曰</u>:'聞之先師,物,無也;故,事也。言死者無復所能於事者也。'"⑤

據此而論,"魏臺"或"魏朝"應代指曹魏皇帝,而非人名,《史記·張丞相列傳》"高堂隆答魏朝訪"即指高堂隆對魏帝所作之應答。點校者却以"魏朝訪"爲人名,以專名號標識,誤,應按照《三國志》裴注的處理方式,作"<u>高堂隆答魏朝訪</u>"。

三、《史記》卷一一〇《匈奴列傳》

"初,漢兩將軍大出圍單于,所殺虜八九萬,而漢士卒物故亦數萬。"⑥司馬貞《索

---

① 《史記》卷九六《張丞相列傳》,第3258頁。
② 徐堅:《初學記》卷四《歲時部下·臘第一三》,北京:中華書局斷句排印本,1962年,第84—85頁。按:"戌祖辰臘",《太平御覽》卷三三《時序部一八·臘》引高堂隆《魏臺訪議》作"戌祖辰臘","臣崇"作"臣隆",見李昉等撰:《太平御覽》,北京:中華書局影印本,1964年,第156頁上欄。
③ 歐陽詢撰,汪紹楹校:《藝文類聚》卷五《歲時部下·社》,上海:上海古籍出版社斷句排印本,1982年,第85—86頁。
④ 范曄:《後漢書》卷七九上《儒林列傳》,北京:中華書局,1965年,第2557頁。按:此處的"魏臺訪"後似不必增"議"字,構成書名,據《三國志·蜀書·劉二牧傳》裴注"魏臺訪'物故'之義"可知,"魏臺訪問'物故'之義"亦可通,"魏臺"代指魏帝,加上"議"反而有增字之嫌,且以某書作提問主體,與情理不符,應删去。
⑤ 陳壽:《三國志》卷三一《蜀書·劉二牧傳》,北京:中華書局,1982年,第869頁。
⑥ 《史記》卷一一〇《匈奴列傳》,第3495頁。

隱》曰:"漢士物故。案:……又《魏臺訪議》高堂崇對曰:'聞之先師:物,無也;故,事也。言無複所能於事者也'。"①

按:"高堂崇"於史無徵,未詳何人,《隋書·經籍志》《舊唐書·經籍志》俱載《魏臺雜訪議》三卷,高堂隆撰,②《新唐書·藝文志》亦有高堂隆《魏臺雜訪議》三卷。③ 高堂隆,曹魏大臣,《三國志》有傳,以"學業修明"④"以義正諫"⑤著稱,常以己學答詔問,《魏臺雜訪議》即收録包括自己在内的諸位朝臣應答魏帝(主要是魏明帝)詔問之集。《魏臺訪議》,《新唐書·藝文志》史部職官類著録三卷,未言撰者,⑥然據諸書所引,其應爲《魏臺雜訪議》的別稱。《隋書·禮儀志》載:"《魏臺訪議》曰:'天子以五采玉珠十二飾之。'"⑦

據上可知,《史記索隱》所謂"《魏臺訪議》高堂崇"應爲"《魏臺訪議》高堂隆"之誤,而之所以會出現這樣的情況當出於避諱(唐玄宗李隆基)的考慮。王叔岷《史記斠證》云:"隆之作崇,蓋小司馬避玄宗諱改之也。"⑧《索隱》作者司馬貞爲唐人,爲避唐玄宗李隆基之諱,故將"高堂隆"改爲"高堂崇",然而作爲現今的通行本,《史記》再修訂時點校者應恢復古書原貌,將原有因避諱改動的字詞糾正過來。

【作者簡介】黄巧萍,歷史學博士,陝西省社會科學院古籍整理研究所助理研究員,主要從事商周考古、先秦秦漢史研究;張寅瀟,歷史學博士,陝西省社會科學院文化與歷史研究所助理研究員,主要研究方向爲秦漢魏晋史、歷史文獻學。

---

① 《史記》卷一一〇《匈奴列傳》,第3517頁。
② 參見魏徵等撰:《隋書》卷三三《經籍二》,北京:中華書局,1973年,第973頁;劉昫等撰《舊唐書》卷四六《經籍上》,北京:中華書局,1975年,第2008頁。
③ 參見歐陽修、宋祁撰:《新唐書》卷五八《藝文二》,北京:中華書局,1975年,第1489頁。
④ 《三國志》卷二五《魏書·高堂隆傳》,第719頁。
⑤ 《三國志》卷二五《魏書·高堂隆傳》,第708頁。
⑥ 參見歐陽修、宋祁撰:《新唐書》卷五八《藝文二》,第1474頁。
⑦ 《隋書》卷一二《禮儀志》,第266頁。
⑧ 王叔岷:《史記斠證》,北京:中華書局,2007年,第2981頁。

屠本《十六國春秋》校讀札記(一)*

高　然　范雙雙

《十六國春秋》本爲北魏崔鴻所作,是目前爲止最爲完備的一部十六國史書,但其書在宋代以後就散佚了,明清時期出現多種輯本。而現存的《十六國春秋》是明代屠喬孫等人托名崔鴻所作(以下簡稱屠本)。此書一出現即引起學者關注,有關其真僞、史源等問題的研究和爭論延續至今,[①]到目前爲止,已經基本可以確定屠本的史料主要來自常見的史籍,以及崔鴻原書的殘篇。[②] 筆者亦曾將屠本中"四燕録"部分與涉及四燕歷史的相關史籍加以比對,從結果看,屠本"四燕録"的史源涉及《資治通鑑》、魏晉南北朝正史、唐宋類書、《水經注》《廣弘明集》《小名録》等近二十種常見史籍,基本可以確定出處的内容約占總量的98%,而其他不見出處的部分也應另有所本,或即出自崔鴻原書殘篇。而在這些不見出處的史料之外,屠本記載中也有許多與其他史籍有所出入者,頗具史料價值。[③] 目前對於《十六國春秋》的整理研究,已有清人湯球輯本的點校出版,[④]但對屠本的關注則明顯有所不足。故筆者將屠本《十六國春秋》"四燕録"《慕容廆》《慕容皝》兩傳中超出其他史籍,或與其他史籍記載有所不同的史料摘出,逐條對其加以考校辨析,希望能夠對相關研究的發展有所助益。

---

* 本文爲國家社科基金項目"北朝隋唐鮮卑人家族墓誌整理與北朝隋唐鮮卑人家族研究"(項目編號:20XMZ008)階段性成果。

① 參見劉國石:《清代以來屠本〈十六國春秋〉研究綜述》,《中國史研究動態》2008年第8期,第10—15頁。

② 相關研究參見趙儷生:《〈十六國春秋〉〈晋書·載記〉對讀記》,《史學史研究》1986年第3期,第7—12頁;李永明:《屠本〈十六國春秋〉史源研究》,《貴州師範大學學報》1989年第3期,第32—36頁;邱敏:《〈十六國春秋〉史料來源述考》,《西北第二民族學院學報》1991年第1期,第57—67、89頁;馮君實:《屠本〈十六國春秋〉史料探源》,《古籍整理研究學刊》1992年第1期,第16—19、38頁;邱久榮:《〈十六國春秋〉之亡佚及其輯本》,《中央民族學院學報》1992年第6期,第23—28頁;王薇:《〈十六國春秋〉考略》,《古籍整理研究學刊》1993年第3期,第44—47頁;劉琳:《明清幾種〈十六國春秋〉之研究》,《北朝研究》1995年第4期,第41—48頁;陳長琦、周群:《〈十六國春秋〉散佚考略》,《學術研究》2005年第7期,第95—100頁;湯勤福:《關於屠本〈十六國春秋〉真僞的若干問題》,《求是學刊》2010年第1期,第125—130頁;[日]梶山智史:《屠本〈十六國春秋〉考:編纂狀況及意圖》,《社會·經濟·觀念史視野中的古代中國:國際青年學術會議暨第二届清華青年史學論壇論文集》(2010年),第680—699頁等文章。

③ 參見高然:《屠本〈十六國春秋〉"四燕録"史料探源》,《古籍整理研究學刊》2013年第3期,第81—87頁。

④ 崔鴻撰,湯球輯補,聶溦萌、羅新、華喆點校:《十六國春秋輯補》,北京:中華書局,2020年。

(1) 昔高辛氏游於海濱,留少子厭次以君北夷,遂世居遼左,①

按:"厭次",《太平御覽》卷一二一《慕容廆傳》所引崔鴻《十六國春秋》中作"厭越",②厭越爲高辛氏帝嚳少子,厭次則爲地名,秦置厭次縣,即今山東省惠民縣境,屠本應是誤地名爲人名。

(2)(慕容廆)其十一世祖乾歸者,③

按:"乾歸",《北堂書鈔》卷一二六武功部一四勒五五、卷一二九衣冠部下襦二四金銀條,及《太平御覽》卷三五六兵部八七甲下所引《述异記》均作"乾羅",④屠本此處小注曰"乾歸,《述异記》作'乾羅'",屠本捨《述异記》而不用,當另有所本;此外,西部鮮卑中有"乞伏乾歸",知"乾歸"亦爲鮮卑常用之名;而且"歸""羅"二字繁體形近,或有訛誤。

(3)時(拓跋)魏昭帝卒,弟穆帝總攝三部。先是昭帝之世,(慕容)廆爲東部之患,昭帝遣弟左賢王普根擊走之,至是與廆通好。⑤

按:① 昭帝爲神元帝力微之子,穆帝爲文帝沙漠汗之子,穆帝爲昭帝之侄,非昭帝之弟;普根爲穆帝兄子,故普根爲昭帝侄孫、穆帝之侄,亦非昭帝之弟,兩處屠本均誤。② 昭帝之世慕容廆爲患,普根擊走之一事,《魏書·慕容廆傳》《北史·慕容廆傳》中并作"穆帝之世",⑥據史載昭帝祿官"分國爲三部:帝自以一部居東,在上谷北,濡源之西,東接宇文部",⑦宇文又與慕容比鄰,知昭帝所在東部亦與慕容部臨近,而在穆帝統一三部之後,活動中心則集中在中部代郡參合陂北地區,⑧距慕容部活動區域較遠,故此處屠本所記更爲

---

① 屠本《十六國春秋》卷二三前燕録一《慕容廆》,上海:上海古籍出版社,1987年,影印《文淵閣四庫全書》,第463册,第498頁。
② 李昉等:《太平御覽》卷一二一《慕容廆傳》引崔鴻《十六國春秋》,上海:上海書店,1985年,影印《四部叢刊》。
③ 屠本《十六國春秋》卷二三前燕録一《慕容廆》,第498頁。
④ 分見虞世南《北堂書鈔》卷一二六武功部一四勒五五、卷一二九衣冠部下襦二四金銀條,臺北:文海出版社,1978年,第179頁、第199頁;《太平御覽》:卷三五六兵部八七甲下引《述异記》。
⑤ 屠本《十六國春秋》卷二三前燕録一《慕容廆》,第499頁。
⑥ 分見《魏書》卷九五《徒何慕容廆》,北京:中華書局,2017年,點校本二十四史修訂本,第2230頁;《北史》卷九三《僭僞附庸·慕容廆》,北京:中華書局,1974年,第3067頁。
⑦ 《魏書》卷一《序紀》,第6頁。
⑧ 參見田余慶:《代北地區拓跋與烏桓的共生關係》,《拓跋史探》,北京:生活·讀書·新知三聯書店,2003年,第116頁。

合理。

　　(4) 時兩京傾覆,幽冀淪陷,中國流民避亂者……(慕容)廆乃舉其英俊,隨才授任。以……北平方虔……爲股肱;①

按:"方虔",《晋書·慕容廆載記》《資治通鑑》卷八八并作"西方虔",②屠本有所脱漏。此外,《慕容廆載記》校勘記二曰:"西方虔《元和姓纂》'虔'作'武'。按:唐人避諱亦偶用形近之字。《魏書》四九崔秉、六三王肅弟秉,《北史》并改作'康'。《魏書》四七盧玄族人'叔虔',《北史》作'叔彪',《北齊書》四二又作'叔武',與此'西方虔'同例,其人本皆名'虎','虔''武'皆避唐諱改。"③

　　(5) 遼東張統據樂浪、帶方二城,④

按:"城",《資治通鑑》卷八八作"郡",⑤二字於文意差别不大,可能爲屠本自改。

　　(6) (晋)湣帝遣使拜(慕容)廆鎮軍將軍,昌黎、遼東二郡公。⑥

按:慕容廆爵昌黎、遼東二郡公,《晋書·慕容廆載記》《魏書·慕容廆傳》并作"國公",⑦此處遼東應爲屬國,昌黎爲郡,寫成郡、國均於文意無礙。

　　(7) 晋元帝建武元年,春三月,元帝承制,拜(慕容)廆假節、散騎常侍、都督遼左雜夷流民諸軍事、龍驤將軍、大單于、昌黎公,廆讓公爵不受。⑧

按:"公爵"二字各書不見;而太興元年(318)元帝即位後,曾重申前命,又有慕容廆辭"公爵"不受之事,⑨如果建武元年(317)慕容廆只是讓"公爵"不受的話,太興元年也就不

---

① ④ ⑥ 屠本《十六國春秋》卷二三前燕録一《慕容廆》,第500頁。
② 分見《晋書》卷一〇八《慕容廆載記》,北京:中華書局,1974年,第2806頁;《資治通鑑》卷八八晋紀十愍帝建興元年條,北京:中華書局,1956年,第6册,第2797頁。
③ 《晋書》卷一〇八《慕容廆載記》,第2813頁。
⑤ 見《資治通鑑》卷八八晋紀十愍帝建興元年條,第6册,第2799頁。
⑦ 分見《晋書》卷一〇八《慕容廆載記》,第2805頁;《魏書》卷九五《徒何慕容廆》,第2230頁。
⑧ 屠本《十六國春秋》卷二三前燕録一《慕容廆》,第500—501頁。
⑨ 分見《晋書》卷一〇八《慕容廆載記》,第2805頁;《資治通鑑》卷九〇晋紀十二元帝太興元年條,第7册,第2855頁。

會再有高規格的"重申前命",屠本可能誤兩次加封爲一,"公爵"二字應爲衍文。

(8)太興元年,春三月……(慕容)廆以游邃爲龍驤長史,劉翔爲主簿,命邃創定府朝儀法。長史裴嶷言於廆……廆……乃以嶷爲長史,委以軍國之任。①

按:裴嶷任長史在進言慕容廆并得到賞識之後,屠本應是以後文所得官職加於前,前面的"長史"二字應爲衍文。

(9)太興二年,(慕容)廆封略漸廣,進據棘城。②

按:據他書,慕容廆進居棘城在元康四年(294),此後并未有撤離棘城的記載,③此處屠本所記太興二年(319)進據棘城之事不詳出處。

(10)宋詠勸(慕容)廆獻捷江東,廆使詠爲表,令裴嶷奉之,并所獲三璽詣建康獻之。④

按:"宋詠"各書均作"宋該",屠本此前亦記爲"平原宋該"典機要,⑤此處應爲形近致訛。

(11)太興三年,春三月……(東晉)朝廷……乃遣使隨(裴)嶷拜(慕容)廆監平州諸軍事、安北將軍、平州刺史,增邑一千戶。⑥

按:慕容廆封邑數,《晉書·慕容廆載記》作"二千戶"⑦,"一""二"形近,應有訛誤,但無法確定哪個爲準。

(12)太興四年,冬十二月,(東晉)加(慕容)廆使持節、都督幽平二州、東夷諸軍

---

①② 屠本《十六國春秋》卷二三前燕錄一《慕容廆》,第501頁。
③ 分見《晉書》卷一〇八《慕容廆載記》,第2804頁;《資治通鑒》卷八二晉紀四惠帝元康四年條,第6冊,第2614頁。
④⑥ 屠本《十六國春秋》卷二三前燕錄一《慕容廆》,第502頁。
⑤ 屠本《十六國春秋》卷二三前燕錄一《慕容廆》,第500頁。
⑦ 見《晉書》卷一〇八《慕容廆載記》,第2807頁。

事、車騎將軍、平州牧,進封遼東郡公,邑一萬户,侍中、單于并如故。①

按:慕容廆侍中一職,《晉書·慕容廆載記》作"常侍"如故,②慕容廆此前有建武元年(317)受封散騎常侍之事,而不見有侍中。另外,查閲《晉書·慕容廆載記》《太平御覽》卷一二一《慕容廆傳》所引崔鴻《十六國春秋》後文,慕容廆侍中一職得自咸和元年(326),屠本亦另記在咸和元年,③此處屠本應是誤常侍爲侍中。

(13) 晉明帝太寧元年,春二月,(慕容)廆以長史裴嶷爲遼東相。④

按:此事《晉書·裴嶷傳》有載,⑤但無年月,不詳屠本年月出自何處,應另有所本。

(14) 太寧二年,秋七月,晉遣使者加(慕容)廆邑五千户,重申前好。⑥

按:此事各書均無記載,不知屠本所據。且此次加封及重申前好之事并無緣由,故頗有可疑。

(15) 晉成帝咸和元年,秋九月,遣使拜(慕容)廆侍中,位特進,餘悉如故。咸和二年,春二月,廆遣使詣建康固辭爵位,優詔不許。⑦

按:① 咸和元年(326)事,《太平御覽》卷一二一《慕容廆傳》所引崔鴻《十六國春秋》、《晉書·慕容廆載記》所記均無月份,⑧不詳屠本所據。② 咸和二年事各書均無記載,屠本應另有所本。

(16) 咸和三年,冬十二月己卯,後趙石勒殺趙主劉曜。⑨

按:十二月己卯日爲石勒擒劉曜之日,殺之則又在其後,屠本此處記載有誤。

---

① 屠本《十六國春秋》卷二三前燕録一《慕容廆》,第 502 頁。
② 見《晉書》卷一〇八《慕容廆載記》,第 2807 頁。
③④⑥⑦ 屠本《十六國春秋》卷二三前燕録一《慕容廆》,第 503 頁。
⑤ 見《晉書》卷一〇八《慕容廆載記》附《裴嶷傳》,第 2812 頁。
⑧ 分見《太平御覽》卷一二一《慕容廆傳》引崔鴻《十六國春秋》;《晉書》卷一〇八《慕容廆載記》,第 2808 頁。
⑨ 屠本《十六國春秋》卷二三前燕録一《慕容廆》,第 504 頁。

(17)咸和五年,春,晉又遣使加(慕容)廆開府儀同三司,固辭不受。①

按:《晉書·慕容廆載記》記此事無"春"字,②不詳屠本所據。

(18)咸和六年,秋……(陶)侃答(慕容)廆書云:"當今揚淮銳勇,飛廉超驥,收屈盧必陷之矛,集鮫犀不入之盾,惟在足下。"……復答封抽等書,其略曰:"……車騎雖未能爲國摧勒……"③

按:① 陶侃答慕容廆書中此條史料見於《太平御覽》卷三五七兵部八八楯下所引《陶侃答慕容瓌書》,但無"惟在足下"四字。④ ② 答封抽等書中"爲國摧勒"一句,史書中均作"爲官摧勒",屠本小注曰"一作官",(清)嚴可均輯《全晉文》作"車騎雖未能爲國〔《晉書》作'官'〕摧勒",所注史料來源爲《晉書·載記·慕容廆傳》和《十六國春秋》卷二三,⑤嚴氏此處當本於屠本,知屠本又當另有所本。

(19)咸和七年,春三月,趙王石勒遣使復修前好,(慕容)廆拒而不納。⑥

按:此事不見他書記載,史載太寧元年(323),曾有石勒通使慕容廆,被慕容廆執送東晉之事,雙方關係因此破裂;太寧三年石勒指使宇文部攻打慕容廆受挫;咸和六年(331)慕容廆上疏東晉,欲"共清中原",⑦主要即是針對石勒的後趙,屠本此處所記石勒於咸和七年通好慕容廆,可能即與此有關,是石勒爲了減輕壓力的一種行動,屠本可能另有依據。

(20)咸和八年,夏五月甲申,(慕容)廆薨於文德殿,葬於青山。⑧

按:"甲申"日,《晉書·成帝本紀》作"乙未",⑨屠本小注亦作"晉帝紀作乙未",本紀校

---

① 屠本《十六國春秋》卷二三前燕録一《慕容廆》,第504頁。
② 見《晉書》卷一〇八《慕容廆載記》,第2808頁。
③⑥⑧ 屠本《十六國春秋》卷二三前燕録一《慕容廆》,第506頁。
④ 參見《太平御覽》卷三五七兵部八八楯下引《陶侃答慕容瓌書》。
⑤ 嚴可均輯:《全上古三代秦漢三國六朝文》,北京:商務印書館,1999年,第1174頁。
⑦ 參見《資治通鑒》卷九四晉紀一六成帝咸和六年條,第7册,第2890頁。
⑨ 見《晉書》卷七《成帝紀》,第177頁。

勘記一三曰:"乙未《舉正》:上文正月辛亥朔,本月無乙未。"①知屠本不采用帝紀説法有所依據。《資治通鑑》卷九五則作"甲寅",②查年表咸和八年(333)五月無甲申,甲寅爲五月初六,屠本應是誤"甲寅"爲"甲申"。

(21)咸和八年,夏五月……(慕容)皝嗣遼東公位……以左長史裴開爲軍諮祭酒,……六月,遣長史渤海王濟等告喪於晉。③

按:① 裴開任左長史一事未見他書記載,《資治通鑑》卷九五作"長史"④,屠本可能誤衍"左"字。② 六月遣王濟告喪東晉一事,《資治通鑑》卷九五作"七月……慕容皝遣長史勃海王濟等來告喪"⑤,從行文來看,此處的時間,六月應爲自遼東出發的時間,而七月則爲到達東晉的時間。

(22)(慕容)皝初嗣位……襄平令王永、將軍孫機舉兵遼東,叛以應(慕容)仁,⑥

按:"王永",《晉書·慕容皝載記》作"王冰",⑦"冰"字繁體寫作"氷",與"永"形近,可能導致訛誤,但不知哪個正確。

(23)咸和九年,春正月,(慕容)皝遣軍諮祭酒封奕攻卑木堤於白狼,⑧

按:①《晉書·慕容皝載記》記此事無月份,⑨不知屠本所據。②《晉書·慕容皝載記》記此時封奕官職爲司馬,⑩此後對於封奕官職的記載有,《資治通鑑》卷九五記爲"司馬""軍祭酒"等,⑪以此來看,屠本可能誤將後來所任官職誤加於前。③"卑木堤"應脱漏"鮮"字。⑫

(24)咸和九年……三月,段遼遣兵寇徒河,(慕容)皝將張萌逆擊,敗之。⑬

───────

① 《晉書》卷七《成帝紀》,第189頁。
②④⑤ 見《資治通鑑》卷九五晉紀一七成帝咸和八年條,第7册,第2985頁。
③ 屠本《十六國春秋》卷二四前燕録二《慕容皝上》,第507頁。
⑥ 屠本《十六國春秋》卷二四前燕録二《慕容皝上》,第507—508頁。
⑦⑨⑩⑫ 見《晉書》卷一〇九《慕容皝載記》,第2816頁。
⑧⑬ 屠本《十六國春秋》卷二四前燕録二《慕容皝上》,第508頁。
⑪ 分見《資治通鑑》卷九五晉紀一七成帝咸和九年條,第7册,第2993頁;成帝咸康元年條,第3000頁。

按：《資治通鑑》卷九五系此事於"二月"，①"二""三"形近，可能有訛誤，不詳哪個時間爲確。

(25) 冬十一月，(慕容)皝自征遼東……(慕容)仁所署東夷校尉翟楷、遼東相龐鑒單騎遁走。②

按：翟楷、龐鑒兩人官職均不見他書記載，屠本應另有所本。

(26) (慕容皝)遣右司馬封奕率兵襲擊宇文別部涉奕干，大獲而還。涉奕干率騎追戰於渾水，又敗之。③

按："涉奕干"，《晉書·慕容皝載記》中均寫作"涉奕于"，《資治通鑑》中均寫作"涉夜干"，屠本小注曰"一作涉夜干"，所指應即《資治通鑑》。《慕容皝載記》校勘記二曰："涉奕于《通鑑》九七'涉奕于'作'涉夜干'。'奕''夜'譯音之異，'于''干'二字常相混，不知孰是。"④

(27) 冬十月，慕容仁遣王齊等南還，齊等自海道趣棘城，遇風不至。十二月，齊等至棘城，(慕容)皝始拜朝命。⑤

按：咸和九年(334)，東晉成帝遣王齊、徐孟分別出使遼東，行祭奠慕容廆及册封慕容皝之事，被慕容仁截留。以屠本此處文義，在慕容仁放還王齊等人後，王齊等欲從海路前往棘城，初次遇風未至，再次前往棘城則於十二月到達。屠本在此後又見咸康二年(336)九月，慕容皝送王齊、徐孟等南歸事。⑥但《資治通鑑》卷九五作："冬，十月……慕容仁遣王齊等南還。齊等自海道趣棘城，齊遇風不至。十二月，徐孟等至棘城，慕容皝始受朝命。"⑦其意是王齊途中遇海難，僅徐孟等人到達；此後南歸時，亦僅見徐孟，兩者差別較大，屠本可能有所脫漏。

---

① 見《資治通鑑》卷九五晉紀一七成帝咸和九年條，第7册，第2993頁。
② 屠本《十六國春秋》卷二四前燕録二《慕容皝上》，第508頁。
③⑤⑥ 屠本《十六國春秋》卷二四前燕録二《慕容皝上》，第509頁。
④ 《晉書》卷一〇九《慕容皝載記》，第2829頁。
⑦ 《資治通鑑》卷九五晉紀一七成帝咸康元年條，第7册，第3003頁。《晉書·慕容皝載記》所載亦同。

(28)夏四月,立耤田於朝陽門東,置官司以主之。①

按:《晉書·慕容皝載記》記此事未繫年月,②不詳屠本依據。

(29)六月,段……遼別遣弟蘭帥步騎數萬屯於曲水亭,將攻柳城西曲水……七月,段遼果將數千騎來襲寇抄,③

按:①六月之事,《資治通鑒》卷九五作"屯柳城西回水",胡注曰:"'回水',《載記》作'曲水'。《水經注》:陽樂水出上谷且居縣,東北流,徑女祁縣,世謂之橫水,又謂之陽曲水。又濡河從塞外來,西北徑禦夷鎮城,又東北徑孤山南,又東南,水流回曲,謂之曲河鎮。又據《載記》,曲水當在好城西北。"④《晉書·慕容皝載記》記作"段蘭擁衆數萬屯于曲水亭,將攻柳城",⑤可知屠本中的"西曲水"應爲衍文。②"七月",《資治通鑒》卷九五作"三月",文中考證作:"張:'三月'作'七月'。"⑥且從行文來看,亦應爲七月,知屠本不誤。

(30)冬十月,(慕容皝)使世子儁伐段遼諸城,右司馬封奕攻宇文別部,皆大捷而歸。⑦

按:《晉書·慕容皝載記》記此事未繫月份,但上承九月送徐孟等南歸之事,⑧屠本可能爲依此時間順延,或另有所本。

(31)十二月,立納諫之木,以開讜言之路。⑨

按:《晉書·慕容皝載記》記此事未繫月份,⑩不知屠本所據。

(32)咸康三年,春正月,徙昌黎郡,築好城於乙連東……⑪

---

①③ 屠本《十六國春秋》卷二四前燕録二《慕容皝上》,第509頁。
②⑤⑧⑩ 參見《晉書》卷一〇九《慕容皝載記》,第2817頁。
④⑥ 《資治通鑒》卷九五晉紀一七成帝咸康二年條,第7册,第3006頁。
⑦⑨⑪ 屠本《十六國春秋》卷二四前燕録二《慕容皝上》,第510頁。

按：《資治通鑑》卷九五繫此事於"三月",①"三""正"二字形近,應有一訛誤,但不詳哪個正確。

(33)（慕容）皝以段遼屢爲邊患……大戰,敗之,斬級數千餘戶,及畜產萬計以歸。②

按：屠本此處記斬首單位爲"戶",不合常理。《晉書·慕容皝載記》記爲"斬級數千,掠五千餘戶而歸",③《資治通鑑》卷九六記爲"斬首數千級,掠五千戶及畜產萬計以歸",④屠本應有所脫漏。

(34) 五月,趙王虎至徐無……朝鮮令昌黎孫泳帥衆拒趙……（慕容）皝問計於相國封奕……壬辰,遣子蕩寇將軍恪等率騎二千晨出擊之……趙兵大敗……皝賞鞠彭、孫泳、慕輿根等而治諸叛者,誅滅甚衆,功曹長史劉翔爲之申理,多所全活,築戍凡城而還。⑤

按：①"孫泳",屠本小注曰"一作永",《資治通鑑》均作"泳",知屠本所注應另有所本。② 封奕于慕容皝自稱燕王時(337),任相國一職,但在石虎攻打前燕時,慕容皝已罷六卿等王國官,⑥故此處應爲屠本附記封奕官職於此。③ 蕩寇將軍一職爲慕輿埿出任,⑦慕容恪未曾任此職,屠本應是誤記慕容恪官職。④ 孫泳受賞一事未見他書記載,但泳亦爲燕趙戰争中忠於慕容皝者,⑧屠本應是補記其名於此。⑤ 劉翔官職,《資治通鑑》卷九六作"功曹",事在咸康四年(338),⑨但同書咸康五年冬,慕容皝通使東晉時,記劉翔官職爲"長史",⑩劉翔應是先爲功曹,後任長史,屠本誤合兩處記載爲一。

---

① 見《資治通鑑》卷九五晉紀一七成帝咸康三年條,第7册,第3010頁。
② 屠本《十六國春秋》卷二四前燕録二《慕容皝上》,第510頁。
③ 《晉書》卷一〇九《慕容皝載記》,第2818頁。
④ 《資治通鑑》卷九六晉紀一八成帝咸康四年條,第7册,第3015頁。
⑤ 屠本《十六國春秋》卷二四前燕録二《慕容皝上》,第511—512頁。
⑥ 事見《資治通鑑》卷九六晉紀一八成帝咸康四年條,第7册,第3018頁。
⑦ 見《資治通鑑》卷九六晉紀一八成帝咸康五年條,第7册,第3030頁。
⑧ 見《資治通鑑》卷九六晉紀一八成帝咸康四年條,第7册,第3019頁。
⑨ 見《資治通鑑》卷九六晉紀一八成帝咸康四年條,第7册,第3021頁。
⑩ 見《資治通鑑》卷九六晉紀一八成帝咸康五年條,第7册,第3035頁。《晉書·慕容皝載記》所載亦同。

(35) 咸康五年，夏四月，（慕容）皝前軍師將軍評、廣威將軍恪、折衝將軍慕輿根、輕車將軍慕輿埿襲趙遼西。①

按：① 慕容評官職，《晉書·慕容皝載記》《資治通鑑》卷九六均作"前軍帥"，②而咸康二年(336)慕容皝攻打慕容仁時，慕容評曾爲"軍師將軍"，③故慕容評將軍號應爲軍師將軍，而此次出兵可能爲前軍統帥，屠本誤合"軍師將軍""前軍帥"爲"前軍師將軍"。② 廣威將軍一職，查屠本後文，以及《資治通鑑》卷九六記載，④均爲慕容軍出任，不見慕容恪任此職的記載，屠本記載有誤。③ 輕車將軍慕輿埿，《資治通鑑》卷九六記爲"蕩寇將軍"，⑤此後在咸康八年(342)十一月，慕容皝攻打高句麗時，慕輿埿官職爲輕車將軍，⑥屠本可能誤記後文於前。

(36) 五月，魏昭成帝遣使求婚，（慕容）皝以其妹興平公主妻之。⑦

按：各書均不載公主封號，屠本應另有所本。

(37) 其年，（慕容）皝……又使子蕩寇將軍恪、平狄將軍霸等擊宇文别部。⑧

按：此時蕩寇將軍應爲慕輿埿（參見第 35 條所考），屠本記載慕容恪官職有誤。此外，屠本自身記載慕容恪官職亦多有出入，咸康四年(338)記爲蕩寇將軍，咸康五年(339)記爲廣威將軍，此處又記爲蕩寇將軍。而據《資治通鑑》卷九六，慕容恪咸康七年(341)官職爲度遼將軍，⑨此前任職則各書不載。又，蕩寇將軍爲八品，廣威將軍四品，度遼將軍三品，平狄將軍三品，慕容恪與慕容霸爲兄弟，且年長於慕容霸，故任官不可能低於慕容霸，屠本所記慕容恪蕩寇、廣威兩職均應有誤。

(38) 秋八月，（慕容）皝……表曰："……谷永、張禹依回不對……"⑩

---

① ⑦ ⑧ 屠本《十六國春秋》卷二四前燕錄二《慕容皝上》，第 512 頁。
② 分見《晉書》卷一〇九《慕容皝載記》，第 2818 頁；《資治通鑑》卷九六晉紀一八成帝咸康五年條，第 7 册，第 3030 頁。
③ 見《資治通鑑》卷九五晉紀一七成帝咸康二年條，第 7 册，第 3005 頁。
④ ⑤ 見《資治通鑑》卷九六晉紀一八成帝咸康五年條，第 7 册，第 3030 頁。
⑥ 分見屠本《十六國春秋》卷二五前燕錄三《慕容皝下》，第 516 頁；《資治通鑑》卷九七晉紀一九成帝咸康八年條，第 7 册，第 3051 頁。
⑨ 見《資治通鑑》卷九六晉紀一八成帝咸康七年條，第 7 册，第 3046 頁。
⑩ 屠本《十六國春秋》卷二五前燕錄三《慕容皝下》，第 514 頁。

按:《晉書·慕容皝載記》作"依違不對",①屠本小注曰"一作違",知屠本文字應另有所本。

(39)咸康七年,春,正月,(慕容)皝以柳城之北,龍山之南福地也,使唐國內史陽裕等築龍城,構門闕、宮殿、廟園、籍田,遂改柳城爲龍城縣。時棘城黑石谷有大石自立而行。②

按:"廟園",《資治通鑑》卷九六作"宗廟",③屠本小注曰"廟園一作宗廟"。《太平御覽》卷一二一《慕容皝傳》所引崔鴻《十六國春秋·前燕錄》原本中記載棘城黑石谷事,④屠本小注又曰"黑石谷三字一作襄字",知屠本兩處均另有所本。

(40)咸康七年……二月乙卯,長史劉翔等至建康……尚書諸葛恢,翔之妹夫也,……⑤

按:① 二月甲子朔,無乙卯日,但己卯日爲十六日,屠本可能誤書"己卯"爲"乙卯"。《資治通鑑》卷九六直接繫於甲子朔後。⑥ ② 諸葛恢身份,《資治通鑑》卷九六作"姊夫",⑦屠本小注曰:"一作姊",知屠本另有所本。

(41)九月,(慕容)皝以恪爲渡遼將軍,鎮平郭。⑧

按:《資治通鑑》卷九六繫此事於十月,⑨不知屠本所據爲何。

(42)咸康八年,夏六月,石虎率衆來伐,(慕容)皝大破之。⑩

按:此事各書均無記載,屠本應另有所本。

---

① 《晉書》卷一〇九《慕容皝載記》,第2820頁。
②⑤ 屠本《十六國春秋》卷二五前燕錄三《慕容皝下》,第515頁。
③⑥ 《資治通鑑》卷九六晉紀一八成帝咸康七年條,第7冊,第3042頁。
④ 參見《太平御覽》卷一二一《慕容皝傳》引崔鴻《十六國春秋》。
⑦ 《資治通鑑》卷九六晉紀一八成帝咸康七年條,第7冊,第3043頁。
⑧⑩ 屠本《十六國春秋》卷二五前燕錄三《慕容皝下》,第516頁。
⑨ 見《資治通鑑》卷九六晉紀一八成帝咸康七年條,第7冊,第3046頁。

（43）秋七月丁卯，（慕容）皝營龍城新殿，昌黎大棘縣城河岸崩出鐵築頭一千一百七十四枚。永樂民郭陵見之，詣皝言狀，以是日到，皝曰：經始營殿，鐵築具出，神人允協之應也。遂賜陵爵關內侯。①

按："關內侯"，《太平御覽》卷七六二器物部七《杵臼》所引《燕書》作"關外侯"，②不知屠本所據。

（44）建元元年……冬十月，（慕容）皝躬巡郡縣，勸課農桑，復大起龍城宮闕。③

按：《晉書·慕容皝載記》記此事無準確月份，④但記於建元元年（343）擊敗宇文部進攻之後，不詳屠本所據。

（45）晉穆帝永和元年，春正月，（慕容）皝以牧牛給貧家……記室參軍封裕諫曰："……二千石令長莫有志勤在公，銳盡地力者。……其有經略出世，才稱時求者，自可隨須致之列位。……"⑤

按：加點兩處屠本小注曰"一作利""一作置"，《晉書·慕容皝載記》正分別作"利"和"置"，知屠本當另有所本。

（46）二月，有黑龍白龍各一，見於龍山……⑥

按：此事《太平御覽》卷一二一《慕容皝傳》所引崔鴻《十六國春秋》繫於"四月"，《資治通鑒》卷九七繫此事於正月之後，⑦"正""二""四"幾個字均較相近，不知以哪個時間為準。

（47）冬十月，（慕容）皝以古者諸侯即位，各稱元年，於是始不用晉年號，自稱十

---

① 屠本《十六國春秋》卷二五前燕錄三《慕容皝下》，第516頁。
② 見《太平御覽》卷七六二器物部七《杵臼》引《燕書》。
③ 屠本《十六國春秋》卷二五前燕錄三《慕容皝下》，第517頁。
④ 見《晉書》卷一〇九《慕容皝載記》，第2822頁。
⑤ 屠本《十六國春秋》卷二五前燕錄三《慕容皝下》，第518—519頁。
⑥ 屠本《十六國春秋》卷二五前燕錄三《慕容皝下》，第520頁。
⑦ 分見《太平御覽》卷一二一《慕容皝傳》引崔鴻《十六國春秋》；《資治通鑒》卷九七晉紀十九穆帝永和元年條，第7冊，第3066頁。

二年。①

按:《資治通鑒》卷九七繫此事於"十二月",②不詳哪個正確。

(48) 十一月,渡遼將軍恪攻高句驪,拔南蘇,置戍而還。③

按:《資治通鑒》卷九七繫此事於"十月",④合第47條之事,與屠本記述前後正好相反,應有一倒誤,屠本可能另有所本。

(49) 十三年,(慕容)皝遣世子儁及廣威軍、渡遼恪、折衝慕輿根三將軍,率騎萬七千襲扶餘……⑤

按:《晉書·慕容皝載記》繫此事於"三年",《資治通鑒》卷九七繫於永和二年(346),⑥此處屠本所記"十三年"應爲慕容皝燕王十三年,正當東晉永和二年,《晉書》所記有誤。《晉書·慕容皝載記》校勘記五曰:"三年 周校:三年上脱年號,按之當爲永和也。今按:永和元年十二月皝始不用晉年號,自稱十二年(見《通鑒》九七)。《御覽》一二一引前燕録自咸和九年後即用皝之紀年,晉封皝爲燕王及遷都龍城在八年(晉咸康七年),龍見立寺在十二年(晉永和元年),皝於東序考試學生在十四年(永和三年)。則此'三年'當是'十三年',脱'十'字。《通鑒》九七在永和二年可證。"⑦

(50) 十四年,春正月,(慕容)皝親臨東庠考試學生,其通經秀異者,擢充近侍。⑧

按:此事《太平御覽》卷一二一《慕容皝傳》所引崔鴻《十六國春秋》不記月份,⑨不知屠本所據。

---

① ③ ⑤ ⑧ 屠本《十六國春秋》卷二五前燕録三《慕容皝下》,第520頁。
② 見《資治通鑒》卷九七晉紀十九穆帝永和元年條,第7册,第3068頁。
④ 見《資治通鑒》卷九七晉紀一九穆帝永和元年條,第7册,第3067頁。
⑥ 分見《晉書》卷一〇九《慕容皝載記》,第2826頁;《資治通鑒》卷九七晉紀一九穆帝永和二年條,第7册,第3069頁。
⑦ 《晉書》卷一〇九《慕容皝載記》,第2830頁。
⑨ 參見《太平御覽》卷一二一《慕容皝傳》引崔鴻《十六國春秋》。

(51) 夏五月戊申，晉遣使進（慕容）皝爲安北大將軍，餘悉如故。①

按：《晉書·穆帝本紀》記慕容皝官職爲"安北將軍"，②而此前慕容皝已經爲大將軍級別，且咸康七年(341)東晉加封慕容皝爲燕王時，以慕容儁爲"假節、安北將軍、東夷校尉、左賢王"，③此時不可能再加封慕容皝爲安北將軍，故本紀應該有誤，屠本所記"安北大將軍"更爲合理。

(52) （慕容）皝以久旱，丐百姓田租，罷成周、冀陽、營丘等郡。以渤海郡爲興集縣，河間郡爲寧集縣，廣平、魏郡爲興平縣，東萊、北海郡爲育黎縣，吳郡爲吳縣，悉隸燕國。④

按：其他各書均將"郡"字寫作"人"，屠本小注亦曰"前數郡字一作人字"，所指應爲《晉書》等之記載，屠本捨《晉書》等不用，應另有所本。

(53) 十五年，秋七月，（慕容）皝畋於西鄙，將濟河，見一父老……八月，皝復見白兔，馳馬射之，馬倒墜於石上，被傷，乃説所見，輦而還宮，遂有疾。未幾疾甚，引世子儁屬以後事……⑤

按：①《資治通鑑》卷九八繫慕容皝死事於"八月"，⑥《太平御覽》卷一二一《慕容皝傳》所引崔鴻《十六國春秋》亦記慕容皝"射兔受傷"一事於"八月"，但均無"見一父老"之事；《晉書·慕容皝載記》⑦、《太平御覽》卷八三二資産部一二《獵下》引《異苑》、卷九〇七獸部六《兔》引王隱《晉書》均記載"見一父老"之事，但無時間；而關於慕容皝"射兔受傷"的時間，《太平御覽》卷八三二所引《異苑》作"慕容皝出畋，見一老父曰：'此非獵所，王且還也。'皝明晨復去，值有白兔，馳馬射之，墜石而卒"，卷九〇七所引王隱《晉書》作"慕容皝田于南

---

① 屠本《十六國春秋》卷二五前燕録三《慕容皝下》，第520頁。
② 見《晉書》卷八《穆帝紀》，第194頁。
③ 見《資治通鑑》卷九六晉紀一八成帝咸康七年條，第7册，第3044頁。
④ 屠本《十六國春秋》卷二五前燕録三《慕容皝下》，第520—521頁。
⑤ 屠本《十六國春秋》卷二五前燕録三《慕容皝下》，第521頁。
⑥ 見《資治通鑑》卷九八晉紀二〇穆帝永和四年條，第7册，第3084頁。
⑦ 《晉書》卷一〇九《慕容皝載記》，第2826頁。

鄗,見父老曰:'此非獵所。'言卒不見,既(當爲曁)明日又出,見白兔馳射之,墜馬于石即死",①知與"見一父老"一事應間隔一天,但《晉書·慕容皝載記》在兩事之間又有"連日大獲",又并非僅僅間隔一天,各書記載差异較大,但屠本此處明確將"見一父老"與"射兔受傷"兩事分繫於七、八月,應該另有所本。②"墜於石上""遂有疾。未幾疾甚"等加點文字爲各書所無,屠本應另有所本。

【作者簡介】高然,歷史學博士,西華師範大學歷史文化學院教授,主要從事魏晋南北朝隋唐史、北方民族史研究;范雙雙,歷史學碩士,西華師範大學中華檔案文獻研究院講師,主要從事魏晋十六國史研究。

---

① 分見《太平御覽》卷一二一《慕容皝傳》引崔鴻《十六國春秋》;卷八三二資産部一二《獵下》引《异苑》;卷九〇七獸部六《兔》引王隱《晋書》。

《元經薛氏傳》勘誤八則*

李正君

《元經》是隋代王通（文中子）所著的一部編年體史書，記載範圍始於西晉惠帝，終於陳朝滅亡。其弟子薛收爲其作傳。學界對於王通其人和《元經》其書長期存在争議，近年來隨着學界對王通及《元經》的關注，其真實存在性已得到普遍認可。① 然目前尚無點校本，中華書局1991年"叢書集成初編"影印了《漢魏叢書》本《元經薛氏傳》（共二册），本文將對其中八條訛誤史料進行辯證。

1. 《元經》卷一晉惠帝太熙元年薛收傳云："何劭爲太子師，王戎爲太子輔，楊濟爲太子保，同書之，謹其職也。"② 其中提及王戎所任官職，《四庫全書》本、《漢魏叢書》本、明刻本（現存國家圖書館）皆作"太子輔"，③ 而明抄本（現存國家圖書館）作"太子傅"。④ 查西晉并無"太子輔"一職，"太子傅"應是"太子太傅"的省稱，王戎爲太子傅正能與"何劭爲太子師"、"楊濟爲太子保"相對應，且查《晉書》卷四《惠帝紀》："（太熙元年）秋八月壬午，立廣陵王遹爲皇太子，以中書監何劭爲太子太師，吏部尚書王戎爲太子太傅，衛將軍楊濟爲太子太保。"⑤ 而同書《王戎傳》也稱其擔任過"太子太傅"一職，故"太子傅"爲是。

2. 《元經》卷一晉惠帝元康九年薛收傳云："至此甲子及明年正月乙卯皆蝕。"⑥《四庫全書》本、《漢魏叢書》本和明刻本皆作"乙卯"，⑦ 明抄本作"己卯"。⑧ 此處的"明年"指惠帝

---

* 本文爲安徽省哲學社會科學規劃青年項目"《元經》整理及相關研究"（項目編號：AHSKQ2019D129）階段性成果。

① 李正君，宋衛杰：《〈元經〉真僞問題的古今争論》，《淮陰師範學院學報》2022年第3期。
② 王通撰，薛收傳：《元經薛氏傳》卷一，"惠帝太熙元年"，北京：中華書局，1991年，第2頁。
③ 參見王通撰，薛收傳，阮逸注：《元經》，《文淵閣四庫全書·史部·編年類》（第三百三册），上海：上海古籍出版社，1987年，第832頁；程榮輯：《漢魏叢書》，長春：吉林大學出版社，1992年，第214頁；王通撰，薛收傳：《元經》卷一，明刻本。
④⑧ 王通撰，薛收傳：《元經》卷一，明抄本。
⑤ 房玄齡等撰：《晉書》卷四《惠帝紀》，北京：中華書局，1974年，第89頁。
⑥ 《元經薛氏傳》卷一，"晉惠帝元康九年"，第11頁。
⑦ 參見王通撰，薛收傳，阮逸注：《元經》，《文淵閣四庫全書·史部·編年類》（第三百三册），第840頁；《漢魏叢書》，第217頁；王通撰，薛收傳：《元經》卷一，明刻本。

永康元年，《晉書》卷四《惠帝紀》："永康元年春正月癸亥朔，大赦，改元。己卯，日有蝕之。"①又《晉書》卷十二《天文中》"永康元年正月己卯，四月辛卯朔，并日有蝕之"，②故"己卯"爲是。

3.《元經》卷二晉懷帝永嘉五年"（正月）乙亥，流人杜弢盜據長沙。庚午，平原王幹薨"。③《四庫全書》本、《漢魏叢書》本、明刻本皆作"庚午"，④明抄本作"庚辰"。⑤據《晉書》卷五《孝懷帝紀》："（永嘉五年正月）庚辰，太保、平原王幹薨。"⑥查《二十史朔閏表》，永嘉五年正月己未朔，庚午日是此月第12日，庚辰日是此月第22日。然此條材料前，有"乙亥，流人杜弢盜據長沙"一句，可見乙亥日必在此之前，乙亥日是此月第17日，故"庚辰"爲是。

4.《元經》卷二晉懷帝永嘉六年薛收傳云："於是（劉）琨奔長山。"⑦明抄本"長山"作"常山"，《晉書》卷五《孝懷帝紀》："（永嘉六年）八月庚戌，劉琨奔於常山。"⑧又《晉書》卷一百二《劉聰載記》："琨與左右數十騎，攜其妻子奔於趙郡之亭頭，遂如常山。"⑨《晉書》卷十五《地理下》載揚州東陽郡下有長山縣，與劉琨的活動範圍不符。冀州下有常山郡，劉琨奔常山，當指此處，又《通鑒》："琨聞之，東出，收兵於常山及中山，使其將郝詵、張喬將兵拒粲，且遣使求救於代公猗盧。"⑩故"常山"爲是。

5.《元經》卷二晉愍帝建興三年薛收傳云："寔繼襲梁州。"⑪明抄本"梁州"作"涼州"，⑫《晉書》卷十四《地理上》："泰始三年，分益州，立梁州於漢中，改漢壽爲晉壽，又分廣漢置新都郡。梁州統郡八，縣四十四，户七萬六千三百。"⑬又曰："獻帝時，涼州數有亂，河西五郡去州隔遠，於是乃別以爲雍州。末又依古典定九州，乃合關右以爲雍州。魏時復分以爲涼州，刺史領戊己校尉，護西域，如漢故事，至晉不改。統郡八，縣四十六，户三萬七

---

① 《晉書》卷四《惠帝紀》，第89頁。
② 《晉書》卷一二《天文中》，第339頁。
③ 《元經薛氏傳》卷二，"懷帝永嘉五年"，第26頁。
④ 參見王通撰，薛收傳，阮逸注：《元經》，《文淵閣四庫全書·史部·編年類》（第三百三册），第853頁；程榮輯：《漢魏叢書》，第222頁；王通撰，薛收傳：《元經》卷一，明刻本。
⑤⑫ 王通撰，薛收傳：《元經》卷一，明抄本。
⑥ 《晉書》卷五《孝懷帝紀》，第122頁。
⑦ 《元經薛氏傳》卷二，"懷帝永嘉六年"，第28頁。
⑧ 《晉書》卷五《孝懷帝紀》，第124頁。
⑨ 《晉書》卷一百二《劉聰載記》，第2662頁。
⑩ 司馬光：《資治通鑒》卷八八《晉紀十》"懷帝永嘉六年"，北京：中華書局，2011年，第2830頁。
⑪ 《元經薛氏傳》卷二，"愍帝建興三年"，第32頁。
⑬ 《晉書》卷一四《地理上》，第436頁。

百。"①《晋書》卷八十六《張寔傳》載張軌死後,湣帝授張寔持節、都督涼州諸軍事、西中郎將、涼州刺史、領護羌校尉、西平公。② 故"涼州"爲是。

6.《元經》卷三晋元帝永昌元年薛收傳曰:"《春秋》桓六年,八月壬申,大閲。"③明抄本"壬申"作"壬午",查《春秋》:"(桓公六年)秋八月壬午,大閲。"④故"壬午"爲是。

7.《元經》卷五東晋廢帝太和五年薛收傳曰:"慕容暐遣慕容評率兵四十萬拒王猛於潞州川。"⑤明刻本、明抄本"潞州川"作"潞川",⑥《晋書》卷八《海西公紀》:"(太和五年)冬十月,王猛大破慕容暐將慕容評於潞川。"⑦《晋書》卷一百十一《慕容暐載記》:"苻堅又使王猛、楊安率衆伐暐,猛攻壺關,安攻晋陽。暐使慕容評等率中外精卒四十餘萬距之。猛、安進師潞川。"⑧《通鑒》卷一百二:"(太和五年)冬,十月,辛亥,猛留將軍武都毛當戍晋陽,進兵潞川,與慕容評相持。"⑨故"潞川"爲是。

8.《元經》卷六孝武帝太元十年薛收傳曰:"置天水、洛陽等十三郡。"⑩《晋書》卷一百二十五《乞伏國仁載記》:"置武城、武陽、安固、武始、漢陽、天水、略陽、漒川、甘松、匡朋、白馬、苑川十二郡,築勇士城以居之。"⑪《通鑒》:"弟幹歸爲上將軍,分其地置武城等十二郡,築勇士城而都之。"胡注曰:"載記曰:置武城、武陽、安固、武始、漢陽、天水、略陽、漒川、甘松、匡朋、白馬、苑川十二郡。"⑫故"十二郡"爲是。

【作者簡介】李正君,安慶師範大學人文學院講師,碩士生導師,主要從事秦漢魏晋南北朝史研究。

---

① 《晋書》卷一四《地理上》,第432—433頁。
② 《晋書》卷八六《張寔傳》,第2226頁。
③ 《元經薛氏傳》卷三,"元帝永昌元年",第41頁。
④ 左丘明傳,杜預注,孔穎達正義:《春秋左傳正義》卷六,桓公六年,北京:北京大學出版社,1999年,第174頁。
⑤ 《元經薛氏傳》卷五,"廢帝太和五年",第77頁。
⑥ 參見王通撰,薛收傳:《元經》卷一,明刻本;王通撰,薛收傳:《元經》卷一,明抄本。
⑦ 《晋書》卷八《海西公紀》,第213頁。
⑧ 《晋書》卷一一一《慕容暐載記》,第2857頁。
⑨ 《資治通鑒》卷一〇二《晋紀二四》,海西公太和五年,第3283頁。
⑩ 《元經薛氏傳》卷六,"孝武帝太元十年",第88頁。
⑪ 《晋書》卷一二五《乞伏國仁載記》,第3115頁。
⑫ 《資治通鑒》卷一〇六《晋紀二八》,孝武帝太元十年,第3405—3406頁。

《續宋中興編年資治通鑒》訂誤*

劉　坤　張呈忠

《續宋中興編年資治通鑒》(以下簡稱《續宋通鑒》)共十五卷,題南宋劉時舉作,是南宋史研究的重要典籍。此書長期以來缺乏可供學界使用的整理本,然近年通過日本學習院大學王瑞來先生辛勤整理,點校本得以問世,可謂嘉惠學林。不過《續宋通鑒》一書似乎仍有一些問題。在成書年代和史源問題上,學界存在不同意見。① 關於此書的版本問題,徐瀟立先生指出,并非點校本《續宋通鑒》前言所涉的三種元刊本(陳氏餘慶堂本、張氏集義堂本、朱氏與耕堂本),而是只有兩種元刊本(陳氏餘慶堂本、張氏集義堂本)。② 内容上,雷震先生指出此書的一些地名訛誤,并進行了詳細考辨。③ 本文在前人的基礎上,主要對《續宋通鑒》進行訂誤。采用底本爲中華書局 2014 年版點校本。

1. "熙寧"爲"紹聖"之誤

卷一,2頁:建炎元年五月庚寅朔,"尊元祐皇后孟氏爲太后"。注云:"元祐皇后初無失德,哲宗廢於熙寧之時……"④

按:"熙寧"是宋神宗的年號,不是宋哲宗的年號。哲宗年號只有元祐、紹聖、元符三個。考《皇宋十朝綱要》(以下簡稱《十朝綱要》)卷一四:"紹聖三年九月乙卯,廢皇后孟氏……"⑤同見《宋史》卷一八《哲宗本紀》等。可證注文"熙寧"爲"紹聖"之誤。

---

* 本文爲國家社科基金後期資助項目"王安石新法體制與北宋晚期政局研究"(項目編號:21FZSB053)、上海市哲學社會科學規劃青年課題"北宋王安石變法時期的地方治理問題研究"(項目編號:2020ELS005)階段性成果。
① 關於《續宋中興編年資治通鑒》成書時間和史料來源問題,學界一直衆説紛紜。
② 徐瀟立:《試論〈續宋中興編年資治通鑒〉整理前言所涉版本問題》,《版本目錄學研究》2020 年第 12 輯,第 159—168 頁。
③ 雷震:《〈續宋中興編年資治通鑒〉地名訛誤考辨》,《圖書館研究與工作》2020 年第 9 期,第 83—86 頁。
④ 劉時舉撰,王瑞來點校:《續宋中興編年資治通鑒》卷一,北京:中華書局,2014 年,第 2 頁。
⑤ 李埴撰,燕永成校正:《皇宋十朝綱要校正》卷一,北京:中華書局,2013 年,第 369 頁。

2. "檢鼓院"應用頓號斷開

卷一,5頁:建炎元年六月,"置檢鼓院"。①

按:考南宋趙升《朝野類要》卷二載:"登聞檢院、登聞鼓院……"②可知,"檢鼓院"應分別指"登聞檢院""登聞鼓院"兩個機構,所以,檢鼓應用頓號斷開爲是。

3. "東北"和"浦解"應分別用頓號斷開

卷一,5頁:建炎元年六月,"河之東北、陝之浦、解,此三路者……河東、河北、陝之浦解……"③

按:"河之東北"應分別指宋代的河東路與河北路。又考《宋史》卷四十《地理志三》可知,"浦"是指宋代的河中府,"解"是指宋代的解州,都屬於宋代陝西的永興軍路。④ 綜上所述,"東北"和"浦解"應分別用頓號斷開。

4. "唃封後"爲"唃氏後"之誤

卷一,7頁:建炎元年六月,"封吐蕃唃封後"。⑤

按:"唃封後"語義不通。考佚名《中興兩朝編年綱目》(以下簡作《綱目》)卷一載:建炎元年六月,"封吐蕃唃氏後"。⑥ 又考南宋李心傳《建炎以來繫年要錄》(以下簡作《要錄》)卷六載:建炎元年六月,"……請求唃氏後而立之"⑦,可證"唃封後"爲"唃氏後"之誤。似應出校。

5. "趙士培"爲"趙士珸"之誤

卷一,7頁:建炎元年七月,"皇叔士培復洺州"。⑧

按:《綱目》卷一:建炎元年秋七月,"復洺州(綱)……初,皇叔士珸從上皇北狩……(目)"⑨但考《要錄》卷七載:"是日,皇叔右監門衛大將軍、貴州團練使士珸以義兵復洺

---

① ③ 《續宋中興編年資治通鑑》卷一,第5頁。
② 趙升編,王瑞來點校:《朝野類要》卷二,北京:中華書局,2007年,第45頁。
④ 脫脫撰:《宋史》卷四〇《地理志三》,北京:中華書局,1977年,第2144頁。
⑤ ⑧ 《續宋中興編年資治通鑑》卷一,第7頁。
⑥ 佚名撰,燕永成點校:《中興兩朝編年綱目》卷一,南京:鳳凰出版社,2018年,第15頁。
⑦ 李心傳撰,辛更儒點校:《建炎以來繫年要錄》卷六,上海:上海古籍出版社,2018年,第171頁。
⑨ 《中興兩朝編年綱目》卷一,第18頁。(注:點校本《綱目》原作"士琦",今爲便於引用,據校勘記回改)。

州。"①同見南宋佚名《皇宋中興兩朝聖政》(以下簡稱《聖政》)卷二、佚名《宋史全文》(以下簡作《全文》)卷一六、《宋史》卷二四《高宗本紀》、《宋史》卷二四七《趙士㻛傳》等載。② 綜上諸史籍記載,"趙士培"爲"趙士㻛"之誤。

6. "隆祐太后"爲"元祐太后"之誤

卷一,8頁:建炎元年七月,"……已奉迎隆祐太后,津遣六宮及衛士家屬,置之東南"。③

按:《綱目》卷一載:建炎元年秋七月,"……已奉迎隆祐太后,津遣六宮及衛士家屬,置之東南(目)"。④ 考《要錄》卷七:建炎元年七月辛丑,"……已奉迎元祐太后,津遣六宮及衛士家屬,置之東南"。⑤ 同見《聖政》卷二、《全文》卷一六、《宋史》卷二四《高宗本紀》等載。⑥ 考《要錄》卷八載:建炎元年八月庚午,"名元祐太后所居曰隆祐宮……於是後更稱隆祐太后"。⑦ 可知,元祐太后是在高宗建炎元年八月才改稱隆祐太后的,故建炎元年七月時"隆祐太后"當爲"元祐太后"之誤。

7. 劉光世爲禦營使司都統制

卷一,9頁:建炎元年七月,"以李綱、黃潛善爲左右僕射兼御營使,張愨副之。以劉光世爲左司都統制"。⑧

按:"左司都統制"不通。考《綱目》卷一載:建炎元年七月,"以李綱、黃潛善爲左、右僕射(綱)—兼門下、中書侍郎并兼御營使,同知張愨副之。以劉光世爲本司都統制(目)"。⑨ 劉光世爲御營使司本司都統制,這樣就通了。御營使司都統制是僅次於御營使副的職位,但是此時擔任這一要職的是王淵,非劉光世也。李心傳早就有考證,茲不贅述。

---

① 《建炎以來繫年要錄》卷七,第182頁。
② 佚名撰,孔學輯校:《皇宋中興兩朝聖政輯校》卷二,北京:中華書局,2019年,第36頁。佚名撰,汪聖鐸點校:《宋史全文》卷一六,北京:中華書局,2016年,第1055頁。《宋史》卷二四《高宗本紀》,第447頁。《宋史》卷二四七《趙士㻛傳》,第8753頁。
③ 《續宋中興編年資治通鑒》卷一,第8頁。
④⑨ 《中興兩朝編年綱目》卷一,第18頁。
⑤ 《建炎以來繫年要錄》卷七,第185頁。
⑥ 《皇宋中興兩朝聖政輯校》卷二,第36頁。《宋史全文》卷一六,第1056頁。《宋史》卷二四《高宗本紀》,第447頁。
⑦ 《建炎以來繫年要錄》卷八,第206頁。
⑧ 《續宋中興編年資治通鑒》卷一,第9頁。

8. "歐陽徹"爲"歐陽澈"之誤

卷一,11頁:建炎元年七月,"歐陽徹亦上書詆用事者。黃潛善、汪伯彥奏誅之,并坐狂直棄市"。①

按:《要録》卷八載:建炎元年八月,"斬太學生陳東、撫州進士歐陽澈於都市……會澈亦上書,極詆用事者,其間言宮禁燕樂事。上諭輔臣,以澈所言不審……皆坐誅"。②又考《聖政》卷二、《全文》卷一六、《十朝綱要》卷二一、《宋史》卷二四《高宗本紀》、《歐陽修撰集》卷七《歐陽澈墓表》、《宋史》卷四五五《歐陽澈傳》、《類編皇朝中興大事記講義》卷四、《中興兩朝綱目》卷一等載,③均作"歐陽澈",可證"歐陽徹"爲"歐陽澈"之誤。似應出校。

9. "向子褒"爲"向子韶"之誤

卷一,13頁:建炎元年十二月,"又陷淮寧府,守臣向子褒死之"。④

按:《綱目》卷一載:"陷淮寧府,守臣向子褒死之(目)。"⑤但考《要録》卷一三載:建炎二年二月丙子,"金人陷淮寧府,知府事、起復中散大夫向子韶死之……其弟新知唐州子褒等與闔門皆遇害"。⑥由《要録》記載可知,淮寧府守臣是向子韶,而其弟向子褒新知唐州,但未來及赴任就遇難了。同卷300頁小注云:"按子韶死事甚偉,而日曆乃無一字及之……今以楊時所作子韶墓誌修入……陳守乃子韶……"⑦由理學家楊時所撰寫《向子韶墓誌銘》可知,此時淮寧府守臣正是向子韶。同見《聖政》卷三、《全文》卷一六、《宋史》卷二五《高宗本紀》等載。⑧綜上可知,"向子褒"爲"向子韶"之誤,并且《續宋通鑒》卷一和《綱目》卷一的繫時也有誤。

---

① 《續宋中興編年資治通鑒》卷一,第11頁。
② 《建炎以來繫年要録》卷八,第212頁。
③ 《皇宋中興兩朝聖政輯校》卷二,第48頁。佚名撰,汪聖鐸點校:《宋史全文》卷一六,第1065頁。《皇宋十朝綱要校正》卷二一,第610頁。《宋史》卷二四《高宗本紀》,第448頁。《宋史》卷四四五《歐陽澈傳》。呂中撰,張其凡、白曉霞整理:《類編皇朝中興大事記講義》卷四,上海:上海人民出版社,2014年,第493頁。《中興兩朝編年綱目》卷一,第23頁。
④ 《續宋中興編年資治通鑒》卷一,第13頁。
⑤ 《中興兩朝編年綱目》卷一,第31頁。(注:點校本《綱目》原作"向子韶",今據校勘記回改。)
⑥ 《建炎以來繫年要録》卷一三,第299頁。
⑦ 《建炎以來繫年要録》卷一三,第300頁。
⑧ 《皇宋中興兩朝聖政輯校》卷三,第77頁。《宋史全文》卷一六,第1088頁。《宋史》卷二五《高宗本紀》,第454頁。

10. "簽書"爲"同簽書"之誤

卷二,30 頁:建炎三年三月,"簽書吕頤浩爲江東制置使"。①

按:《綱目》卷二載:建炎三年三月,"簽書吕頤浩爲江東制置使(綱)"。② 但考《要錄》卷二一載:建炎三年三月辛巳,"資政殿學士、同簽書樞密院事、江淮兩浙制置使吕頤浩爲江南東路安撫制置使,兼知江寧府"。③ 又考《聖政》卷四、《全文》卷一七等史書記載,④均作"同簽書樞密院事"。疑《續宋通鑒》卷二、《綱目》卷二,"簽書"上脱漏了"同"字。另吕頤浩所除當爲同簽書樞密院事這一問題,《宋史》中華書局點校本在校勘記中已指出,詳見《宋史》卷二一三《宰輔表四》。綜上所述,"簽書"爲"同簽書"之誤。

11. "江陵"爲"金陵"之誤

卷二,34 頁:建炎三年三月,"御史中丞鄭毅正言,乞留吕頤浩知江陵,言不當分張俊兵,遂止"。⑤

按:《要錄》卷二一載:建炎三年三月辛丑,"御史中丞鄭毅奏疏言:臣訪問朝廷近日差除行遣……疏入不出。見太后,請降付三省……及是,又請留吕頤浩守金陵,張浚不當貶"。⑥ 又考《聖政》卷四、《宋史全文》卷一七等史書記載,⑦均作"金陵"。似應出校。

12. "京畿東西"應作"京畿、京東西"

卷二,44 頁:建炎四年五月,"范宗尹乞將京畿東西、湖北、淮南并立爲鎮,置鎮撫使"。⑧

按:《綱目》卷三載:建炎四年五月,"置鎮撫使(綱)……宗尹乞將京畿東西、湖北、淮南并分爲鎮……(目)"。⑨ 案京畿應是指北宋晚期設置的京畿路、其後東西指向不明。但考《要錄》卷三三:建炎四年五月,"先是,范宗尹言……請以京畿、淮南、湖北、京東西地方并

---

① 《續宋中興編年資治通鑒》卷二,第 30 頁。
② 《中興兩朝編年綱目》卷二,第 57 頁。
③ 《建炎以來繫年要錄》卷二一,第 427 頁。
④ 《皇宋中興兩朝聖政輯校》卷四,第 127 頁。《宋史全文》卷一七,第 1120 頁。
⑤ 《續宋中興編年資治通鑒》卷二,第 34 頁。
⑥ 《建炎以來繫年要錄》卷二一,第 459 頁。
⑦ 《皇宋中興兩朝聖政輯校》卷四,第 139 頁。《宋史全文》卷一七,第 1130 頁。
⑧ 《續宋中興編年資治通鑒》卷二,第 44 頁。
⑨ 《中興兩朝編年綱目》卷三,第 109 頁。(注:點校本《綱目》原作"京畿、京東西",今據校勘記回改。)

分爲鎮"。① 同見《聖政》卷七、《宋史》卷二六《高宗本紀》、《全文》卷一七、《宋會要輯稿》職官四二之七四等史書記載。② 綜上所述,疑《續宋通鑒》卷二和《綱目》卷三中"京東西"京字脱漏,應是京東西,即京東西路。

13. "潁昌府"和"順昌府"

卷二,45 頁:建炎四年,"秋七月,復潁昌府"。③ 案校勘記可知,"潁昌府"原作"郢昌府"。

按:《綱目》卷三載:建炎四年,"秋七月,復郢昌府(綱)"。④ 但考《宋史》卷二六《高宗本紀》載:建炎四年秋七月乙巳,"馮長寧復順昌府"。⑤ 又考《十朝綱要》卷二一載:建炎四年,"七月乙巳淮寧府鎮撫使兵復順昌府……"⑥ 案馮長寧建炎四年六月爲淮寧順昌府蔡州鎮撫使兼知淮寧府,順昌爲其轄區,故被其率兵收復實屬分内之事。

14. "張恂"應作"孫恂"

卷二,46 頁:建炎四年十月,"浚以張恂權環慶路經略使"。⑦

按:《綱目》卷三載:建炎四年十月,"浚既誅趙哲,乃以便宜命隨軍轉運判官張恂權環慶路經略使(目)"。⑧ 但考《要録》卷三八載:建炎四年十月,"初,浚既斬趙哲,以陝西轉運判官孫恂權環慶路經略使,浚退保秦州"。⑨ 同見《中興小曆》卷九⑩、《三朝北盟會編》卷一四二⑪等史書記載。

15. "孟慶"爲"孟庾"之誤

卷三,56 頁:紹興元年十月,"范汝爲爲盗,命孟慶爲福建等路宣撫使,太尉韓世忠

---

① 《建炎以來繫年要録》卷三三,第 671 頁。
② 《皇宋中興兩朝聖政輯校》卷七,第 239 頁。《宋史》卷二六《高宗本紀》,第 479 頁。《宋史全文》卷一七,第 1198 頁。徐松輯,劉琳、刁忠民、舒大剛等點校:《宋會要輯稿》職官四二之七四,上海:上海古籍出版社,2014 年,第 4108 頁。
③ 《續宋中興編年資治通鑒》卷二,第 45 頁。
④ 《中興兩朝編年綱目》卷三,第 114 頁。(注:點校本《綱目》原作"順昌府",今據校勘記回改。)
⑤ 《宋史》卷二六《高宗本紀》,第 480 頁。
⑥ 《皇宋十朝綱要校正》卷二一,第 621 頁。
⑦ 《續宋中興編年資治通鑒》卷二,第 46 頁。
⑧ 《中興兩朝編年綱目》卷三,第 117 頁。(注:點校本《綱目》原作"孫恂",今據校勘記回改。)
⑨ 《建炎以來繫年要録》卷三八,第 746 頁。
⑩ 熊克:《中興小紀》卷九,臺北:商務印書館,1986 年,影印文淵閣《四庫全書》,第 313 册,第 886 頁。
⑪ 徐夢莘:《三朝北盟會編》丙集卷一四二,臺北:大化書局,1979 年,第 181 頁。

副之"。①

按:《綱目》卷三載:紹興元年十月,"……遂命參知政事孟慶爲福建等路宣撫使,太尉韓世忠副之(目)"。② 但考《要録》卷四八小注云:紹興元年十月庚午,"十一月五日,庚除福建宣撫,世忠副之,其執政已彌月"。③ 再考《要録》卷四九載:紹興元年十一月戊戌,"參知政事孟庾爲福建江西荆湖宣撫使,神武左軍都統制韓世忠副之"。④ 又考《聖政》卷十、《全文》卷一八、《十朝綱要》卷二一、《宋史》卷二六《高宗本紀》、《宋宰輔編年録校補》卷一五等史書記載,⑤均作"孟庾",可證"孟慶"爲"孟庾"之誤。

16. 李乾德卒於建炎元年

卷三,57頁:紹興元年,"是歲,交趾李乾德死,子陽焕立"。⑥ 同見《綱目》卷三、《要録》卷五十、《聖政》卷十、《宋史全文》卷一八等史書記載。⑦ 案《越史略》卷中可知,乾德卒於天符慶壽元年(1127),即南宋建炎元年(1127)。紹興元年應是得知乾德去世的時間,詳見李裕民先生《宋人生卒行年考》。⑧ 似應出校。

17. "荆、湖"應刪去頓號

卷三,59頁:紹興二年,"以吕頤浩都督江、淮、荆、湖諸軍,開府鎮江"。⑨

按:此處"荆、湖"應指宋代"荆湖南北路",大致是今天的湖南湖北地區。故此處頓號應刪去。

18. "劉光世爲江東西安撫使"爲"韓世忠爲江南東西路宣撫使"之誤

卷三,63頁:紹興二年九月,"以劉光世爲江東西安撫使,置司建康"。⑩

---

① 《續宋中興編年資治通鑒》卷三,第56頁。
② 《中興兩朝編年綱目》卷三,第135頁。(注:點校本《綱目》原作"孟庚",今據校勘記回改。)
③ 《建炎以來繫年要録》卷四八,第883頁。
④ 《建炎以來繫年要録》卷四九,第898頁。
⑤ 《皇宋中興兩朝聖政輯校》卷十,第316頁。《宋史全文》卷一八,第1249頁。《皇宋十朝綱要校正》卷二一,第628頁。《宋史》卷二六《高宗本紀》,第492頁。徐自明撰,王瑞來校補:《宋宰輔編年録校補》卷一五,北京:中華書局,2012年,第973頁。
⑥ 《續宋中興編年資治通鑒》卷三,第57頁。
⑦ 《中興兩朝編年綱目》卷三,第136頁。《建炎以來繫年要録》卷五〇,第918頁。《皇宋中興兩朝聖政輯校》卷十,第324頁。《宋史全文》卷一八,第1254頁。
⑧ 李裕民:《宋人生卒行年考》,北京:中華書局,2012年,第99—100頁。
⑨ 《續宋中興編年資治通鑒》卷三,第59頁。
⑩ 《續宋中興編年資治通鑒》卷三,第63頁。

按:《綱目》卷四載:紹興二年九月,"劉光世爲江東西安撫使(綱)……置司建康(目)",①但考《要録》卷五八載:紹興二年九月辛巳,"太尉、神武左軍都統制、福建江西荆湖等路宣撫副使韓世忠爲江南東西路宣撫使,置司建康"。② 同見《聖政》卷一二、《全文》卷一八、《宋史》卷二七《高宗本紀》等史書記載。③ 又考《聖政》卷一二載:紹興二年九月辛巳,"沿江三大帥劉光世、李回、李光并去所領揚、楚等州宣撫使名,其節制淮南諸州如故"。④ 綜上所述,可證"劉光世爲江東西安撫使"爲"韓世忠爲江南東西路宣撫使"之誤。疑《續宋通鑒》卷三和《綱目》卷四記載,均有誤。

19. "川陝等安撫處置副使"爲"川陝等路宣撫處置副使"之誤

卷三,63頁:紹興二年九月,"以王似爲川陝等安撫處置副使,復用文臣爲都承旨"。⑤

按:《綱目》卷四載:紹興二年九月,"以王似爲川陝等路宣撫處置副使"。⑥ 對比,二者僅王似的差遣記載略有不同,孰是孰非? 考《要録》卷五八:紹興二年九月丙戌,"顯謨閣直學士、知興元府王似爲端明殿學士、川陝等路宣撫處置副使,與張浚相見,同治事"。⑦ 同見《聖政》卷一二、《全文》卷一八、《宋史》卷二七《高宗本紀》、《類編皇朝中興大事記講義》卷八等史書記載。⑧ 綜上所述,可證"川陝等安撫處置副使"爲"川陝等路宣撫處置副使"之誤,疑似脱漏形訛所致。似應出校。

20. "都運使"爲"隨軍轉運使"之誤

卷三,63頁:紹興二年九月,"張浚在關、陝三年……以劉子羽爲上賓,任趙開都運使"。⑨

按:南宋李心傳《建炎以來朝野雜記》(以下簡作《朝野雜記》)甲集卷一一"都轉運使":"都轉運使,渡江後惟四川有之……張魏公出使川、陝,遂以趙應祥爲隨軍轉運使,專一總

---

① 《中興兩朝編年綱目》卷四,第168頁。
② 《建炎以來繫年要録》卷五八,第1039頁。
③ 《皇宋中興兩朝聖政輯校》卷一二,第374頁。《宋史全文》卷一八,第1283頁。《宋史》卷二七《高宗本紀》,第500頁。
④ 《皇宋中興兩朝聖政輯校》卷一二,第374頁。
⑤ 《續宋中興編年資治通鑒》卷三,第63頁。
⑥ 《中興兩朝編年綱目》卷四,第169頁。
⑦ 《建炎以來繫年要録》卷五八,第1041頁。
⑧ 《皇宋中興兩朝聖政輯校》卷一二,第375頁。《宋史全文》卷一八,第1284頁。《宋史》卷二七《高宗本紀》,第501頁。《類編皇朝中興大事記講義》卷八,第561頁。
⑨ 《續宋中興編年資治通鑒》卷三,第63頁。

領財賦……紹興六年冬,遂除應祥爲都轉運使……十五年,省都轉運使"。① 由此可知,趙開當時是川陝宣撫處置使司隨軍轉運使。似應出校。

21. "薛徽"爲"薛徽言"之誤

卷三,66 頁:紹興二年十一月,"以劉大中、胡蒙、朱异、明橐、薛徽宣諭諸路"。②

按:《要錄》卷六十載:紹興二年十一月己,"是日,宣諭五使劉大中、胡蒙、朱异、明橐、薛徽言五人同班入見……"③同見《聖政》卷一二、《全文》卷一八、《綱目》卷四等史書記載。④ 綜上所述,可證"薛徽"爲"薛徽言"之誤。似應出校。

22. "蓋邦雄"爲"孟邦雄"之誤

卷三,67 頁:紹興三年正月,"河南鎮撫使翟琮入西京,俘僞留守蓋邦雄以歸"。⑤

按:《要錄》卷六二載:紹興三年正月,"是日,權河南鎮撫使翟琮……後二日,琮入西京,僞齊留守孟邦雄……"⑥同見《十朝綱要》卷二二、《綱目》卷五等史書記載。⑦ 另今天臺灣"中央研究院"歷史語言研究所傅斯年圖書館館藏《大齊故贈通侍大夫徐州觀察使知河南軍府事兼西京留守河南府路安撫使馬步軍總管兼管內勸農使孟公墓誌》拓片也可佐證(即孟邦雄墓誌銘)。綜上所述,可證"蓋邦雄"爲"孟邦雄"之誤。似應出校。

23. "淮南路"應作"淮西路"

卷三,71 頁:紹興三年九月,"江東、淮南路,劉光世領之"。⑧

按:《綱目》卷五載:紹興三年九月,"劉光世江東、淮南路……(目)"。⑨ 二者皆做"淮南路"。但考《要錄》卷六八載:紹興三年九月乙亥,"江東宣撫使劉光世爲江東淮西宣撫使者,置司池州"。⑩ 同見《聖政》卷一四、《十朝綱要》卷二二、《全文》卷一八、《宋史》卷二七

---

① 李心傳撰,徐規點校:《建炎以來朝野雜記》甲集卷一一,北京:中華書局,2000 年,第 225 頁。
② 《續宋中興編年資治通鑒》卷三,第 66 頁。
③ 《建炎以來繫年要錄》卷六二,第 1086 頁。
④ 《皇宋中興兩朝聖政輯校》卷一二,第 385 頁。《宋史全文》卷一八,第 1289 頁。《中興兩朝編年綱目》卷四,第 172 頁。
⑤ 《續宋中興編年資治通鑒》卷三,第 67 頁。
⑥ 《建炎以來繫年要錄》卷六〇,第 1068 頁。
⑦ 《皇宋十朝綱要校正》卷二二,第 641 頁。《中興兩朝編年綱目》卷五,第 180 頁。
⑧ 《續宋中興編年資治通鑒》卷三,第 71 頁。
⑨ 《中興兩朝編年綱目》卷五,第 187 頁。(注:點校本《綱目》原作"淮西路",今據校勘記回改。)
⑩ 《建炎以來繫年要錄》卷六八,第 1191 頁。

《高宗本紀》等史書記載。① 綜上所述,可證"淮南路"應作"淮西路"。

24. 席益爲四川制置大使

卷四,85 頁:紹興五年十月,"以席益爲四川制置使,李綱爲江西制置大使,以岳飛爲河北、京西招討使"。②

按:《綱目》卷六載:紹興五年十月,"以席益爲四川制置大使……李綱江西制置大使……"③對比,前者疑似脱漏了"大"字。考《宋史》卷二八《高宗本紀》載:紹興五年十月,"以席益爲四川制置大使……"④同見《十朝綱要》卷二二等史書記載。⑤ 綜上可證,席益爲四川制置大使。似應出校。

25. 岳飛爲湖北、襄陽府路招討使

卷四,85 頁:紹興五年十月,"以席益爲四川制置使,李綱爲江西制置大使,以岳飛爲河北、京西招討使"。⑥

按:《要録》卷九六載:紹興五年十二月己亥朔,"檢校少保、鎮寧鎮信等軍節度使、神武後軍都統制、荆湖南北襄陽府路蘄黄州制置使岳飛遷招討使"。⑦ 又考《要録》卷九八載:紹興六年二月庚子,"……湖北襄陽府路招討使岳飛……"⑧由此可知,岳飛當爲湖北、襄陽府路招討使。同見《十朝綱要》卷二二、《鄂國金佗稡編續編》(以下簡作《鄂國續編》)卷六等載。⑨ 但考《宋史》卷二八《高宗本紀》載:紹興五年十二月己亥朔,"以岳飛爲荆湖南北、襄陽府路、蘄黄州招討使"。今從《要録》卷九八、《十朝綱要》卷二二、《鄂國續編》卷六等史書記載,詳見龔延明先生《岳飛官銜繫年與考釋》。⑩ 又參考李昌憲先生《中國行政區劃通史·宋西夏卷》可知,南宋紹興四年設置襄陽府路。紹興六年,復爲京西南路。綜上可知,岳飛爲湖北、襄陽府路招討使。似應出校。

---

① 《皇宋中興兩朝聖政輯校》卷四,第 439 頁。《皇宋十朝綱要校正》卷二二,第 645 頁。《宋史全文》卷一八,第 1328 頁。《宋史》卷二七《高宗本紀》,第 507 頁。
②⑥ 《續宋中興編年資治通鑒》卷四,第 85 頁。
③ 《中興兩朝編年綱目》卷六,第 231 頁。
④ 《宋史》卷二八《高宗本紀》,第 522 頁。
⑤ 《皇宋十朝綱要校正》卷二二,第 655 頁。
⑦ 《建炎以來繫年要録》卷九六,第 1631 頁。
⑧ 《建炎以來繫年要録》卷九八,第 1659 頁。
⑨ 《皇宋十朝綱要校正》卷二二,第 655 頁。岳珂撰,王曾瑜校注:《鄂國金佗稡編續編校注》卷六,北京:中華書局,2018 年,第 1338—1339 頁。《宋史》卷二八《高宗本紀》,第 523 頁。
⑩ 龔延明:《岳飛官銜繫年與考釋》,《岳飛研究論文集彙編》,杭州:浙江大學出版社,2013 年,第 100—101 頁。

26. "隆、德"應刪去頓號

卷四,97頁:紹興八年,"……威勝軍、隆、德等州"。① 此處"隆、德"應指宋代"隆德府"。

按:《宋史》卷三九《地理志二》可知,隆德府屬於宋代時的河東路。② 故此處頓號應刪去。

27. "郭仲攸"應作"郭仲荀"

卷五,102頁:紹興九年,"以王倫爲東京留守,郭仲攸副之,仍交割地"。③

按:《綱目》卷八載:紹興九年,"以王倫爲東京留守。郭仲荀副之,仍交割地"。④ 又考《要錄》卷一二五載:紹興九年正月戊戌,"端明殿學士,同簽書樞密院事王倫爲東京留守,兼權開封府。檢校少傅、慶遠軍節度使、提舉醴泉觀郭仲荀爲太尉,東京副留守兼節制軍馬"。⑤ 同見《聖政》卷二五、《全文》卷二〇、《宋史》卷二九《高宗本紀》等史書記載。⑥ 綜上所述,可證"郭仲攸"應作"郭仲荀"。似應出校。

28. "懷、寧"應作"淮寧"

卷五,108頁:紹興十年九月,"於是潁昌府、懷、寧、蔡、鄭諸州皆復陷虜"。⑦

按:《綱目》卷九:紹興十年九月,"於是潁昌府、懷寧、蔡、鄭諸州皆復陷虜,議者惜之(目)"。⑧ 但考《要錄》卷一三七載:紹興十年七月,"於是,潁昌、淮寧、蔡、鄭諸州,皆復爲金人所取,議者惜之"。⑨ 同見《聖政》卷二六、《全文》卷二〇、《宋史》卷二九《高宗本紀》等史書記載,⑩ 均作"淮寧"。考《宋史》卷三八《地理志一》載:"(京西)北路。府四:河南,潁昌,淮寧,順昌。州五:鄭,滑,孟,蔡,汝……"⑪ 可知宋代淮寧府和潁昌、鄭、蔡諸州同屬於

---

① 《續宋中興編年資治通鑒》卷四,第97頁。
② 《宋史》卷三九《地理志二》,第2131頁。
③ 《續宋中興編年資治通鑒》卷五,第102頁。
④ 《中興兩朝編年綱目》卷八,第297頁。
⑤ 《建炎以來繫年要錄》卷一二五,第2127頁。
⑥ 《皇宋中興兩朝聖政輯校》卷二五,第795頁。《宋史全文》卷二〇,1581頁。《宋史》卷二九《高宗本紀》,第539頁。
⑦ 《續宋中興編年資治通鑒》卷五,第108頁。
⑧ 《中興兩朝編年綱目》卷九,第320頁。(注:點校本《綱目》原作"淮寧",今據校勘記回改。)
⑨ 《建炎以來繫年要錄》卷一三七,第2313頁。
⑩ 《皇宋中興兩朝聖政輯校》卷二六,第846頁。《宋史全文》卷二〇,第1610頁。《宋史》卷二九《高宗本紀》,第546頁。
⑪ 《宋史》卷八五《地理志一》,第2114頁。

京西北路。綜上所述,可證"懷、寧"應作"淮寧"。點校本似應刪去頓號,并出校。

29. "留屯京、亳"爲"留屯宋、亳"之誤

卷五,109頁:紹興十年十二月,"兀術自順昌敗後,遂保汴京,留屯京、亳……"①

按:《綱目》卷九載:紹興十一年正月,"兀術自順昌敗後,遂保汴京,留屯京、亳……(目)"②,但考《要錄》卷一三九載:紹興十一年正月庚戌,"先是,金都元帥宗弼自順昌戰敗而歸,遂保汴京,留屯宋、亳……"③同見《聖政》卷二七、《宋史》卷二七《高宗本紀》、《全文》卷二一等史書記載。④ "宋"是指宋州,即北宋南京應天府。"亳"是亳州。綜上所述,可證"留屯京、亳"爲"留屯宋、亳"之誤。

30. 徽宗的陵名是永祐陵

卷五,115頁:紹興十二年十月,"殯葬徽宗及顯皇后於會稽,陵名永固,尋易永裕……"⑤

按:《綱目》卷九載:紹興十二年,"冬十月,殯葬徽宗及顯皇后於會稽永裕陵(綱)……初名永固,尋易永裕……(目)"⑥,案永裕陵是神宗陵名,不是徽宗的陵名。考《要錄》卷一四七載:紹興十二年十月丙寅,"權徽宗皇帝、顯肅皇后於會稽之永固陵……其後昭慈、永祐二宫……"⑦由此可知,徽宗陵初名是永固陵,後易名爲永祐陵。

31. "國平王府"應作"恩平王府"

卷六,134頁:紹興二十五年十一月,"以趙逵兼普安、國平王府教授"。⑧

按:《綱目》卷九載:紹興二十五年十一月,"以趙逵兼普安、恩平王府教授"。⑨ 又考《要錄》卷一百七十:紹興二十五年十一月壬申,"秘書省校書郎兼吳王益王府教授兼權禮部員外郎趙逵兼普安、恩平王府教授"。⑩ 同見《全文》卷二二載。⑪ 考李心傳《朝野雜記》

---

① 《續宋中興編年資治通鑒》卷五,第109頁。
② 《中興兩朝編年綱目》卷九,第320頁。(注:點校本《綱目》原作"宋、亳",今據校勘記回改。)
③ 《建炎以來繫年要錄》卷一三九,第2343頁。
④ 《皇宋中興兩朝聖政輯校》卷二七,第861頁。《宋史》卷二七《高宗本紀》,第500頁。《宋史全文》卷二一,第1621頁。
⑤ 《續宋中興編年資治通鑒》卷五,第115頁。
⑥ 《中興兩朝編年綱目》卷九,第333頁。
⑦ 《建炎以來繫年要錄》卷一四七,第2494頁。
⑧ 《續宋中興編年資治通鑒》卷六,第134頁。
⑨ 《中興兩朝編年綱目》卷九,第389頁。
⑩ 《建炎以來繫年要錄》卷一七〇,第2946頁。
⑪ 《宋史全文》卷二二,第1785頁。

卷一《信王璩》載:"信王璩……十五年二月,進封恩平郡王……"①可知,恩平郡王即趙璩,其生平詳見於《宋史》卷二四六。似應出校。

32. "京東南路"應是"京東、河南路"

卷七,154頁:紹興三十一年十月,"四川宣撫使吴璘檄契丹、西夏、高麗、渤海、韃靼諸國及河北、河東、陝西、京東南路等……"②

按:宋金兩代没有京東南路。考《綱目》卷一三載:紹興三十一年,"少保、奉國軍節度使、四川宣撫使吴璘檄告契丹、西夏、高麗、渤海、韃靼諸國及河北、河東、陝西、京東、河南路等……"③對比,前者疑似脱漏了"河"字。北宋滅亡,宋室南遷後,包括河北、河東、陝西、京東路等在内北方大量領土淪爲金國國土,金人在此基礎上又增設了河南路等地方行政區劃。詳見李昌憲先生《金代行政區劃史》。再結合《綱目》記載,可知"京東南路"應是"京東、河南路"。似應出校。

33. "韓保衡"應作"蘇保衡"

卷七,158頁:紹興三十一年十月,"先是,寶舟師至東海縣,時虜兵已圍海州,寶揮兵登岸……獲酋首元賴鄭家奴等六人,斬之。惟韓保衡未發舟,不可獲。其餘自盡死……"④

按:《綱目》卷一三載:紹興三十一年十月,"李寶敗虜於膠西。先是,寶舟師至東海縣,時虜兵已圍海州,寶揮兵登岸……獲酋首完顏鄭家奴等六人,斬之。惟韓保衡未發舟,不可獲,旋聞自盡死……"⑤但考《要録》卷一九三,3478頁小注引熊克小曆云:"統軍蘇保衡未發舟,不可獲,旋聞自盡死。"⑥同見《十朝綱要》卷二五、《全文》卷二三等史書記載。⑦又考《金史》卷八九《蘇保衡傳》載:"蘇保衡字宗尹……宋兵來襲,敗於海中,副統制鄭家死之……六年冬,有疾,求致仕不許……未幾,薨,年五十五。"⑧由《金史》可知,蘇保衡去世於金世宗大定六年(1166),傳聞有誤。另疑"其餘自盡死"當作"旋聞自盡死"。似應出校。

---

① 《建炎以來朝野雜記》卷一,第50頁。
② 《續宋中興編年資治通鑒》卷七,第154頁。
③ 《中興兩朝編年綱目》卷一三,第434頁。
④ 《續宋中興編年資治通鑒》卷七,第158頁。
⑤ 《中興兩朝編年綱目》卷一三,第438頁。
⑥ 《建炎以來繫年要録》卷一九三,第3478頁。
⑦ 《皇宋十朝綱要校正》卷二五,第724頁。《宋史全文》卷二三,第1901頁。
⑧ 脱脱撰:《金史》(修訂版)卷八九《蘇保衡傳》,北京:中華書局,2019年,第1095—1096頁。

34. "懷寧府"應作"淮寧府"

卷七,164 頁:紹興三十二年三月,"金人陷懷寧府,守臣陳亨祖登城督戰,中流矢死"。①

按:《綱目》卷一三:紹興三十二年三月,"虜陷懷寧府。守臣陳亨祖登城督戰,中流矢死"。② 但考《要錄》卷一九八:紹興三十二年三月,"金人圍淮寧府,守城武翼大夫、忠州刺史陳亨祖登城督戰,爲流矢所中,死之"。③ 同見《全文》卷二三、《宋史》卷四五三《忠義傳》等史書記載。④ 案宋代没有懷寧府,此處當作淮寧府無疑。似應出校。

35. "張子益"爲"張子蓋"之誤

卷七,165 頁:紹興三十二年,"張子益大敗金人於石湫堰"。⑤

按:《綱目》卷一三載:紹興三十二年五月,"張子蓋大敗虜於石湫堰"。⑥ 張子蓋是南宋初年將領,張俊從子,《宋史》有傳。考《宋史》卷三六九《張子蓋傳》載:"三十二年春,金人攻海州急,以子蓋爲鎮江府都統往援之……次石湫堰,金人陳萬騎於河東,子蓋率精鋭數千騎擊之……"⑦再考《宋史》卷三二《高宗本紀》載:紹興三十二年五月,"辛亥,鎮江都統制張子蓋救海州,遇金人於石湫堰,大敗之,金人解去"。⑧ 綜上所知,"張子益"爲"張子蓋"之誤。

36. 王之望爲川陝宣諭使

卷七,166 頁:紹興三十二年十月,"以王之望爲川陝宣撫使"。⑨

按:《綱目》卷一三載:紹興三十二年十月,"以王之望爲川陝宣諭使"。⑩ 又考《全文》卷二三,1952 頁:紹興三十二年十月,"是月,以王之望爲川陝宣諭使"。⑪ 同見《宋史》卷三三《孝宗本紀》、《王之望墓誌》等史料記載。⑫ 綜上所述,可證王之望爲川陝宣諭使。似應

---

① 《續宋中興編年資治通鑒》卷七,第 164 頁。
② 《中興兩朝編年綱目》卷一三,第 446 頁。
③ 《建炎以來繫年要錄》卷一九八,第 3590 頁。
④ 《宋史全文》卷二三,第 1952 頁。《宋史》卷四五三《忠義傳》,第 13329 頁。
⑤ 《續宋中興編年資治通鑒》卷七,第 165 頁。
⑥ 《中興兩朝編年綱目》卷一三,第 448 頁。
⑦ 《宋史》卷三六九《張子蓋傳》,第 11477 頁。
⑧ 《宋史》卷三二《高宗本紀九》,第 610 頁。
⑨ 《續宋中興編年資治通鑒》卷七,第 166 頁。
⑩ 《中興兩朝編年綱目》卷一三,第 456 頁。
⑪ 《宋史全文》卷二三,第 1952 頁。
⑫ 《宋史》卷三三《孝宗本紀》,第 620 頁。

出校。

37. 隆興元年春正月改元

卷八,169頁:隆興元年,"春正月壬申朔,改元"。①

按:《綱目》卷一四載:"隆興元年,春正月壬申朔,改元。"②但考《宋史》卷三三《孝宗本紀》和《全文》卷二四記載,隆興元年改元是在正月壬辰朔。似應出校。

38. "詔舉遺逸"

卷八,171頁:隆興元年,"夏四月,詔舉遺逸"。③

按:《綱目》卷一四載:隆興元年,"夏四月,詔舉遺逸"。④但考《宋史》卷三三《孝宗本紀》和《全文》卷二四記載,系該事於本年三月。⑤ 似應出校。

39. 龍大淵爲樞密副都承旨

卷八,172頁:隆興元年秋七月,"以龍大淵、曾覿知閤門事。大淵爲樞密承旨,覿帶御器械"。⑥

按:《綱目》卷一四載:"上之初即位也,以龍大淵爲樞密副都承旨、覿帶御器械。"⑦案《宋史》卷四七十《曾覿傳》載:"孝宗受禪,大淵自左武大夫除樞密副都承旨,而覿自武翼郎除帶御器械。"⑧可佐證《續宋通鑒》所記龍大淵爲樞密承旨事誤。

40. 孝宗皇長子是趙愭

卷八,185頁:隆興元年,"八月,立皇長子趙愭爲皇太子,大赦"。⑨

按:《綱目》卷一四載:乾道元年,"八月,立皇長子愭爲皇太子,大赦"。⑩ 考《朝野雜記》卷一《莊文太子》載:"莊文太子……二十一年,更名愭……封鄧王。乾道元年八月,立

---

① 《續宋中興編年資治通鑒》卷八,第169頁。
②④ 《中興兩朝編年綱目》卷一四,第462頁。
③ 《續宋中興編年資治通鑒》卷八,第171頁。
⑤ 《宋史》卷三三《孝宗本紀》,第622頁。《宋史全文》卷二四,第1969頁。
⑥ 《續宋中興編年資治通鑒》卷八,第172頁。
⑦ 《中興兩朝編年綱目》卷一四,第473頁。
⑧ 《宋史》卷四七〇《曾覿傳》,第13688頁。
⑨ 《續宋中興編年資治通鑒》卷八,第185頁。
⑩ 《中興兩朝編年綱目》卷一四,第493頁。

爲皇太子。"①再考佚名《續編兩朝綱目備要》(以下簡作《備要》)卷一:"始,孝宗在藩邸,成穆郭皇后生四男,長鄧王愭……"②綜上所知,孝宗皇長子是趙愭。似應出校。

41. 李天祚爲安南國王

卷九,205頁:淳熙元年,"春二月,交阯來貢,賜國名安南,封李天祚爲南平國王"。③

按:《綱目》卷一六載:淳熙元年,"春二月,賜安南國名,加封李天祚。交阯來貢,加封南平國王"。④但考《宋會要輯稿》蕃夷四之四三可知,高宗紹興二十五年時,李天祚已被封爲南平王。⑤考《宋史》卷三四《孝宗本紀》載:淳熙元年春正月乙未,"……封南平王李天祚爲安南國王"。⑥同見《宋史》卷四八八《交阯傳》、《宋會要輯稿》蕃夷四之五十等史書記載。⑦似應出校。

42. 吴挺去世於紹熙四年

卷一一,251頁:紹熙五年六月,"利州西路帥吴挺卒"。⑧

按:《備要》卷三:紹熙五年六月,"是夏,利州西路帥吴挺卒(綱)"。⑨但考《宋史》卷三六《光宗本紀》載:紹熙四年五月,"壬辰,太尉、利州安撫使吴挺卒"。⑩同卷載:紹熙四年八月"丁巳,贈吴挺少保"。⑪再考《宋會要輯稿》職官七三之一七載:紹熙五年二月十七日,"……因都統制吴挺身故……"⑫可證吴挺在紹熙五年二月十七日前已去世。又考南宋陳傅良《陳傅良文集》卷二五記載,陳傅良於紹熙五年五月在奏疏中說道:"若乃吴挺之死,半年而不置將……"⑬可知紹熙五年五月,吴挺已去世半年。綜合《宋史》《宋會要輯稿》《陳傅良文集》等史料的記載可知,吴挺應卒於紹熙四年(1193)。

---

① 《建炎以來朝野雜記》卷一,第46頁。
② 佚名撰、汝企和點校:《續編兩朝綱目備要》卷一,北京:中華書局,1995年,第1頁。
③ 《續宋中興編年資治通鑑》卷九,第205頁。
④ 《中興兩朝編年綱目》卷一六,第546頁。
⑤ 《宋會要輯稿》蕃夷四之四三,第9797頁。
⑥ 《宋史》卷三四《孝宗本紀》,第657頁。
⑦ 《宋史》卷四八八《交阯傳》,第14071頁。《宋會要輯稿》蕃夷四之五〇,第9800頁。
⑧ 《續宋中興編年資治通鑑》卷一一,第251頁。
⑨ 《續編兩朝綱目備要》卷三,第36頁。
⑩ 《宋史》卷二九《光宗本紀》,第705頁。
⑪ 《宋史》卷二九《光宗本紀》,第706頁。
⑫ 《宋會要輯稿》職官七三之一七,第5010頁。
⑬ 陳傅良撰,周夢江點校:《陳傅良先生文集》卷二五《奏事札子》,杭州:浙江大學出版社,1999年,第344頁。

43. "傅昌期"應作"傅昌朝"

卷一一,251頁:紹熙五年七月,"又遣閤門宣贊舍人傅昌期密制黄袍"。[1]

按:《備要》卷三:紹熙五年七月,"關禮又使所親閤門宣贊舍人傅昌期密制黄袍(目)"。[2]但考《宋史》卷三九二《趙汝愚傳》載:"禮使其姻黨閤門宣贊舍人傅昌朝密制黄袍"。[3]同見《宋史》卷四三四《儒林傳》、《齊東野語》卷三等史書記載。[4]

44. "王德講"應作"王德謙"

卷一一,258頁:紹熙五年十一月,"侂胄使中使王德講封內批以授熹,熹即附奏謝,遂行"。[5]

按:《備要》卷三載:紹熙五年十一月,"侂胄使中使王德謙封內批以授熹,熹即附奏謝,遂行"。[6]"王德講"和"王德謙"二者僅一字之差。再考《備要》卷五載:慶元三年三月丙申,"竄內侍王德謙"。[7]同見《宋史》卷二二八《宦者四》、《四朝聞見錄》乙集《吳雲壑》、《宋會要輯稿》職官七三之二一、《全文》卷二九等史書記載。[8]綜上所述,"王德講"應作"王德謙"。似應出校。

45. 趙汝愚卒於衡州

卷一二,267頁:慶元元年,"十一月,(汝愚)責授寧遠節度副使、永州安置。徐誼坐言汝愚,亦貶南安軍。明年,汝愚卒於永州"。[9]

按:《備要》卷四:慶元元年十一月己丑,"(汝愚)責授寧遠節度副使、永州安置。徐誼坐言汝愚,亦責團練副使,南安軍安置"。[10]又考同卷,67頁:慶元二年正月庚子,"汝愚卒

---

[1]《續宋中興編年資治通鑒》卷一一,第251頁。
[2]《續編兩朝綱目備要》卷三,第37頁。
[3]《宋史》卷三九二《趙汝愚傳》,第11986頁。
[4]《宋史》卷四三四《儒林傳》,第12891頁。周密撰,張茂鵬點校:《齊東野語》卷三,北京:中華書局,1983年,第41頁。
[5]《續宋中興編年資治通鑒》卷一一,第258頁。
[6]《續編兩朝綱目備要》卷三,第51頁。
[7]《續編兩朝綱目備要》卷五,第79頁。
[8]《宋史》卷二二八《宦者四》,第13673頁。葉紹翁撰,沈錫麟、馮惠民點校:《四朝聞見錄》乙集《吳雲壑》,北京:中華書局,1989年,第48頁。《宋會要輯稿》職官七三之二一,第5013頁。《宋史全文》卷二九,第2457頁。
[9]《續宋中興編年資治通鑒》卷一二,第267頁。
[10]《續編兩朝綱目備要》卷四,第65頁。

於永州"。案永州只是趙汝愚被貶謫之地。① 考《宋史》卷三九二《趙汝愚傳》和《全文》卷二九等可知，②趙汝愚卒於衡州。似應出校。

46. "韓誡"和"韓誠"③

卷一二，273頁：慶元二年，"韓侂胄爲父親韓誠請謚。誠乃神宗外孫也，娶憲聖皇后女弟，積官橫行、承宣使，未嘗更曆事任……遂謚誠曰忠定"。④

按：《備要》卷四，慶元二年，"十二月庚午，韓誠賜謚（綱）……曰忠定。誠，侂胄之父，神宗外孫也，娶憲聖皇后女弟，積官橫行承宣使，未嘗更曆事任……遂謚誠曰忠定（目）"。⑤ 但考《宋史》卷四七四《韓侂胄傳》："父誠，娶高宗憲聖慈烈皇后女弟，仕至寶寧軍承宣使。"⑥同見《要錄》卷一四六。⑦ 考《宋史》卷七一《韓琦傳》、《要錄》卷一百、《要錄》卷五等可知，⑧韓琦幼子韓嘉彥尚神宗公主，生有五子。五子分別是韓恕、韓昭、韓誠、韓咨、韓誡。二者孰是孰非，姑且存疑。

47. 皇甫斌爲江陵副都統

卷一三，307頁：開禧二年五月，"江陵都統皇甫斌引兵攻唐州，不克"。⑨

按：本書同卷，306頁：開禧二年四月，"……江陵副都統皇甫斌兼西北路招撫副使"。⑩ 再結合《備要》卷九："趙淳兼西北路招撫使，皇甫斌副之……斌以江陵副都統兼。"⑪疑"副"字脫漏。似應出校。

48. 郭倪責授果州團練副使

卷一三，312頁：開禧二年十二月，"郭倪喪師，責授果安團練使，送南康軍安置"。⑫

---

① 《續編兩朝綱目備要》卷四，第67頁。
② 《宋史》卷三九二《趙汝愚傳》，第11989頁。《宋史全文》卷二九，第2448頁。
③ 河南大學仝相卿先生認爲韓侂胄之父爲韓誠，詳見於《南宋韓侂胄父名諱考實》一文（待刊稿）。
④ 《續宋中興編年資治通鑒》卷一二，第273頁。
⑤ 《續編兩朝綱目備要》卷四，第73頁。
⑥ 《宋史》卷四七四《韓侂胄傳》，第13771頁。
⑦ 《建炎以來繫年要錄》卷一四六，第2468頁。
⑧ 《宋史》卷七一《韓琦傳》，第10230頁。《建炎以來繫年要錄》卷一〇〇，第1693頁。《建炎以來繫年要錄》卷五，第128頁。
⑨ 《續宋中興編年資治通鑒》卷一三，第307頁。
⑩ 《續宋中興編年資治通鑒》卷一三，第306頁。
⑪ 《續編兩朝綱目備要》卷九，第161頁。
⑫ 《續宋中興編年資治通鑒》卷一三，第312頁。

按:《備要》卷九:開禧二年十二月,"己巳,竄郭倪(綱)……責授果、安團練使,送南康軍安置(目)"。① "果安團練使",其意不通。考《宋史》卷三八《寧宗本紀》載:開禧二年十二月,"己巳,罷郭倪,奪三官,責授果州團練副使,送南康軍安置"。② 按宋制,貶責官員多是授予副貳。郭倪因兵敗被貶責爲果州團練副使,這樣文意就通了。

49."紇石烈子寧"應作"紇石烈子仁"

卷一三,312頁:開禧三年正月,"皇甫恭自汴京使回,恭奏行省完顏弼、右副元帥紇石烈子寧皆有和意,且移書都堂"。③

按:《備要》卷十:開禧三年正月,"……皇甫恭,奏自汴京回,言行省完顏弼、右副元帥紇石烈子寧皆有和意"。④ 但考《金史》卷一二《章宗本紀》和卷九三《僕散揆傳》、《宋史》卷一五四《方信孺傳》等載,⑤均作"紇石烈子仁"。今從《金史》和《宋史》中的記載。似應出校。

50."棗陽軍"當作"棗陽縣"

卷一五,361頁:嘉定十一年二月,"金人攻陷湫池堡、圍隨州、棗陽軍"。⑥

按:《備要》卷一五:嘉定十一年二月,"丁未,陷湫池堡……戊申,圍隨州、棗陽軍(綱)"。⑦ 考《宋史》卷八五《地理志一》可知,棗陽是隨州的屬縣。⑧ 考劉克莊《玉牒初草》卷下載:嘉定十二年六月庚午,"以隨州棗陽縣爲棗陽軍,從京湖制置趙方請也"。⑨ 綜上可知,棗陽最初是隨州屬縣,嘉定十二年六月才升爲軍。

綜上所述,《續宋通鑒》一書中存在大量訛誤,現不一一贅述。其中《續宋通鑒》高孝兩朝部分訛誤多與佚名《中興兩朝編年綱目》中的訛誤一致,而《續宋通鑒》光寧兩朝部分訛誤多與佚名《續編兩朝綱目備要》中訛誤雷同。這反映出《續宋通鑒》主要史源是《綱目》和《備要》二書。《續宋通鑒》中大量訛誤也説明了《續宋通鑒》作者缺乏基本的史學素養,只

---

① 《續編兩朝綱目備要》卷九,第169頁。
② 《宋史》卷三八《寧宗本紀》,第743頁。
③ 《續宋中興編年資治通鑒》卷一三,第312頁。
④ 《續編兩朝綱目備要》卷一〇,第175頁。
⑤ 《金史》(修訂版)卷一二《章宗本紀》,第302頁。脱脱撰:《金史》(修訂版)卷九三《僕散揆傳》,第2194頁。《宋史》卷一五四《方信孺傳》,第12059頁。
⑥ 《續宋中興編年資治通鑒》卷一,第361頁。
⑦ 《續編兩朝綱目備要》卷一五,第285頁。
⑧ 《宋史》卷八五《地理志一》,第2113頁。
⑨ 劉克莊撰,王瑞來集證:《玉牒初草集證》卷下,北京:中華書局,2018年,第183頁。

會機械抄襲《綱目》和《備要》二書,故其真正作者不可能是南宋國史實録院檢討兼編修官劉時舉。李寒簫在《〈續宋中興編年資治通鑑〉研究》中力證《續宋通鑑》是一部托名南宋劉時舉的僞書,其真正作者極有可能是麻沙劉氏家族的某位成員。[①] 李氏研究证明《續宋通鑑》的作者可能是麻沙劉氏家族中的一员。

【作者簡介】劉坤,上海大學歷史系碩士研究生;張呈忠,歷史學博士,上海大學歷史系講師,主要從事宋史研究。

---

① 李寒簫:《〈續宋中興編年資治通鑑〉研究》,北京師範大學歷史系碩士學位論文,2021年,第24—31頁.

《宋史》列傳訂誤四則

陳立軍

《宋史》是研究宋代歷史的基礎史籍之一。但是由於史成衆手，難免出現失實之處，影響它的史學價值。在將《宋史》與《宋會要輯稿》《續資治通鑒長編》等史書比勘時，發現《宋史》列傳存有四處失誤之處。

1.《胡宗愈传》："宿得請杭州，英宗問：子弟誰可繼者？以宗愈對。召試學士院。神宗立，以爲集賢校理。久之，兼史館檢討。"①

"神宗立"在胡宗愈"召試學士院"前，《宋史》顛倒了時間，誤。胡宿由樞密副使知杭州在治平三年四月。② 而治平三年十一月，英宗才令宰輔韓琦、曾公亮、歐陽修和趙概"舉才行兼善者"充館閣。宰輔四人共薦二十人，其中包括胡宗愈。③ 據此可知，胡宗愈是奉英宗之命經宰輔舉薦才得以召試，并非因胡宿罷樞密副使以恩蔭召試入館。由於舉薦人數衆多，英宗"令先召延慶等十人，餘須後試"，故學士院試有治平三年十一月試和治平四年閏三月試之分。胡宗愈被分在"後試"之中。因人等，神宗降詔胡宗愈充集賢校理。④ 是因治平四年正月英宗病逝，神宗已即位。故"神宗立"當在"召試學士院"前。

2.《宋史》卷三四四《馬默傳》：神宗即位，以論歐陽修事，通判懷州。上疏陳十事，……除知登州。（第 31 册第 10947 頁）

"神宗即位"在"以論歐陽修事，通判懷州"後，《宋史》顛倒了時間，誤。太常博士、監察

---

① 脱脱等撰：《宋史》卷三一八《胡宿傳附胡宗愈傳》，北京：中華書局，1977 年，第 30 册，第 10370 頁。
② 李燾：《續資治通鑒長編》卷二〇八，北京：中華書局，1995 年，第 5051 頁。以下簡稱《長編》。
③ 徐松輯、劉琳、刁忠民等校點：《宋會要輯稿》選舉三一之三六，上海：上海古籍出版社，2014 年，第 10 册，第 5860 頁。
④ 《長編》卷二〇九"治平四年閏三月丙午"條，第 5089 頁；《宋會要》選舉三一之三六，第 5860 頁。

御史里行馬默守本官通判懷州在治平三年九月。① 而神宗即位在治平四年正月。② 因此，《宋史》顛倒了兩事件的時間順序。"論歐陽修事"指歐陽修建請議濮王名號。《東都事略》載："治平中，爲監察御史里行。時議尊濮安懿王，臺諫力爭以爲不可，悉補外。默請還所出臺諫官。歐陽修建請濮議，士論不與；郭逵除簽書樞密院，物議不厭，默皆上書論列。"③ 但《東都事略》所述有遺漏，馬默除論奏以上三事外，還深度介入濮王之議。據《長編》載："默又言濮王不宜稱親，上因爲疏謬，故黜之。"李燾小注又云："默本傳云，上疏議劾歐陽修、郭逵，不言乞留御史。今從《實録》。"④據此可知：（1）《東都事略·馬默傳》所述與《實録·馬默傳》相合，史事可信。（2）馬默由御史貶降通判懷州，是因議濮王之事。由此可見，《宋史·馬默傳》所言"以論歐陽修事"貶官避重就輕了。

上述諸事件，除彈劾郭逵以外，《宋史·馬默傳》均有涉及，尤其是馬默論列濮王不宜稱親事，《宋史·馬默傳》節録了兩封奏疏。但是只有馬默彈劾歐陽修事被放在"神宗即位"後。這或許是受治平四年二月御史誹謗歐陽修與子婦吳氏有染事影響。御史誹謗歐陽修意義重大，不僅導致歐陽修罷相，還迫使神宗調整御史制度。而歐陽修建請濮議與御史誹謗歐陽修時間相近，相隔不過五個月，而史傳又簡化馬默彈劾歐陽修的奏章内容，這導致《宋史》編修者誤以爲馬默也參與治平四年二月御史誹謗歐陽修的行動。因此，《宋史》出現"神宗即位"與"以論歐陽修事，通判懷州"二事顛倒的現象。

3.《宋史》卷三八九《尤袤傳》："嘗取孫綽《遂初賦》以自號，光宗書扁賜之。"（第34册第11929頁）

按，"光宗書扁"當作"光宗在東宫書扁"，《宋史》誤。《咸淳毗陵志》卷一七《尤袤傳》載："自號遂初居士，光宗在東宫，因書二字賜之。"⑤據此可見，《宋史》所述與《咸淳毗陵志》不同。那光宗賜字究竟在何時呢？楊萬里有《賜尤延之右司遂初堂》詩。⑥ 據詩題可知，這首詩恰作於賜字之後，且尤袤時爲尚書省右司郎中。據《中興東宫官僚題名》載，尤袤於淳熙十年十月以吏部員外郎兼侍講，至淳熙十二年正月除右司郎仍兼侍講。⑦《宋會

---

① 《長編》卷二〇八，第5061頁；《宋會要》職官六五之二六，第8册，第4812頁。
② 《宋史·神宗本紀》，第2册，第467頁。
③ 王稱：《東都事略》卷九二《馬默傳》，濟南：齊魯書社，2000年，第785頁。
④ 《長編》卷二〇八，第5061頁。
⑤ 《宋元方志叢刊》第3册，北京：中華書局，1990年，第3118頁。
⑥ 辛更儒箋校：《楊萬里集箋校》卷二〇，北京：中華書局，2007年，第3册，第1034頁。
⑦ 《續修四庫全書》第748册，上海：上海古籍出版社，2013年，第415頁。

要》所述更詳細,尤袤於淳熙十二年正月二十日除右司郎兼太子侍講。① 而由右司郎中改左司郎中時間是在淳熙十三年八月,史有明文。② 由此可知,光宗賜字、楊萬里題詩均在淳熙十二年正月至十三年八月之間。而光宗即位在淳熙十六年二月。③ 因此,光宗賜字時仍在東宫爲太子。這說明尤袤與光宗在做太子時就已經有密切的往來。

4.《宋史》卷四一九《薛極傳》:"知廣德軍。以參知政事樓鑰薦遷大理正、刑部郎官,司封郎中、權右司郎中。"(第 36 册第 12544 頁)

按,"參知政事"當作"吏部尚書"。薛極是由大理官走上政途成爲權相史彌遠心腹,而樓鑰在這其中起到推波助瀾的作用。薛極初任大理正、知廣德軍均在開禧元年。據《宋會要》載,開禧元年六月十日,"銓試,命禮部員外郎徐似道、大理正薛極考試";④《光緒廣德州志》卷二五載,薛極,開禧元年知廣德軍。⑤ 但初任大理正在知廣德軍前。《咸淳毗陵志·薛極傳》載:"爲大理評事,通判温州。以寺召,出守桐川,丐祠,不許。嘉定改元,召入,會以參知政事樓鑰薦,歷左右司。"⑥桐川即廣德軍的别稱。蔡幼學《薛極大理正》:"嘗莅是官,蔽罪惟允。分符近郡,民譽日聞。肆疇爾能,還之舊著。"⑦據此可知,蔡幼學的制詞是在薛極第二次任大理正時撰寫,薛極曾兩任大理寺正:先因獲罪由大理正出外知廣德軍,復由知廣德軍爲大理正。結合《咸淳毗陵志·薛極傳》看,他第二次任大理正在嘉定元年,僅是官復原職。《宋史》言"遷大理正"失實。

由於刑部員闕,薛極才有改官的機會。蔡幼學《薛極刑部員外郎》:"三爲理官,見謂平允。比疇郡最,復還故班,未足以究爾能也。刑曹虛位,惟爾宜之。"⑧結合《咸淳毗陵志·薛極傳》看,"三爲理官"指一任大理評事、兩任大理正。而由大理正改刑部員外郎是在嘉定元年六月。《宋會要》載,嘉定元年六月十日"銓試,命禮部員外郎陳晦、刑部員外郎薛極考試"。⑨

要之,薛極由知廣德軍改大理正、刑部員外郎均在嘉定元年上半年。因此,樓鑰薦舉

---

① 《宋會要》職官七之三三,第 5 册,第 3224 頁。
② 陳騤撰,張富祥點校:《南宋館閣録》卷九,北京:中華書局,1998 年,第 367 頁。
③ 《宋史》卷三六《光宗本紀》,第 3 册,第 694 頁。
④⑨ 《宋會要》選舉卷二二之二二,第 10 册,第 5668 頁。
⑤ 《中國地方誌集成·安徽府縣誌輯》第 42 册,南京:江蘇古籍出版社 2009 年,第 368 頁。
⑥ 《咸淳毗陵志》卷一七《薛極傳》,《宋元方志叢刊》,第 3 册,第 3118 頁。
⑦ 蔡幼學:《薛極大理正》,曾棗莊、劉琳主編:《全宋文》第 289 册,上海:上海辭書出版社、合肥:安徽教育出版社,2006 年,第 164 頁。
⑧ 蔡幼學:《薛極刑部員外郎》,《全宋文》,第 289 册,第 202 頁。

薛極亦在此時。但樓鑰時官吏部尚書。開禧三年十二月,樓鑰除權吏部尚書兼翰林學士兼侍讀。① 嘉定元年八月,樓鑰由吏部尚書改簽書樞密院事,至次年正月才改參知政事。② 因此,樓鑰薦舉薛極時任吏部尚書,而非參知政事。

【作者簡介】陳立軍,歷史學博士,成都中醫藥大學馬克思主義學院講師,主要從事歷史文獻學、宋史研究。

---

① 佚名:《中興學士院題名》,《續修四庫全書》,第748冊,第402頁;袁燮:《樓鑰行狀》,《全宋文》,第281冊,第269頁;《南宋館閣錄》卷九,第358頁。
② 《宋史》卷三九《寧宗本紀》,第3冊,第751—752頁。

《群書會元截江網》研究三題

劉 冲

《群書會元截江網》（以下簡稱《截江網》）爲南宋理宗時所編纂的一部類書,[①]内容頗爲豐富。先前學者或在研究宋代類書時分析該書目録設置,[②]或在探討相關問題時取材於此,[③]僅有金毓黻先生曾論及該書體例及所引典籍,并提出《截江網》南宋部分所引《長編》《續長編》爲《宋史全文》的觀點,[④]顧宏義也提出此書中所標注之《長編》《續長編》與《宋史全文》關係密切,且極有可能爲一書。[⑤] 本文將在此基礎上,對該書景印《文淵閣四庫全書》本中存在的脱文、錯簡與"皇朝事實"部分所引寧宗朝史事的出處及價值三個問題進行探討。

一、《截江網》卷九《會財》中的脱文

《截江網》全書按内容與體例可大致分爲兩種類型,其中卷一至卷二八爲一種類型,每卷包含"歷代事實""皇朝事實"等部分,兩部分皆先列史實,後附評論性偶句。[⑥] 其中"歷代事實"所列皆爲該主題下北宋之前的史事,"皇朝事實"則爲宋朝的相關事件,偶句與正文只是大致相關,前後順序不完全一致,也并非一一對應。卷二九至卷三五則爲另一種類型,每卷則包含"事實源流"等部分。

[①] 方誠峰認爲《截江網》成書于宋理宗淳祐末,見"天"與晚宋政治——釋宋理宗御製〈敬天圖〉》,《中山大學學報》2017年第2期,第82頁注①。但該書卷一《聖製·時政》中説皇帝"大寶親承,將及三紀",所説當爲理宗,由"將及三紀"來推,則其成書年代當在理宗淳祐末年乃至寶祐初年,對於當朝皇帝在位時間如此嚴肅的問題,編者當不至於出現錯誤,加之此書作爲科舉參考書時效性很强,故《截江網》成書時間當在淳祐十年(1250)後、寶祐元年(1253)前。景印《文淵閣四庫全書》,臺北:商務印書館,1986年,第934册,第13頁。
[②] 如王利偉:《宋代類書研究》,四川大學歷史文獻學碩士學位論文,2005年。
[③] 新近研究如方誠峰在上述論文中引用了卷三《敬天》中的内容,龔延明:《宋代爵制的名與實——與李昌憲、郭桂坤等學者商榷宋代十二等爵制》一文亦引用了其中官品部分,《中國史研究》2019年第2期。
[④] 金毓黻:《群書會元截江網與續資治通鑒長編》,《北京大學國學季刊》1950年第1期,第91—98頁。
[⑤] 顧宏義:《李燾〈續資治通鑒長編〉南宋抄刊本考述》,《文史》2021年第3輯,第196—198頁。
[⑥] 卷二一、二二爲將帥門的上下卷,可看作一卷。

卷九《會財》屬於第一種類型，對於該卷而言，其内容在"歷代事實"之後有偶句，但却没有"皇朝事實"的小目，①這在本書前二十八卷中顯得較爲特殊。究竟是本卷編纂者未設置這一小目，抑或此本文字原有闕失？該問題值得進一步探究。

仔細查考該部分内容，在引用《五代史》後唐明宗以張延朗爲三司使後，②"歷代事實"史事部分本應結束，接下來應爲相關偶句，但此本接以"韓絳上《治平會計》六卷"數字，③後接神宗熙寧二年（1069）富弼上奏事，之後皆爲宋朝史事。按照該書體例，"歷代事實"皆爲宋朝之前的歷史事件，但在本卷中却出現了宋朝本朝的史事，這無疑是存在問題的。且之後的偶句，所述也全爲"提舉會計則有韓絳""淳化之詔也"等可明顯判定爲論述宋朝史事的句子。④

以上兩點皆可説明該本此處存在問題。一個合理的判斷是《文淵閣四庫全書》本所依據的底本此處即存在闕損，館臣爲掩蓋這一點，遂不顧本書體例，命書吏將闕損偶句的"歷代事實"部分與失去前半部分的"皇朝事實"連抄，以致形成了現在的局面。該本行款半頁八行、行二十一字，但本行却只有二十字，且"充三司使"四個字看起來明顯較爲疏闊，與其他部分抄寫緊密形成鮮明對比。這只能説明抄書者爲躲避處罰，遂掩蓋底本闕損的事實，故意如此抄寫。

至於所闕失"皇朝事實"部分所記載的内容，可大致復原出來。宋代類書《璧水群英待問會元》（以下簡稱《待問會元》）該門類内容與《截江網》幾乎雷同，且後者更豐富一些。查《待問會元》，相關内容爲"真宗景德四年，丁謂上《景德會計録》。祥符九年，林特上《祥符會計録》。仁宗時，田况權三司使，約《景德會計録》，以今財賦所入多於景德，而其出又多於所入，著爲《皇祐會計録》上之。《事略》。皇祐四年，王堯臣等較慶曆、皇祐總四年天下財富出入，爲書七卷上之。英宗治平四年，三司使"，⑤後接"韓絳上《治平會計》六卷"。⑥

----

① 此點在《四庫類書叢刊》本所編目録中亦有所反映，即"歷代事實附偶句"後直接接以"經傳格言"，而無"皇朝事實并偶句"數字，上海：上海古籍出版社，1991年，第4頁。
② 原文作"張延亮"。《舊五代史》卷四一《唐明宗紀七》載長興元年（930）八月"以前許州節度使張延朗爲檢校太傅、行兵部尚書，充三司使"。北京：中華書局，2016年，第2册，第649頁。
③ 《截江網》卷九《會財》，第120頁。查相關史事，治平四年（1067）"九月五日，三司使韓絳上《治平會計録》六卷，降詔奬諭"。徐松輯：《宋會要輯稿》食貨五六之一三，北京：中華書局，1957年，第6册，第5779頁。按照《截江網》體例，此句應爲"治平四年，三司使韓絳上《治平會計》六卷"。《截江網》該條所依據之《續資治通鑑長編》相關部分已經佚失，《長編紀事本末》也未收入。
④ 《截江網》卷九《會財》，第121頁。
⑤ 劉達可：《璧水群英待問會元》卷七九《財計門·會財》，《四庫存目叢書》，濟南：齊魯書社，1995年，景印南京圖書館藏明麗澤堂活字本，子部第168册，第694頁。魏希德提出兩書"之間有很多重複的部分"，"《群書會元截江網》看起來好像是《璧水群英待問會元》的修訂版"，并列表比較了兩書門類名之間的異同，見［比］魏希德（Hilde De Weerdt）著，胡永光譯：《義旨之爭：南宋科舉規範之折衝》，杭州：浙江大學出版社，2015年，第294、308—311頁。
⑥ 《截江網》卷九《會財》，第120頁。

各種類書之間内容多雷同之處,此處韓絳所上之書完整的名稱爲《治平會計録》,而《截江網》與《待問會元》皆作《治平會計》,由此亦可見其承襲關係。"充"字屬上句無疑,"三司使"三字從屬上句或下句則難以斷定。

以上脱文亦可根據所附之偶句印證一些,偶句第五句"《景德會計録》進於丁謂而志在獻諛"①,所指即上文丁謂上《景德會計録》一事。第三與第六句爲"所出多於所入則會計於皇祐""《皇祐會計録》上於田況而志在輕賦"所指則爲皇祐二年(1050)田況上《皇祐會計録》事。②

綜上所述,《截江網》底本卷九《會財》"歷代事實"部分脱"偶句","皇朝事實"脱前半部分,館臣遂命書吏將前後兩部分連抄,以掩蓋所據底本不善的痕迹,但却在該書體例及"充三司使"四字的間距上露出馬脚。

二、《截江網》卷一八《詔令》中的錯簡

《截江網》卷一八《詔令》從目録看,各部分都是完整的。但"歷代事實"部分在"劉積平"條之後,却出現了"仁宗天聖元年,帝曰:'或謂先朝詔令不可輕改。'……"一條,③接下來所述亦皆爲宋朝史事,這與"歷代事實"與"皇朝事實"明顯分開的體例是不相符的,此爲問題之一。其後所附之偶句,首句至第四句分別爲"下平蜀寇詔恐引咎未切則御筆親寫""在淳熙則有再三詳慮之請",④所述明顯爲宋太宗、宋孝宗的事迹。而自第五句"盤庚之誥不在於三篇而在於敷心腹"起,至末句"元帝之號令温雅有古風烈",⑤所述又皆爲宋朝之前的史事,且在前述事實中多能找到出處。此爲問題之二。問題之三爲"皇朝事實"部分所列舉的僅爲太祖建隆至真宗大中祥符時期的史事,而在偶句中則出現了仁宗、神宗與高宗朝的内容,前後并不相符。

總之,該部分内容與全書體例不符,亦即在"歷代事實"中出現了"皇朝事實","歷代事實"的偶句中也出現了宋朝的内容。究其原因,恐在於《截江網》此處出現了錯簡。上述"劉積平"一條之後,"歷代事實"所述已經完畢,後應接偶句部分的第五至第十六句;而從"仁宗天聖元年"條至偶句"在淳熙則有再三詳慮之請",則應置於"皇朝事實"的"祥符四年"條之後。亦即"仁宗天聖元年"至"再三詳慮之請"與"盤庚之誥"至"洎加裁正偶句"發

---

①② 《截江網》卷九《會財》,第121頁。
③ 《截江網》卷一八《詔令》,第244頁。原文"劉積"誤作"劉積",此事見《舊唐書》卷一六八《封敖傳》,北京:中華書局,1975年,第13册,第4392—4393頁。
④⑤ 《截江網》卷一八《詔令》,第244頁。

生錯位,二者應互換位置,并將"裁正"後之"偶句"一行兩字移至"所賜玉帶與之并本傳"之後,方符合全書體例。

三、《截江網》所引寧宗朝史事的來源及價值

《截江網》一書的"皇朝事實"部分,北宋多取材於《長編》《會要》《九朝通略》等官私文獻,南宋高宗、孝宗兩朝則多引《建炎以來繫年要錄》《聖政》等書,無光宗與理宗朝史事,寧宗朝史事則有一定分量。在前二十八卷中,"皇朝事實"部分有十五卷述及寧宗朝史事,經統計共有31條,其中標注《長編》《續長編》者10條,[①]《聖政》4條,《本紀》6條,《朝野雜記》《雜記》3條,《會要》1條,《時報》1條,未標注出處者6條。這部分文獻的來源與價值值得關注。

標注《長編》與《續長編》者共10條。此外在標注爲《聖政》的4條中,也有1條也可確認出於《截江網》編者所稱的《長編》。在卷一《聖製》所載寧宗朝史事第一條爲"寧宗嘉泰三年,光宗皇帝御集閣曰寶謨"。[②] 標明出處爲《聖政》,但緊鄰下一條標注出處爲"并《長編》",所指爲包括上一條皆出自於《長編》。此條內容與聖政無關,則其出處也應爲《長編》。

我們一般所知的《長編》《續長編》所指爲南宋史學家李燾所修撰的《續資治通鑑長編》一書,但該書所記爲北宋九朝史事,并不包括南宋,那麼《截江網》寧宗朝史事所引《長編》《續長編》爲何書呢?這就需要查明這些記載的出處,方可確定這兩種文獻爲何典籍。

卷一《聖製》引述兩條寧宗朝條文,其中第二條爲"慶元三年,詔諸路搜訪高宗皇帝御制并御筆",[③]出處標記爲"《長編》"。經翻檢,《宋史全文》記載慶元二年(1196)七月"庚寅,詔諸路搜訪高宗皇帝御製、御筆。"[④]除時間不同外,《截江網》所載比《宋史全文》多出"并"字。卷一〇載嘉泰"三年,增置襄陽騎軍"。[⑤] 標注出處爲《長編》。經查,《宋史全文》載嘉泰三年(1203)"八月壬寅,增置襄陽騎軍"。[⑥] 二者文字完全相同。標注出處爲《續長編》者,卷一四載"寧宗開禧元年七月壬午,詔諸路提刑、提舉司措置保甲",[⑦]《宋史全文》

---

① 金毓黻先生列有8條,漏列卷一〇的2條,見《群書會元截江網與續資治通鑑長編》,第95頁。
②③ 《截江網》卷一《聖製》,第6頁。
④ 汪聖鐸點校:《宋史全文》卷二九上《宋寧宗一》,北京:中華書局,2016年,第8册,第2451頁。
⑤ 《截江網》卷一五《步騎》,第199頁。
⑥ 《宋史全文》卷二九下《宋寧宗二》,第8册,第2497頁。
⑦ 《截江網》卷一四《民兵》,第184頁。

中亦有記載開禧元年(1205)七月"壬午,詔諸路提刑、提舉司措置保甲"。① 二者時間、文字完全相同。上述 11 條中,有 6 條皆同于《宋史全文》的記載,1 條大致相同,而《宋史全文》也叫作《續通鑒長編》,②《截江網》"皇朝事實"部分寧宗朝史事出處所標的《長編》《續長編》或是指《宋史全文》。

當然,一些標注出處爲《長編》《續長編》的條目同時出現於《宋史全文》與《續編兩朝編年綱目》中,③這樣的條目有 5 條,但相互之間有微小區別,且《截江網》都同于《宋史全文》。如卷一○《府庫》載"嘉定元年,置拘榷安邊錢物所",④《宋史全文》卷三○記載爲嘉定元年(1208)"閏四月辛未,置拘榷安邊錢物所",⑤二者文字完全相同。而《續編兩朝綱目備要》則爲"是歲,置提領拘榷安邊錢物所",⑥《截江網》同于《宋史全文》的記載。上述"寧宗開禧元年七月壬午,詔諸路提刑、提舉司措置保甲"條,⑦《截江網》所引與《宋史全文》皆具體到日期,而《續編兩朝綱目備要》則只到月份。⑧《截江網》卷二四載:"寧宗嘉定十一年,詔侍從、臺諫、兩省官集議平戎、禦戎、和戎三策。"⑨《宋史全文》記載爲嘉定十一年"五月""丁亥,詔侍從、臺諫、兩省官集議平戎、禦戎、和戎三策。"⑩《續編兩朝綱目備要》爲嘉定十一年五月丁亥,"集議邊事。詔侍從、兩省、臺諫官集議平戎、禦戎、和戎三策"。⑪ 比對文字,《截江網》同於前者而非後者。且在此之外,可以確認無誤標注出處爲《長編》的條目,仍有 2 條僅見于《宋史全文》,即上述嘉泰三年增置襄陽騎軍條,以及慶元二年搜訪高宗御製御筆條,這兩條不見於《續編兩朝綱目備要》。《續編兩朝綱目備要》也從未被稱作《長編》或者《續長編》,故從以上論述看,《截江網》所引寧宗朝史事所標出處之《長編》《續長編》似應爲《宋史全文》。

但"寧宗嘉定十六年,臣僚上言:'左帑一職……豈容玩視慢令如此。'"⑫ 及"寧宗嘉定十二年臣僚言""十四年,臣僚言"⑬三條雖然標注出處爲《長編》《續長編》,但却不見於今

---

① 《宋史全文》卷二九下《宋寧宗二》,第 8 册,第 2505 頁。
② 永瑢等:《四庫全書總目》卷四七史部編年類《宋史全文》提要,北京:中華書局,1965 年,第 428 頁。
③ 金毓黻先生僅比對了《宋史全文》與劉時舉的《續宋中興編年資治通鑒》,而未將《續編兩朝綱目備要》考慮在内,當是因條件限制未見到此書。
④⑫ 《截江網》卷一○《府庫》,第 132 頁。
⑤ 《宋史全文》卷三○《宋寧宗三》,第 8 册,第 2538 頁。
⑥ 佚名編、汝企和點校:《續編兩朝綱目備要》卷一一,北京:中華書局,1995 年,第 203 頁。
⑦ 《截江網》卷一四《民兵》,第 184 頁。
⑧ 《宋史全文》卷二九下《宋寧宗二》,第 8 册,第 2505 頁;《續編兩朝綱目備要》卷八,第 148 頁。
⑨ 《截江網》卷二四《戰守和》,第 351 頁。
⑩ 《宋史全文》卷三○《宋寧宗三》,第 8 册,第 2578 頁。
⑪ 《續編兩朝綱目備要》卷一五,第 285 頁。
⑬ 《截江網》卷二八《役法》,第 412 頁。

本《宋史全文》中。① 而今本《宋史全文》寧宗朝部分却是完整的,究其原因,可能在於這三條内容本不出於《宋史全文》。亦即在"皇朝事實"部分所引述關於寧宗朝史事的11條《長編》《續長編》中,6條同於今本《宋史全文》,1條微有不同,4條不見於今本《宋史全文》。

一般認爲《宋史全文》產生于宋末元初,如汪聖鐸提出"大約始撰于宋末,而完成于元初"的説法,②金毓黻先生根據6條相同記載推斷《長編》《續長編》即爲《宋史全文》,③但反例過多,現在看來恐不應遽下此結論。即使《宋史全文》成書于宋末,④那也在理宗朝之後,而《截江網》成書時間爲理宗朝,不可能抄録《宋史全文》的内容,而只能是《截江網》所引與《宋史全文》相關記載同源。

如果將視野擴大,將標注爲《長編》《續長編》的條目與《宋史·寧宗紀》相比對,如上述嘉定十一年條,《宋史》作五月"丁亥,詔侍從、臺諫、兩省官集議平戎、禦戎、和戎三策"。⑤與《截江網》記載完全相同。再如開禧元年條,《宋史》作七月"壬午,詔諸路提刑、提舉司措置保甲"。⑥ 上述11條中,有6條同於《宋史·寧宗紀》所載,如果去掉4條《寧宗紀》基本不收的詔令與奏議,則7條中有6條同于《宋史》所載。《宋史·寧宗紀》的來源爲宋理宗淳祐二年(1242)時成書的《中興四朝國史·寧宗紀》,則《截江網》所引《長編》《續長編》或爲《中興四朝國史·寧宗紀》,或與之同源。之所以與《宋史全文》所引相同條目甚多,則在於《宋史全文》寧宗朝部分也引述了《中興四朝國史·寧宗紀》。⑦《截江網》所載有多出《宋史·寧宗紀》1條者,則是因爲從《中興四朝國史·寧宗紀》到《宋史·寧宗紀》也進行了删節改動。

標注出自《本紀》者有6條,關於寧宗朝的史書能夠被稱爲"本紀"者僅有兩種,一是《中興四朝國史》中的《寧宗紀》,二是《宋史·寧宗紀》。考慮到成書時間的原因,則只能是前者。南宋《國史》一般人難以見到,而《中興四朝國史》的本紀却因爲李心傳的原因得以流傳民間,⑧也就被《截江網》的編者收入了書中。仔細分析這6條本紀,其特徵爲臣僚奏議或皇帝詔書的節寫,多數不見於其他文獻。如"開禧三年,御筆:'冬春以來,雨澤尚闕,

---

① 金毓黻先生根據"臣僚言"的體例推定嘉定十二年、十四年兩條與《宋史全文》體例不同,似出於《宋會要》,見《群書會元截江網與續資治通鑒長編》,第97頁。上述第一條見於《宋會要輯稿》食貨五一之一九,後兩條則未能找到相同記載。但仔細翻檢《宋史全文》寧宗朝部分,也存有臣僚上奏與詔書等較長的條文。
② 汪聖鐸:《〈宋史全文〉點校説明》,第10頁。
③ 金毓黻:《群書會元截江網與續資治通鑒長編》,第97頁。
④ 李裕民:《四庫提要訂誤》(增訂本),北京:中華書局,2005年,第57頁。
⑤ 《宋史》卷四〇《寧宗紀四》,北京:中華書局,1985年,第3册,第770頁。
⑥ 《宋史》卷三八《寧宗紀二》,第3册,第738頁。
⑦ 梁太濟:《〈兩朝綱目備要〉史源淺探》,《唐宋歷史文獻研究叢稿》,上海:上海古籍出版社,2004年,第356頁。
⑧ 梁太濟:《〈兩朝綱目備要〉史源淺探》,《唐宋歷史文獻研究叢稿》,第365頁。

深惟其故,實軫朕心。備殫寅畏之誠,斯答昊穹之戒'"。① 該條對於研究此時的氣象及寧宗君臣的災異觀念具有一定價值。總體而言,6 條本紀記載非常詳細,且極少見於其他典籍。

標注出處爲《聖政》者有 4 條,除上述 1 條爲誤標外,其餘皆應出自《寧宗聖政》。引自《朝野雜記》《雜記》3 條,經翻檢皆在今本《建炎以來朝野雜記》中。標明出自《會要》者 1 條,爲"寧宗開禧元年十月,復置和州馬監"。② 但此條也見於《宋史全文》《續編兩朝綱目備要》與《宋史·寧宗紀》。標注出自於《時報》者 1 條,爲"寧宗嘉泰初,御書《尚書·説命》《毛詩·天保》《周易·泰卦》《唐七德舞》以賜臣下"。③ 不知此爲何著作,該條也同時見於《錦綉萬花谷》續集卷一《聖翰》與《古今合璧事類備要》後集卷一《君道門·聖翰》。

綜上所述,在《截江網》"皇朝事實"引録的 31 條寧宗朝史事中,11 條引自《中興四朝國史·寧宗紀》或與之有密切關係的文獻,6 條引自《中興四朝國史·寧宗紀》,引自《寧宗聖政》者 3 條,引自李心傳《建炎以來朝野雜記》者 3 條,引自《會要》1 條,引自《時報》者 1 條,未標出處者 6 條。在出自《寧宗紀》與《寧宗聖政》的 9 條中,不見於其他文獻收録者即有 5 條之多,標注爲《續長編》者亦有 2 條不見於其他文獻,未標出處者亦有 1 條不見於它書,這才是《截江網》所收寧宗朝史事的史料價值所在。即使他書有類似記載,因《截江網》所引材料有出自《中興四朝國史·寧宗紀》者,其史學史價值也不容低估。

四、結　論

景印《文淵閣四庫全書》本是《群書會元截江網》最常見的版本,在該本卷九《會財》中有一處脱文,館臣爲掩蓋痕迹,將前後内容連抄,却在行款上露出馬脚;卷一八《詔令》中則有一處錯簡,館臣也未予乙正。

《截江網》"皇朝事實"部分所引宋代文獻,北宋部分以李燾《續資治通鑑長編》爲主,該書通行的七朝本治平四年四月至熙寧三年三月、元祐八年七月至紹聖四年三月及徽、欽二朝闕失,《截江網》去除重復外收録近 40 條,但絶大部分都見於《長編紀事本末》等書,不見於它書者寥寥無幾。南宋高宗、孝宗部分也主要依據《建炎以來繫年要録》《聖政》等書而編成。該部分還收録有 31 條宋寧宗朝史事條文,其中所標注之《本紀》爲已經佚失的《中興四朝國史·寧宗紀》,標注爲《長編》《續長編》者也極有可能出自《中興四朝國史·寧宗

---

① 《截江網》卷三《敬天》,第 30 頁。
② 《截江網》卷二五《馬政》,第 369 頁。
③ 《截江網》卷二《聖翰》,第 17 頁。

紀》,或與之有密切關係的文獻,而非出自《宋史全文》。31條中有8條不見於其他文獻記載,其史料價值要高一些。而所引《中興四朝國史·寧宗紀》除史料價值外,對於我們研究南宋《國史》的存在形態具有較高價值。①

另使用該書時,一定要翻檢所用材料是否見於它書,有更早出處者要優先使用,即使同時期者,也要核對後再引用,景印《文淵閣四庫全書》本底本不佳、錯誤較多,則是主要原因。②

【作者簡介】劉沖,太原師範學院歷史系講師,主要從事五代史、宋史、宋代文獻研究。

---

① 《截江網》卷一七《紀綱》中引述高宗紹興四年,臣僚上言:"陛下承祖宗付托之重……是誠國之福也。"第231頁。標明出處爲《本紀》,所指應爲《中興四朝國史》的《高宗紀》,當是由其他文獻轉錄而來,這條材料不見於其他文獻,僅在陳康伯《陳文正公文集》卷一中有更原始的記載,符合上文所總結本紀的特徵,故《中興四朝國史》本紀中確實存在詔令與奏議的節文。

② 如卷四《法祖》載"寧宗紹興五年,改元慶元,詔……",第46頁,實際應爲紹熙五年,時間見《宋史》卷三七《寧宗紀一》,第717頁;詔書全文見陳傅良:《止齋先生文集》卷一〇《慶元改元詔》。

大唐開創基業英雄譜

——吕温《凌烟閣二十二勳臣贊并序》校釋

郭殿忱 金成林

唐太宗仿前人建凌烟閣,圖畫大唐開創基業的功臣二十四人并親自撰贊詞。規格大高於陸機《漢高祖功臣頌》、袁宏《三國名臣序贊》。中唐文學家吕温繼踵前賢撰《凌烟閣二十四(侯君集、張亮因謀反被誅)勳臣贊并序》。南朝梁昭明太子蕭統在其所編《文選》序言中説到"贊"時云:"圖(畫其)像則贊興。"①選文只兩篇,一爲個人畫像——夏侯孝若(湛)《東方朔畫贊》、一爲群體畫像——袁彦伯(宏)《三國名臣序贊》。劉勰在其《文心雕龍》的文體論中,將"頌、贊"專列一節加以論述:"贊者,明也,助也。……故漢置鴻臚,以唱拜爲贊,即古之遺語也。"接着他説《史記》《漢書》對没有畫像的歷史人物加以贊美,或於紀傳結末處加以評價,亦稱爲"贊"。"然本其爲義,事生獎嘆,所以古來篇體,促而不廣,必結言於四字之句,盤桓乎數韵之辭,約舉以盡情,昭灼以送文,此其體也。"②今據兩《唐書》、《資治通鑒》、《大唐新語》等典籍,校釋今本《唐文粹》所收《贊》文,并對匡正訛誤之處加以印證。至於文字發展中的避諱字、异體字、俗體字,"爪牙"之類詞義由褒轉貶,也逐一加以簡釋。

今録《唐义粹》所載吕温此文如次:

> 我二后受成命,撫興運,軋坤軸,撼幹樞。鼓元氣而雷域中,騰百川而雨天下。雷收雨霽,如再開闢蕩焉,與太極同功。③

按:《叢書集成》本《吕衡州文集》(以下省稱《本集》),文題作《凌烟閣勳臣頌并序》。④這與劉勰"('贊')亦猶'頌'之變耳"的觀點是一致的。另"凌",據國家 1955 年公布的《第

---

① 蕭統編,李善注:《文選》,北京:中華書局,1977 年。
② 周振甫著:《文心雕龍今譯》,北京:中華書局,1986 年,第 88 頁。
③ 姚鉉編:《唐文粹》,長春:吉林人民出版社,1998 年,第 265 頁。
④ 吕温撰:《吕衡州文集》,上海:商務印書館,1936 年,第 91 頁。

一批异體字整理表》之規定,今爲"凌"之异體字,一般情况下不再使用。下文所言正异體字,除加説明者外均據此表。

　　貞觀十七年,太宗以功成治定,秉爲而不有之道,讓德於祖考,推勢於群臣,念匡濟之艱難,感風雲於疇昔,思所以擴之無窮。乃詔有司,擬其形容,圖畫于凌烟閣者二十有四人,蓋象乎二十四氣之佐天,昭勳德也。

　　按:治定,《本集》作"理定"。在古漢語中"理"的本義是"順玉之文而剖析"(見朱駿聲《説文通訓定聲》,世界書局影印本,1936年),引申義爲與"亂"相對應的"治"。《管子·霸言》云:"堯舜之人,非生而理也;桀紂之人,非生而亂也。故理亂在上,夫霸王之始也。"
　　群臣,《本集》作"羣臣"。《説文》有"羣"無"群","羣"是個"從羊,君聲"的形聲字,字形有時可以上下、左右移動,如"峯、峰""夠、够"等。
　　圖畫于凌烟閣,《大唐新語》云:"太宗親爲之贊,褚遂良題閣,閻立本畫。"①

　　昔者,舜以五臣致理,周以十亂反正,高祖以三杰作漢,光武以二十八將中興。若夫錯綜勳賢,牢籠今古,雄四代而高視者,其惟聖唐乎!

　　按:五臣,《本集》作"九官",《全唐文》(上海古籍出版社,1990年。下同)作"五官"。《尚書·舜典》載:舜置九官治理天下。應采用之。又,反正,《本集》作"返正"。按:"反"爲本字,"返"爲後起字。另,高祖,上引二書均作"高皇"。按:任用蕭何、張良、韓信(漢初三杰)成就王業的劉邦,死後的廟號爲高祖,謚號爲高皇(帝),故"祖""皇"兩可。舉凡兩可之字詞,均應依從早出之書或版本。
　　作漢,《全唐文》爲"祚漢"。"祚"爲皇位之義,較"作"表意準確。

　　至若唐莒公、劉渝公之倫,探元符,建帝圖,首戴神堯,舉晋陽而活天下,此則大禹之拯溺也;魏鄭公以致君爲己任,諫若不及,睿睿左右,秉心宣猷,此則咎繇之揚言也;虞永興紀合群儒,旁求百代,明備王禮,克諧帝樂,使我大國焕乎其有文章,此夔夷夒之製作也;長孫趙公,舉大義,除二凶,安宗廟,定社稷,以振我丕赫無疆之休,此則周公之匡救也;英、衛受天勇智,雄武佐聖,鼓行海内,麾定四方,此則太公之鷹揚也;房、

---

① 劉肅撰:《大唐新語》,北京:中華書局,1984年,第163頁。

杜玄機朗識,并運帷幄,神發響效,謨成天功,此則蕭何之指踪也,子房之決勝也。

按:糺合,上引二書皆作"糾合"。"糾""糺"爲正異體字。

玄機,《本集》(宋版)與清人所編《全唐文》因分別避宋始祖玄朗、清聖祖玄燁名諱而改爲"元機"。

謨成,《本集》作"䜾成"。"謨""䜾"爲正異體字。

　　尉遲、秦、程,剛毅木訥,氣鎮三軍,力崩大敵,匹馬孤劍,爲王前驅,此則吳漢之朴忠,賈復之雄勇也。其餘皆櫨棟殊材,黼黻異制,儔諸古烈,罔有慚德。皇王之際,于斯爲盛。其始也,文爲經,武爲緯,智斯作,忠斯述;其末也,大不逼,小不遏,退者全,來者達。控而縱之,使自用之;推而引之,使自盡之。不設籠檻,以觀遼廓之致;不頓韁鎖,以極權奇之變。執一德而衆力展,懸大信而羣情竭。高祖聚之以義,太宗用之以道,高宗終之以仁,傳聖萬代,享其功利。此非盛歟!

按:慚德,《本集》作"慙德"。"慚""慙"爲正異體字。又,"之際",《全唐文》作"之業",似是。

韁鎖,《本集》作"繮鏁"。"繮""鏁"均爲異體字。又,"聚之",《全唐文》作"取之"。似"聚義"爲佳。

　　昔陸機、袁宏爲晉人,而歌功于漢、魏,作者猶或稱之。況乎游聖代,觀國光,目眄凌烟,而頌聲不作?某不揣賤劣,有斐然之志,輒盡所蓄,各爲贊一章。上以見王業之艱難,中以明聖賢之相須,次以朗前哲之光韵,末以聲後人之誠節。侯君集、張亮,負勳跋扈,自陷大逆,敢沒其名,用彰天刑,使伐勞懷貳者懼。《春秋》之義,異姓爲後,故以河間元王爲贊首。

按:陸機撰《漢高祖功臣頌》,禮贊蕭何、曹參等三十一人。上文所説袁宏撰《三國名臣序贊》不獨歌頌曹魏的荀彧、荀攸,也有蜀漢的諸葛亮、龐統,孫吳的周瑜、張昭,計三國的功臣二十人。

況、游,《本集》作"況、遊"。"況""况"與"游""遊"今均爲正異體字,但後者需加説明:凡涉水事物,如游泳、江河的上下游,絕不可用"遊"字。

斐然,《本集》作"亹然"。亹,爲勤勉無倦之義。常與"斐"字聯用,如"斐亹"一詞,即形容文采鮮麗。二字近義,以"斐然"一詞爲習見。

韵,《本集》作"韻"。"韵""韻"爲互换聲符之正异體字。

誠節,《全唐文》作"盛節"。誠節,爲誠信之節操。似是。疑"盛"有 chéng 音而誤。

侯君集、張亮"自陷大逆"事,《新唐書·太宗紀》載:十七年"四月乙酉,廢太子爲庶人,漢王元昌、侯君集等伏誅"①。同書載:二十年"三月己巳,至自高麗。庚午,不豫,皇太子聽政。己丑,張亮謀反,伏誅"②。《資治通鑒》記此事稍詳:"貞觀十七年夏,四月,庚辰朔,承基上變,告太子謀反。……詔廢太子承乾爲庶人,幽於右領軍府。上欲免漢王元昌死,群臣固争,乃賜自盡於家,而有其母、妻、子。侯君集、李安儼……等皆伏誅。"③

侯君集是兩月前上凌烟閣勳臣榜的,故《大唐新語》載:"及侯君集謀反伏誅,太宗與之訣,流涕謂之曰:'吾爲卿不復上凌烟閣矣!'"④

《春秋》之義,异姓爲後,是吕温自己的觀點。當年太宗下詔之時,上引《新唐書》《全唐文》《大唐新語》《資治通鑒》,第一位受贊頌者皆爲長孫無忌。

河間元王孝恭

太極構天,本由一氣。大人創業,資我族類。堂堂河間,仁勇是經。逢駿有聲,爲唐宗英。暴隋天亡,群盗倡狂。我伐用張,時爲哲王。武有烈光,爲爪翼肺腸,經綸八方。自南徂東,晏海澄江(平蕭銑、輔公祐)。使父兄帝天下,化家爲邦。用竭爾力,寵臻其極。言不伐,色不德,以遜以默,柔嘉惟則。佐高祖建大績,如周旦、奭;與太宗守大成,如漢閒平。宜君宜王,盤石無疆。

按:文題,《本集》無"元"字。"元"爲孝恭之謚號。

群盗,《本集》作"羣盗",是。"盗"在《說文·次部》,次爲"涎"的本字,即口水。釋"盗"云:"私利物也。從次,次欲皿者。"⑤譯成現代漢語爲:將錢物竊(或搶)爲己有,是饞得口水流滿盆了(誇張)才下手的。簡化時變成"从次,从皿"的會意字,譯成現代漢語:二等盆或將盆排列起來。

時爲,《本集》作"時惟"。《新唐書》本傳載:"始,隋亡,盗賊遍天下,皆太宗身自討定,

---

① 歐陽修等撰:《新唐書》,北京:中華書局,1975年,第42頁。
② 《新唐書》,第45頁。
③ 司馬光撰:《資治通鑒》,北京:中華書局,1956年,第6194頁。
④ 《大唐新語》,第163頁。
⑤ 許慎撰:《說文解字》,北京:中華書局,1963年,第181頁。

謀臣驍帥并隸麾下,無特將專勛者,惟孝恭有方面功以自見云。"①故知"惟我哲王"爲是。

爪翼,《本集》作"爪牙"。在現代漢語中,"爪翼"罕見,而"爪牙"常帶貶義。在古漢語中"爪牙"爲動物防禦、進攻之武器,引申爲武臣後,常帶褒義。

輔公祏,上引諸書皆作"輔公祏(shí)",是。"祏""祐"形近而致魯魚亥豕之訛。該人反叛朝廷後,攻占壽陽。李孝恭蕩平盤據江陵的蕭銑後,又追討棄守丹陽的輔公祏,"生擒之,江南平",故《贊》曰"澄江"。

旦、奭,爲輔佐周成王的周公(姬旦)與召公(姬奭)。

間平,《本集》作"閒平"。"閒"今爲"閑"的異體字。而"閒"是個"從門,從月"的會意字;月光從門的間隙中照進室內。故通"間"字。《史記·陳平列傳》言其以離間之計助劉邦滅楚。"間平"爲是。

盘(盤)石,《本集》作"磐石",爲是。堅如磐石之謂也。

房梁公玄齡

梁公先覺,龍卧待君。長彗流光,掃天布新。義師雷興,公躍其鱗。策杖千里,來謁帝闈。婉婉梁公,實懿實聰,實光實融,羽義翼忠。若鸞若鴻,大風動地。儒服從容,靜運胸中。弛張折衝,左右太宗。夷屯廓蒙,定高祖功。功告武成,翊開太平。我雖忘勞,時靡有爭。網羅遺賢,推轂群英。玉不韜輝,蘭無沈馨。飛鴻出冥,振鷺在庭。濟濟多士,太宗以寧。公無事矣。闕袞有補,惟仲山甫。經營四方,方叔邵虎。大邦鈞軸,至則委汝。閒居台輔,撝默自處,亦莫敢余侮。高朗令終,嗚呼梁公。

按:卧,《本集》作"臥"。《説文》無"卧"有"臥",釋義爲"休也。從人、臣,取其伏也"。②"臥"爲今規範漢字。

來謁,《本集》作"來排"。"帝閽"指代皇宮之門。"來謁"似較"來排"爲佳。

公無事矣,《本集》及《全唐文》均有"太宗寧矣"四字,應據補脱漏。且押韵之句讀隨之而變。下文遇此情形,均應同此。

余侮,《本集》作"予侮"。"余""予"在古漢語中雖均爲第一人稱代詞,但在此語境中,"予"爲動詞,句意爲:任誰也不敢輕侮。

---

① 《新唐書》,第 3524 頁。
② 《説文解字》,第 169 頁。

杜葉公如晦

穆穆葉公，奇姿粹靈。蘊元和氣，爲大國楨。乘時恢能，唐室大開。故人相携（公與房梁公同有匡濟之志也），直上太階。更爲陰陽，迭作日月。佐明四海，贊育萬物。王度是欽，如玉如金。德音愔愔，萬有千古。永稱房杜，如周申甫。

按：詩題中的"葉公"，《本集》與《全唐文》均作"萊公"，是。《新唐書》本傳云："後詔功臣世襲，追贈密州刺史，徙國萊。"稱萊國公，是。疑"萊"與"葉"形近致誤。

大開，《本集》爲"天開"。前已有"大國"，此處似以"天開"爲佳。

太階，上引二書皆作"泰階"。"太""泰"通。

房杜，上引《新唐書》稱："蓋如晦長於斷，而玄齡善於謀，兩人深相知，故能同心濟謀（即世人所稱"房謀杜斷"），以佐佑帝，當語良相，必曰房、杜云。"①

又，"王度是欽"前，《本集》有"二人同心"四字，當補。句讀亦應隨之變化。

魏鄭公徵

堂堂魏公，崇節大志。喬幹直聳，摩天自致。遭風雲時，得霸王器。一言委質，有死無二。撫我則後，各盡其志（嘗事李密、隱太子）。沈浮變通，吾道不窮（此四字據上引二書補）。龍戰既息，皇建其極。俾補袞職，其繩則直。諤諤嶷嶷，危言正色。保太宗德，弼違替否。日月不蝕，黜漢霸雜。行周王道，人或有言。秉德不撓（與封德彝庭諍），禮興樂崇。德合道豐，保合太和。昭明有融，起四年中。復三代風，言出化成。神哉厥功，尹躬佐商。有恥于湯，公以其志。匡飾聖唐，爲唐宗臣。致唐無疆，永式萬邦。

按：沈浮，今作"沉浮"，古漢語中二詞一義。

庭諍，《全唐文》作"庭爭"。《荀子·臣道》稱："有能進言於君，用則可，不用則死，謂之爭。"因"爭"尚有爭奪之義，故造"諍"字讀去聲以別之。魏徵即是直言進諫的典型諍臣。太宗嘗云："以人爲鏡，可以明得失。……魏徵殂逝，一鏡亡矣。"

德合，上引二書均作"德洽"。"洽""合"近義，故兩可。

有恥，《本集》作"有耻"。"耻""恥"今爲正异體字。

其志，《本集》作"其心"。於此語境，"心""志"兩可。

---

① 《新唐書》，第 3859 頁。

匡飾，《本集》作"匡飭"，是，即匡正整治之意。《説文》段玉裁注云："（飭）字形與'飾'相似，故古書多有相訛者。"

長孫趙公無忌

趙國之先，發祥朔土。乃祖乃父，受天之祐。有女而聖（文德皇后）——此八字，據上引二書補——爲天下母。有子而賢，爲唐宜輔。聖賢同氣，千載一睹。丕顯趙公，允文允武。克忠克仁，實有大勳。高祖受命，太宗歸尊。翼翼乾乾，恪居於藩。群孽亂嗣，爭窺神器。鴻業將墜，公揭大義。一匡天地，人到於今。家受其賜，帝將傳聖。爰有顧命，汝忠汝誠。莫與汝京，與我聖子。守唐太平，公相高宗。有太宗遺風，刑措財豐。八荒來同，和氣大融。妖星襲月，禍起中宫。公將正之，以王帝躬（武氏謀位，公以力爭）。力屈群邪，誠阻天聰。黜非其尤，令問無窮。

按：唐宜，《本集》及《全唐文》均作"唐室"。輔佐唐室爲是。
同氣，《本集》作"同契"。君聖臣賢，同相契合爲是。
與我，《全唐文》作"爲我"。從作贊者角度看，"與""爲"近義。

唐莒公儉

歲寒陰凝，冰雪皚皚。有鳥擇木，先陽春來。誰歟莒公？王佐之材。間運未開，登潛龍臺。代萬姓請命，與天爲媒。扶龍而興，振起雲雷。權輿帝圖，經始唐基。始覆一簣，勃然巍巍。易失者時，難知惟幾。知幾其神，莒公元勳。

按：誰歟，《本集》作"猗與"。"猗與"爲嘆美之詞，較習見。
者時，《本集》作"日時"。應以"者時"爲是。又據"高祖曰：'湯、武之事豈可幾？'"，文中"知幾其神"則典出《易經·繫辭（下）》。"知幾"，預知事之幾微也。

劉渝公政會

河出崑侖，來潤中夏。連山合遝，橫擁其派。巨靈勃然，手擘太華。決流東注，功并造化。粵我聖唐，將舉晉陽。帝命是將，往拯溺于四方。亦既載斾，亦既秉鉞。強凶當路（王威、高君雅），拒不得發。渝公慷慨，感義激節。用奇制變，大事立決。雷奮霆越，天衢八達。則莫我敢遏！如巨靈破山，河勢始豁。赫赫矣渝公，與神齊烈。迹如仙掌，炯炯不滅。

按：手擘，《本集》作"手坼"。"擘"有分裂、分剖之義；"坼"，有分開、裂開之義。二詞近義，故兩可。

決流、立決之"決"，上書均作"決"。"決、决"今爲正異體字。

赫赫，《本集》少一"赫"字。

炯炯，《本集》作"爛炯"。二詞近義，似兩可。

李衛公靖

有隋之末，群盜熾熱。帝怒震發，五星從大白。焕照參野，將有聖人。兵定天下，金精下射。猛毅感激，李公矯矯。從此奮迹，躍于中原。王者則獲，壯士不死。（初公不利於我，帝欲戮之，壯其言而免。壯士，公自稱。）唐威載赫，帝曰汝杰。致天之罰，手付金鉞。俾往式遏，不庭則殺。如飆發發，如火烈烈。摧枯爍雪，應鼓如截。遠若荆巫，險若江湖，强若匈奴。莫不率從，莫不震恭。車書混同，氛祲蕩空，衛侯之功。功則維何？威明惠和。策勇駕智，長驅仁義。仁義曠蕩，帝王之將。萬古曷瞻？鐵山巉巉。（詔築墳闕象鐵山、積石山。）

按：則獲，《本集》作"自獲"，是。

壯士（……公自稱）與上引自稱"誼士"不同。"誼士"，即"義士"。一般爲他稱。"壯士"爲佳。

如飆，《本集》作"如颮"①。《現代漢語規範字典·備查字》稱："'颮'，現在通常寫作'飆'。"②

巉巉，《本集》作"巉巖"。巉巖爲名詞，更合句意。而今"巖"爲"岩"之异體字。

李英公勣

横流莫極，大亂無象。英公杰出，應運爲將。爲楚楚霸，爲漢漢王。天時人事，隨我所向。長蛇縱蠚（王充），東據河洛。婁婁封事（建德），來濟同惡。號吼連聲，如雷如霆。萬里震驚，時維英公。諒我太宗，斬豕以鉞。取蛇於穴，群穢殄滅。乃定九鼎，乃開明堂。奄有大邦，金甲同光。告成于王，（太宗獻捷于高祖，與勣俱擐金甲，爲上下將。）皇業用昌。帝命英公，北伐獫狁。雷鼓殷殷，旄頭幾殞。掃雲黑山，布唐陽春。

---

① 《吕衡州文集》，第95頁。
② 李行健主編：《現代漢語規範字典》，北京：語文出版社，1998年，第707頁。

五原草緑,不見南牧。島夷未庭,天子親征。其鋒維英,莫拒莫抗。是震是蕩,破東海浪。天下既和,解鞍投戈。袞服委蛇,華髮幡幡。終始三朝,無玷可磨。

按:長蛇、取蛇,《本集》二"蛇"字均作"虵"。"蛇""虵"今爲正异體字。又"委蛇",形容雍容自得的樣子。

諒我,《全唐文》作"亮我"。在古漢語中"諒""亮"有時通用。

掃雲,《本集》《全唐文》均作"掃雪",是。黑山在塞北,又與下文"陽春""草緑"關聯。"雲"爲"雪"形近而言化。

末二句,《新唐書》本傳:"總章二年,卒,年八十六。帝曰:'勤奉上忠,事親孝,歷三朝未嘗有過,性廉慎,不立産業。'"①

劉夔公弘基

夔公峥嶸,金虎之精。應時而生,與運俱行。總帝元戎,震唐天聲。瞋目張膽,前無金城。别建龍節,中分虎旅。啓程萬里,乘氣一鼓。劍揮雷霆,旆卷風雨。先馳咸陽,鎮定天府。天府既定,唐集大命。入揚王庭,出擐兵柄。薄伐獫狁,朔風不競。徂征島夷,東海如鏡。義始忠卒,元勛之盛。

按:弘基,《本集》作"宏基"。《新唐書》本傳,作"弘基";②《舊唐書》本傳亦作"弘基"。③

長孫邳公順德

泰山未明,雷鬱幽崖。日觀赫開,舒爲丹霞。昔我大宗,賢杰潜屯。帝出於震,爛其盈門。邳公炳焉,實耀其間。功參照物,謀協先天。投殳前驅,捧轂南轅。以勞以舊,佐命之元。

按:雷鬱,《本集》作"雲鬱",是。與下文"日開""丹霞"等景物相諧。

虞永興公世南

英英永興,華德素行。以文富國,以道佐命。天下既定,爲唐儒宗。東觀石渠,始

---

① 《新唐書》,第3820頁。
② 《新唐書》,第3765頁。
③ 劉昫等撰:《舊唐書》,北京:中華書局,1964年,第2309頁。

生古風。乘精繹思,假道書圃。驅馳百代,出入三古。問羲黄心,聽堯舜語。歸來帝側,獻可替否。帝告永興,與鴻碩之倫。闡六籍三墳,建樂章禮文。先師是宗,於廊辟雍。辟雍沉沉,天子所臨。或弦或歌,講古述今。其從八千,纓弁森森。獫貊羌髳,或咏德音。羽林孤兒,亦垂青襟。洋洋聲教,無遠不洎。日月所照,皆成文字。鬱開古始,掃蕩澆季。實我群儒,成太宗之志。英英永興,宜曰文懿。

按:始生,《本集》作"始開"。① 於此語境,"生""開"一義兩可。

乘精,《全唐文》作"秉精"。依文義,"秉精"爲是。

驅馳,《本集》作"馳騁"。

羲黄,《本集》作"羲皇"。羲皇,只指伏羲氏;羲黄,則指伏羲與黄帝。柳宗元有云:"茂功期舜、禹,高韵伏羲、黄"。此贊詞,下句爲"聽堯舜語",故知"問羲黄心"爲是。

"先師是宗"下脱"先聖是崇"四字,并影響下文之句讀。

或弦,《本集》作"或絃"。"弦""絃"爲正異體字。

或咏,《本集》作"咸咏",是。"或""咸"形近而訛化。

青襟,一作"青衿"。"青衿"指代青年學子。《説文》無"襟"字,而《詩經·鄭風》有《子衿》一章"青青子衿,悠悠我心"。

不洎,《本集》作"不暨"。二字同音,且在"至""到"的義項上通用,故兩可。

"文懿"下,《本集》有注曰"公諡"。即虞世南諡號爲文懿。

尉遲鄂公敬德

侁侁鄂公,百煉龍泉。沈翳未宣,氣冲斗間。佩非其人(初事宋金剛),躍入大川。神武獲焉,提之上天。天地之内,指麾無前。熊威虎力,隱若敵國。剛毅木訥,安劉必勃。武德之屯,手拔禍根。掃除氛昏,捧出日月。耀於天門,功成名遂。高謝戎事,烈烈猛志。化爲和氣,深地高堂,頤性保命。屑瓊飲露,静奏清商。商爲臣,勵事君,鄂公之志之仁(貞觀後,公不交人事,常煉氣服食,奏清商以自奉)。

按:沈翳,《全唐文》作"沈鬱"。"翳"有障蔽之意,更合文義。

日月,《本集》作"白日"。與"耀於天門"相契合,"日月"爲佳。

保命,《本集》作"保常"。與上下句中的"堂""商"押韵"常"字是。

---

① 《吕衡州文集》,第96頁。

"之志之仁",《全唐文》作"之德之勛"。有"勛"字,與總題中的"勛臣"呼應。

自奉,《全唐文》作"自娱"。《新唐書》本傳載:"敬德晚節,謝賓客不與通。飭觀、沼,奏清商樂,自奉養甚厚。"①知"自奉"淵源有自。

蕭宋公瑀

隋氏不君,忠賢莫用。桐生朝陽,有集惟鳳。舍彼頹廈,鬱爲新棟。路車玄袞,開國有宋。武德之暮,群孽內蠹。巍巍宋公,聳節高步。不吐不茹,不來不去。屹屼中立,爲天一柱。從容而言,社稷遂安。持誠秉忠,光輔二君。激濁揚清,欲人如身。道至廣,莫我敢群;境至大,不容纖塵。雪山倚空,冰壑照人。耿介絕倫,爲唐貞臣。

按:路車玄袞,《本集》作"輅車元袞"。"輅車"爲天子之車。"玄""元"二字説解已見上文。

屹屼,《本集》作"屹崛"。"屹屼",光禿峭拔之貌。似較"屹崛"爲佳。

絕倫,《本集》作"絕鄰",似是。

張郯公公謹

有倬郯公,忔忔而貞。侁侁而仁,實太宗信臣。有宗守藩,內難未夷。圖之則安,舍之則危。帝臨安危,機以懼以疑。以著爲先,知是筮是諸。郯公巍然,排闥則著。抗憤正詞,用人事,定天意。身爲元龜,不知不識。順義之則,以定社稷,郯公之力。公之云亡。帝念其勤,若痛在身。天懷發中,哭不避辰。君臣之間,復古未聞。

按:有宗,《本集》《全唐文》均作"太宗",是。《新唐書》本傳載:"李勣、尉遲敬德數啓秦王,乃引入府。王將討隱、巢亂,使卜人占之,公謹自外至,投龜於地曰:'凡卜以定猶豫,決嫌疑。今事無疑,何卜之爲?卜而不吉,其可已乎?'王曰:'善。'"②

舍之,上引二書均作"捨之"。"舍"爲本字,基本詞性爲名詞。引伸義項中有放棄一義,又造"捨"字表意。

機以,《全唐文》作"幾以"。"機""幾"已見上文釋義。

爲先,《全唐文》作"爲有知"。見上引《新唐書》文,"爲先""爲有知",於此語境含義近似。

---

①② 《新唐書》,第 3755 頁。

排闥，《本集》作"排踢"。"排闥"爲撞開門之意。依上引《新唐書》"投龜於地"，似"排踢"爲佳。

順義，《全唐文》作"順帝"。

屈突蔣公通

五運相推，土火革期。隋化爲唐，忠臣不知。猶驅義徒，奮拒王師。指心誓天，摩頸待時。人歸有德，四海皆叛。春日滿川，流冰未泮。亡家徇國，方寸不亂。力屈勢窮，排空落翰。東南慟哭，聲盡魂斷。仗忠就擒，萬國瞻漢。帝曰爾通，古之烈士。孝於其親，誰不欲子？俾侯于蔣，授以師紀。感恩不死，宣力如彼。佐唐扶隋，名教之美。

按：流冰，《本集》《全唐文》均作"孤冰"，與"春日滿川"相諧。

聲盡，《本集》作"血盡"。"聲盡"與慟哭相連爲是。

仗忠，上引二書均作"杖忠"。在憑持、倚靠的意義上"仗""杖"通用。

就擒，上引二書均作"就禽"。"禽"本爲名詞，引伸爲動詞，作擒獲解。《説文》無"擒"字，古代漢語中表擒拿之意，往往用"禽"字。

瞻漢，《本集》作"瞻嘆"，唐太宗曾被少數民族稱爲"天可汗"。唐人好用漢代盛事作譬，知"瞻漢"似是。

高申公士廉

維嶽降神，佐唐生申。忠貞自天，孝友如春。德爲邦基，仁厚人倫。肅肅雍雍，真王者臣。慶因《歸妹》，光延天配。（文懿皇后，公之同出。）婚媾之中，雲龍潛會。建公南海，廓我無外。諒我撥亂，弼文開泰。遏彼庸蜀，薦鍾澆季。文翁之化，若掃於地。申公攸祖，有教無類。父子兄弟，望風相愧。勃興儒雅，大復禮義。西南頌聲，到今不墜。名登元勳，理冠群吏。全材大器，於鑠厥懿。

按：文懿，《本集》《全唐文》均作"文德"。《新唐書》本傳載："士廉少識太宗非常人，以所出女歸之，是爲文德皇后。"①文德皇后乃長孫晟之女，長孫無忌之妹。高士廉是其舅（見《新唐書·后妃上》太宗文德順聖皇后長孫氏）。《唐文粹》誤文德爲文懿，"同出"一詞

---

① 《新唐書》，第 3841 頁。

更是誤甚！《新唐書》高士廉傳"以所出女歸之"，應改爲"以甥女歸之"。《歸妹》爲卦名，亦見上引《全唐文·后妃上》》①

建公，《全唐文》作"建功"，是。

諒我，《全唐文》作"涼武"。《本集·考證》云："'諒武撥亂，弼文開泰。'《文苑英華》卷七百七十六所載如此（亦見中華書局影印本），②今依之改正。舊鈔及馮本'武'作'我'，《文粹》卷二十三亦然。涉《李英公勳頌》'諒我太宗'而誤也。"③

愧，《本集》作"媿"。"愧""媿"今爲正異體字。

殷鄖公開山

温温殷公，初若懦夫。銅印試吏，褒衣爲儒。大風驅雲，忽與之俱。遭逢真宰，參造化謨。天地既辟，厥功有赫。從王襲行，佐帝光宅。遠展驥足，高揮鳳翮。以永終譽，垂於竹帛。

按：褒衣，《本集》作"裒衣"。"褒""裒"今爲正異體字。

秦胡公叔寶

洛汭之役，龍戰未決。（我師與王世充陣于九曲。）秦公應變，臨陣電拔。銳氣盡來，我盈彼竭。成敗反掌，存亡奄忽。虎來風壯，鼇轉山没。遂作心膂，爰從討伐。崩圍陷陣，火迸冰裂。翕如鶚聲，縱若鯨突。功成國定，萬古壯骨。

按：鼇轉，《本集》作"鰲轉"。"鰲""鼇"今爲止異體字。

鶚聲，《本集》作"鶚聳"。與下句"鯨突"對舉，"鶚聳"爲佳。

《唐語林》引秦叔寶語："吾少長戎馬，經百餘戰。"兩《唐書》均言"經二百戰（陣）"。

秦瓊，字叔寶，在評話《隋唐演義》中已與尉遲敬德演變爲家喻户曉的門神，庇佑神州大地上的千家萬户。又，早在開元、天寶時，就有人將尉遲敬德戰突厥事，編成木偶戲上演。見《唐語林》。④

---

① 《新唐書》，第 3470 頁。
② 李昉等編：《文苑英華》，北京：中華書局，1966 年，4094 頁。
③ 《吕衡州文集》，第 119 頁。
④ 王讜撰，周勛初校證：《唐語林校證》，北京：中華書局，1987 年，第 705 頁。

程盧公知節

　　盧公倬然，動軼幾先。轉禍爲福（與秦胡公降于九曲），攀龍上天。繽翻鵬翼，積風乃聳。桓桓將軍，大敵則勇。雷崩山谷，貔虎頓伏。飈倒溟波，鯨鯢蹉跎。見危而進，當死不讓。干城三朝，身老氣壯。

　　按：《新唐書》本傳曰："程知節，本名齩金，濟州東阿人。"①齩爲"咬"的异體字。

段褒公志玄

　　褒公虎臣，先運而臻。謁帝太原，許唐與身。擁劍駕氣，騰風躍雲。積忠累仁，光有厥勛。建旌北伐，細柳宵屯。風謐霜凝，嚴扃達晨。天子之使，駐車軍門。（軍屯肅章乃外，壁門，以夜不納制使。）安衆秉威，此真將軍。佌佌桓桓，克壯有聞。

　　按：志玄，《全唐文》作"志元"，"元"爲"玄"的避諱字。
　　與身，《全唐文》作"以身"，是。"以"爲介詞，即以身許唐之意。
　　建旌，《本集》作"建旆"。"旌""旆"在旗幟的總類下有所區別。於此語境兩可。
　　《新唐書》本傳載："文德皇后之葬，與宇文士及勒兵衛章武門，太宗夜遣使至二將軍所，士及披户内使，志玄拒曰：'軍門不夜開。'……"②據知括弧內"乃"字應爲"武"。
　　佌佌，《本集》作"洸洸"。洸洸，見《詩經·邶風·谷風》"有洸有潰，既詒我肄"。毛傳："洸洸，武也。"③即威武的樣子。似較狀行進貌的"佌佌"（見《説文》）爲佳。

許譙公紹

　　群動相食，血流中原。譙公夷陵，豺虎爲鄰。列境連城，火炎烟昏。皎其一邦，如玉不焚。三光忽開，萬象皆新。誰有天下？平生故人。（公與高祖有舊。）引忠歸誠，豹變蠖伸。金石之契，移爲君臣。弈弈煌煌，爲龍爲光。元戎啓行，大旆央央。式遇大江，奄征南方。恩斯勤思，兩不可忘。

　　按：許紹，《全唐文》誤作"許詔"，當改。
　　弈弈，《本集》作"奕奕"。"弈""奕"二字音同（yì）而義別：弈，圍棋。奕，常用"大""閑"

---

① 《新唐書》，第3771頁。
② 《新唐書》，第3763頁。
③ 阮元校刻：《十三經注疏》，北京：中華書局，1980年，第305頁。

"姣美"來釋義。于此語境,應釋"大"。如《詩經·大雅·韓奕》"奕奕梁山,維禹甸之",《詩經·小雅·巧言》"奕奕寢廟",毛傳均釋"大貌"。①

【作者簡介】郭殿忱,北華大學文學院教授,主要從事古籍整理研究工作;金成林,北華大學外國語學院講師,主要從事韓語教學和韓語語言及文學方面的研究。

---

① 《十三經注疏》,第570、454頁。

書評

聚焦石刻文獻　保護傳世文物
弘揚傳統文化

——評《陝西碑刻文獻萃編》

賈二强

由於特殊的歷史條件,陝西古代石刻遺存富甲天下。趙宋之世,金石之學肇興,此後歷代學人,彙聚心力,廣事搜求,尋訪放佚,續有所成。降至有清,蔚爲顯學,學人細致考訂,精加編排,宏編佳構,層出不窮。

近些年來,陝西碑刻之學又有巨大發展,一方面有源源不斷的地下出土的新發現,另一方面又有彙編考釋等各類著作的相繼出版,爲學術文化研究提供了大量的珍貴的文獻資料。以吴敏霞研究員爲帶頭人的陝西省社會科學院古籍整理研究所學術團隊在這一領域作出了突出的貢獻,堅持不懈地在這一方園地里辛勤耕耘,編纂完成的多卷本《全唐文補遺》、陝西省各市縣碑刻彙集等,在學術界均廣受好評。

《陝西碑刻文獻萃編》是該團隊取得的最新成果。與以往同類著作相比,該成果具有鮮明的特點:一是精選擇。其從陝西現存20000多種碑刻中選取了838種,以碑刻内容作爲歷史資料的稀缺、珍貴,利用價值高爲主要原則,兼顧其書法藝術價值,碑刻的地域特色以及制的獨特性等,并注重新材料的刊布,所收錄的碑刻文獻中,即有多種係初次整理問世,以往重視不足的兩宋至明清陝西碑刻文獻,也得到了較好的展現。二是重學術。該成果以嚴格的規範,記錄了入選碑刻的名稱、年代、形制、尺寸、紋飾、書體、行款、撰者、書者、流轉、著錄等基本信息,并運用相關學科如歷史學、文學、宗教學、考古學等多學科的方法與知識,對選録碑刻文獻進行準確釋文,又對前人成果中的釋文疏失和不足予以糾正補訂。在完成過程中,所强調的傳世文獻與出土文獻、田野調查互證的"三重證據法",對於此類研究亦有方法論的意義。

傳世碑刻既是中華文明悠久歷史和文化的重要載體,又是彌足珍貴的傳世文物,具有文獻和文物的雙重屬性。《陝西碑刻文獻萃編》一方面是聚焦傳世碑刻文獻,是針對陝西傳世碑刻文獻的系統性整理研究成果；另一方面，該書的出版也是搶救性保護陝西歷代碑刻文物的重要成果。因而，在保護中華傳世文物，發掘傳世文獻價值、弘揚優秀傳統文化等方面均具有重要意義。

【作者簡介】賈二强，陝西師範大學教授，主要從事古籍整理、文獻學研究。

考釋嚴謹　信息詳備

——評《陝西碑刻文獻萃編》

王其禕

《陝西碑刻文獻萃編》是一部全面薈萃陝西現存碑刻文獻菁華的碑刻原始文獻整理碩果，其所精選與縮影的近 900 種富有代表性的碑刻，足資昭示"富甲海内"的陝西古代碑刻的歷史文化與學術研究價值之彌足珍貴和無以替代。

歷代帝王都所在的陝西，是古代碑刻文獻遺存與研究最爲特殊且重要的地域。千年以降，尤其以漢唐碑刻爲精粹的豐富寶藏，早已成爲歷代金石學研究所不能忽視且密切關注的焦點，從而使陝西的碑刻文獻在中國古代碑刻的整體研究中占據着獨領風騷的首要地位，同時也爲奠基和繁榮碑刻學研究的體系與方法提供了極大的推助和廣泛的影響。

因此，秉持陝西深厚的碑刻學傳統，充分利用存世的碑刻文獻資源，對於古今祖國歷史文化的研究與推進，具有無以替代的學術價值和十分重要的現實意義。這正是《陝西碑刻文獻萃編》的編纂旨趣所在。

審視《陝西碑刻文獻萃編》編纂特色，大約體現在如下三點：

其一，重"精選"。該書所選皆爲陝西現存碑刻的原始文獻之菁華，雖然體量僅爲現存兩萬餘種碑刻的二十五分之一，但該書注重以全面考量史料、書法、地域與形制等諸種因素爲精益求精的原則。因此，選録碑刻既具有代表性，又具有獨特性。

其二，有"新意"。該書刻意納入對新資料的整理研究，以爲學界提供更多有益信息。同時希望構建陝西碑刻文獻研究的歷史時代系統，彌補一直以來對於宋代以後迄於明清時期的陝西存世碑刻文獻整理與研究之不足，從而兼顧到陝西碑刻文獻在時代流變序列上的全面性與系統性。

其三，優"體例"。該書注重所收碑刻信息的周詳、内涵的準確，并在此基礎之上展開科學、嚴謹的考釋研究。

基於以上三點，《陝西碑刻文獻萃編》與以往碑刻文獻彙編成果以"一時一地"或"某一單位"爲對象的整理方式有很大不同，學術視野更加開闊，所收内容更爲豐富。從某種意義上説,該書的編纂模式和研究經驗,對於未來全面整合陝西存世碑刻的浩瀚學術整理和研究工作具有重要意義。

【作者簡介】王其禕,西安碑林博物館退休研究員,主要從事中古石刻文獻與隋唐史研究。